Direito Internacional Público

O GEN | Grupo Editorial Nacional – maior plataforma editorial brasileira no segmento científico, técnico e profissional – publica conteúdos nas áreas de concursos, ciências jurídicas, humanas, exatas, da saúde e sociais aplicadas, além de prover serviços direcionados à educação continuada.

As editoras que integram o GEN, das mais respeitadas no mercado editorial, construíram catálogos inigualáveis, com obras decisivas para a formação acadêmica e o aperfeiçoamento de várias gerações de profissionais e estudantes, tendo se tornado sinônimo de qualidade e seriedade.

A missão do GEN e dos núcleos de conteúdo que o compõem é prover a melhor informação científica e distribuí-la de maneira flexível e conveniente, a preços justos, gerando benefícios e servindo a autores, docentes, livreiros, funcionários, colaboradores e acionistas.

Nosso comportamento ético incondicional e nossa responsabilidade social e ambiental são reforçados pela natureza educacional de nossa atividade e dão sustentabilidade ao crescimento contínuo e à rentabilidade do grupo.

Vladimir **Aras**

COORDENAÇÃO

Renee do Ó **Souza**

Direito Internacional Público

2ª EDIÇÃO REVISTA, ATUALIZADA E REFORMULADA

■ Fechamento desta edição: *02.12.2022*

■ **Atendimento ao cliente: (11) 5080-0751 | faleconosco@grupogen.com.br**

■ A partir da 2ª edição, esta obra passou a ser publicada pela Editora Método | Grupo GEN, sob o título *Direito Internacional Público*.

■ Capa: Bruno Sales Zorzetto

■ **CIP – BRASIL. CATALOGAÇÃO NA FONTE.**
SINDICATO NACIONAL DOS EDITORES DE LIVROS, RJ.

A685d
2. ed.

Aras, Vladimir
Direito internacional público / Vladimir Aras ; coordenação Renee do Ó Souza. - 2. ed., rev. e atual. - Rio de Janeiro : Método, 2023.
480 p. ; 21 cm. (Método essencial)

Inclui bibliografia
"Material suplementar na plataforma"
ISBN 978-65-5964-649-4

1. Direito internacional público. 2. Serviço público - Brasil - Concursos. I. Souza, Renee do Ó. II. Título. III. Série.

22-81500

CDU: 341.1/.8

Meri Gleice Rodrigues de Souza - Bibliotecária - CRB-7/6439

Prefácio

Dividida em 16 capítulos, esta obra, em sua segunda edição revista e atualizada, é destinada a uma primeira aproximação ao direito internacional público (DIP). Integrando a **Coleção Método Essencial**, este livro, com características de manual, será muito útil para os estudantes de graduação e também para profissionais das várias áreas de especialização do Direito e de outras áreas, como Relações Internacionais, Ciência Política, Economia, Jornalismo e Sociologia, que queiram revisitar ou aprofundar certos conhecimentos de direito internacional geral e de seus diversos ramos.

Geopolítica, organizações internacionais, apátridas, temas ambientais ou mundiais inter-relacionam-se totalmente.

Lista de abreviaturas

A/RES – Resolução da Assembleia Geral das Nações Unidas

ACNUDH – Alto Comissariado das Nações Unidas para os Direitos Humanos

ACNUR – Alto Comissariado das Nações Unidas para Refugiados

ADI – Ação direta de inconstitucionalidade

AIEA – Agência Internacional de Energia Atômica

ASP – *Assembly of the States Parties* (Assembleia dos Estados Partes)

CADH – Convenção Americana de Direitos Humanos

CCJ – *Caribbean Court of Justice* (Corte Caribenha de Justiça)

CCPR – *Committee on Civil and Political Rigths* (Comitê de Direitos Humanos do Pacto Internacional de Direitos Civis e Políticos)

CEACR – Comitê de Peritos para a Aplicação das Convenções e das Recomendações

CEDH – Corte Europeia de Direitos Humanos

CEDAW – *Committee on the Elimination of Discrimination Against Women* (Comitê para a Eliminação da Discriminação contra a Mulher)

CEDAW – *Convention on the Elimination of All Forms of Discrimination Against Women* (Convenção sobre a Eliminação de Todas as Formas de Discriminação contra a Mulher)

CF – Constituição Federal

CICV – Comitê Internacional da Cruz Vermelha

CIDH – Comissão Interamericana de Direitos Humanos

CIJ – Corte Internacional de Justiça

CIT – Conferência Internacional do Trabalho

CMC – Conselho do Mercado Comum (Mercosul)

CoE – *Council of Europe* (Conselho da Europa)
Corte IDH – Corte Interamericana de Direitos Humanos
CPLP – Comunidade dos Países de Língua Portuguesa
DIDH – Direito Internacional dos Direitos Humanos
DIH – Direito Internacional Humanitário
DIP – Direito Internacional Público
DUDH – Declaração Universal dos Direitos do Homem
ECOSOC – *United Nations Economic and Social Council* (Conselho Econômico e Social das Nações Unidas)
EXT – Extradição
FMI – Fundo Monetário Internacional
GAFI – Grupo de Ação Financeira Internacional
GATT – *General Agreement on Trade and Tariffs* (Acordo Geral de Tarifas e Comércio)
GMC – Grupo Mercado Comum (Mercosul)
HC – *Habeas corpus*
ICCAL – *Ius Constitucionale Commune Latino-americano*
ICC – *International Criminal Court* (Tribunal Penal Internacional)
ILO – *International Labour Organization* (Organização Internacional do Trabalho)
MC – Medida cautelar
Mercosul – Mercado Comum do Sul
OC – Opinião Consultiva
OCDE – Organização para a Cooperação e o Desenvolvimento Econômico
OEA – Organização dos Estados Americanos
OI – Organização Internacional
OIT – Organização Internacional do Trabalho
OMC – Organização Mundial do Comércio
OMS – Organização Mundial de Saúde
ONG – Organização Não Governamental

ONU – Organização das Nações Unidas
OTAN – Organização do Tratado do Atlântico Norte
PESC – Política Externa e de Segurança Comum da União Europeia
PIDCP – Pacto Internacional de Direitos Civis e Políticos
PIDESC – Pacto Internacional de Direitos Econômicos, Sociais e Culturais
PL – Projeto de lei
PNUD – Programa das Nações Unidas para o Desenvolvimento
RE – Recurso extraordinário
RES – Resolução
RESP – Recurso especial
RG – Repercussão geral
S/RES – Resolução do Conselho de Segurança das Nações Unidas
SdN – Sociedade das Nações
SOFA – *Status of Forces Agreement* (Acordo sobre o Estatuto de Forças)
STF – Supremo Tribunal Federal
STJ – Superior Tribunal de Justiça
TFUE – Tratado sobre o Funcionamento da União Europeia
TJUE – Tribunal de Justiça da União Europeia
TPI – Tribunal Penal Internacional
TPR – Tribunal Permanente de Revisão do Mercosul
UA – União Africana
UE – União Europeia
UN – *United Nations* (Nações Unidas)
UNCLOS – *United Nations Convention on the Law of the Sea* (Convenção das Nações Unidas sobre Direito do Mar)
UNESCO – *United Nations Educational, Scientific and Cultural Organization* (Organização das Nações Unidas para a Educação, a Ciência e a Cultura)

UNICEF – *United Nations International Children's Emergency Fund* (Fundo das Nações Unidas para a Infância)

UNIDO – *United Nations Industrial Development Organization* (Organização das Nações Unidas para o Desenvolvimento Industrial)

Sumário

Capítulo 1

Capítulo 2

Capítulo 3

Capítulo 5

Capítulo 6

Capítulo 7

Capítulo 9

Capítulo 10

MATERIAL SUPLEMENTAR

1

Introdução ao Direito Internacional Público

1.1 Desenvolvimento histórico do direito internacional público

Segundo Michael Akehurst (MALANCZUK, 1997),[1] a origem do direito internacional, ou direito das gentes, é objeto de controvérsia entre os estudiosos. Alguns especialistas situam seu início na Antiguidade, em regiões da atual Grécia, da antiga Pérsia e da Ásia Menor. No entanto, a posição que prevalece é a de que o direito internacional público (DIP) clássico emergiu na Europa após a Paz de Vestfália (1648), a série de tratados que encerrou a Guerra dos 30 Anos.

Os documentos de Vestfália estabeleceram os conceitos de soberania estatal, Estado-nação, igualdade soberana e não intervenção. Ali também começava a se desenvolver o conceito de paz duradoura derivada do equilíbrio de poderes (*balancing of power*) entre potências, que, todavia, ainda preservavam o direito à guerra ou o direito ao uso da força, para a proteção de interesses nacionais. Tratava-se de um equilíbrio de fato, para a proteção da

[1] Após sua morte em 1989, a obra de Michael Akehurst foi atualizada pelo professor Peter Malanczuk.

independência dos Estados nacionais, dependente do poderio militar dos signatários. Para Cassese (2005), a Paz de Vestfália marca o início de um sistema internacional baseado na pluralidade de Estados independentes, afastando qualquer autoridade superior a eles.

Além da Paz de Vestfália (1648), costuma-se apontar como marcos da evolução do DIP, o Congresso de Viena (1815), o Tratado de Versalhes (1919) e a Carta das Nações Unidas (1945), assim como as duas grandes guerras mundiais e a Guerra Fria.

A Paz de Vestfália encerrou um longo período de guerras religiosas entre potências protestantes e católicas europeias e instaurou uma nova ordem jurídica internacional, que só veio a ser alterada mais de 160 anos depois. O Congresso de Viena de 1815 marca a revanche absolutista do Antigo Regime a Napoleão Bonaparte e a proclamação do "Concerto Europeu", com vistas à restauração das dinastias europeias e à manutenção do equilíbrio de forças no mundo (princípio do equilíbrio de poderes), que fora ameaçado pelas guerras napoleônicas.

Tomaram parte da conferência vienense, que teve curso de 1814 a 1815 a Grã-Bretanha, a Áustria, a Prússia, a Rússia e a França, como potências. Espanha, Portugal, Sérvia, Suécia, Suíça, a Sardenha e os Estados Pontifícios participaram como convidados. Os trabalhos foram conduzidos por Klemens Wenzel von Metternich (1773-1859), estadista e príncipe austríaco, um dos representantes do anfitrião, Francisco II (1768-1835), imperador do Sacro Império Romano-Germânico, cuja capital era Viena. Inspirado pela ideia de restauração, seu objetivo era fazer um novo desenho político da Europa após a derrota imposta a Napoleão Bonaparte, na Batalha de Waterloo, em 18 de junho de 1815. França, Suécia e Holanda emergiram como novas potências, enquanto a futura Alemanha seria mantida fragmentada para assegurar o equilíbrio de poderes. Explica Henry Kissinger (2012):

> As relações entre os dois maiores Estados alemães e as relações deles com os demais Estados alemães eram chaves para a estabilidade europeia. (...) As disposições internas da

> Alemanha ofereciam à Europa o mesmo dilema: sempre que fraca e dividida, a Alemanha incitava os vizinhos, mormente a França, ao expansionismo. Ao mesmo tempo, a perspectiva de unidade alemã aterrorizava os Estados em volta, assim sendo até os nossos dias.

Resultado do Congresso de 1815, os documentos da Ata de Viena configuram talvez os primeiros tratados multilaterais da história do DIP e, no dizer de Akehurst, correspondem à segunda tentativa de estabelecer um sistema internacional de segurança coletiva. A Santa Aliança entre Rússia, Áustria e Prússia foi criada para resistir ao ideário revolucionário napoleônico e ao liberalismo derivado da Revolução Francesa, servindo de instrumento à restauração monárquica.

Além dos princípios já citados, os tratados da ata final de Viena buscaram assegurar a liberdade de navegação marítima, previram a neutralidade da Suíça e da Holanda e propuseram a abolição do tráfico negreiro.[2] Uma das consequências do Congresso de Viena foi a elevação do Brasil, em dezembro de 1815, à condição de parte do Reino Unido de Portugal, do Brasil e Algarves. A dinastia de Bragança movera-se para o Rio de Janeiro em 1808, como resultado da invasão de Napoleão a Lisboa.

---

2 A Declaração das Potências para a Abolição do Tráfico de Escravos, de 08.02.1815, faz parte do Anexo XV da Ata Final do Congresso de Viena. Baseou-se no Tratado de Paris de 1814. Por meio dela, as Potências signatárias declararam, diante da Europa, que consideravam a abolição do tráfico de escravos uma necessidade e uma medida adequada ao espírito do tempo, pois tal prática "era um flagelo que há muito desolava a África, degradava a Europa e afligia a humanidade". Prossigo com Akehurst: "A oposição a essa prática, tanto dentro como fora do Reino Unido, gradualmente levou à sua proibição no direito internacional no século XIX. Após medidas nacionais, o primeiro tratado para banir o comércio de escravos foi concluído entre a França e a Grã-Bretanha em 1814. Esse princípio humanitário também foi adotado no Congresso de Viena de 1815 e em tratados multilaterais subsequentes que levaram à abrangente Ato Geral da Conferência de Bruxelas de 1890 relativa ao Comércio de Escravos na África. Este tratado foi ratificado por todos os Estados europeus, Estados Unidos, Pérsia, Turquia, Congo e Zanzibar e instituiu medidas militares e jurídicas eficazes para o fim do comércio de escravos, embora o status da escravidão doméstica permanecesse inalterado. Na abolição do comércio de escravos, a Marinha Real Britânica, controlando os mares, desempenhou um papel central como agência de fiscalização marítima que controlava os embarques" (MALANCZUK, 1997).

O Concerto Europeu encontrou seu fim paulatinamente devido à Guerra da Crimeia (1856) e ao fracasso do Congresso de Berlim (1878), entre outros eventos daquele período. O fim do Império Otomano levou a Europa à Primeira Guerra dos Balcãs (1912-1913), tornando-se impossível manter o equilíbrio de poderes, diante da tensão expansionista na região.

Essa perspectiva histórica ocidental, quando não totalmente eurocêntrica, quanto à origem do DIP, deve ser vista com reservas porque em várias regiões do globo houve o desenvolvimento de regras e costumes para regular as relações entre diferentes entidades políticas. Estados europeus mantiveram relações internacionais com o Império Mogol ou Gurkani (Índia), com a China, o Império Otomano, a Pérsia, a Birmânia, o Japão e o Sião (Tailândia). E esses países tiveram seus próprios modelos de relações internacionais com seus vizinhos.

Jorge Miranda (2009) explica que:

> Quando e onde quer que haja Estado, e Estado que mantenha qualquer tipo de relações, mais ou menos duradouras com outro ou outros Estados (ou entidades afins), tornam-se necessárias normas jurídicas para as estabelecer e as fazer subsistir. Aos diversos tipos históricos de Estados correspondem, naturalmente, diversos tipos de direito internacional. E a cada época e a cada grande área geográfica separada das demais, com o seu sistema de Estados, corresponde um sistema próprio de direito internacional.

No entanto, o autoisolamento assumido por Japão e China levou países europeus, no século XIX, a conflitos bélicos com tais nações, em nome da liberdade de comércio, diz Akehurst. Nessa época, tratados comerciais com vantagens para nações da Europa e imunidade pessoal de jurisdição a seus nacionais (capitulações), foram impostos a tais nações. Os tratados desiguais ou tratados iníquos (*unequal treaties*) com o Japão (durante o shogunato Tokugawa) a China (sob a dinastia Qing) são exemplos desses acordos ilegítimos. Como consequência da primeira Guerra do Ópio (1842), foi firmado o Tratado de Nanquim, que levou à anexação de Hong Kong ao Império Britânico, em detrimento da China.

No Brasil, vigorou um sistema parecido ao das capitulações, para jurisdição pessoal: o dos juízes conservadores da Nação Britânica. Noutras partes do mundo, as nações europeias simplesmente conquistaram territórios para colonização. É o que se deu, por exemplo, na Conferência de Berlim (1884-1885), que redundou na Partilha da África, na esteira da Segunda Revolução Industrial.

Akehurst aponta as duas principais etapas do desenvolvimento do DIP:

a) o período clássico, que vai de 1648 a 1918, no qual os Estados soberanos eram os únicos sujeitos do direito internacional; e

b) o período do moderno direito internacional, de 1918 até os dias atuais, quando as organizações internacionais passam a ser sujeitos do DIP (MALANCZUK, 1997).

O período clássico é marcado pelo nascimento do conceito de Estado-nação com o soerguimento de Estados fortemente centralizados como a Espanha, a Inglaterra, a França, a Holanda e a Suécia. A era das grandes navegações permitiu a transcendência desse modelo para além-mar, o que acabou favorecendo sua incorporação à experiência de outros povos. Com isso, o direito internacional de extração europeia também se consolidou, mas era marcado por costumes e tratados bilaterais sobre comércio, navegação, alianças militares e paz, representações diplomáticas e limites terrestres e marítimos (MALANCZUK, 1997).

No século XIX, nasce a Cruz Vermelha Internacional (1863),[3] e com ela o direito internacional humanitário (DIH)[4] começa a tomar corpo, especialmente após a Guerra da Crimeia (1853-1856) e

[3] Criada como uma associação civil constituída segundo as leis do Cantão de Genebra e depois reconhecida pela Convenção de 1864.

[4] O DIH é também chamado de direito internacional dos conflitos armados (DICA).

da Guerra Civil americana (1861-1865) e das Conferências de Paz da Haia, de 1899 e 1907. Surge também a União Postal Universal (1874), uma união administrativa para serviços postais, com personalidade jurídica limitada. O regime jurídico dos rios internacionais, com foco no comércio, também se desenvolve, com o surgimento das comissões dos rios Reno (1831-1868) e Danúbio (1856-1865). O DIP dava seus primeiros passos.

Sobre o período moderno, diz Akehurst (MALANCZUK, 1997) que, de 1919 em diante, teve lugar uma fundamental transformação do direito internacional, com as tentativas de organizar a comunidade internacional e de promover a solução pacífica de conflitos. É então que são fundadas a Liga das Nações ou Sociedade das Nações (1919-1946), a primeira organização internacional de caráter político, a Organização Internacional do Trabalho (OIT), em 1919, e a Corte Permanente de Justiça Internacional (1921-1946). Só depois, em 1945, são instituídas a Organização das Nações Unidas (ONU) e a Corte Internacional de Justiça (CIJ), estruturas mais robustas para promover a paz e a segurança internacionais e para a realização de justiça interestatal (MALANCZUK, 1997).

É também no período moderno do DIP que se inicia o processo de descolonização da África, da Ásia e do Caribe, seja por meios pacíficos ou guerras coloniais. Vê-se uma profusão de tratados internacionais, muitos deles multilaterais, tendo os mais diversos objetos. Um deles é o Pacto Briand-Kellog (Paris, 1928) ou tratado de renúncia geral à guerra. A Carta das Nações Unidas (1945) e a Declaração Universal dos Direitos Humanos (1948) inauguram novo capítulo no DIP, o direito internacional dos direitos humanos (DIDH). Em seguida, surgem as agências especializadas das Nações Unidas, como a Organização das Nações Unidas para a Educação, a Ciência e Cultura (UNESCO); a Organização das Nações Unidas para a Alimentação e a Agricultura (FAO); e a Organização Mundial de Saúde (OMS) e um importante órgão do sistema de justiça, o Tribunal Penal Internacional (TPI), instituído pelo Estatuto de Roma (1998).

Jorge Miranda (2009) ensina que o período clássico foi marcado pelo início do declínio do Sacro-Império Romano Germânico, pela era dos Descobrimentos, pelo Renascimento, pela Reforma e pela Contrarreforma e pelas revoluções do século 18. Surgem então questões sobre o regime jurídico do mar e a liberdade de navegação em alto-mar. Akehurst (MALANCZUK, 1997), por sua vez, lembra que nascem nesse período o princípio da soberania territorial e da exclusividade de jurisdição sobre tal território, a imunidade dos Estados à jurisdição estrangeira, as regras sobre relações diplomáticas e consulares, o direito à proteção diplomática, o direito dos tratados e o princípio *pacta sunt servanda.* Embora os conceitos de solução pacífica dos conflitos tenham começado a evoluir desde a Paz de Vestfália, a guerra ainda era considerada um atributo da soberania.

Os grandes autores do período clássico são os espanhóis Francisco de Vitória (1486-1546) e Francisco Suárez (1548-1617) e o holandês Hugo Grotius (1583-1645), com o seu clássico "*De juri belli ac pacis*" (1625), no qual distingue um direito de guerra e um direito da paz.

Tais autores tinham um ponto em comum, segundo Akehurst (MALANCZUK, 1997). Para eles, os princípios gerais de Direito derivavam, não de escolha ou decisão humana, mas de princípios de justiça que tinham valor eterno e universal e que poderiam ser alcançados racionalmente: "*Law is to be found, not made*". Esta seria a escola naturalista de direito internacional, que logo após a morte de Grotius em 1645 passou a ser contestada pelos positivistas. Um dos primeiros a fazê-lo foi Cornelius Van Bynkershoek (1673-1743), que considerava que a conduta dos Estados era a base do direito internacional.

As revoluções liberais são também consideradas marcos da evolução do DIP:

> Com a independência dos Estados Unidos, pela primeira vez um Estado geograficamente não europeu (embora o seja cultural e politicamente) entra para o campo dos Estados

> reconhecidos como sujeitos de direito internacional. No entanto, é a Revolução Francesa que introduz ou pretende introduzir mais significativas novidades, ao afirmar que (...) todos os povos – à semelhança de indivíduos – são livres e iguais; e ao reclamar que todos os povos têm direito à autodeterminação (MIRANDA, 2009).

Akehurst tinha a mesma posição sobre a Revolução Francesa, que defendera a ideia de liberdade e de autodeterminação dos povos, objetivos que deveriam ser implementados para além das fronteiras francesas. A declaração "*denied the rights of monarchs to dispose of state territory and population according to their own discretion*".[5] Sobre os Estados Unidos, Akehurst esclarece que a independência em 1776 influenciou outras nações americanas a seguirem esse caminho, em face de potências coloniais europeias. Em 1823, como resposta ao Congresso de Viena, sobreveio a Doutrina Monroe, que rejeitava qualquer espécie de intervenção europeia nas Américas, mas que serviu de fundamento para intervenções dos próprios norte-americanos nesta região.

Jorge Miranda denomina de **contemporânea** a fase do DIP posterior à Primeira Guerra Mundial. Nela, os Estados "têm de concorrer com sujeitos de novo tipo, as organizações internacionais", e os indivíduos podem também exercer certos direitos perante a ordem internacional. Para ele, podem ser divisados três momentos:

a) a primeira fase, desde 1919 (Tratado de Versalhes), com a criação da Liga das Nações (*Société des Nations*) até o início da Segunda Guerra Mundial (1939), é um período de grande instabilidade global, num mundo multipolar, em que vicejavam nacionalismos militaristas e Estados totalitários;
b) a segunda fase, de 1945 (Carta das Nações Unidas) até 1989, marcada pela Guerra Fria, caracterizada pela bipolarização

5 Tradução: "negava o direito dos monarcas de dispor discricionariamente sobre o território estatal e sua população" (MALANCZUK, 1997).

global, apesar da existência de países não alinhados. É um longo período de paz na Europa, apesar de conflitos, revoluções, golpes e guerras na África, na Ásia e nas Américas;

c) a terceira fase, de 1989 (Queda do Muro de Berlim) até os dias atuais, é notável pelo fim da Guerra Fria, pela desintegração da União Soviética e pelo avanço das liberdades públicas, assim como pelo surgimento da União Europeia, em um mundo unipolar, liderado pelos Estados Unidos, porém com o "peso emergente da China, da Índia e do Brasil". É também quando surge, no dizer do autor (MIRANDA, 2009), "um terrorismo difuso de matriz antiocidental".

Os autores citados traçaram esses marcos antes da eclosão da Guerra da Ucrânia em 2022, cujas origens remontam à invasão e anexação da Crimeia, pela Rússia, em 2014. As ações de Vladimir Putin sobre o território ucraniano encerraram um período de grande paz na Europa, que só havia sido quebrada nos anos 1990 pela Guerra da Iugoslávia.

1.1.1 Terminologia

"Direito internacional", na doutrina de língua inglesa, ou "direito internacional público", na doutrina continental europeia e dos países latino-americanos, o moderno direito das gentes (*jus gentium*) surgiu com os naturalistas do século XVII, entre eles Hugo Grotius.

A expressão "direito internacional" foi empregada pela primeira vez em 1780 pelo filósofo utilitarista e jurista inglês Jeremias Bentham (1748-1832), em *An Introduction to the Principles of Morals and Legislation*, de 1789, para distinguir o Direito que regula as relações entre os Estados do direito interno.

O adjetivo "público" advém de acréscimo da doutrina francesa e é útil para distinguir esse ordenamento jurídico (e não uma disciplina) do direito internacional privado, que, em inglês, é chamado de *conflict of laws*. Essa denominação cunhada por Joseph Story em 1834 é mais adequada do que aquela usada na América Latina porque o direito internacional privado não é verdadeiramente "internacional", mas um conjunto de normas de direito interno; e não é "privado", porque sua natureza é de direito público processual.

Miranda (2009) objeta que o direito internacional privado "só é internacional - ou transnacional - pelas implicações na circulação internacional das pessoas, dos negócios jurídicos e dos bens". No mesmo sentido é o ensinamento de Mazzuoli (2020, p. 26):

> direito verdadeiramente internacional é o direito internacional público, uma vez que o direito internacional privado é "internacional" apenas pelo fato de resolver conflitos de normas (nacionais) no espaço com conexão internacional (ou seja, conflitos "internacionais" de leis internas).

1.1.2 Conceito de direito internacional público

Para Portela (2019), o direito internacional público tutela

> não só os vínculos estabelecidos entre Estados e organizações internacionais, como também uma ampla gama de questões de interesse direto de outros atores sociais, como os indivíduos. [Assim, o DIP é] ramo do direito que visa a regular as relações internacionais e a tutelar temas de interesse internacional, norteando a convivência entre os membros da sociedade internacional.

Outros autores têm conceitos mais enxutos. É o caso de Nascimento e Silva e Accioly, que definem o DIP como "o conjunto de normas jurídicas que regulam as relações mútuas dos Estados e, subsidiariamente, as das demais pessoas internacionais, como determinadas organizações, e dos indivíduos" (SILVA; CASELLA; ACCIOLY, 2017).

Juntando atributos formais (fontes das normas) e materiais (substrato delas), Miranda (2009) dirá que, se o direito interno é a organização do Estado, "o direito internacional é a organização da comunidade internacional". Acresce que o DIP é um conjunto de normas e instituições jurídicas:

> Não é, porém, a única ordem normativa internacional. Paralelas a ele encontram-se duas outras ordens normativas: a moral internacional e a *comitas gentium*, a moral e as normas de cortesia ou de trato social enquanto se projetam na vida internacional.

O jurista português menciona então a existência de um direito internacional geral ou comum, fundado nos princípios gerais de direito e nos costumes universais ou regionais; o direito internacional convencional, fundado nos tratados bilaterais ou multilaterais; e o direito das organizações internacionais.

Para Miranda (2009), o DIP é assim "um sistema complexo e diferenciado de fontes, com realce especial do costume e do tratado", marcado pela incompletude e menor densidade de suas normas, que podem ser submetidas a um escasso número de tribunais internacionais, dotados de poderes insuficientes. O DIP depende de órgãos do direito interno para o cumprimento de suas normas, que ainda fazem prevalecer a responsabilidade coletiva (jurídica) sobre a responsabilidade individual. Seus sujeitos plenos são os Estados e as organizações internacionais, ao passo que os indivíduos têm nele uma personalidade limitada.

1.1.3 Objeto do direito internacional público

O DIP regula as relações entre os Estados e as organizações internacionais para satisfazer interesses comuns entre os Estados, no tocante ao desenvolvimento, à garantia da segurança, à promoção da paz, à cooperação internacional e à proteção dos direitos humanos.

O direito internacional pode ser objeto de distinção entre direito internacional geral, que abrange as normas fundamentais de caráter geral; e direito internacional especial, que se subdivide em diversos ramos: o direito internacional penal, o direito internacional do trabalho, o direito do mar, o direito internacional do meio ambiente, o direito internacional tributário etc. (MIRANDA, 2009).

No tocante à proteção internacional da pessoa humana, merecem destaque o direito internacional humanitário (DIH) ou o direito internacional dos conflitos armados (DICA), o direito internacional dos direitos humanos (DIDH) e o direito internacional dos refugiados (DIR). Todos os três são ramos especializados do direito internacional público.[6]

Regido por costumes, princípios gerais e por tratados internacionais (especialmente as quatro Convenções de Genebra de 1949), o DIH, cuja origem remonta ao século XIX, ocupa-se da proteção da pessoa em conflitos armados e visa a restringir certos meios, métodos, táticas militares e armas de combate. Um dos seus principais atores é a Cruz Vermelha Internacional (COMITÊ INTERNACIONAL DA CRUZ VERMELHA, 2022a):

> O Direito Internacional Humanitário é um conjunto de normas que, procura limitar os efeitos de conflitos armados. Protege as pessoas que não participam ou que deixaram de participar nas hostilidades, e restringe os meios e métodos de combate. O Direito Internacional Humanitário (DIH) é também designado por "Direito da Guerra" e por "Direito dos Conflitos Armados".

Já o DIR protege as pessoas deslocadas em função de perseguições por motivos políticos, religiosos, étnicos, raciais, de origem nacional, que podem ser motivadas por conflitos armados internacionais ou não internacionais, assim como por instabilidade política e ascenção de regimes totalitários. Surgido no pós-guerra, o DIR é regulado sobretudo por tratados internacionais, como a Convenção sobre o Estatuto dos Refugiados de 1951. Um dos seus principais atores é o Alto Comissariado das Nações Unidas para Refugiados (ACNUR).

---

[6] *Vide* o Capítulo 12 deste livro sobre a proteção internacional à pessoa humana.

> Atualmente, após uma longa construção doutrinária, que culminou, na esfera internacional em seu âmbito universal, com a Convenção de 1951 e com o Protocolo de 1967, o *status* de refugiado é reconhecido a qualquer pessoa que sofra perseguição em seu Estado de origem e/ou residência habitual, por força de sua raça, nacionalidade, religião, opinião política ou pertencimento a determinado grupo social, enquanto o asilo tem sua prática limitada à perseguição política. Os cinco motivos de reconhecimento supramencionados relacionam-se a direitos civis e políticos assegurados na esfera internacional e que, no caso dos refugiados, não estão sendo respeitados (JUBILUT, 2007).

Por sua vez, o direito internacional dos direitos humanos (DIDH), mais abrangente que os anteriores, normalmente é aplicado em situações nas quais não há guerras ou conflitos armados e estabelece a proteção integral de todos os direitos humanos, no relacionamento da pessoa com os Estados, com particulares e empresas.[7] O DIDH protege os direitos civis, políticos, sociais, econômicos, culturais e ambientais de todas as pessoas. Seu marco fundador é a Declaração Universal dos Direitos Humanos, de 1948, e seus principais órgãos de implementação são de índole universal (sistema onusiano) ou regional (sistemas africano, europeu e interamericano), de que são exemplos o ACNUDH, o Comitê de Direitos Humanos do PIDCP (CCPR), a Corte Europeia de Direitos Humanos e a Comissão Interamericana de Direitos Humanos.

---

[7] *Vide*: NAÇÕES UNIDAS. Princípios Orientadores para Empresas e Direitos Humanos das Nações Unidas (Regras de Ruggie), adotados pelo Conselho de Direitos Humanos da ONU por meio da Resolução nº 14/4, de 16 de junho de 2011. Disponível em: https://www.ohchr.org/sites/default/files/documents/publications/guidingprinciplesbusinesshr_en.pdf. Acesso em: 4 ago. 2022. A OCDE adotou princípios semelhantes: as Diretrizes da OCDE para as Empresas Multinacionais, objeto do Decreto nº 9.571/2018.

1.1.4 Fundamentos do direito internacional público

Há três teorias principais que procuram explicitar e explicar o fundamento do direito internacional público.

A primeira delas é a voluntarista (subjetiva). Segundo essa corrente, também chamada de positivista, o fundamento do DIP está na vontade soberana dos Estados e organizações internacionais (consentimento), que é manifestada expressamente (mediante ingresso em tratados) ou tacitamente (pela aceitação de costumes internacionais). A crítica a essa teoria acentua o fato de que temas muito relevantes para a humanidade não podem ser relegados a atos de mera vontade dos Estados, pois essa vontade é contingencial e depende de arranjos políticos instáveis em democracias, em teocracias, em ditaduras e em regimes totalitários.

Já a corrente objetivista entende que que o fundamento de obrigatoriedade do DIP não está na vontade estatal, mas deriva

> da existência de valores, princípios ou regras que se revestem de uma importância tal que deles pode depender, objetivamente, o bom desenvolvimento e a própria existência da sociedade internacional Nesse sentido, tais normas, que surgem a partir da vontade dos sujeitos de direito internacional, colocam-se acima da vontade dos Estados e devem, portanto, pautar as relações internacionais (PORTELA, 2019).

Uma das vertentes objetivistas é o jusnaturalismo. Outra delas é a teoria da norma-base de Hans Kelsen (1881-1973). A crítica ao objetivismo parte da ideia de que não se pode impor aos Estados normas que não correspondam a anseios legítimos de seus povos.

Buscando conciliar as ideias anteriores, o jurista italiano Dionisio Anzilotti (1867-1950) desenvolveu a teoria de que o fundamento do DIP está na regra *pacta sunt servanda*, segundo o qual os Estados devem cumprir de boa-fé os compromissos que assumiram, respeitadas as normas de *jus cogens*, que são imperativas, independentemente do consentimento dos Estados, e que prevalecem sobre os tratados.

Normas de *jus cogens* (previstas nos arts. 53 e 64 da Convenção de Viena de 1969 sobre direito dos tratados); algumas normas da Carta das Nações Unidas (cujas disposições, segundo o art. 103, prevalecem sobre quaisquer outras obrigações internacionais) e do Estatuto da Corte Internacional de Justiça; assim como normas da Convenção de Viena de 1969 (sobre conclusão, interpretação, validade, aplicação e fim de vigência de tratados) podem compor, no dizer de Miranda, um direito internacional constitucional (MIRANDA, 2009).

Para Miranda (2009), uma norma é cumprida devido

> ao sentido racional e ético, mais ou menos conscientemente assumido, da pertença a um grupo, a uma comunidade, a um sistema de relações. O destinatário da norma é livre de cumprir ou não cumprir, mas a norma que se lhe dirige não tem por base a sua vontade; funda-se em princípios objetivos de ordem que o transcendem ou num sentido de bem comum; e isto vale tanto para o direito interno quanto para o direito internacional.

E conclui o mesmo autor que, por si só, a existência de normas de *jus cogens* demonstra "a incapacidade de uma fundamentação voluntarista das normas de direito internacional".

1.1.5 A sociedade internacional e suas características

Usualmente, faz-se oposição entre os conceitos de sociedade nacional e sociedade internacional. Desta última participam os Estados, as organizações internacionais e os particulares (indivíduos), mas também organizações não governamentais e empresas. Mazzuoli (2020, p. 7) diferencia os sujeitos de direito internacional público dos atores internacionais. Segundo Portela (2019),

> tais atores, e os vínculos que os unem, formam a sociedade internacional, cuja dinâmica é pautada por diversos fatores,

> associados, por exemplo, à política, à economia, à geopolítica, ao poder militar, à cultura e, por fim, aos interesses, necessidades e ideais humanos.

"Sociedade internacional" não é expressão sinônima de "comunidade internacional". A primeira existiria na atualidade, enquanto a segunda não. É o que diz Portela. A ideia de comunidade internacional fundamenta-se em vínculos espontâneos e de caráter subjetivo, envolvendo identidade e laços culturais, emocionais, históricos, sociais, religiosos e familiares comuns. Caracteriza-se pela ausência de dominação, pela cumplicidade e pela identificação entre seus membros, cuja convivência seria naturalmente harmônica (PORTELA, 2019).

Mazzuoli (2020, p. 6) também distingue os termos "sociedade" e "comunidade" internacional, alertando que "não existe (pelo menos por enquanto) uma comunidade internacional, apesar de a expressão 'comunidade' ser ainda bastante utilizada em diversos tratados e documentos internacionais".

Para Portela, a sociedade internacional forma-se a partir da vontade de seus integrantes, que decidem associar-se para atingir certos objetivos. A vontade dos membros exerce um papel decisivo, como fator que promove a aproximação entre eles, em proveito dos fins que pretendem juntos alcançar (PORTELA, 2019).

Entre as características da sociedade internacional temos a universalidade, a heterogeneidade, a interestatalidade, a descentralização, a coordenação e a desigualdade. Segundo a lição de Portela (2019):

a) a sociedade internacional é universal (global ou planetária), ainda que o nível de integração de alguns de seus membros não seja intenso. Mesmo que um certo Estado adote uma política externa isolacionista, terá, no mínimo, de relacionar-se com Estados fronteiriços ou com os quais mantenha laços comerciais;
b) a sociedade internacional é heterogênea, nela integrando-se distintos atores de natureza econômica, social, cultural etc.

Comporta Estados com igualdade jurídica, mas com capacidades econômicas, políticas ou militares díspares;

c) segundo parte da doutrina, a sociedade internacional seria também interestatal, pois formada apenas por Estados. Contudo, no século XX, as organizações internacionais passaram a ser sujeitos de direito internacional. Além disso, indivíduos, empresas e organizações não governamentais (ONGs) tomam parte nas relações internacionais;
d) a sociedade internacional é descentralizada. Não há um poder central universal. A ONU não desempenha o papel de governo do mundo. Há, sim, vários centros de poder, compostos por Estados, isoladamente ou em conjunto com outros, e por organizações internacionais. Nenhum desses entes subordina-se a qualquer entidade política superior;
e) a sociedade internacional caracteriza-se pela coordenação de interesses e de atividades entre seus membros, e não por mecanismos de subordinação;
f) a característica anterior liga-se ao conceito de igualdade soberana entre as nações, que constitui uma paridade jurídica interestatal, que convive com uma desigualdade de fato entre tais sujeitos, devido aos diferentes poderios e dimensões dos Estados (PORTELA, 2019).

Ao comentar sobre a descentralização da sociedade internacional, Rezek (2016) acresce que

> no plano internacional não existe autoridade superior nem milícia permanente. Os Estados se organizam horizontalmente, dispostos a proceder de acordo com certas regras na exata medida em que estas tenham sido objeto de seu consentimento. A criação de normas é, assim, obra direta de seus destinatários.

Quanto ao mesmo ponto, Mazzuoli esclarece que, se a ordem jurídica internacional é descentralizada, simultaneamente é "organizada pela lógica da coordenação (ou cooperação)".

Tal modelo vai paulatinamente substituindo o "sistema de justaposição, em virtude da cada vez mais em voga doutrina da interdependência, segundo a qual os Estados, nas suas relações reciprocas, dependem menos de si próprios e mais da grande aldeia global que está à sua volta" (MAZZUOLI, 2020, p. 10).

Sobre a universalidade do direito internacional, Miranda objeta que há também cada vez mais um regionalismo, pois "surgem, em diferentes zonas geográficas, continentes ou subcontinentes, segmentos particulares, moldados em função de características, tradições, problemas ou necessidades peculiares" (MIRANDA, 2009). Constitui-se assim um direito internacional regional, de que são exemplos o regionalismo interamericano (exemplo: o asilo diplomático) e o direito comunitário europeu, ou direito da União Europeia.

E sobre o elemento de coordenação, Miranda (2009) esclarece que o direito internacional clássico era um direito de coordenação e de reciprocidade, mas o

> direito internacional dos nossos dias está longe de ser apenas isso. É também um direito de cooperação (assim, o direito internacional econômico, o dos direitos do homem ou o do ambiente) e até um direito de subordinação em sentido estrito (assim, no tocante à manutenção da paz e da segurança coletiva na Carta das Nações Unidas, à justiça penal internacional e aos regulamentos comunitários europeus).

1.1.6 A expansão qualitativa e quantitativa do Direito Internacional

Segundo Miranda (2009), o "direito internacional é um ordenamento jurídico, não um ramo do direito. Não se acrescenta ao direito civil, nem ao direito administrativo, nem ao direito penal. Contrapõe-se sim (...) ao direito interno, ou melhor, ao direito próprio de cada um dos Estados soberanos".

Hoje, o direito internacional público tem diversas derivações, que incluem o direito internacional humanitário, o direito internacional dos direitos humanos, o direito internacional dos refugiados, o direito internacional ambiental etc. Forma-se aí uma parte especial do direito internacional.

Do ponto de vista subjetivo, o direito internacional diz respeito aos Estados, às organizações internacionais e a particulares (indivíduos). A estes, na lição de Mazzuoli (2020, p. 355-356; 374-375), somam-se coletividades não estatais, como os beligerantes, os insurgentes e os movimentos de libertação nacional, assim como sujeitos não formais do DIP, a exemplo das empresas multinacionais.

Após o fim da Segunda Guerra Mundial (1939-1945), houve uma expansão qualitativa e quantitativa de normas internacionais, devido à preocupação das potências de então de evitar a repetição de tão graves violações a direitos humanos.

No plano quantitativo, cresceu enormemente o conjunto de normas internacionais sobre os mais variados temas, especialmente sobre direito tributário, direitos humanos e comércio exterior, o que veio na esteira de inúmeros tratados internacionais, bilaterais ou multilaterais.

Com a expansão também qualitativa das normas de direito internacional, reforçaram-se os procedimentos internacionais de sua interpretação e *enforcement*, o que diminuiu a descentralização que caracteriza a sociedade internacional e facilitou o cumprimento de textos obrigatórios internacionais. Surgiram órgãos judiciais (penais e não penais) e quase-judiciais, que buscam concretizar a parêmia *pacta sunt servanda*. Tais instituições judiciais internacionais podem julgar indivíduos – como o Tribunal Penal Internacional (TPI) – ou julgam Estados – como a Corte Internacional de Justiça (CIJ).

1.1.7 Princípios que regem as relações internacionais do Brasil

O art. 4º da Constituição de 1988 enumera os princípios que devem reger as relações internacionais do Brasil com os demais sujeitos de direito internacional, sobretudo os Estados e as organizações internacionais, mas também os indivíduos, como pessoas protegidas pelo direito internacional e por seus ramos. São eles:

> I – independência nacional;
>
> II – prevalência dos direitos humanos;
>
> III – autodeterminação dos povos;
>
> IV – não intervenção;
>
> V – igualdade entre os Estados;
>
> VI – defesa da paz;
>
> VII – solução pacífica dos conflitos;
>
> VIII – repúdio ao terrorismo e ao racismo;
>
> IX – cooperação entre os povos para o progresso da humanidade;
>
> X – concessão de asilo político.

A independência nacional e a autodeterminação dos povos ligam-se à própria existência do Estado. Não há Estado soberano sem independência nacional e sem que seu povo tenha direito à autodeterminação. Entre os propósitos da ONU, conforme o art. 1.2 da Carta das Nações Unidas (São Francisco, 1945) está o de "desenvolver relações amistosas entre as nações, baseadas no respeito ao princípio de igualdade de direitos e de autodeterminação dos povos, e tomar outras medidas apropriadas ao fortalecimento da paz universal".

Por sua vez, a Carta da Organização dos Estados Americanos – OEA (Bogotá, 1948), no seu art. 1º, determina que o objetivo dos Estados signatários é buscar "uma ordem de paz e de justiça, para promover sua solidariedade, intensificar sua colaboração e defender sua soberania, sua integridade territorial e sua independência".

A igualdade entre as nações é também um princípio fundamental do direito internacional. O art. 55 da Carta das Nações Unidas estatui que relações pacíficas e amistosas entre os Estados se baseiam "no respeito ao princípio da igualdade de direitos e da autodeterminação dos povos". No preâmbulo, o tratado reafirma claramente essa igualdade, assegurando "a fé nos direitos fundamentais do homem, na dignidade e no valor do ser humano, na igualdade de direito dos homens e das mulheres, assim como das nações grandes e pequenas". O art. 2.2 da Carta de São Francisco, de 1945, não deixa dúvidas ao assentar que a ONU "é baseada no princípio da igualdade de todos os seus Membros".

A ideia de não intervenção é uma decorrência da soberania estatal. Segundo o art. 28 do tratado, "toda agressão de um Estado contra a integridade ou a inviolabilidade do território, ou contra a soberania, ou a independência política de um Estado americano, será considerada como um ato de agressão contra todos os demais Estados americanos". Ao seu tempo, o art. 29 da Carta da OEA estabelece que:

> Artigo 29
>
> Se a inviolabilidade, ou a integridade do território, ou a soberania, ou a independência política de qualquer Estado americano forem atingidas por um ataque armado, ou por uma agressão que não seja ataque armado, ou por um conflito extracontinental, ou por um conflito entre dois ou mais Estados americanos, ou por qualquer outro fato ou situação que possa pôr em perigo a paz da América, os Estados americanos, em obediência aos princípios de solidariedade continental, ou de legítima defesa coletiva, aplicarão as medidas e processos estabelecidos nos tratados especiais existentes sobre a matéria.

O rígido procedimento para declaração de guerra, que exige a autorização prévia do Congresso Nacional (art. 21, II; art. 49, II; e 84, XIX da CF/1988) dialoga com o princípio da solução pacífica dos conflitos e nos remete ao Pacto Briand-Kellogg, o Tratado de Renúncia à Guerra, concluído em Paris em 1928 e internalizado na ordem jurídica brasileira pelo Decreto nº 24.557/1934. O presidente da República só pode declarar guerra no caso de agressão estrangeira. Os meios pacíficos de solução de conflitos estão previstos nos arts. 33 a 38 da Carta das Nações Unidas.

A defesa da paz também se vincula ao compromisso de rechaço à guerra como meio para solução de diferendos. Em qualquer caso de ameaça à paz, os mecanismos dos tratados de São Francisco (ONU) e de Bogotá (OEA) podem ser invocados. O capítulo VII (arts. 39 a 51) da Carta das Nações Unidas cuida das ameaças à paz, da ruptura da paz e dos atos de agressão, instituindo importantes competências para o Conselho de Segurança da ONU, no contexto dos conflitos armados, da independência e da soberania dos Estados, do respeito aos direitos humanos e da segurança coletiva do planeta.

A cooperação entre os povos para o progresso da humanidade é um dos princípios fundantes das relações internacionais, que, como vimos, regem-se pelo critério de coordenação, e não pela subordinação entre os integrantes da sociedade internacional. O art. 13.1 da Carta das Nações Unidas diz caber a essa entidade "promover cooperação internacional no terreno político e incentivar o desenvolvimento progressivo do direito internacional e a sua codificação", assim como "promover cooperação internacional nos terrenos econômico, social, cultural, educacional e sanitário e favorecer o pleno gozo dos direitos humanos e das liberdades fundamentais, por parte de todos os povos, sem distinção de raça, sexo, língua ou religião".

No parágrafo único do art. 4º, a Constituição brasileira determina que a República Federativa do Brasil "buscará a integração econômica, política, social e cultural dos povos da América Latina, visando à formação de uma comunidade latino-americana de nações". Parte desse objetivo se materializa na OEA e no Mercado Comum do Sul (Mercosul), entidades regionais das quais o Brasil é Estado membro. No entanto, a vocação do dispositivo parece ser mais ampla, voltada para a constituição de uma entidade comunitária semelhante à União Europeia, o que está longe de acontecer.

O respeito aos direitos humanos, por sua vez, compreende compromissos estatais na ordem interna e na ordem internacional, mediante a implementação das obrigações decorrentes do art. 5º, entre outros, da Constituição e dos tratados internacionais de que o Brasil é parte. A sujeição do país à jurisdição da Corte Interamericana de Direitos Humanos (Corte IDH) e do Tribunal Penal Internacional (TPI) são mostras desse compromisso. O repúdio ao terrorismo e ao racismo são consequências lógicas dessa conformidade, que levam o Estado brasileiro a ser parte de tratados específicos nessas matérias e a adotar leis internas que procuram propiciar a prevenção, a investigação, a persecução e, eventualmente, a punição de tais condutas internacionalmente ilícitas.

A concessão de asilo político e também de refúgio são obrigações complementares, que se ligam ao dever estatal mais amplo de proteger e fazer respeitar os direitos humanos, mesmo de estrangeiros e apátridas que acorram a seu território, valendo também aqui lembrar do princípio *non-refoulement* (proibição do rechaço) em caso de risco de violações de direitos humanos no país de origem do pretendente ao refúgio ou ao asilo ou no país de destino do extraditando. De fato, segundo o art. 3º da Convenção das Nações Unidas contra a Tortura e Outros Tratamentos ou Penas Cruéis, Desumanos ou Degradantes, de 1984, "nenhum Estado Parte procederá à expulsão, devolução ou extradição de uma pessoa para outro Estado quando houver razões substanciais para crer que a mesma corre perigo de ali ser submetida a tortura".[8]

Outros princípios das relações internacionais do Brasil estão espalhados pelo texto constitucional, como a regra de subsidiariedade, atinente ao reconhecimento pelo país da jurisdição do TPI ou o princípio da aplicabilidade imediata dos tratados de direitos humanos, também conhecido como princípio do efeito imediato.

Por sua vez, as regras de extradição (arts. 5º e art. 102 da Constituição) e sobre assistência jurídica em matéria civil e penal

---

8 *Vide* o Decreto nº 40/1991.

(arts. 105 e 109) referem-se aos princípios da reciprocidade, do reconhecimento mútuo e da dupla tipicidade, que também orientam as relações internacionais do país em matéria de justiça, embora não estejam enunciados na Constituição. A inextraditabilidade de brasileiros natos (art. 5º, LI) também deve ser lembrada, e a impossibilidade de extraditar pessoas acusadas de crimes políticos ou de crime de opinião (art. 5º, LII, da Constituição).

Evidentemente, não se pode deixar de considerar o princípio *pacta sunt servanda*, que se extrai da Convenção de Viena de 1969 sobre Direito dos Tratados, da qual o Brasil também é parte.[9] Cada um dos princípios listados no art. 4º da Constituição pode ser conectado a um ou a mais de um tratado internacional, o que mostra a importância do *pacta sunt servanda* e do correlato princípio da boa-fé para as relações internacionais do país.

1.2 Relação do direito internacional com o direito interno

As relações entre o direito interno e o direito internacional podem ser intrincadas e controvertidas, sendo objeto de dissensos doutrinários entre monistas e dualistas. Pode-se dizer, porém, que,

> parece clara a adesão que vão obtendo, desde há décadas, as correntes monistas – e, evidentemente, do monismo com primado do direito internacional (...). Perante a realidade da vida jurídico-internacional, seria impensável negar a interligação sistemática das normas de direito internacional e das normas de direito interno (MIRANDA, 2019).

1.2.1 Correntes doutrinárias

Duas correntes doutrinárias surgiram para explicar ou tentar explicar as relações entre o direito interno e o direito internacional. O monismo e o dualismo, correntes representadas,

[9] *Vide* o Decreto nº 7.030/2009.

respectivamente, por Kelsen (2016), de um lado, e por Triepel (1925, p. 73-119) e Anzilotti (1929, p. 49 ss.),[10] do outro.

Para Karl Heinrich Triepel (1868-1946) e Dionisio Anzilotti (1867-1950), representantes da corrente dualista, o direito internacional e o direito interno de cada Estado seriam sistemas rigorosamente independentes e distintos, de tal modo que a validade jurídica de uma norma interna não se condicionaria

> à sua sintonia com a ordem internacional (...) Os dualistas enfatizam a diversidade das fontes de produção das normas jurídicas, lembrando sempre os limites de validade de todo direito nacional, e observando que a norma do direito das gentes não opera no interior de qualquer Estado senão quando este, por tê-la aceito, promove sua introdução no plano doméstico (REZEK, 2016).

Segundo a corrente do dualismo radical, é necessária a edição de leis para a incorporação de tratados ao direito interno. No dualismo moderado, prescinde-se de lei nacional, embora haja um complexo procedimento de incorporação, que exige aprovação congressual e promulgação presidencial.

Miranda (2009) explica que, para os dualistas, o direito internacional e o direito interno eram "dois mundos separados, dois sistemas com limites e fundamentos distintos".

Já os autores monistas agrupam-se em duas vertentes: os nacionalistas e os internacionalistas.

Para os monistas nacionalistas, que advogam o primado do direito interno de cada Estado soberano, é como se houvesse a negação do direito internacional. Seus maiores defensores foram autores soviéticos, que davam "relevo especial à soberania de cada Estado e à descentralização da sociedade internacional". Tais autores reconheciam "a existência de um só universo jurídico, mas

---

10 *Vide* também *Il Diritto Internazionale nel Giudizio Interno*, primeira edição, de 1905 (ANZILOTTI, 2021).

quem comanda esse universo jurídico é o direito interno e, em último termo, a vontade dos Estados" (MIRANDA, 2009).

Já os monistas internacionalistas sustentam a unicidade da ordem jurídica "sob o primado do direito internacional" (REZEK, 2016). Seu maior expoente foi Kelsen, que propugnava um ideal de uma ordem jurídica única. Para os monistas (MIRANDA, 2009),

> estes ordenamentos são comunicáveis e inter-relacionáveis, um não pode ignorar o outro e tem de haver meios de relevância recíproca das respectivas fontes (...). E assim as normas de direito internacional prevalecem sobre as de direito interno, conquanto o modo como essa prevalência seja encarada, no plano das consequências práticas, varie bastante.

Veja-se a propósito o art. 27 da Convenção de Viena de 1969, segundo o qual "Uma parte não pode invocar as disposições de seu direito interno para justificar o inadimplemento de um tratado".

O monismo internacionalista subdivide-se em radical - no qual o DIP exerce total supremacia - e moderado, que preconiza a compatibilização do direito interno e do direito internacional.

Em termos mais práticos, note-se que o controle de compatibilidade do direito internacional com o direito constitucional é um tema de direito *interno*, que será mais pronunciado nos Estados que adotam concepções dualistas de ordem jurídica ou monistas moderadas. Como explica Kelsen (2012, p. 403):

> A questão da norma a prevalecer, no caso de um conflito entre o direito nacional e o internacional, só pode decidir-se com base no ordenamento jurídico nacional envolvido; a resposta não pode ser deduzida a partir da relação que se presume existir entre o direito nacional e o internacional. Uma vez que, de acordo com o direito positivo nacional, não seja vedada, em caso de conflito entre a norma internacional e a nacional, a prevalência desta sobre aquela, os juízes ficam

> obrigados a aplicar o direito nacional, ainda que contrário ao direito internacional.

Binenbojm (2000) esclarece que, embora Kelsen sustentasse a primazia do direito internacional sobre o direito interno, o jurista austríaco admitia que "a questão da hierarquia entre as fontes deveria ser tratada pela ordem jurídica interna, especialmente a Constituição do Estado (monismo moderado), sem que isto desnaturasse a sua concepção monista".

Nesta ótica kelseniana, os tratados internacionais em geral podem ser confrontados com a lei fundamental para serem submetidos ao crivo de constitucionalidade, isto é, a uma checagem de compatibilidade com a Constituição.

Mazzuoli (2020, p. 32) alerta que "a tendência atual é mais no sentido de procurar respostas concretas para os conflitos entre as ordens internacional e interna,q eu propriamente continuar o debate teórico (já ultrapassado) entre os defensores de uma ou outra concepção". Mesmo assim, há que se tomar partido e o faço afastando a visão dualista, em favor do monismo internacionalista. Não se pode acolher a visão de Triepel (1925, p. 104) de que os titulares de funções públicas e os juízes nacionais "são todos obrigados a aplicar o direito interno, mesmo contrário ao direito internacional".[11] Como Mazzuoli (2020, p. 35) constata, essa afirmação "atualmente soa como absurda, especialmente na seara da proteção internacional da pessoa humana e à luz da teoria da responsabilidade internacional do Estado".

De fato, o art. 27 da Convenção de Viena sobre o Direito dos Tratados, de 1969, é um dos tantos exemplos na ordem jurídica internacional que retratam a opcao pelo monismo internacionalista, ao determinar que "uma parte não pode invocar as disposições de seu direito interno para justificar o inadimplemento de um tratado".

---

11 Tradução de Amílcar de Castro da obra de Triepel: "As relações entre o direito interno e o direito internacional". Revista da Faculdade de Direito da Universidade Federal de Minas Gerais, n. 6, p. 44-45, 1966. Disponível em: https://revista.direito.ufng.br/index.php/revista/issue/view/72. Acesso em: 4 jul. 2022.

1.2.2 O acolhimento do Direito Internacional pelo Direito Interno

As leis fundamentais dos Estados soberanos determinarão como o direito interno acolhe as normas de direito internacional.

Guido Soares (2002) classifica alguns tipos de relacionamento entre o direito interno e o internacional. Haverá:

a) tratados internacionais que alteram a Constituição;
b) Constituições que atribuem *status* supralegal a tratados;
c) os tratados que têm a mesma hierarquia de lei ordinária;
d) as Constituições omissas que remetem à jurisprudência determinar a relação entre o direito interno e o direito internacional.

As normas internacionais podem ser incorporadas por um sistema de transformação, que exige que sejam elas convertidas em normas de direito interno. Essa transformação pode ser implícita ou explícita e se harmoniza com as concepções dualistas. No Reino Unido, por exemplo, é imprescindível uma lei para dar execução a tratados na ordem interna. Cite-se a Convenção Europeia de Direitos Humanos, ratificada por aquele país em 1951 e vigente internacionalmente desde 1953, mas que só pôde ser efetivada na Grã-Bretanha, com possibilidade de sua invocação perante tribunais locais, com a vigência do *Human Rights Act of 1998*, o que se deu apenas no ano 2000.[12]

Já pelo sistema de recepção, as normas internacionais vigoram como tais. Tal sistema pode ser de recepção plena ou de recepção semiplena, o que reflete um pensamento monista. A Constituição brasileira de 1988 adota o modelo de recepção

[12] Segundo Donald, Gordon e Leach (2012, p. 21), "apesar de o Reino Unido ter deveres internacionais conforme a Convenção Europeia havia décadas, os juízes e as autoridades britânicos não estavam obrigados a observar tais direitos humanos como tema do direito local do Reino Unido", o que impedia pessoas físicas e jurídicas de submeter tais questões a tribunais locais.

(art. 5º, §§ 2º e 3º, CF) em relação a tratados de direitos humanos (MIRANDA, 2009).

No Brasil, a incorporação de tratados passa por um procedimento bifásico, que exige prévia manifestação do Congresso Nacional, seja para ratificação de um tratado ou para adesão a ele. Disso resulta a publicação de um decreto legislativo. A essa etapa se segue a promulgação do tratado por meio de um decreto presidencial, o que configura um costume constitucional, sendo omissa, neste particular, a Constituição, quanto à essencialidade desta etapa para a eficácia dos tratados, sobretudo os direitos humanos, tendo em vista, neste caso, o previsto no § 1º do art. 5º da Constituição (efeito imediato).

Ao ingressarem no ordenamento jurídico brasileiro, os tratados equivalem em regra a leis federais ordinárias.[13] Porém, os tratados de direitos humanos têm *status* supralegal, conforme o art. 5º, § 2º, da Constituição e a jurisprudência do STF.[14] Tais acordos também podem alcançar o *status* de normas constitucionais, quando cumprido o rito de internalização mais rigoroso previsto no § 3º do art. 5º da Constituição, decorrente da Emenda Constitucional nº 45/2004.

1.2.3 O direito interno à luz do direito internacional

O direito interno sofre várias influências do direito internacional, tanto no plano legislativo quanto no plano judiciário. O diálogo das Cortes é um bom ponto de partida para entender esse tópico. O relacionamento pretoriano pode resultar na chamada fertilização cruzada, de que resulta a apropriação do direito interno ou de precedentes de supremas cortes nacionais pelas cortes de direitos humanos, e vice-versa.

---

[13] STF, RE 80.004/SE, Pleno, Rel. Min. Xavier de Albuquerque, Rel. para o acórdão, Min. Cunha Peixoto, j. em 01.06.1977.

[14] STF, RE 466.343/SP, Pleno, Rel. Min. Cezar Peluso, j. em 03.12.2008.

Decisões de tribunais apicais internos podem servir de base para a jurisprudência de tribunais internacionais, ao passo que a *res interpretata* dessas cortes, notadamente as de direitos humanos, pode orientar os julgamentos pelos tribunais domésticos.

Vê-se que as decisões judiciais internas, as leis do Estado e seus atos administrativos podem ser submetidos ao controle dos sistemas internacionais de proteção à pessoa humana. Em caso de violação a costumes ou a tratados ou aos princípios gerais do direito internacional, o Estado pode ser responsabilizado no plano internacional por cortes universais ou regionais, especializadas ou não.

Na interpretação e na realização do direito internacional, o direito Interno só será aplicado se a norma internacional a ele fizer remissão expressa. Um exemplo está na violação de norma sobre a competência para celebrar tratados (*treaty-making power*), de que cuida o art. 46 da Convenção de Viena de 1969.

Disso tudo, como ressalta Mazzuoli (2020, p. 46-47), "resulta o primado do direito internacional sobre o direito interno, [posição] que procede ainda mais quando certas matérias da legislação interna violam tratados ou normas imperativas de direito internacional geral, a exemplo das normas de *jus cogens*".

1.2.4 Princípios que regem a relação do direito interno com o direito internacional

Para Miranda (2009), a relação do direito internacional comum com o direito interno "tende a ser, um pouco por toda a parte, uniforme e constante; e o primado do primeiro – mormente, do *jus cogens* – traduz, afinal, o primado do bem comum universal".

Curiosamente, segundo o mesmo autor, por detrás do monismo internacionalista, defende-se "o pluralismo das ordens jurídicas, o seu reconhecimento recíproco, a sua comunicação, a identidade de todas elas no essencial" (MIRANDA, 2009).

A doutrina oferece alternativas para a conciliação entre as normas de direito interno e os tratados internacionais. Mazzuoli

(2020, p. 46) soma às correntes monistas o monismo internacionalista dialógico, que acentua a possibilidade de diálogo e coexistência entre as fontes do DIP e do direito interno, em matéria de direitos humanos, para a seleção da norma que ofereça a maior proteção à pessoa humana, seja a interna ou a internacional, o que reflete a aplicação do princípio da primazia da norma mais favorável ao ser humano (princípio *pro homine* ou *pro persona*).

Por sua vez, Ramos parte do princípio da cooperação leal e conforme aos tratados. Eis abaixo os princípios hermenêuticos capazes de concretizar a cooperação e a lealdade entre o Direito Internacional e o Direito Interno, segundo as lições de Ramos (2019a).

O princípio da interpretação interna amiga do direito internacional reclama a utilização da interpretação oriunda da argumentação jurídica, de que se vale o DIP. O principal princípio decorrente da cooperação leal entre o direito interno e o direito internacional é o princípio da interpretação internacionalista que busca conformidade com a interpretação dada por órgãos internacionais (RAMOS, 2019a).

Já o princípio do espaço constitucional de conformação aos tratados internacionais consiste em interpretar os dispositivos da Constituição de modo a permitir um espaço de conformidade em relação aos comandos dos tratados. Tome-se como exemplo a proibição constitucional de extradição de brasileiro nato. Isto não impede a entrega de tal brasileiro ao TPI, nos termos do Estatuto de Roma de 1998 (RAMOS, 2019a).

O princípio da presunção de aplicação dos tratados preexistentes em face das leis posteriores estipula que o legislador, conhecedor dos tratados vigentes, ao editar uma nova lei, terá elaborado seus dispositivos de modo a não violar os compromissos internacionais que o Estado havia assumido (RAMOS, 2019a).

Por fim, em harmonia com a visão de Mazzuoli, o jurista paulista sustenta que se pode invocar também o princípio da primazia da norma mais favorável ao indivíduo, seja ela a do direito internacional ou a do direito interno (RAMOS, 2019a).

1.2.5 A Constituição brasileira e o Direito Internacional

A Constituição de 1988 silencia sobre "as relações de conformidade ou desconformidade entre as normas internacionais vinculativas da República e as normas de direito interno" (MIRANDA, 2009). Porém, é fácil dizer que: a) as normas de *jus cogens* prevalecem mesmo sobre regras constitucionais; b) as normas de direito internacional dos direitos humanos podem ser internalizadas com *status* de normas constitucionais e se somam aos direitos nela previstos; e c) é admissível o controle de constitucionalidade sobre as demais normas de direito internacional, sem prejuízo do controle de convencionalidade, em sentido lato, das normas do direito interno em relação aos paradigmas internacionais.

As normas de direito internacional dos direitos humanos são de aplicabilidade imediata, conforme o art. 5º, § 1º, da Constituição brasileira. O efeito imediato indica ser possível a invocação direta de normas internacionais, especialmente as de direitos humanos, perante os Estados, entidades públicas ou particulares.

Salvo para os tratados de direitos humanos, a Constituição brasileira não contém qualquer norma que cuide da relevância do direito internacional na ordem interna. Acentua Miranda (2009) que "o processo de aprovação dos tratados aponta claramente para um sistema de transformação", que seria afeiçoado ao dualismo. Por outro lado, diz o autor lusitano, "o longo elenco de princípios e objetivos das relações internacionais patenteia uma concepção jus-universalista, muito mais consentânea com a recepção automática", muito mais próxima da visão monista internacionalista.

De fato, a Constituição contribui para a expansão e a institucionalização do DIP na ordem interna. Em várias passagens do texto fundamental, há referência a temas abrangidos pelo DIP (proteção do meio ambiente, direitos humanos etc.), assim como normas sobre direito convencional e *treaty-making power*, sobre o TPI, sobre os princípios das relações internacionais, sobre integração regional e sobre tribunais de direitos humanos.

Apesar de abordar as etapas necessárias para a internacionalização dos tratados, o texto de 1988 não cuida das normas consuetudinárias internacionais perante a ordem jurídica brasileira nem do reconhecimento de sua eficácia interna, o que decorrerá do Estatuto da Corte Internacional de Justiça (CIJ), de 1945, e do art. 4º da Lei de Introdução às Normas do Direito Brasileiro (LINDB).

Fato é que a internalização dos costumes internacionais ocorre pelo processo de absorção direta, sendo aplicáveis tais fontes independentemente da existência de um mecanismo específico de internalização. No ponto, Mazzuoli (2020, p. 82) esclarece que "o costume internacional é diretamente aplicável também na ordem doméstica, não necessitando de qualquer ato de internalização para que ali produza efeitos".

Ao decidir a ADI-MC 1480/DF, o Ministro Celso de Mello, do STF, destacou que: "É na Constituição – e não na controvérsia doutrinária que antagoniza monistas e dualistas – que se deve buscar a solução normativa para a questão da incorporação dos atos internacionais ao sistema de direito positivo interno brasileiro".[15]

Pode-se concluir que a Constituição parece ter estabelecido um modelo de celebração de tratados que segue a linha do dualismo moderado, mas também, a partir de 2004, contém aspectos do monismo internacionalista, especialmente em matéria de direitos humanos e de direito internacional penal.

Depois de percorrer a evolução histórica do direito internacional e examinar algumas de suas características, agora cuidaremos das fontes do DIP. Os tratados internacionais serão examinados posteriormente, no Capítulo 3.

---

[15] BRASIL. STF, Pleno, ADI-MC 1480/DF, Rel. Min. Celso de Mello, j. em 04.09.1997.

2

Fontes do Direito Internacional Público

2.1 O Estatuto da Corte Internacional de Justiça

No estudo das fontes do direito internacional, tem grande importância a análise do Estatuto da Corte Internacional de Justiça (CIJ), ou Corte da Haia.

A Corte Internacional de Justiça é um tribunal que julga Estados, não indivíduos. Tem sede na Haia, na Holanda, e não se confunde com o Tribunal Penal Internacional (TPI), órgão sediado na mesma cidade e que julga pessoas naturais acusadas de crimes internacionais previstos no Estatuto de Roma (1998).

A CIJ foi constituída em 1945 pelo art. 92 da Carta das Nações Unidas como seu principal órgão judiciário. Tem competência jurisdicional contenciosa e consultiva.[1] No entanto, não é um tribunal exclusivo, como se percebe da leitura do art. 95.[2] A CIJ substituiu

---

1 "Artigo 96. 1. A Assembleia Geral ou o Conselho de Segurança poderá solicitar parecer consultivo da Corte Internacional de Justiça, sobre qualquer questão de ordem jurídica. 2. Outros órgãos das Nações Unidas e entidades especializadas, que forem em qualquer época devidamente autorizados pela Assembleia Geral, poderão também solicitar pareceres consultivos da Corte sobre questões jurídicas surgidas dentro da esfera de suas atividades".

2 "Artigo 95. Nada na presente Carta impedirá os Membros das Nações Unidas de

a Corte Permanente de Justiça Internacional (CPJI), criada pelo art. 14 da Convenção da Liga das Nações (Pacto da Sociedade das Nações)[3], promulgado no Brasil pelo Decreto nº 13.990/1920.

> Artigo 92. A Corte Internacional de Justiça será o principal órgão judiciário das Nações Unidas. Funcionará de acordo com o Estatuto anexo, que é baseado no Estatuto da Corte Permanente de Justiça Internacional e faz parte integrante da presente Carta.

Segundo o art. 93 da Carta de São Francisco, todos os Membros das Nações Unidas são também partes do Estatuto da Corte Internacional de Justiça. Um Estado que não for membro das Nações Unidas pode tornar-se parte no Estatuto da Corte Internacional de Justiça, nas condições especificadas pela Assembleia Geral da ONU, mediante recomendação do Conselho de Segurança.

Conforme o art. 94 da Carta, os membros das Nações Unidas obrigam-se a cumprir as sentenças da Corte Internacional de Justiça em qualquer caso em que forem partes. Se uma das partes deixar de cumpri-las, a outra parte pode recorrer ao Conselho de Segurança (CS/ONU), e este órgão poderá expedir recomendações ou decidir sobre medidas a serem tomadas para o cumprimento da sentença.

O art. 33 da Carta das Nações Unidas, promulgada pelo Decreto nº 19.841/1945, lista os métodos de solução pacífica de conflitos. Entre eles estão a mediação, a arbitragem e as decisões judiciais.

> Artigo 33. 1. As partes em uma controvérsia, que possa vir a constituir uma ameaça à paz e à segurança internacionais, procurarão, antes de tudo, chegar a uma solução por negociação, inquérito, mediação, conciliação, arbitragem, **solução judicial**, recurso a entidades ou acordos regionais, ou a qualquer outro meio pacífico à sua escolha. (Grifos nossos.)

---

confiarem a solução de suas divergências a outros tribunais, em virtude de acordos já vigentes ou que possam ser concluídos no futuro".

3 Que faz parte do Tratado de Versalhes, de 28.06.1919.

2.2 As fontes do direito internacional público

O Estatuto da CIJ integra o tratado constitutivo da ONU e seu estudo é essencial para a compreensão das fontes do direito internacional público.

Jorge Miranda (2009) ensina que "o conceito de fontes de direito em geral é um conceito plurívoco, com vários sentidos (formal, material, documental, orgânico, sociológico)" e explica que o art. 38 do Estatuto da CIJ "ponto de referência habitual no tratamento do assunto, joga ele próprio com mais de uma acepção do termo".

Miranda (2009) adverte que o art. 38 do Estatuto da CIJ "não contém uma enumeração exaustiva das fontes, apenas uma enumeração exemplificativa e que, feita em certa época, tem de ser submetida a uma interpretação actualista". De fato, tal artigo "não esgota os modos de produção ou de revelação existentes nem pode impedir futuras mutações de direito internacional. Basta lembrar as decisões das organizações internacionais e entidades afins".

Por outro lado, o jurista português acentua que não se pode inferir do rol uma hierarquia das fontes de direito internacional.[4] Os tratados não prevalecem sobre os costumes nem estes se sobrepõem aos princípios gerais de direito.

> O que há ou pode haver é hierarquia de normas jurídicas internacionais; e não parece que pertença a esta ou àquela disposição do Estatuto do Tribunal da Haia fixar, de uma vez por todas, quais as suas categorias e qual o relacionamento entre elas (MIRANDA, 2009).

Mazzuoli (2020, p. 67) também pontua que não há hierarquia entre as fontes do DIP,

> à exceção do art. 103 da Carta das Nações Unidas (que atribui primazia à Carta sobre todos os demais compromissos

---

4 Sem perder de vista os arts. 43 e 64 da Convenção de Viena sobre Direito dos Tratados de 1969 (Decreto nº 7.030/2009), que cuidam do *jus cogens*.

> internacionais concluídos por quaisquer de seus membros) e das normas de *jus cogens* (que prevalecem sobre todas as demais regras ou compromissos internacionais.

Rezek (2016) segue a mesma linha, ao afirmar que o Estatuto da CIJ não pretendeu estipular uma hierarquia ao listar os tratados antes do costume.

> É sabido que aqueles primam grandemente sobre este em matéria de operacionabilidade: todo tratado oferece alto grau de segurança no que concerne à apuração de sua existência, de seu termo inicial de vigência, das partes obrigadas, e do exato teor da norma, expressa articuladamente em linguagem jurídica.

2.3 O rol do art. 38 do Estatuto da CIJ

Lembrando a incompletude o rol do art. 38 do Estatuto da CIJ, Mazzuoli (2020, p. 67) registra que esse dispositivo "jamais pretendeu ser um rol taxativo das fontes do direito internacional público, mas apenas um roteiro para a própria Corte". Assim, segundo o art. 38 do Estatuto, para decidir as controvérsias que lhe forem submetidas, a Corte aplicará:

a) as convenções internacionais, quer gerais, quer especiais, que estabeleçam regras expressamente reconhecidas pelos Estados litigantes;
b) o costume internacional, como prova de uma prática geral aceita como sendo o direito;
c) os princípios gerais de direito reconhecidos pelas nações civilizadas;
d) sob ressalva da disposição do art. 59, as decisões judiciárias e a doutrina dos publicistas mais qualificados das diferentes nações, como meio auxiliar para a determinação das regras de direito.

A Corte também pode decidir uma questão com base na equidade (*ex aequo et bono*), se as partes com isto concordarem. É de se notar que a equidade não é uma fonte do direito; "é antes um modo de aplicar o sentimento ideal de justiça aos caos concretos, um critério de decisão".[5] Ademais, segundo Mazzuoli (2020, p. 66), as "decisões judiciárias" e a "doutrina dos publicitas" não são fontes do DIP, mas apenas meios auxiliares para sua aplicação.

Essas e as outras fontes ali não listadas podem ser submetidas a diversas classificações:

1. fontes escritas (tratados, decisões de organizações internacionais e atos unilaterais) e não escritas (costumes e princípios gerais de direito);
2. fontes primárias (princípios gerais de direito, costumes e tratados) e fontes secundárias (jurisprudência e doutrina);
3. fontes formais (convenções e costumes) e fontes materiais (princípios gerais);
4. modos de produção do direito (convenções e costumes) e normas jurídicas (princípios gerais de direito);
5. fontes estatutárias (tratados, costumes etc.) e fontes extraestatutárias (decisões de organizações internacionais etc.) (MIRANDA, 2009).

Miranda (2009) critica as fórmulas adotadas pelo art. 38 do Estatuto da CIJ e propõe uma enumeração das fontes mais adequada ao direito internacional contemporâneo. Para ele, as fontes formais do DIP seriam o costume, o tratado, a decisão de organização internacional e a jurisprudência, "quer pela sua intervenção insubstituível na interpretação e na integração das normas preexistentes, quer pelo seu eventual contributo para a formação de um tipo de costume – o costume jurisprudencial".

---

[5] É o que diz Jorge Miranda (2009), citando André Gonçalves Pereira e Fausto de Quadros.

Segundo Jorge Miranda (2009), essas fontes são interdependentes e o costume teria precedência sobre elas. Segue, nesse aspecto, Afonso Queiró (*apud* MIRANDA, 2009), para quem "há uma norma imanente da comunidade internacional, que diz quais as formas de produção jurídica, uma norma que, revelada sob a forma consuetudinária, poderia chamar-se **constitucional** ou **fundamental**".

Esta precedência do costume (e não hierarquia) é explicada da seguinte maneira por Miranda (2009). A jurisprudência depende de direito anterior, que será declarado no caso concreto. A decisão de organização internacional observará as regras de competência de seus órgãos e terá a eficácia dependente da previsão no tratado que a constitui. Já o tratado depende de regras da Convenção de Viena de 1969, algumas das quais têm origem em normas consuetudinárias, como o princípio *pacta sunt servanda*. Com isso se revela uma "formação encadeada" das normas do DIP.

2.4 O costume internacional

Considerando, entre outros fatores, que não há uma autoridade central para gerir a comunidade internacional, o costume foi muito importante para o nascimento e o desenvolvimento do direito internacional. Por isso, explica Miranda (2009), o costume exerce um papel bem maior no DIP do que aquele que tem no direito interno.

Rezek (2006) diz que "o direito internacional público, até pouco mais de cem anos atrás, foi essencialmente um direito costumeiro". E completa: "É uma verdade histórica irrecusável esse contraste plurissecular entre a eminência do costume e a posição subalterna do tratado".

O costume resulta da prática reiterada dos Estados nas suas relações com outros Estados e também da prática das organizações internacionais (OI) nos seus órgãos internos, ou nas relações com outras OI ou com os Estados.

Explica Rezek (2016) que:

> (...) o procedimento cuja repetição regular constitui o aspecto material do costume não é necessariamente positivo; pode, também, cuidar-se de uma omissão, de uma abstenção, de um não fazer, frente a determinado contexto. Ação ou omissão, os respectivos sujeitos hão de ser sempre pessoas jurídicas de direito internacional público.

Miranda (2009) diz que "ainda hoje há matérias importantíssimas que continuam reguladas principalmente ou quase só por costume, como a responsabilidade internacional e as imunidades dos Estados".

2.4.1 Classificação dos costumes

Os costumes podem ser universais ou regionais. Os primeiros obrigam todos os Estados ou a maioria deles. Os outros nascem e são aplicados apenas em certo continente ou em um conjunto de Estados com afinidades políticas, culturais etc. É o caso do asilo diplomático, surgido na prática latino-americana.

Há também os costumes locais, que normalmente são bilaterais (MIRANDA, 2009).

2.4.2 O fundamento do costume

De acordo com a doutrina da soberania (voluntarista), o costume deriva da vontade dos Estados. Seria um pacto tácito, segundo Grotius, uma vez que, "não manifestada a sua vontade em contrário, os Estados ou os sujeitos de direito internacional em geral estariam adstritos a cumprir os deveres decorrentes das normas consuetudinárias" (MIRANDA, 2009).

Rezek adota a posição voluntarista, admitindo o consentimento tácito, e considera a aplicação do princípio da *tabula rasa*, segundo o qual, "ao nascer, o Estado encontra diante de si um vazio de obrigações internacionais, a ser preenchido na medida em que consinta sobre regras costumeiras e se ponha a celebrar tratados" (REZEK, 2016). Miranda (2009) explica que a doutrina da vontade como fundamento de validade da norma costumeira está ultrapassada e que o costume internacional decompõe-se em dois elementos:

a) elemento material: o uso, que exige repetição de comportamentos de diferentes tipos ao longo do tempo. Esse comportamento pode ser positivo ou negativo;
b) elemento subjetivo (psicológico): a convicção de obrigatoriedade (*opinio juris*), que se refere à interpretação da vontade manifestada pelos sujeitos de direito internacional e seus órgãos. O Estado deve sentir que cumpre o que acredita ser uma obrigação jurídica. No dizer de Rezek (2016) é "a convicção de que assim se procede não sem motivo, mas por ser necessário, justo e consequentemente jurídico".

Quanto ao tempo exigido pelo elemento material, Rezek (2016) explica que:

> (...) a celeridade das coisas contemporâneas contagiou o processo de produção do direito costumeiro. No julgamento do caso da plataforma continental do Mar do Norte, a Corte Internacional de Justiça teve ocasião de estatuir que o transcurso de um período de tempo reduzido não é necessariamente, ou não constitui em si mesmo, um impedimento à formação de uma nova norma de direito internacional consuetudinário.

Miranda (2009) esclarece que o protesto, como ato unilateral do Estado, tem uma "grande importância no domínio da formação do costume: a sua emissão impedirá que um costume (bilateral ou local) se forme; a sua não emissão poderá ser elemento do uso". Rezek (2016) aponta como exemplo a decisão da Corte da Haia no Caso da Pesca (*Noruega vs. Reino Unido*). "Depois de reconhecida a existência de certa norma, foi ela dada como não obrigatória para a Noruega, 'já que esta sempre se opôs a qualquer tentativa de aplicá-la à costa norueguesa'". A condição de *persistent objector* (opositor persistente) impediria que um Estado se tornasse obrigado por um costume.

Contudo, Mazzuoli lembra que no caso *Plataforma Continental do Mar do Norte*,[6] a CIJ decidiu que "uma prática estatal com 'participação mito ampla e representativa' seria suficiente para a formação de um costume internacional, desde que entre os Estados participantes de tal prática estejam aqueles cujos interesses foram afetados"(MAZZUOLI, 2020, p. 81).

2.4.3 Vigência e valor jurídico do costume

Não há hierarquia entre costumes e tratados, embora aqueles tenham precedência na revelação da norma. Mas, diferentemente do que ocorre com os tratados, não se tem como estabelecer a data de início da vigência de um costume.

> As normas jurídicas de origem consuetudinária e as de origem convencional possuem o mesmo valor jurídico e, por conseguinte, deve admitir-se, à partida, a possibilidade de recíproca modificação ou revogação. Em concreto, será muito difícil ou até impossível verificar-se a revogação de um costume universal por um tratado (MIRANDA, 2009).

No entanto, os costumes subordinam-se ao *jus cogens*. Tais normas não podem ser modificadas nem alteradas por costumes. Além disso, os costumes dizem respeito à prática reiterada, ao passo que o *jus cogens* "impõe-se ainda quando não haja nenhuma prática, seja no sentido do seu cumprimento, seja noutro sentido" (MIRANDA, 2009).

---

6 CORTE INTERNACIONAL DE JUSTIÇA. *North Sea Continental Shelf (Federal Republic of Germany/Denmark) on 26 April 1968*. Disponível em: https://www.icj-cij.org/en/case/51. Acesso em: 4 jul. 2022.

2.4.4 A prova do costume

É difícil a prova do costume por se tratar de norma extraconvencional, não escrita. Prova-se a existência de uma regra consuetudinária por meio indireto, mediante a demonstração de atos estatais inequívocos de reconhecimento e pela prova da não oposição ou protesto (rechaço).

Prova-se também o costume por meio da jurisprudência internacional, dos trabalhos preparatórios de conferências e dos tratados internacionais, que dão forma escrita a regras de direito costumeiro. Rezek (2016) dá como exemplo a Carta de Direitos e Deveres Econômicos dos Estados, de 1974, e a Convenção de Viena sobre Direitos dos Tratados de 1969, que:

> (...) embora tenha inovado proposições desconcertantes – como seu conceito de *jus cogens* e a respectiva aplicação do direito convencional –, retratou, na maior parte de sua extensão, normas costumeiras de variado porte: algumas universais, antigas e incontestadas; outras mais recentes, ainda em fase de afirmação quando transfiguradas em direito escrito.

Cabe ao Estado ou à organização internacional interessada provar o costume e sua vigência. Os atos estatais unilaterais que o reconhecem podem ter sido expedidos ou praticados por qualquer dos poderes ou funções do Estado contra o qual se argui sua existência.

O tema da prova do costume foi enfrentado pela CIJ em 1951 em contenda entre a Colômbia e o Peru em torno do costume regional latino-americano da concessão de asilo diplomático. Trata-se do caso *Haya de la Torre*, que foi decidido com base na Convenção de Havana de 1928, sobre asilo. Victor Raúl Haya de la Torre havia buscado asilo diplomático na Embaixada da Colômbia em Lima, no começo de 1949. O caso foi levado à CIJ, que o decidiu entre 1950 e 1951. Na ocasião, por impossibilidade de julgar por equidade, a CIJ concluiu que o asilo era irregular por falta do requisito da urgência, mas observou que a Colômbia não estava obrigada a entregar o asilado às autoridades peruanas.[7]

2.5 Os princípios gerais de direito

O art. 38 do Estatuto da CIJ lista entre as fontes do DIP os "princípios gerais de direito reconhecidos pelas nações civilizadas". Segundo Rezek (2016), os autores referiam-se aos princípios gerais aceitos no foro doméstico. Para ele, "o uso do termo nações civilizadas, embora desastrado, não teve intenção discriminatória ou preconceituosa (...) A ideia é a de que onde existe ordem jurídica – da qual se possam depreender princípios – existe civilização".

Os princípios não estão acima do direito. Fazem parte do complexo de normas do ordenamento e têm menor grau de determinação e densificação que as regras. Com a norma do art. 38 do Estatuto, diz Miranda (2009), afirma-se a necessidade de a CIJ solucionar do ponto de vista jurídico qualquer caso, "mesmo na falta ou deficiência de preceito que o preveja. E através dela pode divisar-se a função estruturante, supraordenadora ou prospectiva que também podem assumir".

Para Mazzuoli (2020, p. 83), os princípios gerais de direito são "formas legítimas de expressão do direito internacional público", atuando como fontes autônomas cruciais para o seu desenvolvimento, embora hoje o direito internacional seja "cada vez menos dependente de tais princípios, tendo em vista que um grande número de normas deles derivadas já se encontram codificadas em tratados internacionais ou fazendo parte do direito internacional costumeiro".

Entre os princípios próprios do direito das gentes (princípios gerais *do* direito) estão o da não agressão, da solução pacífica dos conflitos, o da autodeterminação dos povos, o da igualdade

---

[7] CORTE INTERNACIONAL DE JUSTIÇA. *Affaire Haya de la Torre (Colombie/Pérou), arrêt du 13 juin 1951*. Disponível em: https://www.icj-cij.org/public/files/case-related/14/014-19510613-JUD-01-00-EN.pdf. Acesso em: 4 jul. 2022.

soberana, o do prévio esgotamento dos recursos internos, o da coexistência pacífica, e o da proibição de propaganda de guerra, entre outros. Já os princípios gerais *de* direito, que nascem na ordem jurídica interna e são transpostos[8] à ordem internacional, são o *pacta sunt servanda*, o *non bis in idem*, o *lex posterior derogat priori*, o *nemo plus juris transfere potest quam ipse habet*, o da boa-fé, o da coisa julgada etc.

Segundo Rezek (2016), tal como nos costumes e nos tratados, o fundamento de validade dos princípios gerais de direito é o consentimento.

> Dir-se-á que inúmeros dentre esses princípios fluem de modo tão natural e inexorável do espírito humano que não há como situá-los, ao lado do costume e do tratado, no domínio da criação voluntária das pessoas jurídicas de direito das gentes. Essa ideia (...) passa ao largo da importante circunstância de que o consentimento tanto pode ser criativo quanto apenas perceptivo. Isso determina a distinção entre o direito livre e originalmente forjado pelos Estados e o direito por estes não mais que reconhecido ou proclamado.

2.6 Os atos ou decisões das organizações internacionais

Embora não mencionados no art. 38 do Estatuto da CIJ, os atos e as decisões das organizações internacionais também são fontes do direito internacional. A razão dessa omissão, explica Rezek, citando Akehurst, pode dever-se ao fato de que "a autoridade de uma decisão tomada no âmbito de qualquer organização internacional resulta, em última análise, do tratado institucional". E adiante complementa: "O Estado que procede na conformidade de certa diretriz obrigatória, editada por organização internacional a

8 Sobre a distinção entre princípios gerais "do" direito e princípio gerais "de" direito e o fenômeno da transposição destes, a partir do direito nacional para o direito internacional, *vide* Mazzuoli (2020, p. 84-85).

que pertence, está na realidade obedecendo ao tratado constitutivo da organização" (REZEK, 2016).

Para Mazzuoli (2020, p. 99), a razão da falta é outra. Segundo ele, isso estaria ligado ao fato de que "o Estatuto da Corte foi redigido em 1920, quando estavam apenas começando a aparecer no cenário internacional tais organizações".

Tenham a nomenclatura de resoluções, diretivas, declarações, recomendações, os atos das OI podem ser gerais e abstratos ou gerais e concretos; podem ter eficácia interna ou externa; podem ser normativos ou não normativos; podem ser preceptivos ou programáticos.

Somente os atos normativos, de eficácia interna ou externa, são fontes do DIP, o que afasta as recomendações e os pareceres, que não são vinculantes.

Para Miranda (2009), "as mais importantes, de longe, de todas as decisões normativas são as que emanam dos órgãos das Comunidades Europeias (as conducentes ao chamado direito comunitário derivado)". Tais comunidades hoje correspondem à União Europeia.

Segundo o art. 288 do Tratado sobre o Funcionamento da União Europeia (TFUE), para exercerem as competências da União, suas instituições adotam regulamentos, diretivas, decisões, recomendações e pareceres. O regulamento tem caráter geral, é obrigatório em todos os seus elementos e diretamente aplicável em todos os Estados-Membros, correspondendo às leis dos Estados nacionais. A diretiva vincula o Estado-Membro destinatário quanto ao resultado a alcançar, deixando, no entanto, às instâncias nacionais a competência quanto à forma e aos meios. Diretivas devem ser transpostas para o direito interno no prazo nelas marcado. Na UE, a decisão é obrigatória em todos os seus elementos, podendo haver destinatários específicos, caso em que só é obrigatória para estes Por fim, as recomendações e os pareceres não são vinculativos.

Vale lembrar, porém, que os atos das organizações internacionais estão sempre subordinados aos tratados da própria OI, de acordo com um princípio de legalidade (MIRANDA, 2009). Segundo Mazzuoli (2020, p. 104), "o fundamento de obrigatoriedade de tais decisões advém da própria vontade dos Estados que, ao ratificarem o tratado instituidor de certo organismo internacional, já aceitam desde já as regras do jogo".

2.7 A jurisprudência e a doutrina

A jurisprudência como fonte do DIP compreende as decisões de cortes internacionais, de tribunais arbitrais e de tribunais nacionais no tocante à aplicação do direito internacional. Ganha importância o diálogo das cortes, especialmente entre os tribunais de direitos humanos e os tribunais constitucionais.

Para Rezek (2016), a jurisprudência e a doutrina não são fontes do DIP, "mas instrumentos úteis ao seu correto entendimento e aplicação". E prossegue:

> Fosse exata e unívoca a norma jurídica, sua aplicação prescindiria de todo esforço hermenêutico apoiado na lição dos publicistas ou na fala dos tribunais que outrora enfrentaram casos semelhantes. É a eventual inconsistência, a obscuridade, a ambiguidade da regra de direito que impõe ao intérprete o uso daqueles recursos.

É a jurisprudência internacional que cumpre esse papel, sendo aquela oriunda dos precedentes da Corte de Justiça Centro-Americana (Corte de Cartago), fundada em 1908, ou da Corte Permanente de Justiça Internacional (CPJI), ou da Corte Internacional de Justiça e dos tribunais globais ou regionais mais recentes, entre eles as cortes de direitos humanos, o Tribunal Penal Internacional (TPI) e o Tribunal Internacional do Direito do Mar (ITLOS).

Para Mazzuoli (2020, p. 88), a jurisprudência também não é fonte do direito, mas apenas meio de determinação do direito.

Quanto à doutrina, quando a norma do art. 38 do Estatuto foi pensada ainda em 1920, no âmbito da antiga CPJI, tratava-se de um conjunto de lições eurocêntricas. Não se havia desenvolvido a doutrina latino-americana nem a doutrina soviética. Para Rezek (2016), atualmente, se uma tese obtém o consenso doutrinário, "é de ser vista como segura, seja no domínio da interpretação de uma regra convencional, seja naquele da dedução de uma norma costumeira ou de um princípio geral de direito".

A doutrina não é fonte do DIP. Mazzuoli (2020, p. 90-91) explica que a expressão "doutrina dos publicistas" inclui não só as contribuições dos juristas, mas também os trabalhos acadêmicos das associações científicas, como a Comissão de Direito Internacional das Nações Unidas, o Instituto de Direito Internacional e a Academia de Direito Internacional da Haia.

2.8 Os atos unilaterais dos Estados

Há controvérsia se atos jurídicos unilaterais estatais são fontes do direito internacional. Tais atos não são mencionados pelo art. 38 do Estatuto da CIJ. Embora, em regra, não tenham generalidade nem abstração, os atos unilaterais dos Estados geram efeitos jurídicos para além de suas fronteiras. Como pontua Rezek (2016):

> Todo Estado, entretanto, pode eventualmente produzir ato unilateral de irrecusável natureza normativa, cuja abstração e generalidade sirvam para distingui-lo do ato jurídico simples e avulso (...). O ato normativo unilateral (...) pode casualmente voltar-se para o exterior, em seu objeto, habilitando-se à qualidade de fonte do direito internacional na medida em que pode ser invocado por outros Estados em abono de uma vindicação qualquer, ou como esteio da licitude de certo procedimento.

Miranda (2009) é de opinião de que os únicos atos jurídicos unilaterais que podem ser considerados fontes de direito internacional público "são os atos normativos de organizações internacionais, as decisões de conteúdo geral e abstrato ou de conteúdo geral e concreto de seus órgãos". Para esse autor, os atos proferidos por

Estados "não devem ser integrados nesta categoria", porque não criariam direito, embora tenham efeitos jurídicos.

Por sua vez, Mazzuoli (2020, p. 97) considera que os atos unilaterais estatais são fontes autônomas do DIP, quando são públicos e quando produzem efeitos jurídicos no plano internacional, mediante a criação de direitos para outros Estados ou organizações internacionais.

Tais atos são unilaterais porque provenientes de um só sujeito de DIP, o que inclui, para grande parte da doutrina, também os Estados e a Santa Sé.

Segundo Miranda (2009), tais atos podem ser classificados em:

a) autônomos ou principais: como o reconhecimento, o protesto, a notificação e a renúncia;
b) não autônomos ou acessórios: como a assinatura, a ratificação, a adesão, as reservas e a denúncia;
c) atos dos órgãos de soberania ou funções do Estado: como uma decisão de extradição ou sobre concessão de *status* de refugiado.

Os atos autônomos, embora dispensem depósito, devem ser públicos, produzem efeitos diretos e imediatos sobre outros sujeitos e também efeitos indiretos; são marcados pela boa-fé no tocante à vinculação ao que expressam, sendo também uma manifestação da personalidade jurídica internacional dos sujeitos que os emitem (MIRANDA, 2009).

Quanto aos efeitos, um ato unilateral não pode impor obrigações a outros Estados, mas pode criar direitos para Estados terceiros ou deveres para o próprio Estado que o emite, caso em que teremos, respectivamente, atos unilaterais heteronormativos e atos unilaterais autonormativos (MAZZUOLI, 2020, p. 90-91).

Rezek considera o Decreto Imperial nº 3.749, de 7 de dezembro de 1866, um exemplo de ato unilateral de conteúdo normativo geral. Por esse decreto do Império do Brasil, o governo brasileiro permitiu a navegação comercial de embarcações de todas as bandeiras nos rios Amazonas, Tocantins, Tapajós, Madeira, Negro e São Francisco.

2.9 Equidade e analogia

A equidade "aparece ao lado da analogia como um método de raciocínio jurídico, um critério a nortear o julgador ante a insuficiência do direito ou a certeza de sua imprestabilidade para a justa solução do caso concreto" (REZEK, 2016).

A equidade compensa a inexistência da norma ou a sua imprestabilidade para solucionar o caso concreto, de modo a não violar o senso de justiça do intérprete. Segundo Rezek (2016), "cuida-se então de decidir à luz de normas outras – mais comumente de princípios – que preencham o vazio eventual, ou que tomem o lugar da regra considerada iníqua ante a singularidade da espécie".

No DIP, o uso da equidade pela Corte da Haia depende da concordância das partes. No caso *Haya de la Torre (Colômbia vs. Peru)*, julgado pela Corte Internacional de Justiça (CIJ) em 1951, não foi possível a adoção da equidade, já que as partes não consentiram.[9]

Já a analogia considera normas jurídicas destinadas a regular certas situações e as aplica a casos semelhantes não regidos por norma alguma. Não é uma fonte do DIP, mas meio de integração do ordenamento jurídico.

Conforme Mazzuoli (2020, p. 91), referindo-se à equidade (*ex aequo bono*) e à analogia, "tanto mais se justifica considerá-las formas ou meios de completude do sistema jurídico do que como fontes (sequer pseudofontes) do direito internacional público".

---

9 CORTE INTERNACIONAL DE JUSTIÇA. *Affaire Haya de la Torre (Colombie/Pérou), arrêt du 13 juin 1951*. Disponível em: https://www.icj-cij.org/public/files/case-related/14/014-19510613-JUD-01-00-EN.pdf. Acesso em: 4 jul. 2022.

2.10 *Jus cogens* e obrigações *erga omnes*

Para Miranda (2009), o *jus cogens* corresponde a princípios de direito cogente ou imperativo. O *jus cogens* opera *erga omnes*, depende de reconhecimento pela comunidade internacional e deve ser universal, possuindo força jurídica superior a qualquer outro princípio ou preceito de direito internacional. Tem caráter evolutivo, pois pode ser enriquecido por novas normas.

Mencionado nos arts. 53, 64 e 71 da Convenção de Viena sobre Direito dos Tratados, de 1969 (promulgada pelo Decreto nº 7.030/2009), o *jus cogens* compreende princípios "que estão para além da vontade ou do acordo de vontades dos sujeitos de direito internacional", ensina Miranda (2009). Segundo ele:

> (...) é só recentemente (desde 1945) que princípios com essa característica e esse valor são proclamados em textos solenes, internacionais e nacionais, são tomados como critérios de decisão para efeito de solução de conflitos e se lhes procura conferir plena consistência. E esse desenvolvimento do *jus cogens* tem como pano de fundo alguns fatores ou tendências nem sempre coincidentes: a nova consciência do primado dos direitos das pessoas, após os cataclismos provocados pelos regimes totalitários e pela Segunda Guerra Mundial; as novas exigências de paz e segurança coletiva e a crise de soberania; a ideia de autodeterminação dos povos e o aparecimento de novos Estados empenhados em refazer a ordem internacional; e o impulso dado pela ciência internacionalista.

Conforme Miranda (2009), o adensamento do *jus cogens* na ordem internacional decorre de uma série de tratados e decisões, a começar pela Carta das Nações Unidas (arts. 2.6 e 103.1), passando, por exemplo, pelas Convenções de Genebra de 1949 (arts. 62, 63, 142 e 158), pelo Pacto Internacional de Direitos Civis e Políticos (art. 4º), pela Convenção Americana de Direitos Humanos (art. 27); por vários pareceres e acórdãos da Corte da Haia (caso das reservas à Convenção contra o Genocídio, de 1951, caso *Barcelona*

Traction, de 1970, e caso das Atividades Militares e Paramilitares na Nicarágua, de 1986); por decisões da Corte Interamericana de Direitos Humanos (caso *Trabalhadores da Fazenda Brasil Verde vs. Brasil*); e pela Convenção de Viena de 1969, cujo art. 53 diz:

> Artigo 53. Tratado em Conflito com uma Norma Imperativa de Direito Internacional Geral (*jus cogens*)
>
> É nulo um tratado que, no momento de sua conclusão, conflite com uma norma imperativa de Direito Internacional geral.
>
> Para os fins da presente Convenção, uma norma imperativa de Direito Internacional geral é uma norma aceita e reconhecida pela comunidade internacional dos Estados como um todo, como norma da qual nenhuma derrogação é permitida e que só pode ser modificada por norma ulterior de Direito Internacional geral da mesma natureza.

Para Miranda (2009), a teoria do *jus cogens*, tal como consta da Convenção de Viena de 1969:

> (...) é francamente hostil à ideia do consentimento como base necessária do direito internacional (...). O *jus cogens* pressupõe hierarquia de normas. No entanto, numa sociedade privada de aparelho legislativo como é a sociedade internacional, torna-se muito difícil determinar que normas entram na categoria de normas cogentes.

O art. 64 da Convenção de Viena de 1969 cuida da superveniência de uma nova norma imperativa de direito internacional geral (*jus cogens*), determinando que, se sobrevier uma tal norma, "qualquer tratado existente que estiver em conflito com essa norma torna-se nulo e extingue-se". Ou seja, os Estados partes desobrigam-se de seu cumprimento, observadas as condições e limitações do art. 71 da Convenção.

Os textos convencionais que se referem ao *jus cogens* não estabelecem a forma de sua revelação. Para Miranda (2009), as fontes mais próximas do *jus cogens* são o costume, certos tratados multilaterais, as resoluções da Assembleia Geral da ONU, a jurisprudência das cortes de direitos humanos e dos tribunais penais internacionais e alguns princípios gerais, o que leva o autor a classificar o *jus cogens* em:

a) princípios atinentes à comunidade internacional como um todo;
b) princípios atinentes às obrigações dos sujeitos de direito internacional;
c) princípios atinentes às relações entre os Estados;
d) princípios atinentes à pessoa humana.

São exemplos de *jus cogens* as normas que vedam o genocídio, a tortura, o tráfico humano e a escravidão, a pirataria, a discriminação e a guerra de agressão, assim como as normas do direito internacional humanitário e a Declaração Universal dos Direitos Humanos (MAZZUOLI, 2020, p. 114-115).

As normas de *jus cogens* não se confundem com as obrigações *erga omnes*, que vinculam toda a comunidade internacional. São normas que todos os Estados têm interesse de cumprir e são oponíveis independentemente de consentimento. Já o *jus cogens* tem a força obrigatória das obrigações *erga omnes*, adornada de superioridade hierárquica e da inderrogabilidade salvo por outra norma de igual natureza.

Akehurst cita dois casos nos quais a CIJ reconheceu a existência de obrigações *erga omnes*. A existência de normas que são "preocupação de todos os Estados" foi reconhecida pela CIJ, no caso *Barcelona Traction*, de 1970.[10] No entanto, explica ele, apesar de a Corte ter tido de lidar com outros casos de obrigações *erga omnes*, ainda não determinou as consequências do seu descumprimento. No caso do Timor-Leste,[11] a Corte rejeitou, por moti-

---

[10] CORTE INTERNACIONAL DE JUSTIÇA. *Barcelona Traction, Light and Power Company Limited (Belgium v. Spain), Judgment of 24 July 1964*. Disponível em: https://www.icj-cij.org/en/case/50/judgments. Acesso em: 4 jul. 2022.

[11] CORTE INTERNACIONAL DE JUSTIÇA. *East Timor (Portugal v. Australia), Judgment of 30 June 1995*. Disponível em: https://www.icj-cij.org/en/case/84/judgments. Acesso em: 4 jul. 2022.

vos jurisdicionais, a reclamação de Portugal contra a Austrália, pela formalização de um acordo com a Indonésia, em prejuízo de Timor--Leste, "mas assentou que o princípio da autodeterminação [dos povos] era uma obrigação *erga omnes*" (MALANCZUK, 1997).

Segundo Mazzuoli (2020, p. 108), as obrigações *erga omnes* "compõem o conjunto de deveres de todos a todos destinados, independentemente de aceitação e sem a possibilidade de objeção", alcançando todos os sujeitos do DIP.

2.11 *Soft law*

Segundo Portela (2019), o desenvolvimento das relações internacionais provocou o aparecimento de uma nova espécie normativa, denominada *soft law* ou *droit doux*. "O conceito foi desenvolvido pela doutrina norte-americana, em oposição à noção de *hard law*, que se refere ao direito tradicional", tratando-se de fenômeno criativo surgido no século 20 como reflexo dos inúmeros desafios da sociedade contemporânea.

Para Shaw (2017), a *soft law* não é *law*. Essas orientações têm valor normativo limitado e não têm a categoria de fonte do DIP, embora tenham relevância política para a formação do direito internacional e do direito interno, em questões muito específicas ou muito técnicas. Para Valério Mazzuoli (2020, p. 117), a *soft law* compreende:

> (...) aquelas regras cujo valor normativo é menos constringente que o das normas jurídicas tradicionais, seja porque os instrumentos que as abrigam não detêm o *status* de "normas jurídicas", seja porque os seus dispositivos, ainda que insertos dentro do quadro de instrumentos obrigatórios, não criam obrigações de direito positivo aos Estados, ou não criam senão obrigações pouco constringentes.

Sua formação ocorre por meio de negociações em organismos internacionais, em organizações internacionais ou diretamente pelos Estados. No direito internacional, ao lado de um grande número de tratados (*hard law*), há as declarações, as recomendações, os códigos de conduta, as atas finais, os memorandos de entendimento, as agendas, os princípios e as chamadas regras mínimas, documentos que integram as soluções de *soft law* ou direito "flexível", "maleável" ou quase-direito (MAZZUOLI, 2020, p. 119).

Diz Portela (2019):

> (...) o *soft law* inclui preceitos que ainda não se transformaram em normas jurídicas ou cujo caráter vinculante é muito débil, ou seja, "com graus de normatividade menores que os tradicionais", como afirma Soares. Com isso é comum que as regras de *soft law* tenham caráter de meras recomendações.

Akehurst explica que, embora não sejam juridicamente vinculantes, na prática tais diretrizes podem adquirir considerável força na estruturação de comportamentos internacionais:

> Sabe-se que a *soft law* – no sentido de diretrizes de conduta (como as formuladas pelas Nações Unidas sobre as operações de empresas transnacionais), que não são normas de direito estritamente vinculativas, nem máximas políticas completamente irrelevantes, e operam em uma zona cinzenta entre direito e política – é considerada uma característica especial do direito econômico internacional e do direito ambiental internacional (MALANCZUK, 1997).

Shaw concorda com a visão de que a *soft law*, embora não vinculante, pode influenciar significativamente a política internacional e cita a Ata Final de Helsinque, de 1975, como um desses casos, que se revelou um documento marcante para a Europa na agenda do direito internacional dos direitos humanos.

São exemplos de *soft law* as 40 Recomendações do Grupo de Ação Financeira Internacional (GAFI, 2012), as Regras Mínimas das Nações Unidas para o Tratamento de Presos (Regras de Mandela, de 2015) e a Declaração das Nações Unidas sobre os Direitos dos Povos Indígenas (2007). Shaw (2017) diz que em certas áreas do DIP as *soft norms* aparecem com mais frequência:

o direito internacional econômico e o direito internacional do meio ambiente.

Tratando da natureza da DUDH, André de Carvalho Ramos (2013) diz:

> Em que pese a abrangência (rol amplo de direitos, direitos de todos sem qualquer diferenciação), consenso (aprovação sem vetos ou votos contrários) e ainda amplitude (menção à ordem internacional justa), a Declaração Universal foi aprovada sob a forma de resolução da Assembleia Geral da ONU, que, nessa matéria não possui força vinculante. Nesse sentido, a Declaração Universal representa uma diretriz aos Estados e compõe aquilo que é denominado de *soft law* no Direito Internacional, o chamado direito em formação. Contudo, além de ser entendida em parte como espelho do costume internacional de proteção de direitos humanos, a Declaração é interpretação autêntica da expressão genérica "direitos humanos" da Carta de São Francisco.

A *soft law* pode converter-se em costume ou ser transplantada para o texto de tratados internacionais ou ser transposta para o direito interno, por intermédio de leis nacionais.

> O uso de tais documentos, sejam denominados recomendações, diretrizes, códigos de práticas ou padrões, é significativo para sinalizar a evolução e o estabelecimento de diretrizes, que, ao final, podem ser convertidas em regras juridicamente vinculativas. Isso pode ser conseguido por sua formalização em um tratado vinculativo ou por sua aceitação como regra costumeira, desde que as condições necessárias sejam cumpridas. As proposições de *soft law* são importantes e influentes, mas não constituem em si mesmas normas jurídicas (SHAW, 2017).

Algumas de suas manifestações vêm merecendo menção expressa de tribunais brasileiros, como as Recomendações do GAFI ou os Princípios de Yogyakarta ou ainda as Regras de Bangkok. No particular, as 40 Recomendações do GAFI são expressamente mencionadas pelo art. 4º da Convenção Interamericana contra o Terrorismo (Barbados, 2002), promulgada pelo Decreto nº 5.639/2005, o que põe em questão a própria natureza jurídica dali em diante.[12]

Embora não dotado de imperatividade ou de coercibilidade, o cumprimento dos preceitos de *soft law* pode ser incentivado por meio de mecanismos não compulsórios, a exemplo da revisão por pares (*peer review*) e do constrangimento perante a opinião pública mundial (*power of embarrassment*), o que se obtém mediante declarações públicas dos organismos interessados ou por meio da inclusão de países renitentes em listas sujas.

2.12 A codificação do direito internacional

Tem-se visto uma tendência de codificação do direito consuetudinário em grandes convenções, ou mesmo em declarações universais, gerais ou temáticas. O objetivo é conferir segurança jurídica à aplicação do direito das gentes e permitir a participação política dos novos Estados na transposição de normas consuetudinárias desenvolvidas antes de sua independência (MIRANDA, 2009).

Com o surgimento dos primeiros tratados multilaterais a partir de 1815, a codificação do direito consuetudinário ganhou maior dimensão, mas não deslanchou. Rezek (2016) explica:

> Os percalços e contramarchas do processo de codificação do direito internacional evidenciam, melhor que tudo, a fragilidade operacional de muitas regras puramente costumeiras, da quais a imprecisão parece ser atributo frequente. Imprecisão cujas consequências têm sua gravidade multiplicada quando não mais se trata de deduzir a regra na quietude do

---

12 Segundo o art. 4.2, da Convenção de Barbados (2002), "os Estados Partes utilizarão como diretrizes as recomendações desenvolvidas por entidades regionais ou internacionais especializadas, em particular, o Grupo de Ação Financeira (GAFI) e, quando for cabível, a Comissão Interamericana para o Controle do Abuso de Drogas (CICAD), o Grupo de Ação Financeira do Caribe (GAFIC) e o Grupo de Ação Financeira da América do Sul (GAFISUD)".

> labor doutrinário, mas de equacionar o confronto entre dois ou mais Estados que, em clima de litígio, enunciam-na cada qual a seu modo. Muito poucos foram os temas cuja passagem do estágio costumeiro ao convencional se operou com exemplar facilidade. Um dos melhores exemplos foi aquele pertinente ao regime e aos privilégios do serviço diplomático e do serviço consular, objeto de minuciosa codificação , em Viena, em 1961 e em 1963.

Avanços assim foram facilitados por um dos órgãos da ONU. O art. 13 da Carta das Nações Unidas atribui à Assembleia Geral a tarefa de promover a codificação do DIP, cabendo tal missão à Comissão de Direito Internacional (CDI):

> A Comissão de Direito Internacional foi estabelecida pela Assembleia Geral em 1948, com a missão de dar seguimento ao desenvolvimento progressivo e à codificação do direito internacional sob o artigo 13(1)(a) da Carta das Nações Unidas. Como um corpo jurídico especializado, sua tarefa é preparar projetos de convenções sobre temas que ainda não tenham sido regulamentados pela legislação internacional, e codificar as regras do direito internacional nos campos onde já existe uma prática do Estado. O trabalho da Comissão conduziu à aprovação do Estatuto do Tribunal Penal Internacional.[13] Ela também elaborou a Convenção de Viena sobre Relações Diplomáticas (1961) e a Convenção de Viena sobre o Direito dos Tratados (1969), entre outros.[14]

Conforme o art. 15 do regimento da Comissão de Direito Internacional da ONU, cabe-lhe cuidar da codificação e do desenvolvimento progressivo do direito internacional. A codificação

---

13 Resultaram do trabalho da Comissão, por exemplo, as Convenções sobre Direito do Mar de 1958, depois substituídas pela Convenção de Montego Bay (1982) e a Convenção sobre a Utilização de Cursos d'Água Internacionais para Fins Diferentes da Navegação (1977).

14 NAÇÕES UNIDAS. *A ONU e o direito internacional*. Disponível em: https://nacoesunidas.org/acao/direito-internacional/. Acesso em: 1º jun. 2019.

consiste na formulação mais precisa e na sistematização de regras de direito internacional em domínios em que já existiam uma prática considerável dos Estados, precedentes e opiniões doutrinárias.

> Artigo 15. Nos artigos seguintes, a expressão "desenvolvimento progressivo do direito internacional" é usada por conveniência, como significando a preparação de projetos de convenções sobre assuntos que ainda não foram regulados pelo direito internacional ou em relação aos quais o direito ainda não foi suficientemente desenvolvido na prática dos Estados. Da mesma forma, a expressão "codificação do direito internacional" é usada por conveniência, como significando a formulação e sistematização mais precisas das regras do direito internacional em campos em que já houve ampla prática estatal, precedentes e doutrina.

Note-se, porém, a advertência de Miranda (2009): "a passagem das normas a escrito não afeta o seu caráter consuetudinário". Ou seja, os Estados continuam também obrigados pelos costumes preexistentes, tanto aqueles que são partes dos novos tratados de codificação quanto aqueles que não o são.

Um dos trabalhos mais significativos da CDI é o Projeto de Artigos sobre Responsabilidade Internacional dos Estados por Ato Internacionalmente Ilícito, concluído em 2001 e adotado pela Assembleia Geral das Nações Unidas por meio da Resolução nº A/RES/59/35, de 02.12.2004, o que não lhe dá, ainda, força vinculante.

3

Os Tratados Internacionais

3.1 Conceito de tratados internacionais

Segundo Jorge Miranda (2009), o tratado ou convenção é "um acordo de vontades entre sujeitos do direito internacional público constitutivo de direitos e deveres ou de outros efeitos nas relações entre eles". Sob outro ponto de vista, é "um acordo de vontades, regido pelo direito internacional, entre sujeitos de direito internacional". Os tratados são fontes do DIP.

Podem existir tratados orais, embora isso não seja comum nem factível na prática. Também pode haver tratados concluídos mediante mais de um instrumento escrito, como ocorre com a troca de notas. Segundo o art. 2.1.a da Convenção de Viena sobre Direito dos Tratados, de 1969 (Decreto nº 7.030/2009), tratado é "um acordo internacional concluído por escrito entre Estados e regido pelo Direito Internacional, quer conste de um instrumento único, quer de dois ou mais instrumentos conexos, qualquer que seja sua denominação específica".

O conceito não exige que as partes sejam Estados, tendo em conta o que dispõem os arts. 43 e 63 da Carta das Nações Unidas.[1]

[1] CARTA DAS NAÇÕES UNIDAS. "Artigo 43. 1. Todos os Membros das Nações Unidas, a fim de contribuir para a manutenção da paz e da segurança internacionais,

Vale lembrar que em 1986 foi concluída a Convenção de Viena sobre Direito dos Tratados entre Estados e Organizações Internacionais ou entre Organizações Internacionais (VCLTIO), documento ainda não vigente para o Brasil.

> A Convenção de Viena de 1986 é desdobramento da Convenção de Viena sobre o Direito dos Tratados, de 1969, promulgada pelo Decreto nº 7.030, de 14 de dezembro de 2009, na medida em que adapta normas sobre a matéria às especificidades das Organizações Internacionais, como sujeitos de Direito Internacional Público, em suas relações com os Estados soberanos. Nesse sentido, muitos de seus dispositivos guardam paralelismo com a de 1969 (BRASIL, 2015).

Conforme o art. 2.1.a da Convenção de Viena de 1986, "tratado" significa um acordo internacional regido pelo Direito Internacional e celebrado por escrito entre um ou mais Estados e uma ou mais organizações internacionais; ou entre organizações internacionais, quer este acordo conste de um único instrumento ou de dois ou mais instrumentos conexos e qualquer que seja sua denominação específica.

3.1.1 Evolução histórica

Tratados existem desde a Antiguidade. Há registros de tratados firmados por hititas, egípcios e gregos há milhares de anos. Tais acordos eram sobretudo bilaterais. Contudo, a partir do século XIX, surgiram os primeiros tratados multilaterais, tendo-se como

---

se comprometem a proporcionar ao Conselho de Segurança, a seu pedido e de conformidade com o acôrdo ou acordos especiais, forças armadas, assistência e facilidades, inclusive direitos de passagem, necessários à manutenção da paz e da segurança internacionais. 2. Tal acôrdo ou tais acordos determinarão o número e tipo das forças, seu grau de preparação e sua localização geral, bem como a natureza das facilidades e da assistência a serem proporcionadas. 3. O acôrdo ou acordos serão negociados o mais cedo possível, por iniciativa do Conselho de Segurança. Serão concluídos entre o Conselho de Segurança e Membros da Organização ou entre o Conselho de Segurança e grupos de Membros e submetidos à ratificação, pelos Estados signatários, de conformidade com seus respectivos processos constitucionais" (Decreto nº 19.841/1945).

ponto de partida o Congresso de Viena, em 1815, do qual resultou o Concerto Europeu.

Até esse período prevaleciam na conformação do direito internacional normas costumeiras e princípios gerais de direito. No entanto, no século XX despontam os tratados multilaterais, que ajudaram a redesenhar as relações internacionais a partir de então. Isso levou a que em 1969 e 1986 fossem celebradas as duas Convenções de Viena sobre Direito dos Tratados.

3.1.2 Capacidade de celebrar tratados

Os Estados e as organizações internacionais, como sujeitos tradicionais de DIP, podem celebrar tratados. Portela (2019) diz que entes *sui generis*, despersonalizados ou que não são sujeitos de DIP também podem celebrar tratados. É o caso da Santa Sé, de governos no exílio, de movimentos de libertação nacional (ex.: a Organização de Libertação da Palestina), os blocos regionais e o Comitê da Cruz Vermelha.

Indivíduos, empresas, mesmo multinacionais, e ONGs não podem formalizar tratados, pois embora sejam atores internacionais não têm personalidade jurídica de DIP.

3.2 Distinções e realidades afins

Explica Miranda (2009) que os tratados não se confundem com os atos estatais unilaterais, ainda que simultaneamente expedidos por Estados diferentes, mesmo que sobre um mesmo objeto. O autor dá como exemplo a proclamação dos Aliados em 1945 sobre a capitulação incondicional da Alemanha, ao fim da Segunda Guerra Mundial.

Os tratados também diferem dos acordos internacionais estritamente políticos. Para Miranda (2009), exemplos dessa espécie são os Acordos de Ialta e de Potsdam, de 1945. Tampouco são tratados os acordos de cavalheiros (*gentlemen's agreements*), que são ajustes informais, não vinculativos; os comunicados de conferências ou reuniões diplomáticas com notícias sobre suas conclusões; os contratos entre organizações internacionais e indivíduos; ou os acordos de cooperação entre unidades subnacionais (Estados, Províncias, Municípios, Condados, Cantões) com seus símiles no exterior ou com organismos internacionais. O rol é de Miranda (2009).

Para ele, talvez mereçam uma categoria especial os contratos internacionais entre Estados e empresas multinacionais, inclusive estatais, para a exploração de recursos naturais ou para desenvolvimento de infraestrutura, pois suas obrigações também são regidas pelo direito internacional e pelo direito interno, além de não raro os litígios serem resolvidos por arbitragem internacional, a partir de cláusulas específicas.

3.3 Terminologia

Numerosos acordos internacionais entre sujeitos do DIP são designados por nomes específicos, diz Miranda (2009). As palavras mais comuns são "tratados" e "convenções".

"Carta", "constituição" ou "estatuto" são designações normalmente usadas para os tratados constitutivos de organizações internacionais, como a ONU, a Organização Internacional do Trabalho (OIT), o Tribunal Penal Internacional (TPI) e o Conselho da Europa (CoE).

A palavra "pacto" vem sendo usada para identificar os tratados que criam alianças militares (Pacto do Atlântico e o Pacto de Varsóvia) ou convenções de elevado conteúdo político, como o Pacto das Sociedade das Nações ou os tratados das Nações Unidas de 1966 sobre direitos civis e políticos (PIDCP) e direitos econômicos, sociais e culturais (PIDESC) (MIRANDA, 2009).

Uma "concordata" costuma ser um tratado entre a Santa Sé e um Estado. Em 2008, o Brasil e a Santa Sé firmaram, na Cidade do Vaticano, um acordo relativo ao Estatuto Jurídico da Igreja Católica no Brasil, que foi promulgado pelo Decreto nº 7.107/2010.

Um "protocolo", que pode ser adicional ou facultativo, é um tratado de cunho complementar ou um acordo modificativo de um tratado anterior, em geral sobre temas de elevado cunho político, inclusive na área de direitos humanos.

Miranda (2009) ainda menciona as convenções técnicas, os "*modus vivendi*", os compromissos e as "atas gerais ou finais".

3.4 Classificação dos tratados

Quanto ao número de sujeitos envolvidos, os tratados podem ser bilaterais ou multilaterais. Estes podem ser gerais (abertos) ou restritos. Há também os tratados solenes e os acordos de forma simplificada. No Brasil, esses acordos executivos dispensam aprovação pelo Congresso Nacional e não exigem ratificação, podendo ser concluídos por mera assinatura (ou troca de notas), seguida de publicação.

As fontes de que cuidamos classificam-se também em tratados abertos, que admitem a adesão; e em tratados fechados, que não a admitem. Há ainda os tratados perpétuos, sem prazo de vigência, e os temporários, com duração definida; e os tratados principais e os tratados acessórios, que se vinculam aos primeiros.

Para Miranda (2009), a principal classificação é entre:

a) tratados normativos (tratados-leis): os acordos com comandos de caráter geral abstrato para reger as relações entre as Partes, ou entre essas e seus súditos;
b) tratados não normativos (tratados-contratos): os acordos de prestações recíprocas que se esgotam com sua execução.

Também segundo Miranda (2009), os tratados devem ser sempre públicos, porque os secretos põem "em causa a boa-fé e, como a história mostra, podem afetar a igualdade entre os Estados e a paz internacional".

3.5 Limites à liberdade convencional

O fundamento dos tratados é o livre consentimento, para uns. Para outros, é o princípio *pacta sunt servanda*. No entanto, como os tratados resultam de acordo de vontades, a liberdade de negociá-los e formalizá-los (*jus tractuum*)[2] é premissa essencial.

Tal liberdade, explica Miranda (2009), não é absoluta, havendo limites no direito interno e no DIP. No direito doméstico, o limite é de cunho constitucional. O tratado não pode ter como objeto temas que violem cláusulas pétreas ou princípios que regem o país nas suas relações internacionais.

Há também os limites do direito internacional, os principais deles o *jus cogens*, como se vê no art. 53 da Convenção de Viena de 1969,[3] e o princípio da boa-fé. Os demais limites derivam de outros tratados, nos termos do art. 30 da Convenção de Viena, ou quando há incompatibilidade evidente com outras obrigações convencionais, o que põe em causa o controle de compatibilidade da ordem jurídica e o controle de convencionalidade.

Acrescenta Miranda (2009) que, segundo o art. 103, da Carta das Nações Unidas,[4] "as obrigações assumidas pelos membros da organização em virtude da Carta prevalecem sobre as resultantes de qualquer outra convenção internacional". Para o mesmo autor, no direito comunitário europeu, "há matérias excluídas do *jus tractuum* dos Estados comunitários e matérias em que tem de haver uma concertação dos Estados com as Comunidades".

---

2 É a capacidade convencional de cada Estado.

3 É nulo um tratado que, no momento de sua conclusão, conflite com uma norma imperativa de Direito Internacional geral. Para os fins da presente Convenção, uma norma imperativa de direito internacional geral é uma norma aceita e reconhecida pela comunidade internacional dos Estados como um todo, como norma da qual nenhuma derrogação é permitida e que só pode ser modificada por norma ulterior de direito internacional geral da mesma natureza.

4 Carta das Nações Unidas: "Artigo 103. No caso de conflito entre as obrigações dos Membros das Nações Unidas, em virtude da presente Carta e as obrigações resultantes de qualquer outro acordo internacional, prevalecerão as obrigações assumidas em virtude da presente Carta".

3.6 Vinculação internacional do Estado: processo e formas

A representatividade exterior do Estado para a formalização de tratados é matéria regulada pelo direito constitucional (interno), e não pelo direito internacional. Assim, cabe ao direito interno estabelecer para cada Estado os órgãos de soberania que podem intervir na negociação e na celebração de tratados, para vinculá-los internacionalmente perante a comunidade internacional.

O *treaty-making power*, isto é, o poder de celebrar tratados, corresponde à distribuição interna de competências para participar da formação de tratados. Essa competência varia de Estado a Estado, mas em geral recai em chefes de Estado, chefes de Governo, chanceleres ou outros plenipotenciários assim designados pelas autoridades máximas governamentais. No constitucionalismo contemporâneo, há influência de vários poderes internos ou instituições na formação da vontade do Estado. No Brasil, o procedimento é complexo e envolve a manifestação do Poder Executivo e do Poder Legislativo federal, por suas duas casas, do que resulta a publicação de um decreto legislativo de aprovação do texto convencional.

Diz Miranda (2009) que as Constituições "podem prever formas de participação de regiões autônomas ou dos Estados federados, quando sejam afetados interesses ou atribuições que, em nível interno, seriam dessas entidades".

Segundo o mesmo autor, as fases clássicas do processo de vinculação internacional dos Estados são a negociação, a assinatura e a ratificação. Porém, atualmente consideram-se as fases de negociação (assinatura), aprovação e ratificação (MIRANDA, 2009). A Convenção de Viena de 1969 regulamenta a negociação, a assinatura, o depósito, o registro e a publicação dos tratados, porém não detalha a aprovação e a ratificação deles. Seu art. 11 deve ser examinado quanto aos meios de manifestar consentimento em obrigar-se por um tratado:

> Art. 11. O consentimento de um Estado em obrigar-se por um tratado pode manifestar-se pela assinatura, troca dos

> instrumentos constitutivos do tratado, ratificação, aceitação, aprovação ou adesão, ou por quaisquer outros meios, se assim acordado.

O iter seria então o seguinte: negociação, adoção do texto e autenticação ou assinatura. Em seguida vêm a ratificação (ou adesão), o registro, o depósito e a publicação. Quando se trata de adesão a um tratado, há um menor número de etapas. No plano interno brasileiro, o Congresso Nacional publica um decreto legislativo, ao passo que o Poder Executivo publica o decreto de promulgação do tratado.

3.6.1 A negociação e a assinatura

Este tema é objeto do art. 7º da Convenção de Viena de 1969. Têm poderes para negociar tratados e expressar o consentimento internacional do Estado em obrigar-se:

a) aquele que apresentar carta de plenos poderes apropriados; ou
b) aquele que, conforme a prática dos Estados interessados ou outras circunstâncias indicarem, era considerado pelo Estado como seu representante para esses fins, ainda que sem carta de plenos poderes; ou
c) independentemente da apresentação de plenos poderes, por serem representantes estatais *ex lege*:
    - os Chefes de Estado, os Chefes de Governo e os Ministros das Relações Exteriores, para a realização de todos os atos relativos à conclusão de um tratado;
    - os Chefes de missão diplomática, para a adoção do texto de um tratado entre o Estado acreditante e o Estado junto ao qual estão acreditados;
    - os representantes acreditados pelos Estados perante uma conferência ou organização internacional ou um de seus órgãos, para a adoção do texto de um tratado em tal conferência, organização ou órgão.

Conforme o art. 8° da Convenção de Viena de 1969, se um ato relativo à conclusão de um tratado houver sido praticado por uma pessoa que, nos termos do art. 7° da Convenção, não for considerada representante de um Estado para esse fim não produz efeitos jurídicos, a não ser que seja confirmado, posteriormente, por esse Estado.

Nos tratados bilaterais, o consenso de ambas as partes forma o vínculo. Nos multilaterais, nos termos ao art. 9° da Convenção, pode haver adoção do texto por unanimidade ou vinculação por maioria, em geral de 2/3 (dois terços), se outra regra não for estipulada.

De acordo com o art. 10 da Convenção de Viena de 1969, a autenticação do texto do tratado, para que se torne definitivo após a negociação, faz-se mediante o processo previsto no documento ou acordado pelos Estados que participam da sua elaboração; ou, na ausência de tal processo, dependerá da assinatura, da assinatura *ad referendum* ou de rubrica, pelos representantes desses Estados, do texto do tratado ou da ata final da conferência que incorporar o referido texto. É a assinatura que marca a data e o local da conclusão do tratado.

Salvo nos acordos de forma simplificada, a assinatura não torna vigente o tratado. Ainda são necessárias sua aprovação ou sua aprovação e ratificação, mas o texto já é definitivo (MIRANDA, 2009).

Tendo em conta o Brasil, os atos de negociação e assinatura são de competência do Poder Executivo federal, sem prejuízo da participação de representantes de outros poderes ou instituições na delegação brasileira, tais como membros do Ministério Público e do Poder Judiciário.

3.6.2 A aprovação e a ratificação

Para que os tratados obriguem internacionalmente os Estados, é preciso que passem pela etapa de aprovação ou aprovação e ratificação, a cargo do órgão interno competente, o que se segue à assinatura ou autenticação. O tema é objeto do art. 14 da Convenção de Viena de 1969.

Em alguns Estados exige-se apenas a aprovação interna. Noutros, além da aprovação deve seguir-se outro ato: o de ratificação, que é, no dizer de Miranda (2009), "um ato internacionalmente livre quanto ao tempo e à forma". Seus efeitos produzem-se para o futuro.

No Brasil, a aprovação cabe ao Congresso Nacional, a suas duas casas, ao passo que a ratificação é ato do Chefe de Estado,[5] que se pode fazer representar pelo chanceler, por chefe de missão ou plenipotenciário. É forma de distribuição do *treaty-making power*, de que se ocupa a Constituição de 1988 nos arts. 49 e 84. Conforme o art. 49, é da competência exclusiva do Congresso Nacional resolver definitivamente sobre tratados, acordos ou atos internacionais que acarretem encargos ou compromissos gravosos ao patrimônio nacional. Já o art. 84 determina que compete privativamente ao Presidente da República celebrar tratados, convenções e atos internacionais, sujeitos a referendo do Congresso Nacional.

Acentua Miranda (2009):

> São opções político-constitucionais de fundo que justificam, em cada país ou em cada regime, a consagração de um único modelo ou de uma pluralidade de modos de aprovação de tratados; tal como são determinadas opções que levam a que tratados de certo tipo ou sobre certo objeto, por revestirem maior significado, tenham de ser submetidos a votação parlamentar. Afora isso, em sistemas de governo com concentração de poder, predomina na aprovação o próprio órgão que negocia e assina; e, em sistemas de governo com desconcentração de poder, dá-se uma separação ou divisão (pelo menos, no respeitante aos tratados mais importantes) entre o órgão de negociação e assinatura e o órgão de aprovação, na base de um critério de fiscalização (ou de um *pouvoir d'empêcher*, na linha de Montesquieu) deste sobre aquele.

---

5 Ou de seu sucedâneo. O exemplo que Jorge Miranda dá é o do Conselho Federal da Suíça.

3.6.3 Descumprimento de regras constitucionais sobre conclusão de tratados

Conforme o art. 102, I, *a*, da Constituição, cabe ao STF julgar a ação direta de inconstitucionalidade de lei ou ato normativo federal ou estadual e a ação declaratória de constitucionalidade de lei ou ato normativo federal, o que inclui os tratados.

De acordo com a alínea *b* do inciso III do art. 102, compete também ao STF julgar, mediante recurso extraordinário, as causas decididas em única ou última instância, quando a decisão recorrida declarar a inconstitucionalidade de tratado.

Os tratados comuns são recebidos no ordenamento jurídico brasileiro como leis federais. Podem ser contestados no controle difuso e no controle concentrado, em face da Constituição Federal, embora isso deva ser visto *cum granum salis*, a depender da natureza e do *status* de tais convenções no direito interno.

A inconstitucionalidade de um tratado pode ser formal ou material. Quanto à primeira, o art. 46 da Convenção de Viena de 1969 cuida das "ratificações imperfeitas", situação que se aplica em caso de violação a disposições do direito interno sobre competência para concluir tratados:

> Art. 46. Disposições do Direito Interno sobre Competência para Concluir Tratados
>
> 1. Um Estado não pode invocar o fato de que seu consentimento em obrigar-se por um tratado foi expresso em violação de uma disposição de seu direito interno sobre competência para concluir tratados, a não ser que essa violação fosse manifesta e dissesse respeito a uma norma de seu direito interno de importância fundamental.
>
> 2. Uma violação é manifesta se for objetivamente evidente para qualquer Estado que proceda, na matéria, de conformidade com a prática normal e de boa fé.

Aparecem então os dois requisitos para justificar a não vinculação da vontade do Estado: a existência de uma violação a uma regra constitucional; e o caráter manifesto dessa violação (MIRANDA, 2009).

3.6.4 Reservas

Em regra, um Estado deve obrigar-se pelo todo, nos tratados multilaterais. No entanto, alguns deles admitem reservas, que são ressalvas excludentes da vinculação do Estado signatário em relação a certas obrigações.

Segundo o art. 2.1.d da Convenção de Viena de 1969, uma reserva é uma declaração unilateral feita por um Estado quando assina, ratifica, aceita ou aprova um tratado ou a ele adere, que visa a excluir ou modificar o efeito jurídico de certas disposições do tratado na sua aplicação a este Estado.

Conforme a Convenção de Viena de 1986, por sua vez, uma reserva é:

> (...) uma declaração unilateral, feita por um Estado ou por uma organização internacional, seja qual for a sua redação ou denominação, ao assinar, ratificar, confirmar formalmente, aceitar, aprovar um tratado ou a ele aderir, com o objetivo de excluir ou modificar o efeito jurídico de certas disposições do tratado em sua aplicação a este Estado ou a esta organização.

Ao tratar do consentimento com reservas, o art. 17 da Convenção de Viena de 1969 estabelece que, sem prejuízo do disposto nos arts. 19 a 23, o consentimento de um Estado em obrigar-se por parte de um tratado só produz efeito se o tratado o permitir ou se outros Estados contratantes nisso acordarem. Ademais, o consentimento de um Estado em obrigar-se por um tratado que admite a escolha entre disposições diferentes só produz efeito se as disposições a que se refere o consentimento forem claramente indicadas.

As reservas podem sofrer limitações temporais, que exigem sua apresentação no momento da assinatura, da ratificação, da aceitação ou da aprovação; e formais, que reclamam que a reserva se faça por escrito e seja comunicada a todos os Estados Partes e interessados, o que faz dela uma declaração receptícia, de conteúdo determinado. Por vezes, há limites materiais expressos à emissão de reservas, assim como limites tácitos, devido à incompatibilidade com o objeto e o fim do tratado (MIRANDA, 2009).

Miranda (2009) explica que, para facilitar as relações internacionais, a intenção de preservar a integralidade do vínculo convencional para todos os Estados têm cedido diante da necessidade de ampliar o número de signatários de grandes convenções. Em 1951, num caso relativo à Convenção para a Prevenção e a Repressão do Crime de Genocídio, concluída em Paris em 1948 (Decreto nº 30.822/1952), a Corte Internacional de Justiça decidiu que um Estado pode ser considerado parte de uma convenção, mesmo diante da objeção de outros Estados a reservas por ele formuladas, desde que tais reservas sejam compatíveis com a finalidade do tratado.

Cabe aos outros Estados Partes, aos órgãos constitutivos de organizações internacionais ou a tribunais (judiciais ou arbitrais) verificar a validade das reservas em cada caso, à luz do art. 20 da Convenção de Viena de 1969. Se o Estado não formulou reserva nem apresentou objeção a outra(s), deve cumprir integralmente o tratado. Mas para os Estados que apresentarem reservas e para os que a tiverem aceitado, "as reservas modificam, quanto às disposições que delas são objeto, as relações entre esses Estados, podendo falar-se numa espécie de tratados bilaterais acessórios enxertados no tratado multilateral principal" (MIRANDA, 2009).

No entanto, o autor português pontua que:

> (...) há tratados que, desde logo, não consentem reservas: os de direito internacional constitucional (...), como a Carta das Nações Unidas, o Estatuto do Tribunal Internacional de Justiça e o Estatuto do Tribunal Penal Internacional; e as convenções de codificação na parte correspondente a normas consuetudinárias preexistentes. E há outros muito restritivos: os respeitantes aos direitos do homem. Tão-pouco (...) seriam possíveis reservas opostas ao *jus cogens* (MIRANDA, 2009).

Uma vez apresentadas, as reservas podem ser retiradas a todo tempo. Identicamente, a objeção a uma reserva por ser revogada pelo Estado que se opôs. Como explica Miranda (2009):

> Como afetam o sentido da vinculação internacional do Estado, as reservas têm de obedecer às mesmas regras de competência a que obedece essa vinculação. Assim, se um tratado recai na competência do Parlamento, quaisquer reservas só podem ser por ele formuladas ou têm de ser por ele aprovadas.

As reservas distinguem-se das retificações de texto, das emendas, das declarações interpretativas e das cláusulas de exclusão (*opting out*) relativas a certos Estados, quando inseridas no próprio tratado.

3.6.5 Depósito, registro e publicação de tratados

A Convenção de Viena de 1969 regula o depósito nos arts. 76 e 77 como questão atinente aos tratados multilaterais.

Conforme o art. 76,

> [a] designação do depositário de um tratado pode ser feita pelos Estados negociadores no próprio tratado ou de alguma outra forma. O depositário pode ser um ou mais Estados, uma organização internacional ou o principal funcionário administrativo dessa organização. As funções do depositário de um tratado têm caráter internacional e o depositário é obrigado a agir imparcialmente no seu desempenho.

O art. 77 cuida das funções dos depositários, que são as de guardar o texto original do tratado e quaisquer plenos poderes que lhe tenham sido entregues; preparar cópias autenticadas do texto original e quaisquer textos do tratado em outros idiomas que possam ser exigidos pelo tratado e remetê-los às partes e aos Estados que tenham direito a ser partes no tratado; receber quaisquer assinaturas ao tratado; receber e guardar quaisquer instrumentos, notificações e comunicações pertinentes a ele;

examinar se a assinatura ou qualquer instrumento, notificação ou comunicação relativa ao tratado, está em boa e devida forma e, se necessário, chamar a atenção do Estado em tela sobre a questão; informar as partes e os Estados que tenham direito a ser partes no tratado de quaisquer atos, notificações ou comunicações relativas ao tratado; informar os Estados que tenham direito a ser partes no tratado sobre quando tiver sido recebido ou depositado o número de assinaturas ou de instrumentos de ratificação, de aceitação, de aprovação ou de adesão exigidos para a entrada em vigor do tratado; registrar o tratado junto ao Secretariado das Nações Unidas; e exercer as funções previstas em outras disposições da presente Convenção.

O registro destina-se a dar mais segurança às relações internacionais. O art. 102 da Carta das Nações Unidas, o art. 80 da Convenção de Viena de 1969 e o art. 81 da Convenção de Viena de 1986 aludem a esse ato. Segundo o art. 102 da Carta da ONU, todo tratado e todo acordo internacional, concluídos por qualquer Membro das Nações Unidas depois da entrada em vigor da Carta de 1945, devem, dentro do mais breve prazo possível, ser registrados e publicados pelo Secretariado.

> **Convenção de Viena de 1969**
>
> Artigo 80. Registro e Publicação de Tratados
>
> 1. Após sua entrada em vigor, os tratados serão remetidos ao Secretariado das Nações Unidas para fins de registro ou de classificação e catalogação, conforme o caso, bem como de publicação.
>
> 2. A designação de um depositário constitui autorização para este praticar os atos previstos no parágrafo anterior.

Segundo o art. 102.2 da Carta das Nações Unidas, nenhuma parte em qualquer tratado ou acordo internacional que não tenha sido registrado de conformidade poderá invocar tal tratado ou acordo perante qualquer órgão da ONU, o que inclui a Corte Internacional de Justiça (CIJ). O registro dá publicidade geral ao texto.

3.6.6 Efeitos dos tratados perante terceiros

O art. 34 da Convenção de Viena de 1969 determina que o tratado não constitui direitos nem deveres para um Estado que dele não seja parte, a menos que haja consentimento. Esta é a regra geral com relação a terceiros Estados. Um tratado não cria obrigações nem direitos para um terceiro Estado sem o seu consentimento.

Miranda (2009) usa a expressão *pacta tertiis nec nocet nec prosunt* para sintetizar essa regra convencional, que traduz um princípio geral de direito, decorrente da igualdade soberana entre os Estados.

Pelo art. 35 da Convenção de Viena de 1969, uma obrigação nasce para um terceiro Estado de uma disposição de um tratado se as partes no tratado tiverem a intenção de criar a obrigação por meio dessa disposição e o terceiro Estado aceitar expressamente, por escrito, essa obrigação.

Quanto aos tratados que criam direitos para terceiros Estados, o art. 36 da referida Convenção estipula que

> um direito nasce para um terceiro Estado de uma disposição de um tratado se as partes no tratado tiverem a intenção de conferir, por meio dessa disposição, esse direito quer a um terceiro Estado, quer a um grupo de Estados a que pertença, quer a todos os Estados, e o terceiro Estado nisso consentir. Presume-se o seu consentimento até indicação em contrário, a menos que o tratado disponha diversamente.

Já o art. 37 da Convenção de Viena de 1969, ao dispor sobre a revogação ou modificação de deveres ou direitos de terceiros Estados, assinala que

> qualquer obrigação que tiver nascido para um terceiro Estado nos termos do artigo 35 só poderá ser revogada ou modificada com o consentimento das partes no tratado e do terceiro Estado, salvo se ficar estabelecido que elas haviam acordado diversamente.

Quanto aos direitos, determina que

> qualquer direito que tiver nascido para um terceiro Estado nos termos do artigo 36 não poderá ser revogado ou modificado pelas partes, se ficar estabelecido ter havido a intenção de que o direito não fosse revogável ou sujeito a modificação sem o consentimento do terceiro Estado.

Em relação aos efeitos dos tratados, há ainda que se considerar sua oponibilidade *erga omnes* (eficácia externa), já que "todos os Estados devem respeitar os tratados concluídos por outros Estados e não interferir na sua execução", como consequência dos princípios gerais de direito da coexistência pacífica e autodeterminação (MIRANDA, 2009).

Por outro lado, consoante o art. 38 da Convenção de Viena de 1969, nada impede que uma regra prevista em um tratado se torne obrigatória para terceiros Estados como regra consuetudinária de DIP, reconhecida como tal.

Cabe ainda referir que, na forma do art. 103 da Carta da ONU, em caso de conflito entre as obrigações dos Membros das Nações Unidas, em virtude da Carta "e as obrigações resultantes de qualquer outro acordo internacional", devem prevalecer as obrigações assumidas em virtude da Carta.

3.6.7 Entrada em vigor

É o próprio tratado que determina sua vigência. Em regra, nas convenções multilaterais isso ocorre após o depósito de um determinado número de ratificações. Este é o sentido do art. 24 da Convenção de Viena de 1969:

> Art. 24. Entrada em vigor
>
> 1. Um tratado entra em vigor na forma e na data previstas no tratado ou acordadas pelos Estados negociadores.
>
> 2. Na ausência de tal disposição ou acordo, um tratado entra em vigor tão logo o consentimento em obrigar-se pelo tratado seja manifestado por todos os Estados negociadores.

> 3. Quando o consentimento de um Estado em obrigar-se por um tratado for manifestado após sua entrada em vigor, o tratado entrará em vigor em relação a esse Estado nessa data, a não ser que o tratado disponha de outra forma.
>
> 4. Aplicam-se desde o momento da adoção do texto de um tratado as disposições relativas à autenticação de seu texto, à manifestação do consentimento dos Estados em obrigarem-se pelo tratado, à maneira ou à data de sua entrada em vigor, às reservas, às funções de depositário e aos outros assuntos que surjam necessariamente antes da entrada em vigor do tratado.

A vigência de um tratado na ordem interna exige, antes, que ele esteja vigente na ordem internacional. No entanto, no Brasil há um fenômeno curioso, o da dupla vigência, interna e externa, sendo esta dependente de publicação de um decreto presidencial, no *Diário Oficial da União*, o que ocorre após o depósito do instrumento de ratificação ou de adesão. Essa praxe no Brasil, que não tem previsão em lei, pode provocar uma perplexidade: o intérprete ver-se-á diante de um tratado que tem vigência internacional para o país, mas que não está vigente internamente, por falta do tratado de promulgação. A doutrina procura encontrar soluções para isso (ARAS, 2019a), diante de um costume constitucional acolhido pelo STF.

> PROCEDIMENTO CONSTITUCIONAL DE INCORPORAÇÃO DE CONVENÇÕES INTERNACIONAIS EM GERAL E DE TRATADOS DE INTEGRAÇÃO (MERCOSUL). – A recepção dos tratados internacionais em geral e dos acordos celebrados pelo Brasil no âmbito do MERCOSUL depende, para efeito de sua ulterior execução no plano interno, de uma sucessão causal e ordenada de atos revestidos de caráter político-jurídico, assim definidos: (a) aprovação, pelo Congresso Nacional, mediante decreto legislativo, de tais convenções; (b) ratificação desses atos internacionais, pelo Chefe de Estado, mediante depósito do respectivo instrumento; (c) promulgação de tais acordos ou tratados, pelo Presidente da República, mediante decreto,

> em ordem a viabilizar a produção dos seguintes efeitos básicos, essenciais à sua vigência doméstica: (1) publicação oficial do texto do tratado e (2) executoriedade do ato de direito internacional público, que passa, então – e somente então – a vincular e a obrigar no plano do direito positivo interno. Precedentes.[6]

Uma vez vigentes, os tratados aplicam-se dali em diante. Em regra, não se admite a retroatividade de tratados. Segundo o art. 28 da Convenção de Viena de 1969,

> a não ser que uma intenção diferente se evidencie do tratado, ou seja estabelecida de outra forma, suas disposições não obrigam uma parte em relação a um ato ou fato anterior ou a uma situação que deixou de existir antes da entrada em vigor do tratado, em relação a essa parte.

3.6.8 Cessação da vigência de tratados

Um tratado perde sua vigência em virtude de disposição expressa no seu texto ou por deliberação das partes, ou ainda por impossibilidade de sua execução. A cessação da vigência de um tratado não afeta as situações consolidadas, conforme o art. 70 da Convenção de Viena de 1969.

A cessação por vontade das partes ocorre mediante ab-rogação (art. 54 da Convenção de Viena de 1969) ou por celebração de novo tratado sobre o mesmo objeto (art. 59). A cessação também pode decorrer de caducidade, em função do decurso do prazo de vigência, da execução do seu objeto ou de alteração fundamental de circunstâncias ou da incidência da cláusula *rebus sic stantibus* (art. 62). Tem-se também cessação do vínculo convencional por impossibilidade superveniente de execução (art. 61) ou por

---

6 STF, CR nº 8.279 AgR, Min. Rel. Celso de Mello, Tribunal Pleno, julgado em 17.06.1998.

formação de costume internacional contrário ao texto, como costume derrogatório ou mero desuso.

Para os tratados bilaterais, ensina Miranda (2009), há ainda as causas de cessação unilaterais como a denúncia (art. 56), desde que prevista no tratado ou admitida implicitamente, e a inexecução do tratado por uma das partes (*exceptio non adimpleti contractus*). Para os tratados multilaterais, a denúncia assume a forma de recesso (retirada), sendo exemplo a Convenção de Montego Bay sobre Direito do Mar, de 1982. Não é possível o recesso em convenções de codificação do DIP.

Segundo o art. 62 da Convenção de Viena de 1969, uma mudança fundamental de circunstâncias, ocorrida em relação às existentes no momento da conclusão de um tratado, e não prevista pelas partes, não pode ser invocada como causa para extinguir um tratado ou dele retirar-se, salvo se: a) a existência dessas circunstâncias tiver constituído uma condição essencial do consentimento das partes em obrigarem-se pelo tratado; e b) essa mudança tiver por efeito a modificação radical do alcance das obrigações ainda pendentes de cumprimento em virtude do tratado. Como se vê, a cláusula *rebus sic stantibus* difere da denúncia, que se funda na vontade expressa, tácita ou conjuntural da Parte, não estando sujeita a requisitos de fundo de caráter geral (MIRANDA, 2009).

A guerra também pode ter impacto sobre a vigência de tratados, notadamente os bilaterais, mas não só. Em 2022, em função da invasão da Ucrânia, a Federação Russa decidiu deixar o tratado constitutivo do Conselho da Europa (CoE), sendo, na mesma ocasião, expulsa por deliberação do Comitê de Ministros dessa organização pan-europeia. Isso resultou na saída da Rússia de dezenas de outros tratados europeus, inclusive a Convenção Europeia de Direitos Humanos (CONSELHO DA EUROPA, 2022a).[7]

7 *Vide* a Resolução nº CM/Res(2022)2, de 16.03.2022.

3.7 Modificações nos tratados

Fatores políticos conjunturais ou alterações na economia mundial ou da estrutura da sociedade internacional podem fazer surgir a necessidade de modificar tratados. Tais modificações podem servir para acréscimo, alteração ou supressão de cláusulas. Os eventos que se sucederam à Primeira e à Segunda Guerra Mundial catalisaram mudanças em vários tratados.

> Basta recordar questões como a das revisões de tratados de fronteiras, de tratados sobre proteção de minorias nacionais ou de tratados de paz; e bem se sabe como foram problemas respeitantes à revisão do Tratado de Versalhes e de outros tratados subsequentes à Primeira Guerra Mundial que dominaram completamente as relações internacionais da Europa entre 1920 e 1939; ou como, já nessa altura e depois disso, alguns Estados extraeuropeus (entre os quais a China) puseram em causa, direta ou indiretamente, os tratados, injustos ou desiguais, que tinham sido constrangidos a celebrar em épocas anteriores de fraqueza política e militar (MIRANDA, 2009).

Umas das evoluções mais significativas do DIP neste campo é a possibilidade, agora, de alteração de tratados multilaterais com dispensa de unanimidade das Partes. Com exceção dos tratados de fixação de fronteiras, que tendem à imutabilidade, pode-se passar novo texto se presente uma maioria qualificada, ressalvando-se que "os Estados não partes nos tratados de revisão também não ficam obrigados às cláusulas dela decorrentes" (MIRANDA, 2009).

Por outro lado, os próprios tratados podem fixar prazo de imutabilidade, como se deu com o art. 312 da Convenção de Montego Bay de 1982, ou Convenção das Nações Unidas sobre Direito do Mar, conhecida pela sigla em inglês UNCLOS, que estabeleceu que emendas ao seu texto só seriam admissíveis após dez anos de vigência.

Tais temas são objeto dos arts. 39 a 41 da Convenções de Viena de 1969, podendo ser identificadas limitações temporais, como acima visto, e limites materiais à revisão de tratados, que se assemelhariam a cláusulas pétreas constitucionais, ou a limites, que, numa interpretação menos ousada, visam a manter a congruência interna dos tratados ao longo do tempo, tendo em vista seu objeto e fim (MIRANDA, 2009).

Segundo Miranda (2009), esses limites materiais existiriam em relação à Carta das Nações Unidas, ao Estatuto do Conselho da Europa, ao Tratado da União Europeia, à Convenção Europeia de Direitos Humanos e, expressamente, em relação à Convenção das Nações Unidas sobre Direito do Mar:

> (...) cujo art. 155, n. 2, prescreve que a conferência de revisão da parte XI deve respeitar alguns princípios, como o da consideração dos fundos marinhos do alto mar como patrimônio comum da humanidade, o da sua utilização para fins pacíficos e o da existência de um regime internacional para aproveitamento equitativo em benefício de todos os países, especialmente dos países em desenvolvimento.

Além disso, há limites de cunho geral, como é o caso do *jus cogens*, que, conforme já vimos, somente pode ser superado por outra norma de igual hierarquia.

3.8 Validade e invalidade de tratados

Segundo Miranda (2009), há quatro regras básicas sobre a validade dos tratados, tendo em mira a preservação de sua integridade e eficácia. Tais regras são extraídas dos arts. 42 a 45 da Convenção de Viena de 1969:

a) regra da função conformadora da Convenção: a validade de um tratado ou do consentimento de um Estado em obrigar-se por um tratado só pode ser contestada mediante a aplicação da Convenção de Viena de 1969 (art. 42). A extinção de um tratado, sua denúncia ou a retirada de uma das partes só poderá ocorrer em virtude da aplicação das disposições do tratado ou da referida Convenção;

b) regra de coordenação do direito internacional convencional e do direito internacional comum: a nulidade de um tratado, sua extinção ou denúncia, a retirada de uma das partes ou a suspensão da execução de um tratado em consequência da aplicação da Convenção de Viena de 1969 ou das disposições do tratado não prejudicarão, de nenhum modo, o dever de um Estado de cumprir qualquer obrigação enunciada no tratado à qual estaria ele sujeito em virtude do direito internacional, independentemente do tratado (art. 43);

c) regra de indivisibilidade: o direito de uma parte, previsto num tratado ou decorrente do art. 56 da Convenção, de denunciar, retirar-se ou suspender a execução do tratado, só pode ser exercido em relação à totalidade do tratado, a menos que este disponha ou as partes acordem diversamente (art. 44);

d) regra do *estoppel* ou da proibição do *venire contra factum proprium*: um Estado não pode invocar uma causa de nulidade, de extinção, de retirada ou de suspensão da execução de um tratado, se, depois de haver tomado conhecimento dos fatos, esse Estado tiver aceito, expressamente, que o tratado é válido, permanece em vigor ou continua em execução conforme o caso; ou se, em virtude de sua conduta, deva ser considerado como tendo concordado que o tratado é válido, permanece em vigor ou continua em execução, conforme o caso (art. 45) (MIRANDA, 2009). Mazzuoli (2020, p. 98) lembra que a Corte IDH tem aplicado o princípio do *estoppel* em seus julgados, tal como fez no caso *Acevedo Jaramilo e Outros vs. Peru*, de 2006.

No conjunto de situações que invalidam um tratado estão a violação de regras de competência (ofensa ao *treaty-making power* ou ratificações imperfeitas), a desconformidade material (violação

ao *jus cogens*) e os vícios do consentimento ou na formação da vontade interna (erro, dolo, corrupção e coação).

Segundo a Convenção de Viena de 1986, é nulo o tratado que, no momento de sua conclusão, conflite com uma norma imperativa de direito internacional geral (*jus cogens*).

O erro de fato (não o de direito) é objeto do art. 48 da Convenção de Viena de 1969, segundo o qual

> um Estado pode invocar erro no tratado como tendo invalidado o seu consentimento em obrigar-se pelo tratado se o erro se referir a um fato ou situação que esse Estado supunha existir no momento em que o tratado foi concluído e que constituía uma base essencial de seu consentimento em obrigar-se pelo tratado.

O dolo é mencionado no art. 49 da Convenção. Segundo esse dispositivo, se um Estado "concluir um tratado pela conduta fraudulenta de outro Estado negociador, o Estado pode invocar a fraude como tendo invalidado o seu consentimento em obrigar-se pelo tratado".

Na forma do art. 50 da Convenção de Viena de 1969, a corrupção de um representante de um Estado pode servir para invalidar um tratado, se a manifestação do consentimento de um Estado tiver sido obtida "por meio da corrupção de seu representante, pela ação direta ou indireta de outro Estado negociador". Nesse caso, o Estado pode alegar tal corrupção como tendo invalidado o seu consentimento em obrigar-se pelo tratado.

De acordo com o art. 51 do mesmo tratado, "não produzirá qualquer efeito jurídico a manifestação do consentimento de um Estado em obrigar-se por um tratado que tenha sido obtida pela coação de seu representante, por meio de atos ou ameaças dirigidas contra ele".

Por fim, conforme o art. 52 da Convenção de 1969, "é nulo um tratado cuja conclusão foi obtida pela ameaça ou o emprego da força em violação dos princípios de Direito Internacional incorporados na Carta das Nações Unidas".

Tais causas de invalidação de tratados, quando não reconhecidas pelas próprias partes, podem ser submetidas a mecanismos pacíficos de solução de controvérsias, inclusive a arbitragem internacional, a conciliação ou o julgamento pela Corte Internacional de Justiça, nos termos do art. 66 da Convenção de Viena de 1969.

3.9 O *status* dos tratados no direito brasileiro

No Brasil, a incorporação de tratados depende de um procedimento bifásico, que exige prévia manifestação do Poder Legislativo federal, seja para sua ratificação ou para a adesão a ele.

Inicialmente, o Estado brasileiro manifesta sua vontade internacional por meio do Poder Executivo, observado o *treaty-making power*. Após a tramitação legislativa da mensagem presidencial nas duas casas do Congresso Nacional, é publicado um decreto legislativo, que permitirá ao Poder Executivo brasileiro proceder ao depósito do instrumento de ratificação ou de adesão, conforme o caso. É então que começa a correr o prazo convencional para a vigência do tratado para o Estado brasileiro na ordem internacional. Esta etapa culmina com a promulgação do tratado por meio de um decreto presidencial, com publicação no *Diário Oficial da União*.

Pouco importa se o Brasil ratificou um tratado ou se a ele aderiu. Os efeitos e a eficácia serão os mesmos, observado o prazo de vigência previsto nesses atos internacionais.

Ao ingressarem no ordenamento jurídico brasileiro, os tratados equivalem a leis federais ordinárias. Esta é a posição do Supremo Tribunal Federal. Porém, os tratados de direitos humanos têm *status* supralegal (uns) ou *status* de norma constitucional (outros), neste último caso, quando cumprido o rito de internalização mais rigoroso, constante do § 3° do art. 5° da Constituição.

Neta linha, no RE n° 460.320, o STF lembrou que, embora os tratados internacionais sejam espécies normativas infraconstitucionais distintas e autônomas, não se confundindo com normas federais, existe

> paridade normativa entre atos internacionais e leis infraconstitucionais de direito interno, resolvendo-se as antinomias entre essas normas pelo critério cronológico ou da especialidade e ressalvando-se os tratados e as convenções internacionais sobre direitos humanos.[8]

Essa é a posição histórica do STF, como se vê na EXT nº 662, julgada em 1996, na qual a Corte assentou que tratados e convenções internacionais "guardam estrita relação de paridade normativa com as leis ordinárias editadas pelo Estado brasileiro". No que tange à hierarquia das fontes, os tratados situam-se "no mesmo plano e no mesmo grau de eficácia em que se posicionam as leis internas do Brasil". Esclareceu a Corte que

> eventual precedência dos atos internacionais sobre as normas infraconstitucionais de direito interno brasileiro somente ocorrerá – presente o contexto de eventual situação de antinomia com o ordenamento doméstico –, não em virtude de uma inexistente primazia hierárquica, mas, sempre, em face da aplicação do critério cronológico (*lex posterior derogat priori*) ou, quando cabível, do critério da especialidade.[9]

O STF somente se apartou dessa compreensão para conferir hierarquia superior aos tratados de direitos humanos, nos níveis de supralegalidade e de constitucionalidade, a partir da EC nº 45/2004 e da decisão no RE nº 466.343, de 2008. No referido recurso extraordinário, o STF conferiu à Convenção Americana de Direitos Humanos, internalizada pelo Decreto nº 692/1992, *status* de supralegalidade.[10]

---

8 STF, RE nº 460.320, Rel. Min. Gilmar Mendes, rel. p/o acórdão Min. Dias Toffoli, Tribunal Pleno, julgado em 05.08.2020.

9 STF, EXT nº 662, Rel. Min. Celso de Mello, Tribunal Pleno, julgado em 28.11.1996.

10 *Vide* também, da 2ª Turma do STF, o HC nº 90.450, Rel. Min. Celso de Mello, j. em 23.09.2008.

Após a EC nº 45/2004, o § 3º do art. 5º da Constituição passou a dispor que

> os tratados e convenções internacionais sobre direitos humanos que forem aprovados, em cada Casa do Congresso Nacional, em dois turnos, por três quintos dos votos dos respectivos membros, serão equivalentes às emendas constitucionais.

Entre 2009 e 2022 foram internalizados os quatro primeiros tratados com observância desse procedimento de aprovação.

Os dois primeiros foram a Convenção Internacional sobre os Direitos das Pessoas com Deficiência e seu Protocolo Facultativo, assinados em Nova York, em 30 de março de 2007 e promulgados pelo Decreto nº 6.949/2009. A terceira convenção a seguir o rito do § 3º do art. 5º da Constituição foi o Tratado de Marraqueche para Facilitar o Acesso a Obras Publicadas às Pessoas Cegas, com Deficiência Visual ou com Outras Dificuldades para Ter Acesso ao Texto Impresso, firmado em Marraqueche, em 27 de junho de 2013, internalizado pelo Decreto nº 9.522/2018.

Pelo Decreto nº 10.932/2022, o Brasil promulgou a Convenção Interamericana contra o Racismo, a Discriminação Racial e Formas Correlatas de Intolerância, firmada na Guatemala em 2013, que havia sido aprovada pelo Congresso Nacional por meio do Decreto Legislativo nº 1, de 18 de fevereiro de 2021.

Pode-se concluir, portanto, que, perante a ordem jurídica brasileira, haverá tratados internacionais com hierarquia de leis federais ordinárias (os tratados em geral ou "comuns"); tratados e convenções com *status* de supralegalidade (os tratados de direitos humanos que não passaram pelo procedimento do § 3º do art. 5º da Constituição) e tratados internacionais que têm a mesma estatura que normas constitucionais (os que seguiram o procedimento do referido § 3º).

Contudo, em certas hipóteses, tratados que não são de direitos humanos podem ter hierarquia superior à das leis ordinárias.

É o que se passa com os acordos para ordenação do transporte internacional, nos termos do art. 178 da Constituição:[11]

> Direito do consumidor. Transporte aéreo internacional. Conflito entre lei e tratado. Indenização. Prazo prescricional previsto em convenção internacional. Aplicabilidade.
>
> 1. Salvo quando versem sobre direitos humanos, os tratados e convenções internacionais ingressam no direito brasileiro com *status* equivalente ao de lei ordinária. Em princípio, portanto, as antinomias entre normas domésticas e convencionais resolvem-se pelos tradicionais critérios da cronologia e da especialidade.
>
> 2. Nada obstante, quanto à ordenação do transporte internacional, o art. 178 da Constituição estabelece regra especial de solução de antinomias, no sentido da prevalência dos tratados sobre a legislação doméstica, seja ela anterior ou posterior àqueles. Essa conclusão também se aplica quando o conflito envolve o Código de Defesa do Consumidor.
>
> 3. Tese afirmada em sede de repercussão geral: "Nos termos do art. 178 da Constituição da República, as normas e os tratados internacionais limitadores da responsabilidade das transportadoras aéreas de passageiros, especialmente as Convenções de Varsóvia e Montreal, têm prevalência em relação ao Código de Defesa do Consumidor".
>
> 4. Recurso extraordinário provido.[12]

3.10 A compatibilidade dos tratados com a ordem jurídica interna

O controle de regularidade da ordem jurídica pode ser visto numa perspectiva interna ou numa mirada internacional.

---

[11] Constituição Federal: "Art. 178. A lei disporá sobre a ordenação dos transportes aéreo, aquático e terrestre, devendo, quanto à ordenação do transporte internacional, observar os acordos firmados pela União, atendido o princípio da reciprocidade".

[12] STF, ARE nº 766.618, Rel. Min. Roberto Barroso, Tribunal Pleno, julgado em 25.05.2017.

Do ponto de vista doméstico, a estrutura piramidal da ordem jurídica de Kelsen-Merkl (MARTINEZ-VILLALBA, 2014) favorece a ideia de supremacia da Constituição sobre as demais normas do direito interno, suscitando a possibilidade de um controle de constitucionalidade, seja difuso, seja concentrado, sobre todas as leis e atos normativos de caráter geral, inclusive os tratados, assim como um controle de legalidade dos atos infralegais para com as leis ordinárias e complementares.

Na ótica externa, a regularidade da ordem jurídica interna poderá ser afirmada após seu confronto com o *jus cogens*, os tratados, os costumes internacionais e a jurisprudência dos tribunais internacionais, como a da Corte Internacional de Justiça, as cortes regionais de direitos humanos e os tribunais comunitários.

Percebe-se, então, a existência de um duplo controle de conformidade, que se projeta sobre a ordem jurídica, muito especialmente na temática de direitos humanos. Tais direitos estão submetidos, como lembra Ramos (2016), a uma dupla checagem de garantia, mediante o controle de constitucionalidade e o controle de convencionalidade.

> Todo ato interno (não importa a natureza ou origem) deve obediência aos dois crivos. Caso não supere um deles (por violar direitos humanos), deve o Estado envidar todos os esforços para cessar a conduta ilícita e reparar os danos causados (RAMOS, 2016).

Do ponto de vista judicial, os tribunais realizarão o controle de constitucionalidade, conforme a Constituição. Este poderá ser difuso – modalidade que é compartilhada por todos os juízes e tribunais brasileiros, desde que observado o art. 97 da Constituição – ou tomar a forma de controle concentrado, de competência privativa do STF, nos termos do art. 102 da CF (RAMOS, 2016).

Por outro lado, a Corte Interamericana, como guardiã da Convenção Americana de Direitos Humanos e dos tratados de direitos humanos que compõem o *ius commune* regional, realizará o controle concentrado de convencionalidade, no plano internacional.

Conforme a jurisprudência da Corte IDH, as autoridades nacionais também estão habilitadas ao controle de convencionalidade, de ordem difusa.

Na sua declaração de voto no caso *Gomes Lund e Outros vs. Brasil*, o juiz brasileiro Roberto Caldas assentou a diferença entre o controle de constitucionalidade – que compete exclusivamente às instâncias internas, com base na Constituição, para assegurar a primazia desta – e o controle de convencionalidade, que é entregue à Corte IDH, para que ela verifique a adequação de uma certa lei ou de uma específica decisão judicial à Convenção Americana, da qual a Corte IDH é sua intérprete última.

> 4. (...) se aos tribunais supremos ou aos constitucionais nacionais incumbe o controle de constitucionalidade e a última palavra judicial no âmbito interno dos Estados, à Corte Interamericana de Direitos Humanos cabe o controle de convencionalidade e a última palavra quando o tema encerra o debate sobre direitos humanos. É o que decorre do reconhecimento formal da competência jurisdicional da Corte por um Estado, como o fez o Brasil.
>
> 5. Para todos os Estados do continente americano que livremente a adotaram, a Convenção equivale a uma Constituição supranacional atinente a Direitos Humanos. Todos os poderes públicos e esferas nacionais, bem como as respectivas legislações federais, estaduais e municipais de todos os Estados aderentes estão obrigados a respeitá-la e a ela se adequar.[13]

Considerando as complexas interações entre o direito interno e o direito internacional e as diversas especializações que este apresenta, podem-se divisar três ambientes de conflito, que traduzem ou retratam em maior ou menor grau as divergências

13 CORTE INTERAMERICANA DE DIREITOS HUMANOS. *Caso Gomes Lund e Outros ("Guerrilha do Araguaia") vs. Brasil*. Sentença de 24 de novembro de 2010. Voto do Juiz Roberto Caldas. Disponível em: https://www.corteidh.or.cr/docs/casos/articulos/seriec_219_por.pdf. Acesso em: 9 mar. 2022.

doutrinárias entre o monismo de Kelsen (2016) e o dualismo de Triepel (1925, p. 73-119) e Anzilotti (1929, p. 49 ss.). São eles: a) o controle de compatibilidade do direito internacional com o direito constitucional; b) o controle de compatibilidade do direito interno em face do direito internacional geral; c) o controle de compatibilidade da ordem jurídica interna em face do direito comunitário; e d) o controle de compatibilidade do direito interno com o direito internacional dos direitos humanos. Vejamos.

3.10.1 Controle de compatibilidade do direito internacional com o direito constitucional

O controle de compatibilidade do direito internacional com o direito constitucional é um tema de direito *interno*, que será mais pronunciado nos Estados que adotem concepções dualistas de ordem jurídica ou monistas moderadas. Como explica Kelsen (2012, p. 403):

> A questão da norma a prevalecer, no caso de um conflito entre o direito nacional e o internacional, só pode decidir-se com base no ordenamento jurídico nacional envolvido; a resposta não pode ser deduzida a partir da relação que se presume existir entre o direito nacional e o internacional. Uma vez que, de acordo com o direito positivo nacional, não seja vedada, em caso de conflito entre a norma internacional e a nacional, a prevalência desta sobre aquela, os juízes ficam obrigados a aplicar o direito nacional, ainda que contrário ao direito internacional.

Nesta ótica kelseniana, os tratados internacionais em geral podem ser confrontados com a lei fundamental para serem submetidos ao crivo de constitucionalidade, isto é, de compatibilidade com a Constituição.

No Brasil, este exercício assume as feições difusa (art. 97, CF) e concentrada (art. 102, I, *a*, CF) e pode ocorrer também mediante controle recursal. Conforme o art. 102, II, *b*, da Constituição, compete ao STF rever em recurso extraordinário as decisões, adotadas em única ou última instância, que tenham declarado a inconstitucionalidade de tratados. Compete também ao STJ, conforme o art. 105, III, *a*, da Constituição,

> julgar, em recurso especial, as causas decididas, em única ou última instância, pelos Tribunais Regionais Federais ou pelos tribunais dos Estados, do Distrito Federal e Territórios, quando a decisão recorrida contrariar tratado ou lei federal, ou negar-lhes vigência.

Na ADI nº 1.480/MC, que questionava a Convenção nº 158 da Organização Internacional do Trabalho (OIT), que protege o trabalhador contra a despedida arbitrária, o STF consagrou o princípio da primazia da Constituição sobre o direito internacional comum:

> No sistema jurídico brasileiro, os tratados ou convenções internacionais estão hierarquicamente subordinados à autoridade normativa da Constituição da República. Em consequência, nenhum valor jurídico terão os tratados internacionais, que, incorporados ao sistema de direito positivo interno, transgredirem, formal ou materialmente, o texto da Carta Política. (...) O primado da Constituição, no sistema jurídico brasileiro, é oponível ao princípio *pacta sunt servanda*, inexistindo, por isso mesmo, no direito positivo nacional, o problema da concorrência entre tratados internacionais e a Lei Fundamental da República, cuja suprema autoridade normativa deverá sempre prevalecer sobre os atos de direito internacional público.[14]

No mesmo julgado, a Suprema Corte brasileira afirmou a possibilidade de controle de constitucionalidade dos tratados internacionais, de competência do Poder Judiciário.

> O Poder Judiciário – fundado na supremacia da Constituição da República – dispõe de competência, para, quer em sede de fiscalização abstrata, quer no âmbito do controle difuso,

14 STF, ADI nº 1.480/MC, Rel. Celso de Mello, Tribunal Pleno, julgado em 04.09.1997.

> efetuar o exame de constitucionalidade dos tratados ou convenções internacionais já incorporados ao sistema de direito positivo interno.[15]

Foi também neste precedente de 1997 que o STF ressaltou a relação de paridade normativa entre os tratados de direito internacional geral com as leis federais ordinárias.

> Os tratados ou convenções internacionais, uma vez regularmente incorporados ao direito interno, situam-se, no sistema jurídico brasileiro, nos mesmos planos de validade, de eficácia e de autoridade em que se posicionam as leis ordinárias, havendo, em consequência, entre estas e os atos de direito internacional público, mera relação de paridade normativa. Precedentes. No sistema jurídico brasileiro, os atos internacionais não dispõem de primazia hierárquica sobre as normas de direito interno. A eventual precedência dos tratados ou convenções internacionais sobre as regras infraconstitucionais de direito interno somente se justificará quando a situação de antinomia com o ordenamento doméstico impuser, para a solução do conflito, a aplicação alternativa do critério cronológico (*lex posterior derogat priori*) ou, quando cabível, do critério da especialidade.[16]

Problema surge quando as fontes do DIP a serem submetidas a checagem de compatibilidade com a Constituição de um determinado Estado forem os costumes ou o *jus cogens*, este entendido como norma de direito internacional imperativa, inderrogável e de caráter geral, nos termos do art. 53 da Convenção de Viena sobre Direito dos Tratados.

A prova e a existência dos costumes são de difícil determinação e ainda mais difícil será a sua interpretação. A Constituição brasileira nada diz sobre eles, embora sejam muito importantes para

---

15 ADI nº 1.480/MC.

16 ADI nº 1.480/MC .

a responsabilização internacional de indivíduos mediante o direito internacional penal. Cuidando da situação da Etiópia, cuja lei fundamental também é silente em relação ao direito costumeiro, Tiruneh (2022) afirma que esta lacuna não retira a força vinculante das normas costumeiras, pois estas obrigam os Estados independentemente de consentimento, mas isso pode redundar na necessidade de sua implementação por meio de uma lei no direito interno.

A Constituição brasileira tampouco trata do *jus cogens*, cujas normas, pela sua própria natureza, não podem ser derrogadas, salvo por outra norma de mesmo caráter, tornando extremamente problemática a sua submissão a mecanismos internos de aferição de compatibilidade. Questão é saber qual a posição do STF diante de uma aparente incompatibilidade entre o *jus cogens* e o direito interno. Pelo que se nota na EXT nº 1.362, a maioria da Corte não reconheceu a primazia do *jus cogens* sobre o direito penal interno.[17]

> Como eu, na linha do voto do Ministro Fachin, considero que uma norma de *jus cogens* internacional prevalece sobre a norma doméstica, eu não acho que esteja prescrito, porque eu acho que a norma brasileira de prescrição tem a sua eficácia paralisada pela prevalência da norma internacional. Portanto, não é uma superação da prescrição. Eu acho que, neste caso específico, a se admitir que tenha sido crime de lesa-humanidade, aplica-se a norma de *jus cogens* internacional. (...) O meu entendimento, alinhado com o do Ministro Luiz Edson Fachin, é de que, numa situação como esta, por ser *jus cogens* internacional, independe de internalização. Quer dizer, eu acho que todos os países que compartilham determinados valores civilizatórios se obrigam a entender que certos crimes de lesa-humanidade não estão sujeitos à regra interna e, sim, a esse princípio internacional.[18]

---

17 *Vide* os votos dos Ministros Edson Fachin e Roberto Barroso na EXT nº 1.362, de relatoria do Min. Teori Zavaski, julgada em 09.11.2016 pelo Pleno do STF. Em sentido contrário, *vide* o voto do Min. Luiz Fux, na mesma extradição, p. 119. *Vide* ainda o voto do min. Celso de Mello na EXT nº 1.150.

18 Trecho do voto do Min. Roberto Barroso na EXT nº 1.362.

Ao votar no mesmo pedido de extradição, oriundo da República Argentina, o ministro Luiz Fux adotou um entendimento que retrata a atual posição do STF sobre o choque entre o *jus cogens* e o direito interno:

> Por fim, mas não menos importante, é preciso reafirmar a supremacia da Constituição da República e, em especial, das cláusulas pétreas nela inscritas, sobre todas as demais normas, atos ou fatos juridicamente relevantes. As normas da Constituição da República não podem ser afastadas por meio ou a título de adesão a tratados, convenções ou decisões de Cortes Internacionais que cuidem de direitos humanos. [19]

Se, para os tratados comuns, valerá a posição do STF na ADI nº 1.480/MC quanto à primazia da Constituição, dificilmente pode-se admitir que *o jus cogens* a que está sujeito o Estado brasileiro deva ser submetido a crivo de compatibilidade com o direito constitucional interno brasileiro. A mim me parece que somente uma linha mais radical do monismo, harmônico com a Convenção de Viena de 1969, seria capaz de resolver essa aparente antinomia.

3.10.2 O controle de compatibilidade da ordem jurídica interna em face do direito internacional

Numa mirada monista – à luz do *jus cogens*, do princípio *pacta sunt servanda* e da impossibilidade, prevista no direito convencional, de escusa de conformidade pela alegação da primazia do direito interno –, a ordem jurídica doméstica deve adequar-se aos compromissos internacionais do Estado.

Mazzuoli (2011) denomina de "controle de supralegalidade das leis" o controle de compatibilidade entre o direito interno e os tratados comuns de direito internacional. Para ele, "o controle de supralegalidade seria o exercício de controle que tem como paradigma os tratados internacionais comuns, que guardam nível

[19] Trecho do voto do Min. Luiz Fux na EXT nº 1.362.

de norma supralegal no Brasil" (MAZZUOLI, 2011, p. 156) resolvendo-se, na sua visão, eventuais conflitos pelo critério hierárquico (MAZZUOLI, 2011, p. 159).

Na França, a Corte de Cassação funciona como guardiã da imediata conformidade de supralegalidade, tendo-se tornado protagonista da verificação da (in)compatibilidade entre uma lei e normas supralegais, realizando o controle judicial de convencionalidade, contribuindo para o controle de constitucionalidade e buscando a articulação temporal mais adequada entre os controles de constitucionalidade e de convencionalidade (FRANÇA, 2015).

Ainda que não se admita a sujeição do direito interno ao direito internacional no plano hierárquico-piramidal, essa compatibilização será alcançada por meio dos critérios adotados para a solução dos conflitos de normas. Nessa linha, os tratados prevalecerão sobre o direito interno infraconstitucional, "quando a situação de antinomia com o ordenamento doméstico impuser, para a solução do conflito, a aplicação alternativa do critério cronológico (*lex posterior derogat priori*) ou, quando cabível, do critério da especialidade".[20]

No Brasil, esse controle de compatibilidade entre o direito interno e o direito internacional tem feição recursal. Conforme o art. 105, III, *a*, da Constituição, compete ao STJ julgar, em recurso especial, as causas decididas, em única ou última instância, pelos Tribunais Regionais Federais (TRFs) ou pelos tribunais dos Estados, do Distrito Federal e Territórios (TJs), quando a decisão recorrida contrariar tratado ou negar-lhe vigência.

Não se tem, portanto, um mecanismo expresso na Constituição de controle de compatibilidade da legislação interna com o direito convencional, o que se poderia obter, *de lege ferenda*, mediante a criação de um instrumento processual de controle concentrado, de natureza prévia ou posterior, de competência do STF, sem prejuízo do exercício de tal checagem de forma difusa por todos os órgãos do sistema de justiça.

---

20 STF, ADI nº 1.480/MC, Rel. Celso de Mello, Tribunal Pleno, julgado em 04.09.1997.

3.10.3 O controle de compatibilidade da ordem jurídica interna em face do direito comunitário

O desenvolvimento do direito da integração regional aportou novos desafios de conformidade do direito nacional para com uma ordem jurídica externa ou comum. A coexistência ou a intercalação dessas duas ordens jurídicas pode acarretar situações de desconformidade entre ambas, devendo, em regra, predominar o direito comunitário, que tem *status* supralegal.

Nos espaços comunitários, como os da União Europeia, da Comunidade do Caribe e da Comunidade Andina, destaca-se uma ordem jurídica nova, distinta dos ordenamentos locais e do direito internacional. Nesse novo espaço jurídico verifica-se o primado do direito comunitário sobre o direito interno. No contexto europeu, por exemplo, a jurisprudência do Tribunal de Justiça da União Europeia e o direito da União prevalecem sobre o direito interno dos 26 Estados Membros.[21]

Na jurisprudência do Tribunal de Justiça das Comunidades Europeia (hoje TJUE), os casos *Costa vs. Ente nazionale per l'energia elétrica (ENEL)*, de 1964,[22] e *Van Gend & Loos*, de 1963,[23] são os julgados que reconhecem que os tratados que criaram as Comunidades Europeias fundaram uma nova ordem jurídica comunitária que prevalece sobre o direito interno.

Logo, o cumprimento desse direito comunitário não pode ser recusado, ao argumento de que contraria o direito interno. É aí, portanto, que reside o espaço para o controle de compatibilidade da

---

21 UNIÃO EUROPEIA. Ata Final (2007/C 306/02). *Declaração 17 do Tratado de Lisboa, de 17 de dezembro de 2007*. Disponível em: https://eur-lex.europa.eu/legal-content/PT/TXT/HTML/?uri=CELEX:C2007/306/02&from=PT. Acesso em: 12 mar. 2022.

22 TRIBUNAL DE JUSTIÇA DA UNIÃO EUROPEIA. *Flaminio Costa vs. E.N.E.L.* Reenvio: Giudice conciliatore di Milano – Itália. Acórdão de 15 de julho de 1964. Disponível em: https://eur-lex.europa.eu/legal-content/PT/TXT/HTML/?uri=CELEX:61964CJ0006&from=EN. Acesso em: 12 mar. 2022.

23 TRIBUNAL DE JUSTIÇA DA UNIÃO EUROPEIA. *NV Algemene Transport- en Expeditie Onderneming van Gend & Loos, e Administração Fiscal neerlandesa*. Acórdão de 5 de fevereiro de 1963. Disponível em: https://eur-lex.europa.eu/legal-content/PT/TXT/HTML/?uri=CELEX:61962CJ0026&from=PT. Acesso em: 12 mar. 2022.

ordem jurídica interna e dos atos das autoridades dos 26 Estados da União, com o direito comunitário e a jurisprudência do TJUE.

O caso caso *Simmenthal*, julgado em 1978,[24] é particularmente relevante para a discussão do controle de convencionalidade:

> 17. Além do mais, por força do princípio do primado do direito comunitário, as disposições do Tratado e os actos das instituições directamente aplicáveis têm por efeito, nas suas relações com o direito interno dos Estados-membros, não apenas tornar inaplicável de pleno direito, desde o momento da sua entrada em vigor, qualquer norma de direito interno que lhes seja contrária, mas também — e dado que tais disposições e actos integram, com posição de precedência, a ordem jurídica aplicável no território de cada um dos Estados-membros — impedir a formação válida de novos actos legislativos nacionais, na medida em que seriam incompatíveis com normas do direito comunitário.[25]

Nesse mesmo precedente de 1978, o antigo Tribunal das Comunidades Europeias assentou as bases do que parece ser um controle de convencionalidade, ao afirmar que qualquer juiz dos Estados Membros tem o "dever de aplicar integralmente o direito comunitário e proteger os direitos que este confere aos particulares, considerando inaplicável qualquer disposição eventualmente contrária de direito interno, quer seja esta anterior ou posterior à norma comunitária".[26]

> 22. É, assim, incompatível com as exigências inerentes à própria natureza do direito comunitário, qualquer norma da ordem jurídica interna ou prática legislativa, administrativa ou judicial, que tenha por consequência a diminuição

---

24 TRIBUNAL DE JUSTIÇA DA UNIÃO EUROPEIA. *Administração das Finanças do Estado e Sociedade anónima Simmenthal, com sede em Monza.* Acórdão de 9 de março de 1978. Disponível em: https://eur-lex.europa.eu/legal-content/PT/TXT/HTML/?uri=CELEX:61977CJ0106&from=EN. Acesso em: 12 mar. 2022.

25 Caso Simmenthal.

26 Caso Simmenthal, § 21 do acórdão.

> da eficácia do direito comunitário, pelo facto de recusar ao juiz competente para a aplicação deste direito, o poder de, no momento dessa aplicação, fazer tudo o que for necessário para afastar as disposições legislativas nacionais que constituam, eventualmente, um obstáculo à plena eficácia das normas comunitárias.[27]

Em sua conclusão no caso *Simmenthal*, o Tribunal em Luxemburgo determinou que o juiz nacional competente tem o dever de assegurar a plena eficácia do direito comunitário europeu, "decidindo, por autoridade própria, se necessário for, a não aplicação de qualquer norma de direito interno que o contrarie, ainda que tal norma seja posterior", não tendo de aguardar a prévia supressão da referida norma interna por meio de alteração legislativa "ou por qualquer outro processo constitucional".[28]

Não me parece exótico supor que esse precedente pode ter inspirado o desenvolvimento do controle de convencionalidade de modo difuso na prática jurídica interamericana. Se essa influência não ocorreu ou não puder ser determinada, ao menos o *leading case Simmenthal* será um modelo a considerar no exame desta construção do nosso hemisfério.

3.10.4 O controle de compatibilidade da ordem jurídica interna em face do direito internacional dos direitos humanos

Os direitos humanos internacionalmente reconhecidos gozam de universalidade e seu reconhecimento tem efeito imediato na ordem jurídica. Têm também um campo de força duplo: o controle de convencionalidade interno (difuso) e controle de convencionalidade internacional (concentrado). Segundo Ramos (2019b), o controle de convencionalidade compreende a análise da

---

27 Caso Simmenthal.

28 TRIBUNAL DE JUSTIÇA DA UNIÃO EUROPEIA. *Administração das Finanças do Estado e Sociedade anónima Simmenthal, com sede em Monza*. Acórdão de 9 de março de 1978. Disponível em: https://eur-lex.europa.eu/legal-content/PT/TXT/HTML/?uri=CELEX:61977CJ0106&from=EN. Acesso em: 12 mar. 2022.

compatibilidade dos atos internos dos Estados, sejam comissivos ou omissivos, em face das normas internacionais, como os tratados, os costumes internacionais, os princípios gerais de direito, as resoluções vinculantes de organizações internacionais etc.

Tal controle pode ter um efeito negativo, com a invalidação das normas e decisões nacionais contrárias às normas internacionais - que Ramos denomina de controle saneador de convencionalidade - e um efeito positivo, no qual se realiza interpretação adequada das normas nacionais para que estas sejam conformes às normas internacionais (controle construtivo de convencionalidade) (RAMOS, 2019b, p. 533). Ainda conforme o mesmo autor, o controle subdivide-se em:

a) controle de convencionalidade de matriz internacional (autêntico ou definitivo): que, em geral, é atribuído a órgãos internacionais (como os tribunais e os comitês convencionais) compostos por julgadores independentes; e
b) controle de convencionalidade de matriz nacional (provisório ou preliminar), no qual há exame de compatibilidade entre o ordenamento interno e as normas internacionais a ele incorporadas. Tal controle é realizado pelos próprios juízes nacionais e por autoridades administrativas e legislativas do Estado (RAMOS, 2019b, p. 533). No particular, a Corte IDH tem reiterado sua posição de ampla legitimidade, no plano interno, para o controle de convencionalidade:

> 204. (...) a Corte considera pertinente recordar que as diferentes autoridades estatais têm a obrigação de exercer *ex officio* o controle de convencionalidade entre as normas internas e a Convenção Americana, evidentemente no âmbito de suas respectivas competências e dos respectivos regulamentos processuais.[29]

[29] CORTE INTERAMERICANA DE DIREITOS HUMANOS. *Caso Márcia Barbosa de Souza e Outros vs. Brasil.* Sentença de 7 de setembro de 2021. Disponível em: https://www.corteidh.or.cr/docs/casos/articulos/seriec_435_por.pdf. Acesso em: 9 mar. 2022.

Mazzuoli (2011, p. 81) lembra que o controle de constitucionalidade surgiu na França em 1975, quando o Conselho Constitucional decidiu não ter competência para determinar "a convencionalidade preventiva das leis (ou seja a compatibilidade destas com os tratados ratificados pela França, notadamente, naquele caso, a Convenção Europeia de Direitos Humanos de 1950)".

Realmente, as origens da teoria adotada pela Corte IDH estão na prática judiciária francesa e na distribuição de competências entre o Conselho Constitucional, o Tribunal de Cassação e o Conselho de Estado:

> Não é necessário recordar que após a recusa do Conselho Constitucional em exercer um controle de convencionalidade da lei (Cons. const., 15 de janeiro de 1975, decisão nº 74-54/DC, Lei relativa à interrupção voluntária da gravidez), o Tribunal de Cassação (Câmara Mista, 24 de maio de 1975, Recurso nº 73-13.556, Bol. 1975, Câmara Mista, nº 4), seguido alguns anos depois pelo Conselho de Estado (CE, 20 de outubro de 1989, Nicolo, nº 108.243, publicado no Recueil Lebon) reconheceu para si, no famoso acórdão Cafés Jacques Vabre, o poder avaliar a conformidade de uma lei com um compromisso internacional ou comunitário. Nessa área, não hesitou em descartar normas que não estivessem em conformidade com as convenções internacionais, mesmo antes de a lei ser alterada para adequá-la a esses tratados. Dois exemplos concretos serão aqui tomados: a aplicação imediata do artigo 12 da Convenção de Nova Iorque sobre os Direitos da Criança (§ 1º) e do artigo 119 do Tratado de Roma (atual artigo 141 do Tratado da União Europeia) relativo à igualdade de tratamento entre trabalhadores de ambos os sexos (§ 2º) (FRANÇA, 2015).

Explica Mazzuoli (2011, p. 82) que o controle de convencionalidade é um mecanismo judicial "de declaração de invalidade de leis incompatíveis com tais tratados [de direitos humanos], tanto por via de exceção (controle difuso ou concreto) como por meio de ação direta (controle concentrado ou abstrato)". Pode, portanto, ser realizado pelas autoridades nacionais, e não somente pelas cortes internacionais de direitos humanos.

No eventual conflito entre uma norma internacional de direitos humanos e o direito interno, aquela deve prevalecer, salvo se a lei interna for mais favorável, considerando-se a aplicação do princípio *pro homine*, naquilo que Mazzuoli denomina de "diálogo das fontes":

> Da mesma forma que existem normas constitucionais inconstitucionais, existem normas constitucionais inconvencionais. Mas para sanar tais incompatibilidades (antinomias) deve o operador do direito aplicar o princípio internacional *pro homine*, segundo o qual deve prevalecer a norma que, no caso concreto, mais proteja os direitos da pessoa em causa. (...) Quando a norma infraconstitucional é mais benéfica que o texto constitucional ou que as normas internacionais de proteção, é ela que deve ser aplicada em detrimento daqueles (MAZZUOLI, 2011, p. 143).

Aqui não se resolve a antinomia mediante a aplicação dos tradicionais critérios hierárquico, cronológico ou de especialidade. A própria normativa internacional aponta a solução "por meio de suas 'cláusulas de diálogo', de que é exemplo o art. 29, *b*, da Convenção Americana sobre Direitos Humanos" (MAZZUOLI, 2011, p. 142-143). Segundo tal dispositivo convencional, que consagra uma norma interpretativa *pro persona*:

> Nenhuma disposição desta Convenção pode ser interpretada no sentido de: b) limitar o gozo e exercício de qualquer direito ou liberdade que possam ser reconhecidos de acordo com as leis de qualquer dos Estados-Partes ou de acordo com outra convenção em que seja parte um dos referidos Estados.

3.10.5 Um exemplo de controle de convencionalidade na França

Em 2010, a Corte Constitucional francesa declarou a inconstitucionalidade de dispositivos do CPP francês que violavam a garantia contra a autoincriminação e impediam que o suspeito tivesse a assistência de advogado durante a prisão temporária ou custódia policial (*garde à vue*). Na ocasião, o tribunal concedeu um ano ao Parlamento para que reformasse a lei processual (FRANÇA, 2010).

Em 2010, no caso *Brusco*, a Corte Europeia de Direitos Humanos (CEDH) reconheceu que essa previsão da legislação francesa violava o art. 6° da Convenção Europeia de 1950.[30] Tendo em conta a decisão da CEDH, no ano seguinte, o pleno da Corte de Cassação francesa reformou decisões anteriores que aplicavam a lei processual tida como inconvencional:

> A Corte de Cassação (...) decidiu que as consequências da decisão dos juízes europeus devem ser imediatamente efetivadas. Depois de observar que nossa legislação de custódia policial não cumpria os requisitos do artigo 6º da Convenção para a Proteção dos Direitos Humanos e Liberdades Fundamentais, a Corte de Cassação decidiu que os efeitos dessa constatação de inconvencionalidade não poderiam ser adiados (FRANÇA, 2015).

No próximo capítulo, cuidaremos da interpretação do direito internacional, inclusive das convenções de direitos humanos e do duplo controle a que estas se sujeitam sob a doutrina do controle de convencionalidade. Abordaremos também o tema do diálogo das cortes.

[30] CORTE EUROPEIA DE DIREITOS HUMANOS. Brusco c. France. Arrêt 14 octobre 2010. Disponível em: https://hudoc.echr.coe.int/ eng#{%22dmdocnumber%22:[%22875630%22],%22itemid%22:[%22001-100969%22]}. Acesso em: 12 mar. 2022.

4

Interpretação do Direito Internacional

4.1 A relação entre o direito internacional e o direito interno

Ao examinar as interações entre a ordem jurídica internacional e o ordenamento jurídico dos Estados soberanos, o intérprete se depara com três tipos de problemas, o primeiro de caráter teórico e os outros dois de grande interesse prático (MIRANDA, 2009):

a) o problema das relações entre direito internacional e direito interno, quando terá relevância a contraposição entre monismo e dualismo;
b) o problema dos processos técnicos de relevância interna das normas de DIP (a recepção, a incorporação, a transformação, a adaptação das normas internacionais na ordem interna); e
c) o problema da posição recíproca das normas relevantes de DIP na ordem interna, isto é, as relações hierárquicas ou funcionais entre as normas.

4.1.1 Monismo e dualismo

Segundo Miranda (2009), parece claro que as correntes monistas com o primado do direito internacional têm ganhado cada vez maior adesão entre os juristas e no texto das leis fundamentais. Mas segue-se na linha de um monismo moderado, não federalista e ainda multifacetado, tendo em vista os diferentes segmentos do DIP. Explica o autor lusitano:

> Juristas teóricos e práticos inclinam-se nesse sentido, quer por razões tiradas da experiência, quer por razões lógicas e de princípio. Conhecem-se essas razões. São, sobretudo, o alargamento das matérias objeto de regulamentação pelo direito internacional, o aparecimento e o papel crescente das organizações internacionais, a irrupção do indivíduo como sujeito de direito internacional, a emanação de normas internacionais que só fazem sentido enquanto aplicáveis na ordem interna (como as constantes das convenções da OIT, de convenções de proteção dos direitos do homem e de regulamentos das Comunidades Europeias). Perante a realidade da vida jurídico-internacional, seria impensável negar a interligação sistemática das normas de direito internacional e das normas de direito interno (MIRANDA, 2009).

No entanto, nota-se também em vários países uma reação nacionalista, autocentrada, com pretensão de reafirmar a soberania, restringir a influência de organizações internacionais e resistir ao que se vem chamando, pejorativamente, de "globalismo". A pandemia de covid-19 iniciada em 2020 fortaleceu o ambiente de críticas, capitaneadas pelos Estados Unidos, ao papel de organizações como a Organização Mundial de Saúde (OMS). Por outro lado, a própria temática de direitos humanos tem encontrado opositores entre esses ditos antiglobalistas, que elegem também a ONU como alvo. O *Brexit*, concretizado em dezembro de 2020, com a saída do Reino Unido da União Europeia; as reações desmesuradas dos Estados Unidos à atuação do Tribunal Penal Internacional na questão do Afeganistão; a não participação do Brasil no Pacto Global para uma Migração Segura, Ordenada e Regular (GCM), de 2018; e a invasão da Ucrânia pela Rússia em 2022 são eventos que parecem indicar um momento de recesso no internacionalismo e de resistência ao monismo. Revelam, no mínimo, reação à reformatação da ideia de soberania, tal como era compreendida nos séculos XVII a XX, sem que se pretenda sua eliminação. Expõem também uma dura oposição ao multilateralismo, fora do qual parece não haver solução para os enormes desafios contemporâneos.

4.1.2 A relevância do direito internacional na ordem interna

Ensina Miranda (2009) que há duas formas de conferir executoriedade a normas de direito internacional na ordem interna:

A primeira delas envolve sistemas de transformação ou de execução: nestes, as normas de DIP só vigoram internamente, se convertidas em normas de direito interno. Tais sistemas traduzem visões dualistas.[1] A segunda compreende os sistemas de recepção ou de recepção automática: as normas de DIP vigoram na ordem interna diretamente. Tais sistemas traduzem visões monistas (MIRANDA, 2009).

No tocante a normas específicas, há que se considerar o efeito direto ou a aplicabilidade direta, isto é, a possibilidade de invocação da norma de DIP perante os tribunais nacionais, seja contra o Estado e seus órgãos (eficácia vertical), seja contra particulares (eficácia horizontal). Tal eficácia refere-se "a normas internacionais atributivas de direitos ou de reconhecimento de interesses legítimos ou de imposição de adstrições" (MIRANDA, 2009).

No Brasil, o constituinte não estabeleceu nenhuma norma sobre a relevância do direito internacional geral em relação ao direito interno. Coube à doutrina e à jurisprudência fazê-lo. Miranda (2009) diz que a Constituição de 1988 ora aproxima-se de um sistema de transformação, ora flerta com um modelo de recepção automática. A exceção está nos tratados de direitos humanos, que vigoram diretamente com aplicabilidade imediata.

---

[1] No Reino Unido, a conclusão dos tratados compete à Coroa, mas o poder de legislar está em mãos do Parlamento. Assim, "torna-se imprescindível uma lei para lhes dar execução na ordem interna; donde um sistema de transformação" (MIRANDA, 2009).

Em 1977, o STF promoveu inflexão neste tema, ao julgar o RE nº 80.004/SE[2] quando determinou que as normas internacionais não se sobrepunham às leis brasileiras. Portela (2019) lembra que:

> (...) a partir de então, firmou-se o posicionamento de que os tratados têm *status* infraconstitucional, são equiparados às leis ordinárias e, em caso de conflitos com preceitos da mesma espécie, submetem-se aos critérios cronológico (*lex posteriori derogat priori)* e da especialidade (*lex specialis derogat generealis*), podendo ser derrogados por normas mais novas ou especiais.

4.1.3 A posição recíproca das normas de direito internacional e direito interno

Segundo Miranda (2009), apenas no século XX, as Constituições passaram a estabelecer com clareza a relação entre as normas de DIP e de direito interno. Embora a Constituição norte-americana já contivesse disposição desse tipo, com natureza de recepção automática desde o século anterior, na Europa continental, a Constituição de Weimar foi a primeira a prever, em seu art. 4º, uma diretriz de incorporação: "As regras de direito internacional geralmente reconhecidas valem como parte integrante do direito alemão" (MIRANDA, 2009).

Malanczuk (1997) explica que o *status* dos tratados nos ordenamentos jurídicos nacionais varia consideravelmente. A regra geral é a de que um Estado não pode alegar uma lacuna em sua legislação ou uma regra interna para descumprir uma norma de DIP:

> A atitude do direito interno[3] em relação ao direito internacional é muito menos fácil de resumir do que a atitude do direito internacional em relação ao direito municipal. Por um lado, as leis de diferentes países variam muito nesse sentido.

---

2 STF, Pleno, RE nº 80.004/SE, Rel. Min. Xavier de Albuquerque, j. em 01.06.1977.

3 *Municipal law*, no original, é o termo técnico utilizado por internacionalistas de fala inglesa para referir-se às leis nacionais ou internas de um Estado.

> Se examinarmos os textos constitucionais, especialmente os dos países em desenvolvimento que costumam enfatizar sua soberania, a conclusão é que a maioria dos Estados não dá primazia ao direito internacional sobre seu próprio direito interno. No entanto, isso não significa necessariamente que a maioria dos Estados desconsidere o direito internacional. Os textos constitucionais podem constituir um ponto de partida para a análise. O que também importa é a legislação interna, a atitude dos tribunais nacionais e a prática administrativa, que muitas vezes é ambígua e inconsistente. A abordagem predominante na prática parece ser dualista, considerando o direito internacional e o direito interno como sistemas diferentes que exigem a incorporação de regras internacionais em nível nacional. Assim, a eficácia do direito internacional geralmente depende dos critérios adotados pelos sistemas jurídicos nacionais.

Embora a Constituição brasileira seja silente, vale para nós a proposição de que as normas de *jus cogens* prevalecem sobre quaisquer normas constitucionais (MIRANDA, 2009). Vale também o preceito de que as normas de direito internacional dos direitos do homem têm *status* constitucional (art. 5°, § 3°, CF) ou estatuto supralegal. No demais, as normas constitucionais prevalecem sobre outras normas de DIP, o que viabiliza o controle concentrado de constitucionalidade dos tratados, de competência do STF.

4.2 Interpretação das normas de DIP

Para Miranda (2009), a aplicação do direito internacional deve orientar-se pelos princípios da boa-fé; da não invocabilidade de disposições de direito interno para justificar a não execução do DIP; da irretroatividade; da aplicação das normas de DIP a todo o território do Estado; e o da prevalência da norma nova sobre anterior a respeito da mesma matéria.

4.2.1 Interpretação em geral

As regras gerais de interpretação do direito interno também se aplicam ao direito internacional, com algumas adaptações e primazia de critérios objetivos, teleológicos e sistemáticos, especialmente na interpretação dos costumes e das decisões das organizações internacionais.

Segundo Miranda (2009), um princípio geral de direito que permanece imutável é o da boa-fé, que serve como pressuposto de confiança das relações internacionais e segundo o qual se deve aceitar a força vinculante das normas internacionais. Deve-se buscar a realização dos fins nela previstos, "procurando o seu efeito razoável e útil". Deve-se também ter em conta a relação entre direitos e obrigações delas decorrentes, "sem interpretações unilaterais ou impostas pela força". Por fim, é necessário que o cumprimento se dê sem fraude à lei (MIRANDA, 2009).

A interpretação do DIP deve ter em mira a unidade e a universalidade de sua aplicação em todo o mundo, não se podendo admitir exegeses nacionalistas ou nacionalizadas.

Para Miranda (2009), a interpretação do DIP pode ser: a) autêntica, quando realizada pelas entidades que produzem a norma, os Estados ou órgãos de organizações internacionais; b) judicial, quando realizada por tribunais judiciais ou arbitrais, nacionais ou estrangeiros); ou c) doutrinária, quando vista pelos publicistas no sentido do art. 38.1.d do Estatuto da CIJ.

Tendo em conta o caráter fragmentário do DIP e ainda menos homogêneo do que o do direito interno, a integração de suas eventuais lacunas é tarefa importante. Uma vez apurada a lacuna – se é que cabe ao DIP regular aquela situação e se é que há uma anomia em tal setor –, "seu preenchimento far-se-á através dos meios usuais: a analogia e os princípios gerais de direito" (MIRANDA, 2009).

4.2.2 Interpretação dos tratados

A Convenção de Viena de 1969 cuida expressamente da interpretação dos tratados nos seus arts. 31 a 33. Regras interpretativas semelhantes também estarão nos arts. 31 a 33 da Convenção de Viena de 1986.

A regra geral de interpretação (art. 31) é a de que um tratado deve ser interpretado de boa-fé segundo o sentido comum atribuível aos termos do tratado em seu contexto e à luz de seu objetivo e finalidade. Determina também o referido artigo, que para os fins de interpretação de um tratado, o contexto compreenderá, além do texto, seu preâmbulo e anexos, qualquer acordo relativo ao tratado e feito entre todas as partes em conexão com a conclusão do tratado; e qualquer instrumento estabelecido por uma ou várias partes em conexão com a conclusão do tratado e aceito pelas outras partes como instrumento relativo ao tratado.

Deve ser levado em conta, juntamente com o contexto, qualquer acordo posterior entre as partes relativo à interpretação do tratado ou à aplicação de suas disposições. Também deve ser considerada qualquer prática seguida posteriormente na aplicação do tratado, pela qual se estabeleça o acordo das partes relativo à sua interpretação; e levadas em conta quaisquer regras pertinentes de direito internacional aplicáveis às relações entre as partes.

Ainda se ordena que um termo ou palavra deverá ser entendido em sentido especial se estiver estabelecido que essa era a intenção das partes.

O art. 32 das Convenções de Viena de 1969 e 1986 tratam dos meios suplementares de interpretação. Pode-se recorrer a tais meios, inclusive aos trabalhos preparatórios do tratado e às circunstâncias de sua conclusão, a fim de confirmar o sentido resultante da aplicação do art. 31 ou de determinar o sentido quando a interpretação, de conformidade com o art. 31, deixa o significado ambíguo ou obscuro ou conduz a um resultado que é manifestamente absurdo ou desarrazoado.

Já o art. 33 dessas Convenções cuida da interpretação de tratados autenticados em duas ou mais línguas. Nesse caso, como é usual, seu texto faz igualmente fé em cada uma delas, a não ser que o tratado disponha ou as partes concordem que, em caso de divergência, prevaleça um texto determinado. Presume-se que os termos do tratado têm o mesmo sentido nos diversos textos autênticos. Diz ainda o dispositivo que uma versão do tratado em língua diversa daquela em que o texto foi autenticado só será considerada texto autêntico se o tratado o previr ou as partes nisso concordarem. Em caso de divergência, quando da comparação dos textos autênticos, adotar-se-á o sentido que, tendo em conta o objeto e a finalidade do tratado, melhor conciliar os textos.

Miranda (2009) resume assim as regras de interpretação. Deve haver prevalência da boa-fé; a interpretação não pode conduzir a um resultado manifestamente absurdo ou não razoável; a interpretação não pode ser feita à margem de acordo das Partes; presume-se que os textos em idiomas distintos têm o mesmo sentido; e dá-se preferência ao sentido comum da linguagem, de acordo com os seus objetivos.

4.2.3 Interpretação dos tratados conforme a Constituição

Tema importante é o da interpretação de tratados conforme a Constituição. Do ponto de vista puramente normativo, isso é possível à luz do art. 102 da Constituição Federal. Miranda (2009) adverte que a interpretação de normas constantes de tratados não pode afetar seu objeto e fim e "tem de se deter perante o imperativo de harmonização e de boa-fé nas relações internacionais". Prossegue o mestre lusitano:

> Se da interpretação conforme com a Constituição não resultar para as normas internacionais no plano interno um significado essencialmente diverso do que goza no campo do direito das gentes, poderá admitir-se. Havendo que escolher um de vários sentidos de um preceito de natureza convencional, quando ambos eles sejam legitimados pelos critérios interpretativos próprios da ordem internacional, não repugna que se eleja aquele que mais se aproxime das metas da Constituição. Mas apenas neste caso. Se isso não é possível,

> então depara-se – por mais delicado que seja – um problema de inconstitucionalidade do tratado.

Os tratados de direito internacional geral podem ser confrontados com a Constituição para verificação de sua compatibilidade vertical, ao passo que os tratados de direito internacional humanitário e de direito internacional dos direitos humanos costumam agregar-se à lei fundamental, formando um bloco de constitucionalidade, que se orienta pelo princípio da norma mais favorável à pessoa (*pro persona*).

4.2.4 O STF e os tratados internacionais

Um dos mais importantes precedentes do STF sobre direito internacional é o RE nº 80.004/SE, julgado em 1977, no qual se discutiu a relação entre o direito interno e o direito internacional. Mazzuoli (2019a) explica:

> (...) que ficou assentada, por maioria, a tese de que, ante a realidade do conflito entre o tratado e lei posterior, esta, porque expressão última da vontade do legislador republicano deveria ter sua prevalência garantida pela Justiça. Esse posicionamento do Supremo Tribunal Federal, naquele ano, veio modificar seu anterior ponto de vista que apregoava o primado do direito internacional frente ao ordenamento doméstico brasileiro. A nova posição da Excelsa Corte, entretanto, enraizou-se de tal maneira que o ministro Francisco Rezek, emitiu pronunciamento de forma assaz contundente, dizendo da 'prevalência à última palavra do Congresso Nacional, expressa no texto doméstico, não obstante isto importasse o reconhecimento da afronta, pelo país, de um compromisso internacional. Tal seria um fato resultante da culpa dos poderes políticos, a que o Judiciário não teria como dar remédio (Extradição nº 426, *in* RTJ nº 115/973)'. A conclusão a que chegou o STF, no julgamento do Recurso Extraordinário nº 80.004/SE foi a de que dentro do sistema jurídico brasileiro,

> onde tratados e convenções guardam estrita relação de paridade normativa com as leis ordinárias editadas pelo Estado, a normatividade dos tratados internacionais, permite, no que concerne à hierarquia das fontes, situá-los no mesmo plano e no mesmo grau de eficácia em que se posicionam as nossas leis internas. Inobstante este retrógrado posicionamento, atualíssimas são as vozes a proclamar a supremacia dos tratados internacionais de Direitos Humanos, frente à própria Constituição Federal, a exemplo da doutrina de Flávia Piovesan e de Antônio Augusto Cançado Trindade, além da nossa, como já deixamos consignado em tantos outros estudos sobre o tema (cf. nosso Direitos Humanos & Relações Internacionais, pp. 96 e ss). A par de todas as críticas existentes, entretanto, com esse entendimento da Excelsa Corte, a norma convencional passou a ser considerada como tendo o mesmo *status* e valor jurídico das demais disposições legislativas internas, pois a Constituição da República, ao tratar da competência do STF, teria colocado os tratados internacionais ratificados pelo Estado brasileiro, no mesmo plano hierárquico das normas infraconstitucionais, aplicando-se em caso de conflito o princípio geral relativo às normas de idêntico valor, isto é, o critério cronológico, onde a norma mais recente revoga a anterior com ela conflitante.

Em 2008, no julgamento do RE nº 466.343, o STF enfrentou a questão do *status* da Convenção Americana de Direitos Humanos em face da Constituição Federal. Na ocasião, a Corte deu ao Pacto de São José (1969) o *status* de supralegalidade. A ver:

> (...) diante do inequívoco caráter especial dos tratados internacionais que cuidam da proteção dos direitos humanos, não é difícil entender que a sua internalização no ordenamento jurídico, por meio do procedimento de ratificação previsto na CF/1988, tem o condão de paralisar a eficácia jurídica de toda e qualquer disciplina normativa infraconstitucional com ela conflitante. Nesse sentido, é possível concluir que,

> diante da supremacia da CF/1988 sobre os atos normativos internacionais, a previsão constitucional da prisão civil do depositário infiel (art. 5º, LXVII) não foi revogada (...), mas deixou de ter aplicabilidade diante do efeito paralisante desses tratados em relação à legislação infraconstitucional que disciplina a matéria (...). Tendo em vista o caráter supralegal desses diplomas normativos internacionais, a legislação infraconstitucional posterior que com eles seja conflitante também tem sua eficácia paralisada. (...) Enfim, desde a adesão do Brasil, no ano de 1992, ao PIDCP (art. 11) e à CADH – Pacto de São José da Costa Rica (art. 7º, 7), não há base legal para aplicação da parte final do art. 5º, LXVII, da CF/1988, ou seja, para a prisão civil do depositário infiel.[4]

Dessa decisão resulta a Súmula Vinculante nº 25, que considera ilícita a prisão civil de depositário infiel, qualquer que seja a modalidade de depósito.

O *status* supralegal dos tratados e convenções internacionais sobre direitos humanos também foi reconhecido na ADI nº 4.240, de 2015:

> Esse caráter supralegal do tratado devidamente ratificado e internalizado na ordem jurídica brasileira – porém não submetido ao processo legislativo estipulado pelo art. 5º, § 3º, da CF/1988 – foi reafirmado pela edição da Súmula Vinculante 25, segundo a qual 'é ilícita a prisão civil de depositário infiel, qualquer que seja a modalidade do depósito'. Tal verbete sumular consolidou o entendimento deste Tribunal de que o art. 7º, item 7, da CADH teria ingressado no sistema jurídico nacional com *status* supralegal, inferior à CF/1988, mas superior à legislação interna, a qual não mais produziria qualquer efeito naquilo que conflitasse com a sua disposição de vedar a prisão civil do depositário infiel. Tratados e convenções internacionais com conteúdo de direitos humanos,

4 STF, Pleno, RE nº 466.343/SP, voto do Rel. Min. Cezar Peluso, j. em 03.12.2008.

> uma vez ratificados e internalizados, ao mesmo passo em que criam diretamente direitos para os indivíduos, operam a supressão de efeitos de outros atos estatais infraconstitucionais que se contrapõem à sua plena efetivação.[5]

4.3 A interpretação de normas de direitos humanos

Jorge Miranda (2009) explica que, tendo em conta os textos constitucionais relativamente aos tratados de direitos humanos, "a tendência, um pouco por toda a parte, é para a sua imediata aplicabilidade".

No campo da aplicação dos direitos humanos, suas normas devem merecer a interpretação que melhor se compatibilize com sua proteção (máxima efetividade), com maior proveito para seus titulares, tendo tais direitos efeito irradiante para todo o sistema jurídico. Tal método interpretativo deve ter em mira a interdependência e a indivisibilidade dos direitos humanos, sua superioridade normativa e sua força expansiva, sendo insuficientes as regras comuns de interpretação. Assim, tais direitos têm aplicabilidade direta e imediata (RAMOS, 2019b).

Podemos listar os seis princípios fundamentais para a interpretação dos tratados sobre direitos humanos (RAMOS, 2019b):

a) princípio do efeito imediato;
b) princípio da interpretação *pro homine (pro persona)*;
c) princípio da máxima efetividade;
d) princípio da interpretação autônoma;
e) princípio da interpretação evolutiva das normas de direitos humanos;
f) princípio da proibição do retrocesso.

---

5 STF, ADI nº 5.250, voto do Rel. Min. Luiz Fux, j. em 20.08.2015.

O primeiro deles é o do efeito imediato, segundo o qual os tratados de direitos humanos valem imediata e prontamente, assim que haja a adesão ou a ratificação e eles já estiverem em vigor internacional, sendo desnecessário qualquer outro procedimento interno para a sua eficácia.

O princípio *pro homine* ou *pro persona* é uma das diretrizes interpretativas mais importantes nesse segmento do direito internacional. Deve prevalecer a norma mais favorável ao indivíduo, não importando sua origem, se no direito interno ou no direito internacional. Esse critério deve ser visto *cum granum salis*, pois diante da interdependência dos direitos humanos e da crescente colisão de direitos fundamentais, poderá haver conflito entre direitos de indivíduos diferentes (RAMOS, 2019b).

Tendo em conta tal princípio, que ordena a primazia da norma mais favorável ao indivíduo, nenhuma norma de direitos humanos pode ser invocada para limitar o exercício de direito ou liberdade que já tenha sido reconhecido por outra norma de direito interno ou de direito internacional. Esse princípio é muito útil quando se tem um aparente conflito entre preceitos internos e internacionais.

No HC nº 96.772/SP, o STF abordou expressamente o princípio da primazia da norma mais favorável ao indivíduo, também conhecido como *pro persona* (MAZZUOLI, 2020, p. 221):

> Os magistrados e Tribunais, no exercício de sua atividade interpretativa, especialmente no âmbito dos tratados internacionais de direitos humanos, devem observar um princípio hermenêutico básico (tal como aquele proclamado no Artigo 29 da Convenção Americana de Direitos Humanos), consistente em atribuir primazia à norma que se revele mais favorável à pessoa humana, em ordem a dispensar-lhe a mais ampla proteção jurídica. – O Poder Judiciário, nesse processo hermenêutico que prestigia o critério da norma mais favorável (que tanto pode ser aquela prevista no tratado internacional como a que se acha positivada no próprio direito interno do Estado), deverá extrair a máxima eficácia das declarações

> internacionais e das proclamações constitucionais de direitos, como forma de viabilizar o acesso dos indivíduos e dos grupos sociais, notadamente os mais vulneráveis, a sistemas institucionalizados de proteção aos direitos fundamentais da pessoa humana, sob pena de a liberdade, a tolerância e o respeito à alteridade humana tornarem-se palavras vãs. – Aplicação, ao caso, do Artigo 7º, n. 7, c/c o Artigo 29, ambos da Convenção Americana de Direitos Humanos (Pacto de São José da Costa Rica): um caso típico de primazia da regra mais favorável à proteção efetiva do ser humano.[6]

Entende Portela (2019) que o princípio da primazia da norma mais favorável à pessoa humana "deveria governar a solução dos conflitos entre normas internacionais de direitos humanos e normas internas que tratem da mesma matéria". Para ele, todas as normas de direitos humanos deveriam ter hierarquia constitucional independentemente do procedimento de recepção ou integração, completando que, qualquer que seja o seu *status*, tais normas devem prevalecer "mesmo sobre as normas constantes do texto constitucional" quando sejam mais favoráveis à proteção da pessoa humana.

O princípio *pro persona* também aparece na jurisprudência do STJ:

> 11. A adesão ao Pacto de São José significa a transposição, para a ordem jurídica interna, de critérios recíprocos de interpretação, sob pena de negação da universalidade dos valores insertos nos direitos fundamentais internacionalmente reconhecidos. Assim, o método hermenêutico mais adequado à concretização da liberdade de expressão reside no postulado *pro homine*, composto de dois princípios de proteção de direitos: a dignidade da pessoa humana e a prevalência dos direitos humanos.[7]

---

6 STF, HC nº 96.772/SP, 2ª Turma, Rel. Min. Celso de Mello, j. em 09.06.2009.

7 STJ, REsp nº 1.640.084/SP, 5ª Turma, Min. Rel. Ribeiro Dantas, j. em 15.12.2016.

Tal princípio contém três diretrizes, segundo Ramos (2019b): (i) impõe interpretação sistemática das normas de direitos humanos, para também reconhecer direitos inerentes, ainda que implícitos; (ii) deve ser restritiva a interpretação de limitações de direitos humanos em tratados internacionais; (iii) tal princípio deve servir à análise de lacunas de normas internacionais de direitos humanos.

Pelo princípio da máxima efetividade, a interpretação deve contribuir para o aumento da proteção conferida à pessoa humana e para a plena aplicação dos dispositivos convencionais, de natureza protetiva. O intérprete deve buscar garantir a eficácia plena de tais normas, evitando solução que lhes dê caráter meramente programático (RAMOS, 2019b).

Conforme o princípio da interpretação autônoma, com vistas a dar maior efetividade às nomas protetivas, os termos e as palavras constantes de tratados de direitos humanos devem ser lidos e interpretados em seu sentido próprio, e não na forma como compreendidos no direito interno (RAMOS, 2019b).

De acordo com o princípio da interpretação evolutiva dos tratados de direitos humanos, as normas protetivas constantes de convenções e tratados devem ser entendidas no seu contexto histórico e devem ser continuamente submetidas a releituras, para maior proteção das pessoas, tendo em conta a evolução das concepções humanistas. Nesse sentido, os instrumentos internacionais de direitos humanos não são estáticos; operam como instrumentos vivos (*living instruments*) (RAMOS, 2019b).

Por fim, segundo o princípio da proibição do retrocesso, "as normas (internacionais e internas) de proteção devem assegurar sempre mais direitos às pessoas, não podendo retroceder na meta da máxima efetividade dos direitos humanos" (MAZZUOLI, 2020, p. 221).

4.3.1 A teoria da margem de apreciação

Desenvolvida pela Corte Europeia de Direitos Humanos (CEDH), a teoria da margem de apreciação está prevista no preâmbulo do Protocolo 15 à Convenção Europeia de Direitos Humanos.[8] Baseia-se no princípio da subsidiariedade ou complementaridade da jurisdição internacional. Determinadas questões sensíveis ou polêmicas que possam constituir restrições estatais a direitos protegidos devem ser discutidas e resolvidas pelos próprios Estados, não cabendo a cortes internacionais fazê-lo (RAMOS, 2019).

O termo "margem de apreciação" (*marge d'appréciation*), que surgiu na jurisprudência do Conselho de Estado francês e depois foi adotado pela CEDH, refere-se, assim, à discricionariedade que os órgãos europeus em Estrasburgo reconhecem às autoridades nacionais, no cumprimento das obrigações previstas pela Convenção Europeia de Direitos Humanos (CONSELHO DA EUROPA, 2022b). Adota-se o critério segundo o qual as autoridades nacionais estão em melhor posição do que autoridades internacionais para avaliar a aplicação das normas da Convenção a um caso concreto (*better position rationale*) (GREER, 2022).

> Dadas as diversas tradições culturais e jurídicas adotadas por cada Estado-Membro, era difícil identificar padrões europeus uniformes de direitos humanos. Portanto, a Convenção foi concebida como o menor denominador comum. Embora a questão da deferência à soberania de cada Estado-Membro continue a ser levantada, a execução do compromisso dos órgãos de Estrasburgo depende, em última análise, da boa-fé e da cooperação contínua dos Estados-Membros. Consequentemente, o processo de realização de um "padrão uniforme" de direitos humanos, a proteção deve ser gradual porque todo o arcabouço legal repousa sobre os frágeis fundamentos do consentimento dos Estados Membros.

---

8 O Protocolo nº 15, de 2013, que entrou em vigor em 1º.08.2021, determinou que um novo considerando fosse incluído no preâmbulo da CEDH com o seguinte texto: "Afirmando que as Altas Partes Contratantes, em conformidade com o princípio da subsidiariedade, têm a responsabilidade primária de assegurar os direitos e as liberdades definidos nesta Convenção e nos seus Protocolos e, ao fazê-lo, gozam de uma margem de apreciação, sujeita à supervisão do Tribunal Europeu dos Direitos do Homem estabelecido pela presente Convenção".

> A margem de apreciação dá a flexibilidade necessária para evitar confrontos prejudiciais entre o Tribunal e os Estados-Membros e permite ao Tribunal equilibrar a soberania dos Estados-Membros com as suas obrigações decorrentes da Convenção (CONSELHO DA EUROPA, 2022b).

Para Ramos (2019b), sua aplicação pode levar a "tratados internacionais nacionais". Os tratados internacionais passariam a ser interpretados como se fossem normas do direito interno, enfraquecendo ou relativizando a proteção internacional dos direitos humanos (RAMOS, 2019b). O STJ já a invocou no Brasil em pelo menos uma oportunidade na discussão sobre a convencionalidade do crime de desacato (art. 331 do CP):

> 15. Ainda que existisse decisão da Corte (IDH) sobre a preservação dos direitos humanos, essa circunstância, por si só, não seria suficiente a elidir a deliberação do Brasil acerca da aplicação de eventual julgado no seu âmbito doméstico, tudo isso por força da soberania que é inerente ao Estado. Aplicação da Teoria da Margem de Apreciação Nacional (*margin of appreciation*).[9]

4.3.2 O diálogo das Cortes

Segundo Ramos (2016), a existência de tribunais internacionais é importante, entre outros motivos, para eliminar o que o autor chama de "truque de ilusionista" promovido pelos Estados na ordem internacional. Algumas nações assumem obrigações de proteção aos direitos humanos, mas deixam de cumpri-las na prática, buscando escudar-se em interpretações nacionais ou nacionalistas das convenções de direitos humanos.

> Esse caminho "nacionalista" nega a universalidade dos direitos humanos e transforma os tratados e a Declaração

---

9 STJ, 3ª Seção, HC 379.269/MS, Rel. Min. Reynaldo Soares da Fonseca, Rel. p/ acórdão Min. Antonio Saldanha Palheiro, j. em 24.05.2017.

> Universal de Direitos Humanos em peças de retórica, pois permite que cada país interprete o que é "tortura", "intimidade", "devido processo legal" e outros comandos abertos dos textos de direitos humanos, gerando riscos de abuso e relativismo puro e simples. No caso brasileiro, esse caminho nacionalista é, além disso, um "beco sem saída", pois o Brasil já reconheceu a jurisdição da Corte Interamericana de Direitos Humanos e outros órgãos com poder de editar decisões vinculantes ao Estado (RAMOS, 2016).

Portanto, é preciso compatibilizar a interpretação nacional com a interpretação internacional dos direitos humanos. Pode-se fazê-lo, diz Ramos (2016), mediante o diálogo entre os tribunais nacionais e os órgãos internacionais, para influências recíprocas.

> No plano internacional, os órgãos internacionais podem levar em consideração os argumentos domésticos e as ponderações entre direitos e conflitos realizados pelos Estados sujeitos à jurisdição internacional. Por exemplo, a Corte Interamericana de Direitos Humanos, no caso Atala Riffo (2012), fez expressa menção a decisões mexicanas e colombianas sobre a matéria em debate. Claro que o papel dos tribunais internacionais de direitos humanos de garantia de direitos e sua essência contramajoritária exigem que os órgãos internacionais não aceitem, passivamente, as deliberações majoritárias nacionais, para incrementar a proteção dos direitos dos vulneráveis. No plano interno, esse "Diálogo das Cortes" deve ser realizado para impedir violações de direitos humanos oriundas de interpretações nacionais equivocadas dos tratados (RAMOS, 2016).

O "diálogo das Cortes" não deve ser meramente retórico; deve ser efetivo, embora não seja obrigatório para os juízes. Para isso, deve tomar em conta alguns parâmetros que, na visão de Ramos (2016), exigem a referência à existência de normas internacionais convencionais ou extraconvencionais de direitos humanos vinculantes para o Brasil num tema específico. Exige-se também menção expressa a casos internacionais contra o país no que se refere ao tema em litígio; a menção à jurisprudência internacional sobre o objeto da lide; e o sopesamento dos dispositivos convencionais e da jurisprudência internacional.

Caso o diálogo entre cortes não ocorra ou seja insuficiente, Ramos (2019b) recomenda que se aplique a teoria do duplo controle de direitos humanos, que admite a coexistência do controle de constitucionalidade (concentrado pelo STF e difuso pelos órgãos judiciais nacionais) com o controle de convencionalidade internacional, este realizado por órgãos supranacionais de direitos humanos.

Piovesan (2018b) ensina que o diálogo entre cortes ocorre entre jurisdições regionais (um *cross cultural dialogue*), entre as jurisdições regionais e as jurisdições constitucionais, e entre as jurisdições constitucionais. Essa conjugação de diferentes diálogos levaria, no âmbito latino-americano, à construção de um *ius commune* latino-americano (ICCAL) em direitos humanos, "fomentado pelo diálogo entre jurisdições e pelo exercício do controle da convencionalidade".

Conforme Varella (2013), o diálogo entre as cortes é também chamado de "fertilização cruzada". Ocorre quando um tribunal realmente influencia a decisão de outro. A esse fenômeno também se dá os nomes de intertextualidade, influência cruzada, interpretação comparativa, reenvio jurisprudencial, diálogo de juízes ou cosmopolitismo normativo.

> O direito torna-se comum a partir do conhecimento e, em alguns casos, da aproximação de interpretações sobre determinados institutos jurídicos entre tribunais nacionais e internacionais. Quando há influência de um tribunal sobre outro, o processo também é denominado "fertilização cruzada" expressão que se espalhou pela teoria jurídica, com variações. A ideia subjacente é a existência de um diálogo entre os juízes, que passam a se interessar, estudar e utilizar as interpretações jurídicas desenvolvidas em outros tribunais, estrangeiros ou internacionais. Trata-se de uma das pedras

> angulares daqueles que defendem a existência ou a possibilidade de uma ideia de ordem no direito internacional contemporâneo, marcado pela complexidade com a profusão de redes de atores e de normas, de organizações e de tribunais. A ordem viria da interpretação judicial comum ou dialogada, respeitando-se as diferenças culturais ou de linguagem, dentro da margem nacional de apreciação de cada Estado. O movimento de diálogo entre juízes é facilitado pelos avanços tecnológicos, com maior facilidade de comunicação e acesso ao conhecimento e impulsionado pelos diferentes motivos que geram a internacionalização do direito. Em alguns temas, como direitos humanos, o movimento de diálogo é, em muitos casos impulsionado por atores cívicos, econômicos ou científicos que evocam interpretações ou provocam reações judiciais similares em diferentes locais do planeta. Em outras situações, partem de iniciativas dos próprios juízes ou do Ministério Público, a partir de diferentes processos de interação. Trata-se de um movimento não hierarquizado, voluntário na maior parte dos casos (VARELLA, 2013).

Ainda para Varella (2013):

> Um processo similar pode ser observado na Corte Interamericana de Direitos Humanos. Há várias situações: a CIDH julga a partir dos direitos e garantias individuais previstos nos direitos nacionais ou coloca interpretações próprias, que são adotadas pelos tribunais nacionais. Algumas decisões, mais simbólicas por seu caráter de promoção da justiça, serviram para vencer bloqueios tradicionais no plano legal e operacional doméstico, como a Lei Maria da Penha, resultado de um acordo na Comissão Interamericana de Direitos Humanos; a reforma do sistema manicomial, a partir do caso Ximenes Lopes. Entre os casos mais emblemáticos, encontram-se os avanços relacionados às leis de anistia quanto aos crimes cometidos durante a ditadura militar nos diferentes países da América Latina. De fato, os padrões de proteção

> aos direitos humanos fixados pela CIDH contribuíram para uma releitura em diversos casos de institutos jurídicos pacíficos, nos judiciários nacionais. Em seguida, há um processo de submissão, pelos juízes nacionais, do direito nacional ao direito internacional, muitas vezes evocado pelos próprios tribunais internacionais. Trata-se aqui nas Américas do discutido controle de convencionalidade, pelo qual o direito doméstico deveria ser interpretado à luz do Pacto de São José da Costa Rica.

4.4 Os controles de convencionalidade e de constitucionalidade na proteção de direitos humanos

Para resolver os conflitos aparentes entre decisões de tribunais nacionais e tribunais internacionais, há dois instrumentos, segundo Ramos (2016). O primeiro deles "é preventivo e consiste no apelo ao 'diálogo das cortes' e à fertilização cruzada entre os tribunais".

Se isso não for possível, o autor sugere o emprego da teoria do duplo controle de direitos humanos, que, no Brasil, lhes confere uma dupla garantia, ao sujeitá-los a um controle de constitucionalidade nacional e a um controle de convencionalidade internacional (RAMOS, 2016).

> Qualquer ato ou norma deve ser aprovado pelos dois controles, para que sejam respeitados os direitos no Brasil. Esse duplo controle parte da constatação de uma verdadeira separação de atuações, na qual inexistiria conflito real entre as decisões porque cada Tribunal age em esferas distintas e com fundamentos diversos (RAMOS, 2016).

Pela teoria do duplo controle de compatibilidade da ordem jurídica, é possível a convivência entre ordens normativas justapostas para a proteção de direitos humanos, tornando mais fácil fazer prevalecer a interpretação internacionalista dos direitos humanos (RAMOS, 2016).

O STF realizará o controle de constitucionalidade dos atos normativos, conforme a Constituição, como se deu com a Lei de Anistia de 1979, considerada compatível com a Carta de 1988.

> Por exemplo, na ADPF nº 153 (controle abstrato de constitucionalidade), a maioria dos votos decidiu que a anistia aos agentes da ditadura militar é a interpretação adequada da Lei da Anistia e esse formato amplo de anistia é que foi recepcionado pela nova ordem constitucional (RAMOS, 2016).

Por outro lado, a Corte Interamericana (Corte IDH), como guardiã da Convenção Americana de Direitos Humanos e dos tratados de direitos humanos vigentes para os Estados sujeitos à sua jurisdição, realizará o controle de convencionalidade desses atos normativos, tal como se viu no caso *Gomes Lund e Outros vs. Brasil.*

> Para a Corte Interamericana, a Lei da Anistia não é passível de ser invocada pelos agentes da ditadura. Mais: sequer as alegações de prescrição, bis in idem e irretroatividade da lei penal *gravior* merecem acolhida. Com base nessa separação, vê-se que é possível dirimir o conflito aparente entre uma decisão do STF e da Corte de San José. Assim, ao mesmo tempo em que se respeita o crivo de constitucionalidade do STF, deve ser incorporado o crivo de convencionalidade da Corte Interamericana de Direitos Humanos. Todo ato interno (não importa a natureza ou origem) deve obediência aos dois crivos. Caso não supere um deles (por violar direitos humanos), deve o Estado envidar todos os esforços para cessar a conduta ilícita e reparar os danos causados (RAMOS, 2016).

Segundo Ramos (2016), o controle de convencionalidade compreende a análise da compatibilidade dos atos internos (comissivos ou omissivos) em face das normas internacionais (tratados, costumes internacionais, princípios gerais de direito, atos unilaterais, resoluções vinculantes de organizações internacionais).

Tal controle pode ter um efeito negativo, com a invalidação das normas e decisões nacionais contrárias às normas internacionais, o que representa um controle destrutivo ou saneador de convencionalidade; e um efeito positivo, no qual se realiza interpretação adequada das normas nacionais para que estas sejam conformes às normas internacionais, que consubstancia o controle construtivo de convencionalidade (RAMOS, 2016).

Por sua vez, conforme Ramos (2016), tal crivo subdivide-se em:

a) controle de convencionalidade de matriz internacional (autêntico ou definitivo): que, em geral, é atribuído a órgãos internacionais (como os tribunais e os comitês de direitos humanos) compostos por julgadores independentes; e

b) controle de convencionalidade de matriz nacional (provisório ou preliminar), no qual há exame de compatibilidade entre o ordenamento interno e as normas internacionais a ele incorporadas. Tal controle é realizado pelos próprios juízes nacionais, por autoridades administrativas ou por outros funcionários do Estado (RAMOS, 2016).

Esclarece Ramos (2016) que nem sempre os resultados desses processos de controle coincidirão. Mas o autor adverte que tal interpretação consagra o universalismo dos direitos humanos.

Todos os Estados Partes da Convenção Americana de Direitos Humanos têm o dever de realizar o controle de convencionalidade de suas leis e atos internos. Tal obrigação internacional foi enunciada pela Corte Interamericana de Direitos Humanos em 2006 no caso *Almonacid Arellano e Outros vs. Chile*. Nesse precedente, a Corte estipulou que o controle de convencionalidade cabe preferencialmente a ela, mas entendeu que também os tribunais nacionais deveriam fazê-lo, tendo em conta o fato de que as normas de direitos humanos integram o "bloco de constitucionalidade" dos Estados membros da CADH. Nisso consiste o duplo controle (RAMOS, 2016).

Um caso paradigmático é o já mencionado Guerrilha do Araguaia (*Gomes Lund e Outros vs. Brasil*), no qual a Corte IDH determinou medidas de investigação, persecução e julgamento contra os responsáveis pelas violações de direitos humanos. Na ADPF nº 153, o STF decidiu que a Lei da Anistia (Lei nº 6.683/1979) alcança os agentes da ditadura militar e impossibilita a persecução criminal, em solução que se aparta da interpretação internacional da CADH dada pela Corte IDH. No entanto, o STF não realizou o controle de convencionalidade da Lei nº 6.683/1979.

Porém, no RE nº 511.961/SP,[10] o Supremo Tribunal Federal fez o que lhe cabia. Ao analisar a OC-5/1985, da Corte IDH, decidiu pela desnecessidade do diploma para o exercício da profissão de jornalista, tendo em conta a liberdade de expressão e o precedente internacional (RAMOS, 2016).

Noutro caso, a EXT nº 1362/DF,[11] o STF dialogou com precedentes internacionais quanto à imprescritibilidade dos crimes contra a humanidade, levando em conta sua natureza de costume internacional.[12]

Em 2018, em seu voto no HC nº 141.949, quanto à convencionalidade do crime de desacato a militar (art. 299 do CPM), o Ministro Gilmar Mendes ressaltou que:

> (...) se os tratados de direitos humanos podem ser (i) equivalentes às emendas constitucionais (nos termos do art. 5º, § 3º, da Constituição Federal), se aprovados pelo Legislativo após a EC nº 45/2004, ou ainda (ii) supralegais (segundo o entendimento atual do STF RE nº 349.703/RS), se aprovados antes da referida Emenda, o certo é que, estando acima das normas infraconstitucionais, hão de ser também paradigma de controle da produção normativa doméstica. Destarte, para além do controle de constitucionalidade, o modelo brasileiro atual comporta, também, um controle de convencionalidade das normas domésticas.[13]

---

10 STF, RE nº 511.951/SP, Pleno, Rel. Min. Gilmar Mendes, j. em 17.06.2009.

11 STF, EXT nº 1.362, Pleno, Rel. Min. Edson Fachin, j. em 09.11.2016.

12 Pedido de extradição de Salvador Siciliano, pela República Argentina, acusado de crimes contra a humanidade que teriam ocorrido entre 1973 e 1975.

13 STF, HC nº 141949, Rel. Gilmar Mendes, Segunda Turma, julgado em 13.03.2018.

4.4.1 A regra da 4ª instância

As cortes internacionais não funcionam como 4ª instância em relação à jurisdição nacional. Tais órgãos judiciais convencionais não têm competência substitutiva ou de cassação em relação aos tribunais locais. Não revisam uma sentença judicial interna, não derrogam leis nem revogam atos administrativos. Explica Ramos (2016):

> Como vimos, a regra da proibição de agir como uma "quarta instância" é ocasionalmente discutida no sistema interamericano de direitos humanos, especialmente nos casos nos quais as sentenças nacionais são consideradas ofensivas a direitos humanos. Na hipótese de apreciação do caso pela Corte IDH, podem ser exigidas reparações que afetam sobremaneira a jurisdição nacional (como, por exemplo, soltura de um preso, eliminação de antecedentes etc.). Contudo, mesmo quando a Corte IDH exige que um preso – cuja condenação transitou em julgado – seja libertado (Caso Loayza Tamayo vs. Peru), não cabe a ela rescindir o julgamento doméstico ou revisá-lo. Cabe ao Estado nacional a escolha dos meios para cumprir a sentença internacional, o que pode, é claro, passar pela rescisão do julgamento doméstico ou outro método escolhido.

Sendo assim, a decisão internacional de um tribunal de direitos humanos não altera decisões dos poderes internos nem responsabiliza indivíduos do Estado infrator. Recai sobre o próprio Estado, que é "uno em sua faceta externa" (RAMOS, 2016), ainda que se trate de uma federação.

A regra da quarta instância surgiu nos anos 1980 perante a Comissão Interamericana de Direitos Humanos (CIDH). De fato, no caso *Wright vs. Jamaica* (1988), a CIDH decidiu que não lhe cabia revisar as decisões dos tribunais nacionais jamaicanos a respeito de Clifton Wright, que alegava ter sido vítima de erro judicial, quando condenado à pena de morte.

> *5. Que no es atribución de la Comisión Interamericana de Derechos Humanos actuar como órgano cuasi-judicial de*

> *cuarta instancia y revisar las decisiones de los tribunales nacionales de los Estados miembros de la OEA. La función de la Comisión Interamericana de Derechos Humanos es actuar a base de las denuncias que se le presentan de acuerdo con los Artículos 44 a 51 de la Convención Americana, de los actos de los Estados que han decidido ser partes en la Convención (Artículo 19 del Estatuto de la CIDH, aprobado por Resolución No. 447 del noveno período ordinario de sesiones de la Asamblea General, 1979).*[14]

Porém, no caso *Cabrera García y Montiel Flores vs. México* (2010),[15] sobre a responsabilidade internacional do Estado mexicano pela prisão arbitrária e tratamento cruel e degradante a que dois presos foram submetidos, a Corte Interamericana mitigou a proibição de agir como quarta instância "por considerar que a existência ou não de violação de direitos humanos é matéria de mérito e que a regra da quarta instância não dá 'carta branca' ao Judiciário nacional para amesquinhar direitos" (RAMOS, 2016), tendo rechaçado a exceção oposta pelo México para obstar a análise do mérito.

Para Mazzuoli (2020, p. 326), foi com este caso que a Corte IDH consolidou definitivamente a jurisprudência sobre o controle de convencionalidade. Segundo ele, "a partir desse julgamento passou então a ser dever do Poder Judiciário dos Estados controlar a convencionalidade das normas de direito interno, sendo certo que a negativa em assim proceder acarreta a responsabilidade internacional do Estado".

---

14 ORGANIZAÇÃO DOS ESTADOS AMERICANOS. *Resolución n. 29/88: caso 9260*, Jamaica, 14 septiembre 1988. Disponível em: https://www.cidh.oas.org/annualrep/87.88sp/Jamaica9260.htm. Acesso em: 10 jul. 2020.

15 CORTE INTERAMERICANA DE DIREITOS HUMANOS. *Cabrera García y Montiel Flores vs. México*. Sentencia de 26 de noviembre de 2010. Disponível em: https://www.corteidh.or.cr/CF/jurisprudencia2/ficha_tecnica.cfm?nId_Ficha=343. Acesso em: 4 jul. 2022.

4.4.2 Classificação do controle de convencionalidade

O controle de convencionalidade busca verificar a compatibilidade de determinados atos internos do Estado, de natureza comissiva ou omissiva, com as normas internacionais de direitos humanos e também com outras normas de DIP.

Pode ser (a) positivo (construtivo) ou (b) negativo (destrutivo ou saneador), na medida em que pode dar interpretação adequada a normas nacionais em busca da conformidade, ou porque acarretará a invalidação das normas e decisões nacionais contrárias às normas internacionais (RAMOS, 2019b).

O controle de (a) matriz internacional (autêntico ou definitivo) é realizado pelos órgãos internacionais judiciais ou quase-judiciais, o que evita o paradoxo do *iudex in causa sua*. É exercido sobre normas internas em confronto com o DIP, tendo em conta a primazia deste sobre o direito interno (RAMOS, 2019b).

Já o controle de (b) matriz nacional (provisório ou preliminar) é conduzido pelos juízes nacionais e consiste num controle doméstico de legalidade, supralegalidade ou constitucionalidade dos tratados, a depender do seu *status*, em comparação com o DIP. Seu resultado não vincula órgãos internacionais porque constitui uma interpretação nacionalista do DIP (RAMOS, 2019b).

Ramos (2019b) sustenta a importância da interação entre os controles nacional e internacional de convencionalidade, mediante o aproveitamento do diálogo entre cortes e da fertilização cruzada, especialmente quanto às interpretações emitidas por órgãos internacionais cuja jurisdição o Brasil reconheceu. Tal diálogo de cortes retrata a desejada compatibilidade que deve existir entre o controle de convencionalidade nacional e o controle de convencionalidade internacional.

No espaço doméstico (nacional) haverá, no dizer de Mazzuoli (2020, p. 329-330), um controle de convencionalidade em modo difuso e outro de feição concentrada. O controle concentrado ocorre perante o STF, por meio de ações constitucionais como a ação direta de inconstitucionalidade, a ação declaratória de constitucionalidade, a arguição de descumprimento de preceito fundamental e a ação declaratória de inconstitucionalidade por omissão, alcançando o bloco de constitucionalidade formado pela Constituição e pelos tratados de direitos humanos aprovados na forma do art. 5º, § 3º, da Constituição.

Já o controle difuso de convencionalidade pode, na minha visão, ser realizado por qualquer juiz ou tribunal em relação a qualquer tratado de direitos humanos, tomados estes como paradigmas, sempre respeitada a cláusula de reserva de plenário. Segundo Mazzuoli (2020, p. 330), tal controle pode ser exercido a requerimento das partes ou *ex officio*.

5

Os Sujeitos do Direito Internacional Público

5.1 Os sujeitos de direito internacional público

Segundo Miranda (2009), são de três tipos os sujeitos de direito internacional público: os Estados e entidades afins, as organizações internacionais e as instituições não estatais.

Os Estados são as pessoas jurídicas de direito internacional por excelência. Ampliando a doutrina de Jellinek dos três elementos, Akehurst ensina que um Estado deve ter uma população permanente, um território definido, um governo e a capacidade de manter relações com outros Estados (MALANCZUK, 1997).

As organizações internacionais ganham importância no século XX, com a constituição da Liga das Nações (Sociedade das Nações) e da Organização Internacional do Trabalho (OIT), que tem mais de um século de existência. As organizações internacionais têm origem convencional e são, portanto, criação dos Estados.

Referindo-se a elas, Rezek (2016) leciona que, embora lhes falte base territorial e dimensão demográfica, as organizações internacionais também têm "personalidade jurídica de direito das gentes, porque habilitadas à titularidade de direitos e deveres internacionais, numa relação imediata e direta com aquele corpo de normas".

Por sua vez, as instituições não estatais são sujeitos *sui generis* de direito internacional público. As mais conhecidas são a Santa Sé, a Ordem de Malta e a Cruz Vermelha Internacional. No entanto, há controvérsias sobre seus *status*.

De comum entre esses sujeitos, em maior ou menor grau, estão a capacidade jurídica internacional, o direito de celebrar tratados (*jus tractuum*), o direito de enviar representantes diplomáticos (*jus legationis*) e a imunidade de jurisdição.

Ao lado desses sujeitos de DIP, ganha cada vez mais importância o indivíduo (ou o particular ou a pessoa humana) como sujeito de direitos na ordem jurídica internacional, embora, como é evidente, falte-lhe o *jus tractuum*. Graças à evolução do direito internacional dos direitos humanos, o indivíduo passa a poder provocar diretamente organizações internacionais ou órgãos do sistema onusiano (isto é, da ONU) ou dos sistemas regionais de proteção aos direitos humanos e órgãos comunitários. O *jus standi* dos particulares e dos grupos de particulares pode ser exercido na ordem internacional perante a Corte Europeia de Direitos Humanos, perante a Comissão Interamericana de Direitos Humanos e também perante diversos comitês convencionais (*UN human rights treaty bodies*), previstos em tratados das Nações Unidas, como o PIDCP, por exemplo. Os indivíduos também podem aparecer como réus perante tribunais penais internacionais. Porém, para grande parte dos autores, isso ainda não significa que o indivíduo possa agir na vida jurídica internacional por si mesmo, com personalidade jurídica própria. Ainda não.

Por isso que Miranda (2009), sem ignorar a polêmica doutrinária, diz que "o indivíduo e algumas pessoas coletivas também podem ser sujeitos de direito internacional", uma vez que podem acessar certas instâncias internacionais, podendo também ser responsabilizados perante outras. Contudo, o autor acrescenta que não se deve confundir a subjetividade com o pertencimento à comunidade internacional.

Empresas multinacionais não são sujeitos de direito internacional público. Podem firmar contratos internacionais com Estados, mas não têm imunidade de jurisdição nem celebram tratados.

Mazzuoli (2020, p. 352) classifica os sujeitos do DIP em quatro grupos, sendo eles os Estados; as coletividades estatais (organizações internacionais); as coletividades não estatais (como os beligerantes, os insurgentes, os movimentos de libertação nacional e a Soberana Ordem Militar de Malta); e os indivíduos. Para o autor,

> a condição dos indivíduos como detentores de personalidade jurídica internacional é uma das mais notáveis conquistas do direito internacional público do século XX, lograda em decorrência do processo de desenvolvimento e solidificação do direito internacional dos direitos humanos (MAZZUOLI, 2020, p. 369).

5.2 A subjetividade internacional

É sujeito de direito quem é suscetível de direitos e deveres; aquele que pode manter relações jurídicas com terceiros; quem pode ser destinatário de normas jurídicas. No DIP, o sujeito de direitos deve ter potencialidade de relacionar-se juridicamente com outros sujeitos semelhantes de direito das gentes, pois a subjetividade tem de ser percebida de "um prisma dinâmico, de interação, movimento e comunicação" (MIRANDA, 2009).

Segundo Miranda (2009), no direito internacional:

> (...) sobrelevam o Estado e algumas poucas, categorias de entes de natureza mais ou menos próxima ou afastada. E, ao passo que em cada sistema jurídico interno, se encontram milhares e milhões de pessoas singulares e coletivas, em direito internacional as atividades jurídicas básicas decorrem entre um número relativamente pequeno de sujeitos.

Em outras palavras, no direito interno, o indivíduo é sempre sujeito de direitos, e eles se contam aos bilhões em alguns países. Se abstrairmos os indivíduos, no direito internacional, os sujeitos de direitos contam-se apenas às centenas em todo o planeta. E são estes que formam a comunidade internacional, que não tem, todavia, personificação jurídica própria. Note-se, por outro lado, que, em relação ao direito doméstico, o Estado é um sujeito de direito interno e personifica juridicamente essa comunidade nacional, fenômeno que não se dá no DIP.

> Não basta a atribuição de direitos por regras de Direito das Gentes para que haja personalidade internacional do indivíduo. Tem ainda de ocorrer a possibilidade de acesso a instâncias internacionais para realização ou garantia desses direitos. (...) Já, por conseguinte, sujeitos de direito interno que não são sujeitos de direito internacional (os indivíduos ou as pessoas coletivas, quando não sejam satisfeitos os requisitos acabados de indicar); e pode haver sujeitos de direito internacional que não sejam sujeitos de direito interno (*v. g.*, a Grã-Bretanha ou a Cruz Vermelha Internacional) (MIRANDA, 2009).

5.2.1 Personalidade jurídica e capacidade internacional

Na ordem internacional, o Estado soberano tem capacidade genérica de gozo e de exercício de direitos e deveres, ao passo que todos os demais sujeitos estão submetidos a limitações. Isso também ocorre com a responsabilidade internacional. Diz Miranda (2009): "Assim como a capacidade é máxima no Estado e mínima no indivíduo, também a responsabilidade internacional se oferece muito diversa".

Diferentemente do que se passa no direito interno, a atribuição da personalidade jurídica internacional não é automática. Na ordem jurídica internacional dependerá do reconhecimento. Explica Miranda (2009):

> (...) são os sujeitos preexistentes que interferem no acesso a essa comunidade. Interferem em maior grau quando seja constitutivo o reconhecimento; e interferem ainda quando seja puramente declarativo, conforme iremos ver. Só não há reconhecimento, pela natureza das coisas, no referente a indivíduos e às organizações internacionais parauniversais.

É soberano o Estado que tenha capacidade internacional plena, que não dependa de outros Estados para relacionar-se com a comunidade internacional.

5.2.2 Os sujeitos de direito internacional

Miranda (2009) agrupa os sujeitos de direito internacional em quatro grandes categorias:

a) Estados e entidades afins: são os sujeitos originários de DIP comum; têm base territorial, vocação de estabilidade e capacidade plena; visam alcançar objetivos gerais de toda sociedade humana, mediante o exercício de sua soberania.
b) Organizações internacionais: derivam do direito internacional convencional; buscam fins, valores e interesses que transcendem os Estados e que são comuns à sociedade internacional ou a parte dela.
c) Instituições não estatais: não se confundem com os Estados, têm maior ou menor independência em relação a estes e têm fins especiais.
d) Indivíduos e pessoas coletivas privadas: conforme o direito internacional convencional, podem ultrapassar o direito interno e exercer direitos ou deveres perante a comunidade internacional (MIRANDA, 2009).

5.2.2.1 Os Estados e entidades afins

Na classificação de Miranda (2009), os Estados podem ser: (i) soberanos; ou (ii) Estados de soberania limitada, nos quais há restrição da capacidade de gozo ou da capacidade de exercício; ou (iii) Estados não soberanos (Estados federados e os Estados membros de uniões reais).

Os Estados de soberania limitada englobam:

a) os Estados protegidos (que só podem exercer seus direitos através de outros Estados protetores): como a Coreia (1905-1945) e o Marrocos (1912-1956);[1]
b) os Estados vassalos (que não podem exercer certos direitos senão mediante autorização dos Estados suseranos): como o Egito e os Estados dos Balcãs em relação à Turquia, no século XIX;
c) os Estados exíguos (que pela exiguidade de seu povo ou território dependem de Estados limítrofes ou vizinhos): San Marino em relação à Itália; Mônaco em relação à França; Nauru, Tuvalu e Kiribati em relação à Austrália; e Andorra em relação à França e à Espanha. São também chamados microestados. Normalmente não emitem moeda e entregam a um terceiro Estado a defesa nacional;
d) os Estados confederados (que têm soberania limitada em certas matérias por serem membros de uma confederação): os cantões suíços até 1848, Senegal e Gâmbia (1981-1989) e a Comunidade de Estados Independentes (CEI) formada após a dissolução da União das Repúblicas Socialistas Soviéticas – URSS (1991); e
e) os Estados ocupados ou divididos (que vivem situação de guerra ou estão ocupados por outra potência): a Áustria (1945-1955), a Alemanha (1949-1990), a Síria (desde 2011) (MIRANDA, 2009) e a Ucrânia (desde 2022).

---

1 Há, hoje, Estados soberanos que podem fazer-se representar, em dadas relações internacionais, por outros Estados. Não são protetorados; trata-se de representação. "É o que se verifica quando um Estado solicita a outro que se encarregue da defesa dos seus interesses perante um terceiro com o qual não mantém relações diplomáticas". A lição é de Miranda (2009).

Já as entidades afins a Estados podem ser entidades pró-estatais (rebeldes beligerantes e movimentos de libertação nacional); entidades infraestatais (colônias autônomas, mandatos, fideicomissos ou territórios sob tutela, e territórios sob regime internacional especial); e entidades supraestatais (confederações) (MIRANDA, 2009).

Assim Miranda (2009) descreve as entidades afins aos Estados:

a) Entidades pró-estatais: são entidades transitórias que pretendem assumir atribuições afins dos Estados. Podem ser rebeldes beligerantes, que assumem autoridade sobre porções do território estatal durante uma guerra civil, por exemplo, e buscam substituir um regime por outro. Foi o caso dos confederados durante a Guerra de Secessão, no século XIX, e é o que ocorre hoje na Somália. Os movimentos de libertação nacional também são entidades pró-estatais; embora não tenham personalidade jurídica internacional, chegam a firmar acordos similares a tratados e, se ganham estabilidade, podem ser reconhecidos por Estados. Esses movimentos agem em nome de um povo ou nação que pretende elevar-se a Estado. A Organização para a Libertação da Palestina (OLP), a Frente de Libertação de Moçambique (Frelimo), o Movimento Popular de Libertação de Angola (MPLA), e a Frente de Libertação Nacional (FLN), da Argélia foram exemplos. Modernamente, pode-se acrescentar o Califado Islâmico (Daesh, Estado Islâmico do Iraque e do Levante – ISIL ou ISIS) a esse rol, pelo menos entre 2014 e 2019.

b) Entidades infraestatais: eram comunidades territoriais com certa autonomia, com acesso mais ou menos limitado à comunidade internacional. Podiam ser colônias autônomas ou domínios, como os mantidos pelos britânicos sobre o Canadá, Irlanda, Austrália, Nova Zelândia, África do Sul e Terra Nova até a aprovação do Estatuto de Westminster (1931). Hoje, os exemplos são as Ilhas do Canal, as Bermudas e as

Ilhas Caimã. São também exemplos de entidades infraestatais os mandatos, territórios que pertenciam à Alemanha e à Turquia (durante o Império Otomano) e ficaram submetidos a esse regime de administração internacional, delegado a terceiro Estado, ao tempo da Sociedade das Nações, após a Primeira Guerra Mundial, com vistas a facilitar suas independências.[2] São também desse tipo os territórios sob tutela (fideicomissos), que foram instituídos sobre a Somália italiana (1950-1960) e sobre Togo, Camarões, Tanganica, Palau e Ruanda, com base no art. 75 da Carta das Nações Unidas, para acelerar o seu acesso à independência. Por sua vez, os territórios sob regime especial internacional eram territórios internacionalizados[3] que podiam ter acesso limitado à vida internacional, sendo exemplos Cracóvia (século XIX), Tânger (1923-1956), Trieste (1947-1954), Mostar na Bósnia (1994-1997), Macau (até 1999) e Timor (1999-2002).

c) Entidades supraestatais: reúnem as federações e as uniões reais, que se transformam em novos Estados. Já as confederações "podem ter personalidade jurídico-internacional a par dos Estados confederados" (MIRANDA, 2009).

Estados federados, ou seja, as unidades subnacionais das federações não têm soberania. Logo, não são Estados no sentido do DIP. Porém, Estados-membros, *Länder*, cantões e províncias podem ter alguma capacidade negocial para com o exterior, sob a tutela do ente nacional (a união), na forma de suas leis fundamentais. Canadá, Estados Unidos, México, Venezuela, Brasil e Argentina são exemplos de federações americanas. Na Europa, as mais importantes federações são a Rússia, a Alemanha, a Suíça, a Bélgica e, para

---

2 A Namíbia, colocada sob mandato da África do Sul quando ainda se chamava Sudoeste Africano, só alcançou a independência em 1990, devido à resistência do país vizinho, que exercia sobre ela jugo colonial em descumprimento ao regime instituído pela comunidade internacional.

3 Há territórios internacionalizados sem personalidade ou capacidade jurídica internacional: Antártica, o alto-mar, os fundos marinhos e o espaço extra-atmosférico. É o que ensina Miranda (2009).

alguns, a Espanha. Na Oceania, a Austrália também é um Estado federado. Na África, a Nigéria serve como exemplo.

Normalmente, nas federações as relações exteriores são de competência da entidade nacional (união). Disso resulta que a responsabilidade internacional é suportada pelo ente federal, e não pelas unidades subnacionais:

> O direito internacional diz respeito apenas aos Estados capazes de manter relações internacionais; consequentemente, o Estado federal é considerado um Estado para os propósitos do direito internacional, mas os estados membros da federação não o são. Se um estado membro da federação age de maneira incompatível com as obrigações internacionais do Estado federal, é o Estado federal que é considerado responsável pelo Direito Internacional (MALANCZUK, 1997).

5.2.2.2 *Organizações internacionais*

As organizações internacionais são sujeitos de direito internacional que aparecem no cenário internacional graças ao direito convencional no início do século XX. É quando, por meio do Tratado de Versalhes (1919), surgem a Sociedade das Nações e a Organização Internacional do Trabalho (OIT). Em 1945, nasce a Organização das Nações Unidas e multiplicam-se outros entes, universais, regionais ou continentais, especializados ou não.

A primeira manifestação do que viriam a ser as organizações internacionais deu-se ainda no século XIX com as chamadas uniões administrativas, a exemplo das comissões sobre navegação internacional nos rios Reno e Danúbio, da União Postal Internacional e do Secretariado Internacional de Pesos e Medidas (MIRANDA, 2009).

Trataremos das organizações internacionais mais adiante nesse curso. Porém, por ora, deve-se dizer que são criadas por Estados e outros entes (Santa Sé) e até mesmo por outras organizações internacionais, com vistas a buscar, "com permanência e meios próprios, fins a ela comuns", de cunho geral ou universal. Estão para os Estados, no direito internacional, como as pessoas jurídicas (associações civis) estão para os indivíduos, no direito interno. Nelas há prevalência de uma ideia de solidariedade (MIRANDA, 2009).

Por isso, diz Miranda (2009), as organizações internacionais são vivas expressões de uma "comunidade internacional organizada e de um direito das gentes que vai ultrapassando o mero domínio das relações de reciprocidade a caminho de novos estádios de desenvolvimento".

Rezek (2016) coteja os elementos constitutivos dos Estados e das organizações internacionais e explica:

> O Estado, com efeito, não tem apenas precedência histórica: ele é antes de tudo uma realidade física, um espaço territorial sobre o qual vive uma comunidade de seres humanos. A organização internacional carece dessa dupla dimensão material. Ela é produto exclusivo de elaboração jurídica resultante da vontade conjugada de certo número de Estados.

Miranda (2009) adota vários critérios para classificar as organizações internacionais:

a) Quanto aos fins: em organizações plurais, como as Nações Unidas (ONU), a Organização dos Estados Americanos (OEA) e a União Africana (UA); ou organizações especiais, subdividindo estas em: jurídico-políticas, como o Conselho da Europa (CoE); econômicas, como o Fundo Monetário Internacional (FMI), o Banco Mundial e a Organização Mundial do Comércio (OMC); sociais, como a Organização Internacional do Trabalho (OIT), a Organização Mundial de Saúde (OMS) e o Fundo das Nações Unidas para a Infância (UNICEF); culturais e científicas, como a Organização das Nações Unidas para a Educação, a Ciência e a Cultura (UNESCO) e a Agência Internacional de Energia Atômica (AIEA); e militares, a exemplo da Organização do Tratado do Atlântico Norte (OTAN) e do Pacto de Varsóvia.

b) Quanto ao âmbito geográfico: em parauniversais (ONU e suas agências); e regionais (OEA, UE, UA etc.).

c) Quanto ao acesso: em abertas (como a ONU) e em restritas, a exemplo da OEA, da Liga dos Estados Árabes, da Comunidade dos Países de Língua Portuguesa (CPLP) e do CoE.
d) Quanto à duração: em organizações perpétuas (quase todas) e temporárias (OTAN).
e) Quanto aos poderes: em organizações de cooperação (quase todas) e em organizações de integração (União Europeia, Mercosul, Caricom etc.), sendo que estas assumem certos poderes típicos de Estados e interferem diretamente sobre os ordenamentos jurídicos de seus integrantes (MIRANDA, 2009).

O autor português cita dois casos *sui generis* de organizações internacionais, o Tribunal Penal Internacional, criado pelo Estatuto de Roma (1998), e a Autoridade Internacional dos Fundos Marinhos, criada pela Convenção de Montego Bay (1982).

Caso particular é o da União Europeia, que surge a partir da Comunidade Europeia do Carvão e do Aço (1952), da Comunidade Econômica Europeia (1957) e da Comunidade Europeia de Energia Atômica (1957), e paulatinamente vai sendo modelada e fortalecida pelo Tratado de Maastricht (1992), pelo Tratado de Amsterdã (1998), pelo Tratado de Nice (2001) e pelo Tratado de Lisboa (2007), até alcançar sua conformação atual. Miranda (2009) entende que a UE se aproxima de uma confederação. Alguns autores a assimilam a uma confederação de Estados rumo à federalização.

5.2.2.3 *Instituições não estatais*

As instituições não estatais que podem ser consideradas sujeitos de DIP são a Santa Sé (ente de fins religiosos e espirituais), a Ordem de Malta (ente de fins assistenciais e espirituais) e a Cruz Vermelha Internacional (ente de fins humanitários).

Seus traços comuns, segundo Miranda (2009), são a formação independentemente de um tratado; a natureza não política dos seus fins; a independência, ainda que relativa, em relação a

Estados; e a desvinculação de uma base territorial (mesmo para o caso da Santa Sé em relação ao Vaticano).

A Santa Sé "é a expressão jurídico-internacional da Igreja Católica". Tem personalidade jurídica internacional e pode firmar tratados, normalmente chamados de concordatas (*jus tractuum*) quando dizem respeito às relações com a Igreja, além da capacidade de instituir legações (*jus legationis*), as nunciaturas. Graças aos acordos de Latrão (1929), entre Benito Mussolini e Pio XI, a Santa Sé, ali identificada como Estado da Cidade do Vaticano, vincula-se funcionalmente ao território do Vaticano, incrustado em Roma, área sobre a qual a Itália não exerce sua jurisdição, por renúncia (MIRANDA, 2009).

Sobre o Vaticano, que é Parte das Convenções de Viena de 1961 e 1963, explica Miranda (2009):

> Apesar de se chamar Estado, não pode ser considerado em rigor, um verdadeiro Estado, por lhe faltarem as características e as condições de existência correspondentes; desde logo, está funcionalizado aos fins da Santa Sé,[4] não prossegue fins próprios. O ponto é, no entendo, muito discutido.

Rezek (2016) diz que a Santa Sé tem todos os elementos que caracterizam um Estado, embora exíguo:

> O argumento da exiguidade territorial ou demográfica nada tem de decisivo; a autenticidade da independência do governo encabeçado pelo Papa, por sua vez, paira acima de toda dúvida. Mas a negativa da condição estatal da Santa Sé parece convincente quando apoiada no argumento teleológico. Os fins para os quais se orienta a Santa Sé, enquanto governo da Igreja, não são do molde dos objetivos padronizados de todo Estado. Além disso, é importante lembrar que a Santa Sé não possui uma dimensão pessoal, não possui nacionais.

---

[4] Há quem defenda que o Vaticano é um Estado em união real com a Santa Sé.

A propósito, Miranda (2009) registra trecho do discurso do Papa Paulo VI, perante a Assembleia Geral das Nações Unidas, em 1965, no qual o pontífice se declarou representante de "uma minúscula e quase simbólica soberania temporal, o suficiente para poder exercer livremente a sua missão espiritual e para assegurar a quem trata com ele que é independente de todas as soberanias do mundo".

A Soberana Ordem de Malta, que não se confunde com a República de Malta (capital Valeta), é a sucessora da Ordem de São João de Jerusalém, entidade criada no século XI e cuja soberania remonta a uma bula papal de 1446. Seu nome oficial é Ordem Soberana, Militar e Hospitalar de São João de Jerusalém, Rodes e Malta. Tem sede em Roma e exerce atividades assistenciais e espirituais. Para alguns é um Estado *sui generis*; para outros, uma organização internacional humanitária. "Embora com direito de legação e até de conclusão de tratados, pouco mais representa do que um resquício histórico", diz Miranda (2009).

Para Rezek (2016), a situação de Ordem de Malta difere do caso da Santa Sé. Para ele, a Ordem não guardaria similitude com Estados e objetivamente não teria personalidade jurídica de direito das gentes. O motivo da confusão conceitual quanto ao estatuto jurídico da Ordem de Malta "consiste naquilo que Accioly qualificou como 'as pseudorrelações diplomáticas por ela mantidas' com algumas nações soberanas, entre as quais o Brasil" (REZEK, 2016). De fato, segundo o Itamaraty:

> O Brasil reconheceu o estatuto internacional da Ordem Soberana e Militar de Malta em dezembro de 1951, tendo as relações diplomáticas sido estabelecidas com a criação de uma legação da Ordem de Malta no Rio de Janeiro e uma legação do Brasil junto à Ordem, em Roma. Em 1956, o Brasil designou seu primeiro representante diplomático junto à Ordem, na pessoa do ministro-conselheiro da Embaixada junto à Santa Sé, que foi acreditado como encarregado de negócios interino. Em 1959, foram equiparadas as representações, com o credenciamento do embaixador junto à Santa

> Sé como enviado extraordinário e ministro plenipotenciário junto à Ordem de Malta.[5]

Por fim, a Cruz Vermelha Internacional também entra na categoria dos sujeitos de DIP que não são Estados. Criada em 1863 por Henry Dunant, hoje tem sede em Genebra e exerce suas atividades em todo o mundo através de seu Comitê Internacional e também por meio de suas sociedades nacionais (associações com estatuto de direito interno), em especial durante guerras, conflitos e calamidades. Pode celebrar tratados com Estados e exerce missões no âmbito das Convenções de Genebra de 1949 (Decreto nº 42.121/1957). A depender do país em que atua, opera como Crescente Vermelho, como Estrela de Davi Vermelha ou como Cristal Vermelho.[6]

> Desde a sua criação em 1863, o único objetivo do CICV é garantir a proteção e a assistência às vítimas de conflitos armados e tensões. A sua história é a história do desenvolvimento da ação humanitária, das Convenções de Genebra e do Movimento da Cruz Vermelha e do Crescente Vermelho. (...) O grupo de pessoas que viria a ser mais tarde o Comitê Internacional da Cruz Vermelha se reuniu pela primeira vez em fevereiro de 1863, em Genebra, Suíça. Entre seus cinco membros, havia um homem nativo deste local que, um ano antes, havia publicado um livro com o relato de suas experiências ("Lembrança de Solferino") que incitava uma melhora nos cuidados dispensados a soldados feridos em tempos de guerra. Ao final daquele ano, o Comitê havia reunido representantes de diferentes governos que aceitaram a proposta de Henry

---

5 BRASIL. Itamaraty. *Ordem soberana e militar de Malta*. Disponível em: http://www.itamaraty.gov.br/pt-BR/ficha-pais/5619-ordem-soberana-e-militar-de-malta. Acesso em: 19 jun. 2019.

6 O art. 38 da 1ª Convenção de Genebra de 1949 trata do emblema distintivo da Cruz Vermelha: "Em homenagem à Suíça, o sinal heráldico da cruz vermelha sôbre fundo branco formado, formado por inversões das côres federais, será mantido como emblema e sinal distintivo do serviço sanitário dos exércitos. Entretanto, para os países que já empregam como sinal distintivo, em vez da cruz vermelha, o crescente vermelho ou o leão e o sol vermelho sôbre fundo branco, êstes emblemas serão igualmente admitidos segundo o espírito da presente Convenção".

> Dunant para a criação de sociedades de ajuda que assistiriam os serviços médicos militares. Em agosto de 1864, o Comitê convenceu os governos a adotarem a primeira Convenção de Genebra. Este tratado obrigava os exércitos a cuidarem dos soldados feridos, independente do lado a que pertencessem, e também apresentou um emblema padronizado para os serviços médicos: uma cruz vermelha sobre um fundo branco. (...) Desde 1945 o CICV continua exortando os governos a fortalecerem o Direito Internacional Humanitário – e a respeitarem-no. Ele vem lutando por lidar com as consequências humanitárias dos conflitos que marcaram a segunda metade do século 20 – começando com Israel e a Palestina em 1948. Em 1949, por iniciativa do CICV, os estados concordaram em realizar uma revisão das três Convenções de Genebra existentes (as que abordam o tratamento dado a feridos e doentes em campos de batalha, a vítimas de guerras navais e a prisioneiros de guerra) e a adoção de uma quarta: a que protege os civis que vivem sob o controle do inimigo. As Convenções orientam o CICV no que diz respeito à sua missão em situações de conflito armado. Em 1977, dois Protocolos foram adotados nas Convenções, o primeiro aplicável aos conflitos armados internacionais, o segundo aos internos – o que significou um avanço importantíssimo. Os Protocolos também introduzem leis sobre a condução de hostilidades (COMITÊ INTERNACIONAL DA CRUZ VERMELHA, 2022b).

Segundo o art. 81 do Protocolo Adicional às Convenções de Genebra de 12 de agosto de 1949, relativo à Proteção das Vítimas dos Conflitos Armados sem Caráter Internacional (Protocolo I), promulgado no Brasil pelo Decreto nº 849/1993:

> ARTIGO 81
>
> Atividades da Cruz Vermelha e de outras organizações humanitárias
>
> 1. As Partes em conflito darão ao Comitê Internacional da Cruz Vermelha todas as facilidades que lhes seja possível outorgar para que possa desempenhar as tarefas humanitárias

> que lhes são atribuídas pelas Convenções e pelo presente Protocolo, a fim de proporcionar proteção e assistência às vítimas do conflito; o Comitê Internacional da Cruz Vermelha poderá exercer também qualquer outra atividade humanitária em favor dessas vítimas, com o consentimento prévio das Partes em conflito interessadas.
>
> 2. As Partes em conflito darão às suas respectivas organizações da Cruz Vermelha (Crescente Vermelho, Leão e Sol Vermelhos) as facilidades necessárias para o exercício de suas atividades humanitárias em favor das vítimas do conflito, de acordo com as disposições das Convenções e do presente Protocolo e com os princípios fundamentais da Cruz Vermelha formulados nas Conferências Internacionais da Cruz Vermelha.
>
> 3. As Altas Partes Contratantes e as Partes em conflito facilitarão toda a medida do possível a assistência que as organizações da Cruz Vermelha (Crescente Vermelho, Leão e Sol Vermelhos) e a Liga de Sociedades da Cruz Vermelha prestem às vítimas dos conflitos de acordo com as disposições das Convenções e do presente Protocolo e com os princípios fundamentais da Cruz Vermelha.
>
> 4. As Altas Partes Contratantes e as Partes em conflito darão, na medida do possível, facilidades análogas às mencionadas nos parágrafos 2 e 3 às demais organizações humanitárias a que se referem as Convenções e o presente Protocolo, que se encontrem devidamente autorizadas pelas Partes em conflito e que exerçam suas atividades humanitárias de acordo com as disposições das Convenções e do presente Protocolo.

Entidades como essas não se confundem com organizações não governamentais globais, a exemplo da Anistia Internacional, do Greenpeace,[7] da Transparência Internacional, dos Médicos sem

[7] O caso do afundamento proposital por agentes franceses do barco *Rainbow Warrior*, atribuído a decisão em arbitragem internacional em 1986 e decidido em 1987, foi o primeiro a ser assim resolvido entre um Estado (a França) e uma ONG internacional, o Greenpeace. A embarcação foi afundada por agentes franceses em 1985, no Porto de Auckland, na Nova Zelândia, quando realizaria protestos contra testes nucleares no Atol de Moruroa, no Pacífico.

Fronteiras, da Associação Internacional de Transporte Aéreo (IATA) etc. Tais entes são associações privadas, constituídas de acordo com o direito interno do Estado-sede. Não têm capacidade jurídica internacional; voltam-se a fins científicos, culturais, esportivos, ambientais, jurídicos ou humanitários; e conformam o que virá a ser no futuro a sociedade civil internacional. Podem ter papel de observadoras em organizações internacionais. Segundo a Carta das Nações Unidas, tais ONGs internacionais podem exercer funções consultivas no Conselho Econômico e Social (ECOSOC):

> Artigo 71. O Conselho Econômico e Social poderá entrar nos entendimentos convenientes para a consulta com organizações não governamentais, encarregadas de questões que estiverem dentro da sua própria competência. Tais entendimentos poderão ser feitos com organizações internacionais e, quando for o caso, com organizações nacionais, depois de efetuadas consultas com o Membro das Nações Unidas no caso.

Entidades desse tipo também costumam participar como observadoras de conferências do Escritório das Nações Unidas contra a Droga e o Crime (UNODC), em Viena, no marco de assembleias sobre a implementação de convenções penais internacionais.

Vale lembrar que a Convenção do Conselho da Europa sobre o Reconhecimento de Personalidade Jurídica de Organizações Não Governamentais Internacionais (Série de Tratados Europeus – ETS 124), de 1986, permite que uma ONG constituída num Estado parte tenha o seu *status* de pessoa jurídica automaticamente reconhecido noutro Estado parte.

5.2.2.4 *Os indivíduos*

Apesar de os Estados serem os sujeitos por excelência do direito internacional, Miranda (2009) lembra que os indivíduos sempre mereceram a atenção do DIP. Exemplifica com as regras sobre nacionalidade, proteção diplomática, imunidades diplomáticas, asilo, refúgio e a proteção internacional da pessoa humana.

> Todavia, relevância jurídica não equivale a personalidade jurídica (...) Para que exista personalidade internacional do indivíduo tem de haver ainda a possibilidade de uma relação com outros sujeitos de direito internacional, nomeadamente com organizações internacionais.

Hoje, os particulares têm relevância no direito internacional de origem convencional, do que resultam relações diretas dos indivíduos e a subjetividade internacional destes como funcionários públicos internacionais, como réus em tribunais penais internacionais, e como peticionantes a órgãos internacionais de direitos humanos ou a órgãos comunitários etc. (MIRANDA 2009). Assim, o direito de petição comunitário, o *jus standi* em matéria de direitos humanos e a possibilidade de responsabilização pessoal por crimes internacionais são indicativos da densificação da subjetividade internacional dos particulares. Tais elementos são tomados por Mazzuoli (2020, p. 369) como caracterizadores da personalidade jurídica internacional da pessoa humana.

Para Rezek (2016) os indivíduos não têm personalidade jurídica de DIP.

> A percepção do indivíduo como personalidade internacional pretende fundar-se na lembrança de que certas normas internacionais criam direitos para as pessoas, ou lhes impõem deveres. (...) Para que uma ideia científica – e não simplesmente declamatória – da personalidade jurídica do indivíduo em direito das gentes pudesse fazer algum sentido, seria necessário pelo menos que ele dispusesse da prerrogativa ampla de reclamar nos foros internacionais a garantia de seus direitos, e que tal qualidade resultasse de norma geral. Isso não acontece. Os foros internacionais acessíveis a indivíduos – tais como aqueles, ainda mais antigos e numerosos, acessíveis a empresas – são-no em virtude de um compromisso estatal tópico, e esse quadro pressupõe a existência, entre o particular e o Estado copatrocinador do foro, de um vínculo jurídico de sujeição, em regra o vínculo de nacionalidade.

Akehurst lembra que, se tiverem personalidade jurídica internacional, a dos indivíduos será limitada, não equiparável sequer à das organizações internacionais:

> O século atual tem visto uma tendência crescente de admitir que indivíduos – e empresas – têm algum grau de personalidade internacional, mas este assunto é extremamente controverso (...); mas tal personalidade é geralmente vista como algumas vezes limitada – muito mais limitada do que a personalidade jurídica das organizações internacionais. Indivíduos e empresas podem ter vários direitos sob tratados especiais, por exemplo, mas nunca se sugeriu que eles possam imitar Estados adquirindo território, nomeando embaixadores ou declarando guerra (MALANCZUK, 1997).

Para Akehurst, o fato de regras internacionais terem em conta interesses de indivíduos e empresas não significa necessariamente que se criaram direitos para tais pessoas na ordem jurídica internacional. Apesar disto, há vários tribunais, organizações internacionais e entidades supranacionais aos quais indivíduos têm acesso direto, como o Centro Internacional para a Arbitragem de Disputas sobre Investimentos (ICSID) do Banco Mundial, o tribunal bilateral iraniano-norte-americano, a Corte Permanente de Arbitragem etc. (MALANCZUK, 1997).

5.2.2.5 *Pessoas jurídicas privadas e estatais internacionais*

Há forte controvérsia quanto à capacidade internacional de pessoas coletivas privadas. No entanto, certos tratados internacionais (Carta das Nações Unidas, Convenções de Genebra de 1949 e a Constituição da OIT, entre outros) preveem a atuação de organizações não governamentais, organizações humanitárias e organizações de empregadores e de trabalhadores no plano internacional.

No sistema interamericano de direitos humanos, ONGs, como a Justiça Global ou o Centro pela Justiça e Direito Internacional

(CEJIL), podem peticionar à Comissão Interamericana em favor de vítimas de violações de direitos humanos. No âmbito da União Europeia, pessoas jurídicas também podem exercer o direito de petição nos foros comunitários, inclusive perante o TJUE.

De fato, segundo o art. 228 do Tratado sobre o Funcionamento da União Europeia, o Provedor de Justiça Europeu é competente para receber queixas apresentadas por qualquer cidadão da União ou qualquer pessoa singular ou coletiva com residência ou sede estatutária num Estado-Membro, sobre casos de má administração na atuação das instituições, órgãos ou organismos da UE, com exceção do Tribunal de Justiça da União Europeia no exercício das suas funções jurisdicionais.

Empresas multinacionais, por maiores que sejam, não têm personalidade jurídica de DIP. São reconhecidas pelo direito interno de cada Estado onde atuam, por meio de suas matrizes, filiais ou subsidiárias. O aparecimento dessas companhias globais, conhecidas por *transnational corporations* (TNC), é um dos reflexos da globalização econômica, o que faz surgir preocupações quanto a questões ambientais, a influência de tais empresas na vida política de nações menos desenvolvidas e quanto a potenciais violações de direitos humanos e à prática da corrupção trasnacional. Por isso, entidades supranacionais têm aprovado diretrizes para a atuação de empresas multinacionais, como fez a OCDE, em 1976, com suas Diretrizes para Empresas Multinacionais, e a ONU com os seus Princípios sobre Empresas e Direitos Humanos, de 2011.

Embora não sejam sujeitos do DIP, companhias transnacionais, inclusive de comunicação social, também podem acessar certas instâncias regionais ou internacionais, inclusive de direitos humanos, para a tutela de seus interesses como pessoas jurídicas. No contexto da Guerra da Ucrânia, a emissora RT France, ligada à Federação Russa, teve suas atividades de difusão suspensas na União Europeia por uma decisão do Conselho, datada de 1º de março de 2022, válida até

31 de julho de 2022,[8] e apresentou pedido à corte geral do Tribunal de Justiça da União Europeia (TJUE). Seu requerimento foi processado, mas indeferido em 27 de julho de 2022.[9]

O Brasil constituiu por tratados pelo menos duas empresas estatais internacionais, com personalidade jurídica internacional e regime jurídico próprio.

O Tratado de Itaipu de 1973 (Decreto nº 72.707/1973) levou à criação da Itaipu Binacional, para o aproveitamento hidrelétrico dos recursos hídricos do rio Paraná, pertencentes em condomínio aos dois países.[10] Na ACO 1905, julgada em setembro de 2020, sobre o estatuto da usina hidrelétrica de Itaipu, o STF decidiu que "nos termos do Tratado constitutivo da empresa, não há como fugir à configuração supranacional da hidrelétrica, o que afasta qualquer tentativa de tê-la como integrante da Administração Pública brasileira".[11]

Já o Tratado entre o Brasil e a Ucrânia sobre Cooperação de Longo Prazo na Utilização do Veículo de Lançamento Cyclone-4 no Centro de Lançamento de Alcântara, de 2003 (Decreto nº 5.436/2005), permitiu a constituição da estatal Alcântara Cyclone Space (ACS), com o objetivo de comercialização e lançamento de satélites com a utilização do foguete espacial ucraniano Cyclone-4 a

---

8 *Vide* a Decisão (PESC) nº 2022/351 do Conselho, de 1º.03.2022, e o Regulamento (UE) nº 2022/350 do Conselho, da mesma data. A empresa Russia Today (RT) na França alegou violação aos direitos de defesa (ser ouvida previamente) e de fundamentação da decisão, à liberdade de expressão e ter sofrido discriminação em função de sua procedência nacional.

9 TRIBUNAL DE JUSTIÇA DA UNIÃO EUROPEIA. Acórdão do Tribunal Geral no processo T-125/22, RT France/Conselho. Quanto à limitação à liberdade de expressão da empresa russa, "a Corte conclui que, dado o contexto extraordinário do caso, as circunstâncias são suficientes para estabelecer que as restrições à liberdade de expressão da RT France que as medidas restritivas em questão podem acarretar são proporcionais, na medida em que são adequadas e necessárias para os fins visados. A Corte também conclui que as referidas medidas, por serem temporárias e reversíveis, não representam uma lesão desproporcional ao conteúdo essencial da liberdade empresarial da RT France".

10 ARAS, Vladimir. O *status* da Itaipu segundo o direito internacional. *Blog* do Vlad, 20 de setembro de 2020. Disponível em: https://vladimiraras.blog/2020/09/20/o-status-da-itaipu-segundo-o-direito-internacional/. Acesso em: 4 jul. 2022.

11 STF, ACO 1905, Pleno, Rel. Min. Marco Aurélio, j. em 14.09.2020.

partir do Centro de Lançamento de Alcântara, no Maranhão. Esse tratado foi denunciado pelo Brasil conforme o Decreto nº 8.494/2015 e a empresa binacional ACS foi extinta em nossa jurisdição pela Lei nº 13.814/2019. Segundo o tratado, a Alcântara Cyclone Space era "uma entidade internacional de natureza econômica e técnica", e, portanto, um sujeito do DIP, na categoria das organizações internacionais especializadas.

6

O Estado no Direito Internacional

6.1 Os Estados: elementos, direitos e deveres

Os elementos que compõem o conceito clássico de Estado são o governo soberano, o povo e o território. Rezek (2016) os identifica como base territorial, comunidade humana estabelecida sobre essa área e um governo não subordinado a autoridade alguma:

> Variam grandemente, de um Estado a outro, as dimensões territoriais e demográficas, assim como variam as formas de organização política. Acresce que, em circunstâncias excepcionais e transitórias, pode faltar ao Estado o elemento governo – tal é o que sucede nos períodos anárquicos –, e pode faltar-lhe até mesmo a disponibilidade efetiva de seu território, ou o efetivo controle dessa base por seu governo legítimo. O elemento humano é, em verdade, o único que se supõe imune a qualquer eclipse, e cuja existência ininterrupta responde, mais do que a do próprio elemento territorial, pelo princípio da continuidade do Estado.

Akehurst amplia o conceito trino e diz que um Estado deve ter uma população permanente, um território definido, um governo e a capacidade de manter relações com outros Estados (MALANCZUK, 1997).

Para que sejam considerados entes soberanos, os Estados devem ter e exercer direitos e deveres, que derivam de costumes e do direito internacional convencional, sobretudo da Carta das Nações Unidas (1945), da Carta de Direitos e Deveres Econômicos dos Estados (Resolução da Assembleia Geral 3281, de 1974), da Convenção de Viena sobre Relações Diplomáticas (1961), da Convenção de Viena sobre Relações Consulares (1961); e da Convenção de Viena sobre Direito dos Tratados (1969).

Os principais direitos políticos dos Estados estão no art. 2º da Carta das Nações Unidas ou podem ser intuídos a partir dali: o direito à igualdade jurídica, o direito à independência política, o direito à integridade territorial, o direito de jurisdição, o direito de regular a nacionalidade, o direito de celebrar tratados, o direito de escolher sua forma de organização política, econômica e social, o direito à imunidade internacional etc. (MIRANDA, 2009).

Já os deveres estatais compreendem as obrigações de agir de boa-fé nas relações internacionais, de solução pacífica dos conflitos, de respeitar a autodeterminação dos povos, de respeitar a independência, a integridade e a imunidade de outros Estados, de prestar assistência às Nações Unidas, de proteger os direitos da pessoa humana, entre outros de igual importância.

6.1.1 O território

O Estado exerce jurisdição geral e exclusiva sobre seu território, o que compreende as competências legislativas, administrativas e judiciais sobre sua área terrestre, seus rios, lagos e demais cursos d'água, subsolo, seu mar territorial e o espaço aéreo sobre tais zonas, de forma incontrastada (REZEK, 2016).

É necessário que o Estado controle uma parte significativa ou a maior parte do seu território. Pode, porém, haver áreas de litígio territorial, sobre fronteiras, o que não invalida o exercício soberano da jurisdição sobre outras áreas nem põe em xeque a existência do próprio Estado.

Antigamente, os territórios eram adquiridos por apossamento sobre áreas sem domínio ou abandonadas (*terra nullius* e *terra derelicta*), por descoberta ou ocupação. Esta se orientava pelo princípio da contiguidade, isto é, o apossamento era contínuo até onde não houvesse resistência.

"Também comum no passado era a aquisição de território por conquista, ou seja, mediante emprego da força unilateral, ou como resultado do triunfo no campo de batalha" (REZEK, 2016). No entanto, com a proibição pelo DIP, desde ao menos 1928, da guerra de conquista não se admite mais esse tipo de aquisição territorial, de modo que invasões para anexações, tal como se deu na Ucrânia em 2014 (Crimeia) e em 2022 (Donbas), correspondem a ilícitos internacionais.

Viáveis ainda hoje são a cessão gratuita (mediante tratados de paz), a cessão onerosa e a permuta de territórios, como foram as compras da Louisiana (1803), do Alasca (1867) e do Acre (1903) e a transferência da Alsácia-Lorena (1919). A definição do território da Palestina em 1947 fez-se por decisão política da ONU (REZEK, 2016).

A delimitação de fronteiras entre dois ou mais Estados pode resultar de tratados internacionais, de decisões judiciais (da Corte da Haia) ou de decisões arbitrais, em regra de acordo com os princípios *uti possidetis juris* e *uti possidetis de facto*. A distinção entre esses dois princípios foi importante para a manutenção das fronteiras das ex-colônias espanholas na América e para a definição das fronteiras do Brasil, respectivamente.

Akehurst diz que um dos precedentes mais importantes sobre soberania territorial é o caso das Ilhas de Palmas, na Indonésia, julgado pela Corte Permanente de Arbitragem em 1928. O conflito envolveu a Holanda e os Estados Unidos. Nele, o árbitro Max Huber fez constar:

> A soberania territorial, como já foi dito, envolve o direito exclusivo de executar as atividades de um Estado. Esse direito

> tem como dever corolário a obrigação de proteger no território os direitos de outros Estados, em particular o direito à integridade e à inviolabilidade na paz e na guerra, juntamente com os direitos que cada Estado pode reivindicar para seus nacionais em território estrangeiro. Sem manifestar sua soberania territorial de maneira correspondente às circunstâncias, o Estado não pode cumprir esse dever. A soberania territorial não pode se limitar ao seu lado negativo, ou seja, excluir as atividades de outros Estados; pois serve para dividir entre as nações o espaço sobre o qual as atividades humanas são executadas, a fim de garantir a elas em todos os pontos o mínimo de proteção de que o direito internacional é o guardião.[1]

No entanto, a perda temporária do controle do governo sobre o território estatal não determina sua extinção. Tal situação pode dar-se durante guerras. Mesmo quando todo o território do Estado está ocupado por forças inimigas em tempo de guerra, o Estado continua a existir, desde que seus aliados continuem a confrontar tal inimigo, como se deu no caso das ocupações alemãs sobre Estados europeus na Segunda Guerra Mundial (MALANCZUK, 1997).

6.1.2 A dimensão pessoal do Estado: povo

Segundo Rezek (2016), a dimensão pessoal do Estado soberano "não é a respectiva população, mas a comunidade nacional, ou seja, o conjunto de seus nacionais, incluindo aqueles, minoritários, que se tenham estabelecido no exterior".

Sobre a população (nacionais e estrangeiros em seu território), o Estado exerce jurisdição territorial, ao passo que sobre sua comunidade nacional (nacionais onde quer que estejam) terá jurisdição pessoal (REZEK, 2016).

---

1 CORTE PERMANENTE DE ARBITRAGEM. *The Island of Palmas Case (or Miangas) (United States of America v. The Netherlands)*. Disponível em: https://pcacases.com/web/sendAttach/714. Acesso em: 10 jun. 2019.

A comunidade nacional não necessita ser homogênea. Muitos Estados têm composição populacional plurinacional (a exemplo da Rússia) e alguns chegam a carregar oficialmente a designação de Estados plurinacionais, como é o caso da Bolívia. Seria absurdo exigir homogeneidade étnica, linguística, histórica, cultural ou religiosa, conforme o "antiquado conceito político de Estado-nação" (MALANCZUK, 1997).

Com o surgimento do etno-nacionalismo em várias partes do mundo, o *status* internacional de minorias étnicas e outros grupos humanos (como populações indígenas) tornou-se um problema relevante do DIP. Devido a suas dimensões políticas e jurídicas, a questão da personalidade legal das minorias é mais complicada do que o tema da personalidade internacional dos indivíduos e das empresas, diz Akehurst (MALANCZUK, 1997).

O primeiro complicador está relacionado ao significado e às consequências legais do princípio da autodeterminação e implica, na visão dos Estados, o perigo de secessão de uma minoria, o que pode levar à perda de território e controle sobre parte da população. O segundo está relacionado ao problema da possível intervenção de uma nação-mãe em um Estado vizinho para proteger "suas" minorias, que foi o pretexto de Hitler, no caso dos Sudetos alemães, para a invasão da antiga Tchecoslováquia, assim também foi o de Moscou para invadir o território ucraniano em 2014 e 2022.

> Não é por acaso que, no desenvolvimento do direito internacional desde a Segunda Guerra Mundial, os direitos das minorias têm sido concebidos como uma categoria de direitos humanos que devem ser exercidos pelos indivíduos pertencentes a uma minoria, e não como direitos de um grupo atribuídos a uma entidade coletiva como tal (MALANCZUK, 1997).

As populações indígenas ou autóctones também enfrentam diversos problemas de reconhecimento e gozo de direitos como partes das comunidades nacionais nos Estados soberanos. A Declaração sobre Direitos dos Povos Indígenas, de 2007, representa um esforço das Nações Unidas para estabelecer princípios gerais nessa matéria, em relação à autodeterminação; ao direito ao consentimento livre, prévio e informado; ao direito à reparação em casos de subtração ou perda de patrimônio de qualquer natureza; ao direito à integridade e à manutenção das manifestações culturais; e ao direito de comunicação e de uso do idioma nativo. Mas isso não significa que essas populações autóctones tenham direito, como grupo, à secessão territorial, para fazer valer sua autodeterminação.

> (...) como no caso de indivíduos e empresas, a questão da personalidade jurídica internacional de minorias e povos indígenas é, na realidade, uma questão dos direitos específicos que lhes são atribuídos pelos Estados, mas o ponto é que esses entes geram um conjunto diferente de problemas sob o direito internacional *de lege ferenda* devido a reivindicações de autodeterminação. As minorias não são sujeitos do direito internacional em nenhum sentido significativo do termo e ainda não alcançaram um *status* jurídico internacional superior ao dos indivíduos (MALANCZUK, 1997).

6.1.3 O governo soberano

O Estado só existe quando o seu governo não se subordina a qualquer autoridade nem reconhece nenhum poder superior. Segundo o art. 2.1. da Carta das Nações Unidas, a organização se funda na igualdade soberana de todos os seus membros.

> Atributo fundamental do Estado, a soberania o faz titular de competências que, precisamente porque existe uma ordem jurídica internacional, não são ilimitadas; mas nenhuma outra entidade as possui superiores (REZEK, 2016).

O Estado deve ter o controle efetivo sobre o território por meio de um governo que tenha a capacidade de manter a ordem interna e que, externamente, tenha a capacidade de agir autonomamente na comunidade internacional, sem depender de outros Estados. Assim, a mera existência de um governo não é o bastante;

é necessário que haja controle efetivo sobre seu território e sua população (MALANCZUK, 1997).

A soberania estatal implica a possibilidade de exercício de cinco direitos pelos Estados: (i) *o jus tractuum* (direito de celebrar tratados); (ii) o *jus legationis* (o direito de enviar e receber legações diplomáticas); (iii) o *jus belli* (agora lido como direito de legítima defesa);[2] o (iv) o direito de participação em organizações internacionais; e (v) o direito de reclamação internacional (perante órgãos políticos e judiciais de entidades internacionais) (MIRANDA, 2009).

Nunca houve de fato igualdade soberana entre todos os Estados, porque nem todos podem gozar ou exercer tais direitos estatais em toda a sua extensão perante a comunidade internacional. A condição especial de cinco dos membros do Conselho de Segurança das Nações Unidas, com direito de veto, é um indício da desigualdade de fato inerente a certos campos do DIP.

Da soberania advém a noção de "domínio reservado" aos Estados, uma "zona irredutível de livre condução da vida coletiva por cada Estado" (MIRANDA, 2009). Estados e organizações internacionais não podem intervir nos assuntos internos de outro Estado, que sejam essencialmente seus. Segundo o art. 2.7 da Carta das Nações Unidas (Decreto nº 19.841/1945):

> Nenhum dispositivo da presente Carta autorizará as Nações Unidas a intervirem em assuntos que dependam essencialmente da jurisdição de qualquer Estado ou obrigará os Membros a submeterem tais assuntos a uma solução, nos termos da presente Carta; este princípio, porém, não prejudicará a aplicação das medidas coercitivas constantes do Capítulo VII.

No entanto, essa interdição não é absoluta, porque o Conselho de Segurança pode autorizar medidas para situações que ameacem a paz, situações de ruptura da paz ou de agressão, ou ainda as

[2] Ensina Miranda (2009): "Agora, com a proibição da guerra pela Carta das Nações Unidas (art. 2º, 4), este último direito é interpretado como mero direito de legítima defesa, individual ou coletiva (art. 51 da mesma Carta)".

chamadas intervenções humanitárias. Ao tratar dos direitos da pessoa humana, Miranda (2009) explica que "o domínio reservado não pode prevalecer contra as suas violações sistemáticas, nem pode impedir, no limite, a ingerência humanitária".

6.1.4 Direito à autodeterminação dos povos

Um dos documentos mais importantes sobre a autodeterminação dos povos é a Declaração sobre a Concessão da Independência aos Países e Povos Coloniais, aprovada pela Resolução nº 1.514 (XV), da Assembleia Geral de 14 de dezembro de 1960. Tal documento, que marcou o processo de descolonização, deve ser lido em conjunto com os arts. 1º, 73 e 76 da Carta das Nações Unidas. Sobre ela, diz Aurora Almada e Santos (2011):

> Com a sua adopção, a ONU demonstrou inequivocamente o seu apoio ao processo de descolonização no seu todo, deixando de fazer a distinção entre territórios sob tutela e territórios não autónomos. Todos os territórios dependentes passaram a ser tratados da mesma forma, reconhecendo-se a obrigatoriedade de as potências coloniais os conduzirem à independência. No essencial, a declaração reconheceu que a subjugação dos povos à dominação e à exploração estrangeira constituía uma negação dos direitos fundamentais do homem, contrariava a Carta das Nações Unidas e comprometia a paz e a cooperação mundiais. Fruto desse reconhecimento estabeleceu que todos os povos tinham direito à autodeterminação, que consistia na livre escolha do seu estatuto político e na livre promoção do seu desenvolvimento económico, social e cultural. O exercício desse direito não deveria ser condicionado, uma vez que no terceiro parágrafo da declaração foi dito que a falta de preparação política, social e educacional não podia ser apresentada como pretexto para retardar a independência. Com tais premissas, a ONU sancionou o direito à autodeterminação, estabelecendo a descolonização como um dever jurídico que se materializava

> no direito à independência. Por outras palavras, o direito à autodeterminação presente na declaração era equivalente ao direito à independência.

Décadas antes, o Estatuto de Westminster (1931), aprovado pelo Parlamento em Londres, iniciara o processo de descolonização em relação aos domínios britânicos sobre o Canadá, Austrália, Nova Zelândia, África do Sul, Irlanda e Terra Nova, permitindo o surgimento da *Commonwealth*.

6.1.5 O reconhecimento de Estado

O reconhecimento é um "ato jurídico internacional pelo qual um sujeito afirma que determinada situação é conforme com o Direito ou pelo qual afirma que se verificam os pressupostos exigidos por uma norma internacional para a produção de certos efeitos". Pode ser expresso ou tácito (MIRANDA, 2009), como se deu em relação ao reconhecimento do Uruguai (antiga Província Cisplatina), pelo Brasil e Argentina em 1828, ou com o reconhecimento implícito da República Popular da China pela França em 1964 e de Israel pelo Egito, nos acordos de Camp David, de 1979.

Seguindo-se a um processo de independência ou a um fenômeno sucessório, o reconhecimento tem natureza declarativa, é voluntário (é um direito político e não um dever), irrevogável, deve ser exercido com boa-fé, e sem intervenção do reconhecedor no território do outro Estado reconhecido. É sempre feito por Estados e, eventualmente, pela Santa Sé. Organizações internacionais não reconhecem Estados.

O reconhecimento pode ser singular ou coletivo. Rezek (2016) ensina que o reconhecimento é mesmo meramente declaratório da qualidade estatal.

> Ele é importante, sem dúvida, na medida em que é indispensável a que o Estado se relacione com seus pares, e integre, em sentido próprio, a comunidade internacional. Mas seria uma proposição técnica viciosa – e possivelmente contaminada

> pela ideologia colonial – a de que o Estado depende do reconhecimento de outros Estados para existir.

Corrobora esse entendimento o disposto nos arts. 13 e 14 da Carta da OEA (Decreto nº 30.544/1952). Pelo art. 13, a existência política do Estado independe do seu reconhecimento por outros Estados. Mesmo antes de ser reconhecido, todo Estado tem direito de defender sua integridade e independência, promover a sua conservação e prosperidade, e de se organizar como melhor entender, de legislar sobre os seus interesses, de administrar os seus serviços e de determinar a jurisdição e a competência dos seus tribunais. "O exercício desses direitos não tem outros limites senão o do exercício dos direitos de outros Estados, conforme o direito internacional", diz o texto.

Já o art. 14 determina que "o reconhecimento significa que o Estado que o outorga aceita a personalidade do novo Estado com todos os direitos e deveres que, para um e outro, determina o direito internacional".

Nenhum Estado é obrigado a reconhecer outro. Porém, por motivos humanitários, a ONU proibiu que seus membros reconhecessem a Rodésia (1965)[3] como república independente e os bantustões da África do Sul (1976 e 1982).

Tais bantustões eram pseudo-Estados de base tribal criados pelo regime segregacionista sul-africano, que pretendia aprofundar o *apartheid*. O objetivo era conter os negros nesses países fantoches (em verdade reservas), como Transkei, Bophuthatswana, Venda e Ciskei (chamados "Estados TBVC") e suprimir-lhes a cidadania sul-africana. O plano, que era repudiado pela comunidade internacional, foi confessado por Connie Mulder, um dos ministros sul-africanos em 1978:

---

3 As Resoluções nºs 216 e 217 (1965) do Conselho de Segurança das Nações Unidas determinaram aos Estados Partes que não reconhecessem a independência declarada em 1965 pela minoria branca que escolheu Salisbury como sua capital e que era liderada por Ian Smith. A Rodésia permaneceu em situação de não reconhecimento até a independência do Zimbabwe, em 1979.

> Se a nossa política for levada à sua conclusão lógica no que diz respeito ao povo negro, não haverá um homem negro com cidadania sul-africana (...). Todo homem negro na África do Sul acabará por ser acomodado em algum novo Estado independente neste honorável caminho e não haverá mais a obrigação deste Parlamento de acomodar politicamente essas pessoas (SÖDERBAUM, 2004).

Devido às gravíssimas violações de direitos humanos promovidas pelo regime segregacionista sul-africano, a Resolução nº 31/6-A da Assembleia Geral e a Resolução nº 402 (1976) do Conselho de Segurança da ONU exortaram os Estados membros a negarem reconhecimento ao Transkei. Em 1982, a Assembleia Geral das Nações Unidas (A/RES/37/69) voltou ao tema e conclamou os Estados membros a não reconhecerem os bantustões TBVC e a não cooperarem com tais entidades subalternas.

Como o ato de reconhecimento é declaratório, o novo Estado nasce quando se acham reunidas suas condições de existência. Tais condições devem ser efetivas (MIRANDA, 2009). Várias entidades territoriais autodeclaradas independentes acabam não sendo reconhecidas como Estados porque não atendem a tal requisito, além doutros. No século XXI, é o caso das repúblicas separatistas de Lugansk e Donetsk, no leste da Ucrânia; da Transnístria, em relação à Moldávia; da Abecásia e da Ossétia do Sul, em relação à Geórgia; e da Puntlândia e da Somalilâdia, em relação à Somália.

Diferentemente do que se passa com os Estados, "o reconhecimento como beligerantes, de movimentos nacionais e de outras entidades, terá natureza constitutiva", e não declaratória, diz Miranda (2009).

6.1.6 O reconhecimento de governo

Questões relevantes da geopolítica internacional ganham corpo no tema do reconhecimento de novos governos ou regimes. Para Miranda (2009), o problema sobrevém concretamente "quando ocorre uma mudança de regime político e quando é necessário saber quem, doravante, vai exercer o *jus tractuum*, o *jus legationis* e os demais poderes de representação internacional do Estado".

O princípio da continuidade do Estado (*forma regiminis mutata non mutatur ipsa civitas*) orienta os sujeitos do DIP a prosseguir com as relações jurídicas internacionais como se nada houvesse ocorrido. O Estado deve manter seus direitos e deveres, mesmo com a sucessão de governos, seja por transição constitucional, seja em razão de ruptura (MIRANDA, 2009).

> Um Estado não pode existir por muito tempo, ou pelo menos não pode existir, a menos que tenha um governo. Mas o Estado não deve ser identificado com seu governo; os direitos e obrigações internacionais do Estado não são afetados por uma mudança de governo (MALANCZUK, 1997).

O problema do reconhecimento de governos só se apresenta na segunda hipótese, isto é, quando se dá uma ruptura, ou quando advém uma revolução ou uma reviravolta política, mas não quando a transição política é regular ou constitucional. Naqueles casos tumultuários, será necessário saber, para a segurança das relações jurídicas internacionais, "quais as condições de que dispõe o novo poder para cumprir os compromissos internacionais do Estado". Portanto, explica Miranda (2009), o único critério viável é o da efetividade, ou seja, se o novo governo dispõe dos meios idôneos para funcionar e agir como tal.

Rezek (2016) explica no que consiste tal efetividade:

> Tem ele controle sobre o território? Mantém a ordem nas ruas? Honra os tratados e demais normas de direito internacional? Recolhe regularmente os tributos e consegue razoável índice de obediência civil? Neste caso o novo governo é efetivo e deve ser reconhecido num mundo onde a busca da legitimidade ortodoxa talvez importasse bom número de decepções.

O reconhecimento de governo também tem natureza declarativa, podendo ser expresso ou tácito, embora o reconhecimento formal e público, repudiado pela Doutrina Estrada desde 1930, esteja em desuso. Tem lugar em situações como o surgimento da União das Repúblicas Socialistas Soviéticas (URSS), após a Revolução Russa de 1917, ou como a transformação do Irã em república teocrática islâmica, com a deposição do xá Reza Pahlavi em 1979, ou como as rupturas democráticas no Brasil em 1964 e no Chile em 1973.

6.2 Sucessão de Estados

A sucessão de Estados assumiu grande importância "no século XX e, sobretudo, nas últimas décadas, em todos os continentes, com a segregação dos impérios marítimos e continentais". Poderá ocorrer por cessação da soberania do Estado (anexação, integração ou fusão) ou por cessão da soberania sobre um território (incorporação, transferência ou independência) (MIRANDA, 2009).

Tal fenômeno jurídico-político terá reflexos sobre os tratados, sobre as pessoas (nacionalidade), sobre bens estatais e sobre a comunidade internacional, situações de que podem resultar conflitos, cuja solução é orientada por princípios gerais de direito internacional.

Esses princípios determinam que as fronteiras exteriores não se alteram; que o Estado sucessor adquire automaticamente a propriedade dos bens públicos no território; e que passam a valer ali as leis e a justiça do Estado sucessor. Quanto à nacionalidade, as pessoas residentes no território adquirem a nova, mas mantêm o direito de opção pela antiga (do Estado predecessor).

A sucessão de Estados em relação a tratados tem regras próprias na Convenção de Viena sobre Sucessão de Estados em Matéria de Tratados, de 1978, promulgada no Brasil pelo Decreto nº 10.214/2020. A Convenção aplica-se unicamente à sucessão de Estados que ocorra em conformidade com o direito internacional e, em particular, com os princípios de direito internacional incorporados à Carta das Nações Unidas. Ademais, a Convenção só se aplica à sucessão de Estados que tenha ocorrido depois de sua entrada em vigor, salvo se se tiver convencionado de outra forma.

Seus princípios gerais indicam, entre outras diretrizes, a subsistência das obrigações previstas em qualquer tratado que decorram do direito internacional, independentemente do tratado (art. 5º); a continuidade da vigência de tratados territoriais sobre fronteiras ou de uso de certos territórios (arts. 11 e 12); a validade do direito convencional de um Estado sucessor optar por sua participação nesse tratado (art. 4º) entre outras regras.

7

A Dimensão Pessoal do Estado

7.1 A dimensão pessoal do Estado: povo

O requisito mais importante para a existência do Estado é o seu povo. Pode-se imaginar um Estado temporariamente privado do controle de seu território, como se dá durante uma ocupação estrangeira. Também se pode conceber um Estado sem governo soberano, em situações episódicas de conflitos internos ou de guerra. Contudo, o elemento humano deve sempre estar presente, ainda que em diáspora, para que, da percepção da existência de uma **nação**, possa haver a construção política de um Estado.

Rezek (2016) explica que a dimensão pessoal do Estado soberano:

> (...) não é a respectiva população, mas a comunidade nacional, ou seja, o conjunto de seus nacionais, incluindo aqueles, minoritários, que se tenham estabelecido no exterior. Sobre os estrangeiros residentes, o Estado exerce inúmeras competências inerentes à sua jurisdição territorial. Sobre seus distantes, o Estado exerce jurisdição pessoal, fundada no vínculo de nacionalidade, e independentemente do território onde se encontrem.

Completa Rezek (2016) que "mal se pode compreender, mesmo em pura teoria, a existência de um Estado cuja dimensão humana fosse toda ela integrada por estrangeiros, e cujo governo soberano se encontrasse nas mãos de súditos de outros países".

Akehurst diz que a comunidade nacional não necessita ser homogênea. Muitos Estados têm composição populacional plurinacional e seria absurdo exigir homogeneidade de caráter étnico, linguístico, histórico, cultural ou religioso, tal como fazia a ultrapassada concepção de Estado-nação (MALANCZUK, 1997).

De fato, a Constituição do Estado Plurinacional da Bolívia, que tomo como exemplo deste novo cenário, declara que a Bolívia é um "Estado Unitário Social de Direito Plurinacional Comunitário, livre, independente, soberano, democrático, intercultural, descentralizado e com autonomias", fundando-se na pluralidade e no pluralismo político, econômico, jurídico, cultural e linguístico.[1]

Assim também a Constituição do Equador, segundo a qual a república equatoriana é "um Estado constitucional de direitos e justiça, social, democrático, soberano, independente, unitário, intercultural, plurinacional e laico".[2]

7.2 A nacionalidade

Para identificar o que é povo ou comunidade nacional, é imprescindível aferir o conceito de nacionalidade. Podemos divisar dois aspectos: um atributivo, vez que compete aos Estados soberanos (e somente a estes) estabelecer os critérios para atribuir a nacionalidade a um determinado indivíduo, segundo a lei ou a Constituição; e outro que tem em conta a nacionalidade como direito subjetivo, previsto nas convenções internacionais e nas leis.

Somente pessoas humanas podem ser titulares de nacionalidade. Navios e aeronaves não a têm; seu vínculo jurídico é

1 *Vide* a Constituição Política do Estado boliviano, de 2009.

2 *Vide* a Constituição da República do Equador, de 2008.

determinado pelo país da matrícula ou do registro ("bandeira"). Pessoas jurídicas também não têm nacionalidade. Normalmente, são identificadas pelo país onde foram constituídas; ou pelo país onde têm sua sede social. No caso das multinacionais, a matriz e as filiais abertas em diferentes países terão personalidade jurídica de direito interno em cada um deles. Em ambos os casos, trata-se de mera sujeição no âmbito do direito civil, do direito comercial, do direito administrativo ou do direito tributário. Contribuem para a confusão conceitual os arts. 16 a 21 da Convenção de Direito Internacional Privado, concluída em 1928 em Havana (Código Bustamante).[3]

Segundo o art. 11 da LINDB, as organizações destinadas a fins de interesse coletivo, como as sociedades e as fundações, obedecem à lei do Estado em que se constituírem. Tais pessoas jurídicas só podem ter filiais, agências ou estabelecimentos no Brasil depois de regularmente constituídas também aqui, ficando sujeitas à lei brasileira.

7.2.1 A nacionalidade como vínculo político-jurídico

Ensina Rezek (2016) que a nacionalidade "é um vínculo político entre o Estado soberano e o indivíduo, que faz deste um membro da comunidade constitutiva da dimensão pessoal do Estado".

Embora tenha enorme relevância no contexto do direito internacional, a fixação dos critérios para aquisição e perda da nacionalidade é um tema do direito interno, especialmente do direito constitucional, e, no contexto internacional, compete apenas aos Estados soberanos, nunca a entidades subnacionais ou a organizações internacionais. Diz Rezek (2016) que a cada Estado "incumbe legislar sobre sua própria nacionalidade, desde que respeitadas, no direito internacional, as regras gerais, assim como regras particulares com que acaso se tenha comprometido".

---

[3] O Código Bustamante foi promulgado pelo Decreto nº 18.871/1929. Seu art. 16 diz que: "A nacionalidade de origem das corporações e das fundações será determinada pela lei do Estado que as autorize ou as aprove".

O art. 9º do Código Bustamante, concluído em Havana em 20.02.1928, estabelece que os Estados contratantes podem

> aplicar seu direito próprio à determinação da nacionalidade de origem de toda pessoa individual ou jurídica e à sua aquisição, perda ou recuperação posterior, realizadas dentro ou fora do seu território, quando uma das nacionalidades sujeitas à controvérsia seja a do dito Estado.

Por sua vez, o art. 1º da Convenção da Haia de 1930 Concernente a Certas Questões Relativas aos Conflitos de Leis sobre a Nacionalidade (Decreto nº 21.798/1932) estabelece que cabe a cada Estado determinar por sua legislação quais são os seus nacionais, daí resultando o dever de respeito a essa atribuição pelos demais Estados, desde que "esteja de acordo com as convenções internacionais, o costume internacional e os princípios de direito geralmente reconhecidos em matéria de nacionalidade".

Certo que cabe a cada Estado determinar por sua legislação quais são os seus nacionais. Porém, o vínculo de nacionalidade deve ser efetivo, não podendo "fundar-se na pura formalidade ou no artifício, mas na existência de laços sociais consistentes entre o indivíduo e o Estado" (REZEK, 2016).

O princípio da efetividade da nacionalidade ficou evidenciado no caso do cidadão alemão de nascimento, Friedrich Nottebohm. Liechtenstein processou a Guatemala perante a Corte Internacional de Justiça em 1955, porque autoridades guatemaltecas não reconheceram a nacionalidade atribuída ao Sr. Nottebohm por Vaduz e continuaram a tratá-lo como se alemão fosse. Ele foi preso durante a Segunda Guerra Mundial, ficando detido de 1943 a 1946, e seus bens foram confiscados pela Guatemala.

Segundo a CIJ, o nacional deve provar um vínculo significativo com o Estado em questão. No caso concreto, o Tribunal da Haia concluiu que faltava efetividade à nacionalidade liechtensteiniana de Nottebohm, porque ele não foi capaz de demonstrar qualquer relação efetiva, real ou concreta com o país onde se naturalizou.

Por isso, Vaduz não lhe podia oferecer proteção diplomática contra a Guatemala.

> Solicitou-se a naturalização não tanto com o fim de obter um reconhecimento jurídico da integração efetiva de Nottebohm à população de Liechtenstein, mas com o de permitir que ele substituísse seu *status* de nacional de um Estado beligerante pelo de nacional de um Estado neutro, com o único objetivo de ficar assim sob a proteção do Liechtenstein, mas não de se juntar a suas tradições, interesses, modo de vida ou assumir obrigações – que não as obrigações fiscais – e exercer os direitos relativos ao *status* assim adquirido.[4]

7.2.2 A nacionalidade como direito fundamental

A nacionalidade é tema de um sem-número de tratados internacionais, que a regulam como direito da pessoa humana e ao mesmo tempo procuram minorar os efeitos da apatridia, fenômeno pelo qual uma pessoa não é nacional de lugar algum (*statelessness*).

A nacionalidade também interessa aos institutos do asilo (territorial ou diplomático), do refúgio e da proteção diplomática, sendo importante também em matéria extradicional e na cooperação para a transferência de pessoas condenadas. Vários tratados internacionais de direitos humanos procuram evitar que a nacionalidade ou a origem nacional sejam tidas como fatores discriminatórios ou de exclusão.

Quem não é nacional de um país pode ser tratado como estrangeiro (nacional de outro) ou apátrida, e tais condições serão relevantes para o exercício de certos direitos naquela jurisdição estrangeira.

Segundo o art. 20 da Convenção Americana de Direitos Humanos, promulgada no Brasil pelo Decreto nº 678/1992, toda pessoa tem direito a uma nacionalidade. Para reduzir a apatridia,

---

4 CORTE INTERNACIONAL DE JUSTIÇA. *Nottebohm case (Liechtenstein v. Guatemala)*, julgado em 6 abr. 1955. Disponível em: https://www.icj-cij.org/public/files/case-related/18/018-19550406-JUD-01-00-EN.pdf. Acesso em: 4 jul. 2022.

assegura-se ao menos a nacionalidade por *jus soli*. Toda pessoa tem direito à nacionalidade do Estado em cujo território houver nascido, se não tiver direito a outra. Esse critério de atribuição, muito comum em países de imigração, vale, por exemplo, em todo o continente americano, inclusive nos Estados Unidos e no Canadá.

Afiançando seu caráter de direito da pessoa humana, o mesmo artigo estabelece que ninguém deve ser privado arbitrariamente de sua nacionalidade nem do direito de mudá-la. Ou seja, a perda da nacionalidade é possível, mas deve seguir o devido processo legal.[5] Por outro lado, toda pessoa tem direito de mudar de nacionalidade ou de adquirir outra, voluntariamente.

Conforme o art. 24.3. do Pacto Internacional de Direitos Civis e Políticos, internalizado o Brasil pelo Decreto nº 592/1992, toda criança terá o direito de adquirir uma nacionalidade. A opção por mencionar esse direito entre aqueles de titularidade de crianças denota a preocupação de evitar desde logo a apatridia, o que pode prejudicar o acesso de menores a serviços de saúde e à educação fundamental, bem assim a reunião familiar.

Tais dispositivos têm sua gênese no art. 15 da Declaração Universal dos Direitos do Homem (1948). Após estatuir que toda pessoa tem direito a uma nacionalidade, a DUDH traz um duplo comando: o Estado não pode privar uma pessoa de modo arbitrário de sua nacionalidade nem pode privá-la do direito de mudar de nacionalidade.

Da nacionalidade resulta também a proibição de banimento ou exílio forçado de nacionais. A Constituição brasileira de 1988 enuncia expressamente esse direito no art. 5º, XLVII, *d*, ao proibir a pena de banimento.

O Código Criminal do Império de 1830 assim distinguia as penas de "banimento", "degredo" e "desterro":

---

5 *Vide* o caso *Johansen vs. Dinamarca*, declarado inadmissível pela Corte Europeia de Direitos Humanos em março de 2022. Apesar de ser dinamarquês nato, o requerente juntou-se ao Estado Islâmico e foi condenado por jihadismo na Dinamarca, tendo sido declarada a perda de sua nacionalidade originária. Manteve, porém, sua outra nacionalidade, tunisiana. A apatridia deve ser evitada em casos de perda de cidadania.

a) a pena de banimento privava para sempre o réu dos direitos de cidadão brasileiro e o proibia de habitar o território do Império (art. 50 do Código Criminal de 1830). Se voltasse aos domínios do Brasil, o réu seria condenado a prisão perpétua;
b) a pena de degredo obrigava o réu a residir no lugar determinado pela sentença, sem dele poder sair durante o tempo fixado pelo juiz (art. 51). A sentença deveria ser cumprida fora da comarca de domicílio da vítima;
c) a pena de desterro obrigava o réu a deixar o distrito da culpa, o seu domicílio e o do ofendido, ficando proibida sua entrada nesses lugares durante o tempo marcado na sentença (art. 52).

Nacionais não podem ser expulsos nem deportados do território brasileiro. Estrangeiros, contudo, estão sujeitos a tais medidas compulsórias, de natureza migratória, reguladas pela Lei nº 13.445/2017 (Lei de Migração).

Alguns países, como o Brasil, também tomam em conta a nacionalidade para impedir a extradição de seus cidadãos. Segundo o art. 5º, LI, da Constituição somente os brasileiros naturalizados podem ser extraditados.[6] No entanto, no continente americano e também consideradas a União Europeia e a Grã-Bretanha, a maior parte dos países hoje permitem a extradição de seus nacionais, como são os casos de Espanha, Portugal, Itália, Argentina, México, Colômbia e Reino Unido.

7.2.3 Critérios de atribuição

A nacionalidade pode ser originária, a que se adquire no nascimento, ou derivada, a que resulta de aquisição voluntária, mediante naturalização, casamento, adoção ou honraria. Na nacionalidade originária, vigoram dois critérios: o *jus sanguinis*, segundo o qual a

---

[6] CONSTITUIÇÃO FEDERAL: "Art. 5º. (...). LI – nenhum brasileiro será extraditado, salvo o naturalizado, em caso de crime comum, praticado antes da naturalização, ou de comprovado envolvimento em tráfico ilícito de entorpecentes e drogas afins, na forma da lei".

criança terá a nacionalidade dos pais ou de um deles, pai ou mãe; e o *jus soli*, segundo o qual a criança terá a nacionalidade do lugar do nascimento. Alguns Estados adotam um sistema misto, que mescla os critérios anteriores. A composição dos critérios de *jus soli* com *jus sanguinis* pode levar ao fenômeno da dupla nacionalidade.

A nacionalidade derivada pode resultar na ruptura do vínculo anterior e exige o cumprimento de certos requisitos, como tempo de residência, domínio do idioma, boa conduta, juramento ou assunção de compromisso de lealdade etc., a depender da legislação local.

Filhos de agentes de Estados estrangeiros normalmente são excluídos da atribuição de nacionalidade por *jus soli*. Assim, os filhos de representantes consulares ou diplomáticos nascidos no exterior terão a nacionalidade do Estado que for representado por seus pais, ou por um deles, se nascerem durante a missão. Há, portanto, uma restrição ao critério territorial em razão de um vínculo funcional paternal ou maternal. No particular, o art. 12, I, *a*, da Constituição determina que são brasileiras as pessoas nascidas na República Federativa do Brasil, ainda que de pais estrangeiros (*critério jus soli*), "desde que estes não estejam a serviço de seu país" (exceção pelo vínculo funcional).

7.2.4 Apatridia

A apatridia é um dos mais graves problemas relativos à nacionalidade. Há diversos documentos internacionais que procuram restringir sua ocorrência ou eliminá-la, especialmente quando se trata de consequência do casamento ou do divórcio, para mulheres, o que se constitui uma questão de gênero, de cunho discriminatório.

Tal como a polipatria (o indivíduo tem mais de uma nacionalidade), a apatria ou apatridia (o indivíduo não tem nenhuma nacionalidade) resulta do conflito entre normas do direito internacional e do direito interno, ou entre normas dos direitos domésticos de diferentes países. A polipatria é tolerada, ao passo que a apatria deve ser evitada, porque interfere no direito humano à nacionalidade, gerando sérias consequências pessoais, profissionais e familiares.

Segundo o art. 1º, § 1º, VI, da Lei de Migração, "apátrida" é a pessoa que não seja considerada como nacional por nenhum Estado, segundo a sua legislação, nos termos da Convenção sobre o Estatuto dos Apátridas, de 1954 (Decreto nº 4.246/2002), ou assim reconhecida pelo Estado brasileiro.

Segundo o art. 8º da Convenção da Haia de 1930 (Decreto nº 21.798/1932),[7] se a lei nacional da mulher lhe fizer perder a nacionalidade em consequência de casamento com estrangeiro, esse efeito será subordinado à aquisição, por ela, da nacionalidade do marido. Pelo art. 9º, se a lei nacional da mulher lhe fizer perder a nacionalidade em consequência da mudança de nacionalidade do marido, na constância do casamento, este efeito será subordinado à aquisição, por ela, da nova nacionalidade do marido.

Já em 1930 se previa, no art. 10 da Convenção da Haia, que a naturalização do marido na constância do casamento não acarretaria a mudança de nacionalidade da mulher senão por consentimento desta. E o art. 11 do mesmo tratado completava o rol de direitos de nacionalidade da mulher casada, estabelecendo que

> a mulher que, segundo a lei de seu país, houver perdido a nacionalidade em consequência de seu casamento, não a recuperará após a dissolução deste, senão quando ela o pedir e de acordo com a lei do país. Neste caso ela perderá a nacionalidade que adquirira em consequência do casamento.

Com o mesmo propósito antidiscriminatório, em 1933, foi concluída em Montevidéu por países americanos, a Convenção sobre a Nacionalidade da Mulher (Decreto nº 2.411/1938) e em 1957 foi celebrada a Convenção das Nações Unidas sobre a Nacionalidade da Mulher Casada (Decreto nº 64.216/1969). Ambas visavam a evitar a apatridia em função do gênero. O tratado de Montevidéu dizia que "Não se fará distinção alguma, baseada no sexo, em matéria de nacionalidade, na legislação nem na prática".

[7] Convenção concernente a Certas Questões Relativas aos Conflitos de Leis sobre a Nacionalidade.

Já a Convenção de 1957 cuidou "de imunizar a nacionalidade da mulher contra todo efeito automático do casamento, do divórcio, ou das alterações da nacionalidade do marido na constância do vínculo" (REZEK, 2009).

Conforme o art. 9º da Convenção sobre a Eliminação de Todas as Formas de Discriminação contra a Mulher, de 1979 (Decreto nº 4.377/2002), os Estados Partes da CEDAW (sua sigla em inglês) devem garantir às mulheres direitos iguais aos dos homens para adquirir, mudar ou conservar sua nacionalidade. Devem assegurar, em particular, que nem o casamento com um estrangeiro, nem a mudança de nacionalidade do marido durante o casamento, podem modificar automaticamente a nacionalidade da esposa, convertê-la em apátrida ou obrigá-la a adotar a nacionalidade do cônjuge.

No plano geral, em 1961, foi concluída em Nova York a Convenção para a Redução dos Casos de Apatridia (Decreto nº 8.501/2015). Seu art. 1º declara que todo Estado Parte deve conceder sua nacionalidade a uma pessoa nascida em seu território e que de outro modo seria apátrida. Diz também tal convenção, no seu art. 2º, que, salvo prova em contrário, presume-se que um menor abandonado (exposto) que tenha sido encontrado no território de um Estado Parte tenha nascido nesse território e seja filho de pais que possuem a nacionalidade daquele Estado. Adota-se, assim, como critério mínimo o *jus soli*.

Estabelece ainda o texto de 1961, em seu art. 3º, que "o nascimento a bordo de um navio ou uma aeronave será considerado como ocorrido no território do Estado de cuja bandeira for o navio ou no território do Estado em que a aeronave estiver matriculada, conforme o caso".

Como já vimos, o art. 20 da Convenção Americana de Direitos Humanos (1969) determina que toda pessoa tem direito à nacionalidade do Estado em cujo território houver nascido, se não tiver direito a outra. Para Rezek (2016) esta é uma norma de incontestável eficácia e:

> (...) acaso aceita pela totalidade dos Estados, reduziria substancialmente a incidência de casos de apatria, podendo mesmo eliminá-los por inteiro quando complementada por

> disposições de direito interno relativas à extensão ficta do território (navios e aeronaves) e à presunção de nascimento local em favor dos expostos.

Como quer que seja, em virtude dos tratados internacionais de direitos humanos, que garantem direitos a qualquer pessoa independentemente de nacionalidade ou origem nacional, os apátridas têm a mesma proteção que os nacionais daquele Estado em relação à sua dignidade e direitos fundamentais previstos em tais convenções.

O art. 26 da Lei nº 13.445/2017 prevê o procedimento brasileiro de reconhecimento e proteção de apátridas. O reconhecimento da condição de apátrida assegura os direitos e garantias previstos na Convenção sobre o Estatuto dos Apátridas, de 1954, e outros direitos e garantias reconhecidos pelo Brasil.

O processo administrativo de reconhecimento da condição de apátrida visa a verificar se o solicitante é considerado nacional pela legislação de algum Estado. Uma vez reconhecida a condição de apátrida, o solicitante será consultado sobre o desejo de adquirir a nacionalidade brasileira. Se não quiser naturalizar-se, obterá autorização de residência.

7.2.5 Efeitos da sucessão de Estados sobre a nacionalidade

Segundo Akehurst, há um senso comum de que a mudança de soberania sobre um determinado território acarretaria que os súditos do Estado predecessor, que habitavam aquele território, automaticamente perderiam sua nacionalidade originária e adquiririam a nacionalidade do Estado sucessor (MALANCZUK, 1997).

No entanto, o autor assinala que há problemas nessa assertiva que só podem ser resolvidos pelo direito interno ou por tratados entre os Estados envolvidos. Em regra, tais normas costumam facultar aos habitantes do território atingido o direito de opção pela nova nacionalidade ou de manutenção da antiga. De todo modo, é certo que os Estados devem evitar situações de apatria em função do fenômeno sucessório. Outros potenciais efeitos negativos a se ter em conta dizem respeito à "dupla nacionalidade, à separação familiar como resultado da atribuição de diferentes nacionalidades a seus membros, ao dever de prestação de serviço militar, a pensões e ao direito de residência" (MALANCZUK, 1997).

7.3 A nacionalidade brasileira

A definição da nacionalidade brasileira é matéria constitucional. A aquisição e a perda da nacionalidade brasileira são determinadas pelo art. 12 da Constituição e pelos arts. 63 a 76 da Lei nº 13.445/2017, entre outros artigos.

O Brasil adota o sistema misto, pois atribui a nacionalidade brasileira pelo critério *jus soli* e pelo critério *jus sanguinis*, neste caso de forma condicionada. Assim, são brasileiros natos:

a) os nascidos na República Federativa do Brasil, ainda que de pais estrangeiros, desde que estes não estejam a serviço de seu país. Note-se a exceção ao princípio ***jus soli*** na parte final do dispositivo constitucional, ligada a eventual vínculo funcional dos pais;
b) os nascidos no estrangeiro, de pai brasileiro ou mãe brasileira, desde que qualquer deles esteja a serviço da República Federativa do Brasil. Neste caso, não importa se um dos genitores é estrangeiro; a criança será brasileira se houver vínculo funcional de qualquer dos pais; e
c) os nascidos no estrangeiro de pai brasileiro ou de mãe brasileira, desde que sejam registrados em repartição brasileira competente ou venham a residir na República Federativa do Brasil e optem, em qualquer tempo, depois de atingida a maioridade, pela nacionalidade brasileira. A opção de nacionalidade é regulada pelo art. 63 da Lei nº 13.445/2017.[8]

[8] "Art. 63. O filho de pai ou de mãe brasileiro nascido no exterior e que não tenha sido registrado em repartição consular poderá, a qualquer tempo, promover ação de opção de nacionalidade".

Será brasileiro nato pelo critério *jus soli* quem houver nascido em qualquer lugar do território brasileiro. Quem nasça a bordo de navios ou aeronaves, de qualquer bandeira, em mar territorial ou no espaço aéreo brasileiro, será brasileiro nato. Também terá tal condição quem nascer em embarcação brasileira em alto-mar, ou no espaço aéreo internacional, se em aeronave de matrícula brasileira. É o que diz Rezek (2016), citando a lição de Pontes de Miranda.

A regra *jus soli* sofre exceção expressa no art. 12, I, *a*, da Constituição. Mesmo nascida no Brasil, a criança não será brasileira quando os pais estrangeiros se achem em território brasileiro a serviço do seu país de nacionalidade. Este último requisito, isto é, estar a serviço de seu próprio país, e não a serviço de outro, é essencial e tem por fim evitar casos de apatria de indivíduo nascido no Brasil.

Mas de que "serviço" se trata?

> O serviço, desde que público e afeto a potência estrangeira, não precisa implicar permanência em nosso território, nem cobertura das imunidades diplomáticas. Entendem-se a serviço de nação estrangeira ambos os componentes do casal, ainda que apenas um deles detenha cargo, na medida em que o outro não faça mais do que acompanhá-lo (REZEK, 2016).

O que se entende por estar "a serviço do Brasil"? É de novo Rezek (2016) quem explica:

> (...) não é apenas o serviço diplomático ordinário, afeto ao Executivo federal. Compreende todo encargo derivado dos poderes da União, dos Estados e municípios. Compreende, mais, nesses três planos, as autarquias. Constitui serviço do Brasil, ainda, o serviço de organização internacional de que a república faça parte.

Por outro lado, são brasileiros naturalizados:

a) os que, na forma da lei, adquiram a nacionalidade brasileira, exigidas aos originários de países de língua portuguesa apenas residência por um ano ininterrupto e idoneidade moral; e

b) os estrangeiros de qualquer nacionalidade, residentes na República Federativa do Brasil há mais de quinze anos ininterruptos e sem condenação penal, desde que requeiram a nacionalidade brasileira.

O processo de naturalização é regulado pelos arts. 64 a 73 da Lei nº 13.445/2017 e pelo Decreto nº 9.199/2017.

7.3.1 Distinções entre brasileiros natos e naturalizados

As diferenças de tratamento entre uma e outra classe de brasileiros são exclusivamente as previstas na Constituição. Diz o § 2º do art. 12 que a lei não poderá estabelecer distinção entre brasileiros natos e naturalizados, salvo nos casos previstos na Constituição.

As distinções são as seguintes. Há cargos privativos de brasileiros natos (art. 12, § 3º, CF), que são os de presidente e vice-presidente da República; de presidente da Câmara dos Deputados; de presidente do Senado Federal; de ministro do Supremo Tribunal Federal; da carreira diplomática; de oficial das Forças Armadas; e de ministro de Estado da Defesa. Notem a ausência no rol do Procurador-Geral da República, o que permite que naturalizados e cidadãos de outra nacionalidade (como portugueses) ocupem a chefia do Ministério Público da União.

A Constituição também distingue os brasileiros natos dos brasileiros naturalizados, autorizando, em relação a estes últimos, a extradição, que, ao contrário, é terminantemente vedada para os natos (art. 5º, LI):

> (...) nenhum brasileiro será extraditado, salvo o naturalizado, em caso de crime comum, praticado antes da naturalização, ou de comprovado envolvimento em tráfico ilícito de entorpecentes e drogas afins, na forma da lei.

7.3.2 Opção pela nacionalidade brasileira

O tema é objeto do art. 63 da Lei nº 13.445/2017 e dos arts. 213 a 217 do Decreto nº 9.199/2017. A opção pela nacionalidade do Brasil é o ato pelo qual o brasileiro nascido no exterior e que não tenha sido registrado em repartição consular confirma, perante a autoridade judiciária competente, a sua intenção de manter a nacionalidade brasileira. Tal opção é um ato personalíssimo e não acarreta renúncia a outras nacionalidades, a depender este efeito da lei estrangeira.

O procedimento, que é de jurisdição voluntária, tem curso perante a Justiça Federal, e pode ser proposto pelo filho de pai ou de mãe brasileira a qualquer tempo, após atingida a maioridade civil. O autor deve ter residência no Brasil ao propor a ação. A União sempre será ouvida no processo de opção de nacionalidade. O Ministério Público Federal atua como *custos legis*.

Depois de atingida a maioridade e até que se faça a opção pela nacionalidade brasileira, a condição de brasileiro nato ficará suspensa para todos os efeitos. Feita a opção pela nacionalidade brasileira, os efeitos da condição de brasileiro nato retroagem à data de nascimento do interessado. A comprovação da opção pela nacionalidade brasileira faz-se por meio do registro da sentença no Cartório de Registro Civil das Pessoas Naturais.

7.3.3 Estatuto da Igualdade entre brasileiros e portugueses

Conforme o art. 12, § 1º, da Constituição, aos portugueses com residência permanente no país, se houver reciprocidade em favor de brasileiros, serão atribuídos os direitos inerentes ao brasileiro, salvo os casos previstos na Constituição.

Segundo o Estatuto da Igualdade, regulado pelos arts. 12 a 22 do Tratado de Porto Seguro (2000), ou Tratado de Amizade, Cooperação e Consulta, entre a República Federativa do Brasil e a República Portuguesa (Decreto nº 3.927/2001), os brasileiros em Portugal e os portugueses no Brasil, beneficiários do estatuto de igualdade, gozarão dos mesmos direitos e estarão sujeitos aos mesmos deveres dos nacionais desses Estados, nos termos do tratado. Essa é a igualdade ordinária, relativa ao exercício de direitos civis. É também designada "quase-nacionalidade restrita".

Há, contudo, a igualdade plena, também chamada de "quase-nacionalidade ampla", que permite ainda o gozo de direitos políticos, com requisitos mais estritos.

> No terreno das funções públicas, eletivas ou não, tudo quanto se mostra inacessível ao titular do estatuto pleno é o rol de cargos que a Constituição reserva aos brasileiros natos. Nada o impede, assim, de ascender a cargos como os de senador, deputado, governador, ou magistrado – até o nível dos tribunais superiores (REZEK, 2016).[9]

A titularidade do Estatuto da Igualdade por brasileiros em Portugal e por portugueses no Brasil não implica a perda das respectivas nacionalidades. Ficam excluídos do regime de equiparação os direitos expressamente reservados pela Constituição de cada uma das Partes aos seus nacionais.

Os brasileiros e portugueses que gozem do Estatuto da Igualdade submetem-se à lei penal do Estado de residência, nas mesmas condições dos respectivos nacionais. Ademais, não estão sujeitos a extradição, salvo se requerida pelo Estado da nacionalidade. Caso tais pessoas peçam proteção diplomática, o país de origem deve prestá-la.

O Estatuto da Igualdade pode ser atribuído mediante decisão do Ministério da Justiça, no Brasil, e do Ministério da Administração Interna, em Portugal, aos brasileiros e portugueses que o requeiram, desde que civilmente capazes e com residência habitual no país em que ele é requerido.

Perde-se por completo o Estatuto da Igualdade em razão da perda da nacionalidade originária de um dos países ou da expulsão. Além disso, a suspensão dos direitos políticos em um dos

---

9 A Bahia elegeu por vários mandatos a deputado estadual e federal um cidadão português, José Lourenço Morais da Silva (1933-2018). Além disso, o País teve durante curto período de 18 a 26 de setembro de 2019 um cidadão português como PGR interino, o Subprocurador-Geral da República Alcides Martins.

países acarreta o mesmo efeito no outro país, restando, todavia, a igualdade civil.

O Tratado de Porto Seguro substituiu no particular a Convenção sobre Igualdade de Direitos e Deveres entre Brasileiros e Portugueses, de 1971 (Decreto nº 70.391/1972). Embora ambos os tratados sejam mencionados no art. 247 do Decreto nº 9.199/2017, que regulamenta a Lei de Migração, Rezek (2016) pontua, a meu ver acertadamente, que o acordo de 1971 não mais vigora (REZEK, 2016).

7.3.4 Naturalização

Já vimos que são naturalizados os brasileiros que, na forma da lei, tenham adquirido a nacionalidade brasileira. Há cinco regras de aquisição, segundo a Constituição e a Lei nº 13.445/2017. De acordo com o seu art. 64, a naturalização pode ser ordinária, extraordinária, especial ou provisória.

A regra geral é a de naturalização ordinária (art. 65), quando o estrangeiro tiver capacidade civil, residir no Brasil há mais de quatro anos, dominar o idioma português e não tiver condenação criminal ou tiver sido reabilitado. O prazo de residência pode ser reduzido a um ano, se o naturalizando tiver filho brasileiro, tiver cônjuge ou companheiro brasileiro atual, tiver prestado ou puder prestar relevante serviço ao Brasil ou recomendar-se por sua capacidade profissional, científica ou artística.

Para os cidadãos originários de países de língua oficial portuguesa, exige-se apenas residência por um ano ininterrupto no Brasil e idoneidade moral. Nessa regra, inserem-se os nacionais de Angola, Cabo Verde, Guiné-Bissau, Guiné Equatorial, Moçambique, Portugal, São Tomé e Príncipe e Timor-Leste. É a naturalização específica, por vínculo linguístico.

Estrangeiros de qualquer outra nacionalidade que residam no Brasil há mais de 15 anos ininterruptos e não tenham condenação penal transitada em julgado podem tornar-se brasileiros mediante naturalização (art. 67 da Lei). Basta que o requeiram. É a naturalização extraordinária.

A naturalização especial (art. 68) pode ser concedida ao estrangeiro que seja cônjuge ou companheiro há mais de cinco anos de integrante do Serviço Exterior Brasileiro em atividade ou de pessoa a serviço do Estado brasileiro no exterior; ou que seja ou tenha sido empregado em missão diplomática ou em repartição consular do Brasil por mais de dez anos ininterruptos.

Por fim, a naturalização provisória tem em mira o imigrante de menoridade (art. 70). Beneficia a criança ou adolescente que tenha fixado residência em território nacional antes de completar dez anos de idade e deverá ser requerida por intermédio de seu representante legal. Tal naturalização pode ser convertida em definitiva se o naturalizando expressamente assim o requerer em até dois anos após atingir a maioridade civil, segundo a lei brasileira.

Cabe à Polícia Federal, ou ao Ministério das Relações Exteriores (MRE) nos casos de naturalização especial, recolher os dados biométricos do naturalizando, averiguar os antecedentes criminais, se for o caso, e instruir o processo administrativo que será decidido pelo Ministério da Justiça.

O brasileiro naturalizado sofrerá as distinções que a Constituição ou as leis estabelecerem. O pedido de naturalização tem curso perante o Ministério da Justiça (art. 71 da Lei nº 13.445/2017) e produz efeitos desde a publicação do ato administrativo no *Diário Oficial da União* (art. 73). Concedida a naturalização, o naturalizado deve inscrever-se como eleitor em até um ano (art. 72), se tiver mais de 18 anos e menos de 70 anos (art. 231 do Decreto nº 9.199/2017).

7.3.5 Nacionalidade no Mercosul

Constituído pelo Tratado de Assunção de 1991, o Mercosul não atribui nacionalidade específica aos cidadãos dos seus Estados Partes. Atualmente, Argentina, Brasil, Paraguai e Uruguai têm *status* de membros efetivos do bloco. A Venezuela está suspensa devido à violação do Protocolo de Ushuaia, que exige o respeito ao princípio democrático pelas partes. Há outros Estados associados, como a Bolívia (em processo de adesão), o Chile, a Colômbia, o Equador, a Guiana, o Peru e o Suriname.

> Um dos alvos principais do MERCOSUL é o estabelecimento de uma cidadania regional, que consolide os diretos criados para os cidadãos do bloco ao longo de suas mais de duas décadas de existência e que agregue novos direitos a este conjunto. O Plano de Ação para a conformação de um Estatuto da Cidadania, aprovado pela Decisão CMC Nº 64/10, durante a Presidência Pro Tempore Brasileira de 2010, aponta nesse sentido. O Plano de Ação estrutura-se em torno de três objetivos gerais: (i) implementação de política de livre circulação de pessoas na região; (ii) igualdade de direitos e liberdades civis, sociais, culturais e econômicas para os nacionais dos Estados Partes do MERCOSUL; e (iii) igualdade de condições para acesso ao trabalho, à saúde e à educação.[10]

Fazem parte do bloco de normas constitutivas da futura cidadania do Mercosul o Acordo sobre Residência para Nacionais dos Estados Parte do Mercosul, que vincula o Brasil, a Argentina, o Paraguai e o Uruguai (Decreto nº 6.964/2009) e o Acordo sobre Residência para Nacionais do Mercosul, Bolívia e Chile, como Estados Associados (Decreto nº 6.975/2009).

Os nacionais dos países do bloco beneficiários dos Acordos de Residência têm igualdade de direitos civis no Brasil. O beneficiário pode requerer residência em qualquer dos Estados signatários, independentemente da situação migratória.

A cidadania do Mercosul se estrutura em torno de dez eixos: circulação de pessoas, integração fronteiriça, cooperação judicial e consular, trabalho e emprego, seguridade social, educação,

10 MERCOSUL. *O estatuto da cidadania do Mercosul*. Disponível em: http://www.mercosul.gov.br/o-mercosul-na-vida-do-cidadao/estatuto-da-cidadania. Acesso em: 4 jul. 2022.

transporte, comunicações, defesa do consumidor, direitos políticos e acesso do cidadão aos órgãos do Mercosul.[11]

> No âmbito do mecanismo de solução de controvérsias do MERCOSUL, os particulares residentes em um estado parte ou outras pessoas que tenham a sede de seus negócios nele podem realizar reclamações perante seus representantes nacionais no Grupo Mercado Comum, quando forem afetados pela sanção ou pela aplicação, por outro estado parte, de medidas legais ou administrativas de efeito restritivo, discriminatórias ou de concorrência desleal, em violação do Tratado de Assunção, do Protocolo de Ouro Preto, dos protocolos e acordos celebrados no marco do Tratado de Assunção, das Decisões do Conselho do Mercado Comum, das Resoluções do Grupo Mercado Comum e das Diretrizes da Comissão de Comércio do MERCOSUL.[12]

7.3.6 Perda de nacionalidade brasileira

A perda da nacionalidade brasileira é objeto do art. 12, § 4°, da Constituição Federal, do art. 75 Lei n° 13.445/2017 e dos arts. 248 a 253 do Decreto n° 9.199/2017.

O brasileiro naturalizado perderá a nacionalidade do Brasil em razão de condenação transitada em julgado por atividade nociva ao interesse nacional, nos termos do inciso I do § 4° do art. 12 da Constituição Federal. Trata-se de mero cancelamento de naturalização, que deve, contudo, observar o devido processo legal. O risco de situação de apatridia será levado em consideração antes da efetivação da perda da nacionalidade.

---

11 MERCOSUL. *O estatuto da cidadania do Mercosul*. Disponível em: http://www.mercosul.gov.br/o-mercosul-na-vida-do-cidadao/estatuto-da-cidadania. Acesso em: 4 jul. 2022.

12 MERCOSUL. *O estatuto da cidadania do Mercosul*. Disponível em: http://www.mercosul.gov.br/o-mercosul-na-vida-do-cidadao/estatuto-da-cidadania. Acesso em: 4 jul. 2022.

Também perderá a nacionalidade o brasileiro nato ou naturalizado que adquirir outra nacionalidade, salvo quando a lei estrangeira permitir a polipatria, isto é, quando a lei do país da nova nacionalidade reconhecer a nacionalidade originária.

Por fim, perderá a nacionalidade brasileira o brasileiro (nato ou naturalizado) que adquirir nova nacionalidade, salvo quando houver imposição de sua naturalização no exterior "como condição para permanência em seu território ou para o exercício de direitos civis". Assim, se um brasileiro nato adquire voluntariamente, livremente e sem qualquer imposição de Estado terceiro, a nacionalidade desse mesmo Estado, perderá a cidadania brasileira.

Ensina Rezek (2016) que a extinção do vínculo de nacionalidade em função de naturalização tem natureza meramente declaratória de um fato:

> (...) o presidente da República se limita a declarar a perda da nacionalidade brasileira. Seu ato não tem caráter constitutivo, vale dizer, não é dele que deriva a perda, mas da naturalização, que o antecede, e por força da qual se rompe o primitivo vínculo, restringindo-se o chefe do governo, a posteriori, a dar publicidade ao fato consumado.

Na questão de ordem suscitada no HC nº 83.113/DF, o STF decidiu ter competência para examinar impugnação a ato do Ministro da Justiça que dizia respeito a encaminhamento de pedido de extradição à Corte Suprema. Maria de Fátima Cunha Felgueiras Almeida, cidadã luso-brasileira, era procurada por Portugal para fins de extradição. Na ocasião, em *obiter dictum* sobre a perda da nacionalidade brasileira, o ministro Celso de Mello asseverou:

> As hipóteses de outorga da nacionalidade brasileira, quer se trate de nacionalidade primária ou originária (da qual emana a condição de brasileiro nato), quer se cuide de nacionalidade secundária ou derivada (da qual resulta o "status" de brasileiro naturalizado), decorrem, exclusivamente, em função de sua natureza mesma, do texto constitucional, pois a questão da nacionalidade traduz matéria que se sujeita,

> unicamente, quanto à sua definição, ao poder soberano do Estado brasileiro. Doutrina. – A perda da nacionalidade brasileira, por sua vez, somente pode ocorrer nas hipóteses taxativamente definidas na Constituição da República, não se revelando lícito, ao Estado brasileiro, seja mediante simples regramento legislativo, seja mediante tratados ou convenções internacionais, inovar nesse tema, quer para ampliar, quer para restringir, quer, ainda, para modificar os casos autorizadores da privação – sempre excepcional – da condição político-jurídica de nacional do Brasil. Doutrina.[13]

Um dos casos mais relevantes de perda da nacionalidade brasileira envolveu a ex-nacional Cláudia Hoerig, que respondeu a processo administrativo perante o Ministério da Justiça e teve a sua cidadania brasileira retirada, em função de renúncia voluntária, no momento da aquisição da nacionalidade norte-americana. Após a confirmação dessa decisão, em razão da denegação de mandado de segurança, o STF deferiu sua extradição para os Estados Unidos, onde responderia a acusação criminal por homicídio.[14]

Na EXT nº 1.630, julgada em setembro de 2020, a 2ª Turma do STF autorizou a entrega do ex-cidadão brasileiro Carlos Natanael Wanzeler. Sua extradição foi deferida tendo em vista que o extraditando perdeu a nacionalidade brasileira, após naturalizar-se voluntariamente cidadão dos Estados Unidos da América. Lá, Wanzeler foi acusado de cometer fraudes financeiras ligadas ao caso Telexfree.[15]

7.3.7 Reaquisição da nacionalidade brasileira

A nacionalidade brasileira que for perdida em razão da aquisição de outra por vontade própria pode ser readquirida, se cessar

---

13 STF, Pleno, HC nº 83.113 QO/DF, Rel. Min. Celso de Mello, j. em 26.06.2003.

14 STF, 1ª Turma, EXT nº 1.462, Rel. Min. Roberto Barroso, j. em 28.03.2017. Claudia Hoerig foi entregue à Justiça dos EUA e julgada e condenada por homicídio por um júri no condado de Trumbull County, Ohio.

15 Até 31.07.2022, a entrega extradicional ainda não havia ocorrido.

a causa que a originou, o que pode ocorrer mediante a perda da nacionalidade estrangeira alcançada voluntariamente ou mediante renúncia a ela.

Diz o art. 76 da Lei nº 13.445/2017 que o brasileiro que, em razão do previsto no inciso II do § 4º do art. 12 da Constituição Federal, houver perdido a nacionalidade, uma vez cessada a causa, poderá readquiri-la ou ter o ato que declarou a perda revogado, na forma definida pelo órgão competente do Poder Executivo. Ou seja, a reaquisição da nacionalidade brasileira ficará condicionada à comprovação de que possuía a nacionalidade brasileira; e à comprovação de que a causa que deu razão à perda da nacionalidade brasileira cessou.

O interessado poderá readquirir a nacionalidade brasileira ou pedir a revogação do ato que declarou a perda. Para isso, devem estar presentes alguns requisitos: o interessado deve residir no Brasil e fazer o pedido ao presidente da República, por intermédio do Ministério da Justiça. A eventual reaquisição da nacionalidade brasileira será objeto de um decreto presidencial ou do Ministro da Justiça. Todavia, há uma causa obstativa. Não haverá a reaquisição se o interessado, ao adquirir outra nacionalidade, o tenha feito para se eximir de deveres a cujo cumprimento estaria obrigado se brasileiro fosse (REZEK, 2016).

O deferimento do requerimento de reaquisição ou a revogação da perda importará o restabelecimento da nacionalidade originária brasileira.

8

Organizações Internacionais

8.1 Organizações internacionais

No século XX, inicia-se a era das organizações internacionais. No entanto, a primeira aparição do que viriam a ser as organizações internacionais deu-se ainda no século XIX com a criação das chamadas uniões administrativas, a exemplo das comissões sobre navegação internacional nos rios Reno e Danúbio, da União Postal Universal (UPU) [1] e do Escritório Internacional de Pesos e Medidas (BIMP).[2]

Os Estados são os sujeitos originários de direito internacional; têm base territorial, vocação de estabilidade e capacidade plena; e visam alcançar objetivos gerais de toda sociedade humana, mediante o exercício de sua soberania. Já as organizações internacionais derivam do direito internacional convencional, são criadas pelos Estados, buscam fins, valores e interesses que transcendem os Estados e que são comuns à sociedade internacional ou a parte dela (MIRANDA, 2009).

---

1 A UPU foi criada pelo Tratado de Berna de 1874, promulgado no Brasil pelo Decreto nº 6.581/1877.

2 O *Bureau international des poids et mesures* (BIPM) é uma das três organizações internacionais que mantêm o Sistema Internacional de Unidades (SI), nos termos da Convenção do Metro, firmada em Paris, de 20.05.1875, e alterada pela Convenção de Sèvres, de 06.10.1921 (Decreto nº 36.878/1955).

Mas, segundo Akehurst, embora a organização internacional tenha personalidade jurídica, só tem capacidade para o exercício de certos direitos internacionais, já que sua personalidade é limitada pelo objeto do tratado que a constituiu (MALANCZUK, 1997).

> O termo "organização internacional" é geralmente usado para descrever uma organização criada por acordo entre dois ou mais Estados. É diferente do termo "organização não governamental" (ONG), criada por indivíduos ou grupos de indivíduos (como a Anistia Internacional ou o Greenpeace), embora algumas organizações não governamentais sejam encarregadas de determinadas funções pelos Estados; o exemplo mais destacado é o Comitê Internacional da Cruz Vermelha, que desempenha um papel importante na supervisão da aplicação das Convenções de Genebra às leis da guerra.

8.2 Evolução

Apesar das experiências seminais do século XIX, as organizações internacionais aparecem mesmo no cenário internacional por meio do Tratado de Versalhes (1919), que constituiu a Sociedade das Nações (SdN) ou Liga das Nações, com sede em Genebra, e a Organização Internacional do Trabalho (OIT).[3] A SdN não tinha estrutura jurídica nem capacidade política suficiente para enfrentar os desafios da época e acabou sucumbindo, porque surgiu após o rescaldo de uma grande guerra e assistiu aos preparativos de outra (MIRANDA, 2009). Já a OIT continua existindo.

Akehurst concorda que as primeiras organizações internacionais, no sentido de organizações interestatais, apareceram em 1815, se não antes, "mas é somente depois da Primeira Guerra Mundial que elas adquiriram importância política" (MALANCZUK, 1997).

---

[3] O art. 39 da Constituição da OIT lhe conferiu personalidade jurídica de direito internacional.

Em 1945, nasceu a Organização das Nações Unidas e multiplicaram-se outros entes, universais, regionais ou continentais, especializados ou não.

As organizações internacionais são criadas por Estados e por outros entes afins (como a Santa Sé) e até mesmo por outras organizações internacionais. Têm como objetivo buscar, "com permanência e meios próprios, fins a ela comuns", de cunho geral ou universal. Estão para os Estados, no direito internacional, como as pessoas jurídicas (associações civis) estão para os indivíduos, no direito interno (MIRANDA, 2009).

Miranda (2009) explica que as organizações internacionais são expressões de uma "comunidade internacional organizada e de um direito das gentes que vai ultrapassando o mero domínio das relações de reciprocidade a caminho de novos estádios de desenvolvimento". Seu principal propósito é superar as dificuldades que os Estados soberanos, isoladamente considerados, têm para lidar com as múltiplas e cada vez mais complexas questões transnacionais.

Na lição de Mazzuoli (2020, p. 354), as organizações internacionais são sujeitos secundários do direito internacional, classificadas como coletividades interestatais.

8.3 Personalidade jurídica

Embora sejam sujeitos secundários (não originários), de direito internacional público, as organizações internacionais têm personalidade jurídica de direito internacional público. Tal como os Estados, as organizações internacionais têm direito de celebrar tratados (*jus tractuum*)[4] e de receber e designar legações (*jus legationis*) para a realização de seu objeto. Além disso, gozam dos direitos de reclamação ou impugnação internacional e do direito de proteção de seus agentes ou funcionários (MIRANDA, 2009).

4 Como se vê nos arts. 43, 57 e 63 da Carta da ONU.

As organizações internacionais têm personalidade jurídica tanto no direito internacional quanto no direito interno, e lhes é assegurada a capacidade necessária à realização de seus fins. Segundo o art. 104 da Carta de São Francisco de 1945, a ONU gozará, no território de cada um de seus membros, da capacidade jurídica necessária ao exercício de suas funções e à realização de seus propósitos. No entanto, Akehurst chama a atenção para o fato de que tal dispositivo convencional atribui personalidade jurídica à ONU perante o direito interno, mas não no direito internacional (MALANCZUK, 1997), o que é curioso. Mesmo assim, diz ele, a ONU tem personalidade jurídica internacional, pois pode celebrar tratados com Estados membros, à luz do art. 43 da Carta.[5] As dúvidas quanto à personalidade jurídica da ONU e das demais organizações internacionais foram superadas no caso da *Reparação pelas Lesões Sofridas quando em Serviço da ONU*, relativa ao assassinato do enviado Folke Bernadotte, conde de Wisborg, na Palestina, em 1948.[6] Para a Corte, a ONU não poderia cumprir suas elevadas funções a menos que tivesse personalidade jurídica de direito internacional.

> A fundamentação da Corte é da maior importância para o direito das organizações internacionais em geral, porque mostra que os poderes das organizações internacionais não precisam necessariamente ser conferidos expressamente, no tratado constituinte da organização; uma organização

---

5 Na opinião consultiva sobre o caso *Reparation for Injuries Suffered in the Service of the United Nations*, a Corte Internacional de Justiça decidiu em 1949 que a ONU podia apresentar uma reclamação internacional pelos danos sofridos por seu agente. Contudo, embora a ONU tenha legitimidade para pleitear a reparação, não pode fazê-lo na jurisdição contenciosa da Corte da Haia, porque esta só é acessível a Estados, na forma do art. 34 do Estatuto da CIJ. O caso Bernadotte foi resolvido por negociação, e Israel aceitou pagar uma reparação (CORTE INTERNACIONAL DE JUSTIÇA. Reparation for Injuries Suffered in the Service of the United Nations. Advisory Opinion of 11 April 1949. Disponível em: https://www.icj-cij.org/en/case/4. Acesso em: 4 jul. 2022).

6 CORTE INTERNACIONAL DE JUSTIÇA. Reparation for Injuries Suffered in the Service of the United Nations. Advisory Opinion of 11 April 1949. Disponível em: https://www.icj-cij.org/en/case/4. Acesso em: 4 jul. 2022. O conde Bernadotte foi morto em setembro de 1948, em Jerusalém. Ele era então mediador da ONU para a Questão Palestina.

> também possui os poderes implícitos necessários para o desempenho mais eficiente de suas funções (MALANCZUK, 1997).

Mesmo assim, Akehurst acentua que o que interessa saber quais são os direitos e deveres específicos que uma organização internacional pode exercer. Para ele, uma organização internacional pode celebrar tratados sobre um tema, por exemplo, mas pode estar limitada em relação a outros. Do mesmo modo, as competências podem variar de organização para organização. "As Nações Unidas podem se engajar em ações militares (em certas circunstâncias), mas a Organização Mundial de Saúde (OMS) não pode" (MALANCZUK, 1997).

Note que os organismos internacionais não têm personalidade jurídica. Essa expressão, segundo Rezek (2016), pode abranger órgãos componentes de uma organização internacional (como o UNICEF e a Corte da Haia em relação à ONU); uma instituição como o Comitê Internacional da Cruz Vermelha; ou ainda uma associação privada internacional, como a Associação Internacional de Transporte Aéreo (IATA), que atua na aviação civil.

Como antes vimos, o Paraguai e o Brasil constituíram por tratado uma pessoa jurídica binacional, de natureza estatal. O Tratado de Itaipu de 1973 (Decreto nº 72.707/1973) criou a Itaipu Binacional, para o aproveitamento hidrelétrico dos recursos hídricos do rio Paraná. Anos depois, o Tratado entre o Brasil e a Ucrânia sobre Cooperação de Longo Prazo na Utilização do Veículo de Lançamento Cyclone-4 no Centro de Lançamento de Alcântara, de 2003 (Decreto nº 5.436/2005), constituiu outra estatal binacional, a Alcântara Cyclone Space (ACS) – depois extinta –, com o objetivo de comercialização e lançamento de satélites utilizando o foguete espacial ucraniano Cyclone-4 a partir do Centro de Lançamento de Alcântara, no Maranhão. Embora formadas por apenas dois Estados, tais entes públicos listam-se entre as organizações internacionais de finalidade econômica.

8.4 Elementos constitutivos

Ao comparar os elementos constitutivos dos Estados e das organizações internacionais, Rezek (2016) diz que o Estado é uma realidade física, que se manifesta num espaço territorial habitado por uma comunidade de pessoas humanas. Já a organização internacional, de caráter muito heterogêneo, "carece dessa dupla dimensão material. Ela é produto exclusivo de elaboração jurídica resultante da vontade conjugada de certo número de Estados" (REZEK, 2016).

Os Estados são marcados por desigualdades quantitativas (em dimensões territoriais, recursos materiais e contingente populacional), mas gozam de igualdade qualitativa, já que são soberanias dotadas de isonomia no plano jurídico internacional. Já as organizações internacionais são desiguais quantitativa e qualitativamente. São diferenças quantitativas:

> (...) por conta da diversidade do alcance geográfico, do quadro de pessoal, do orçamento; mas são sobretudo qualitativas, porque não visam, as organizações, a uma finalidade comum. Seus objetivos variam, com efeito, entre a suprema ambição de uma ONU (...) e o modestíssimo desígnio de uma UPU, consistente apenas em ordenar o trânsito postal extrafronteiras (REZEK, 2016).

Para Miranda (2009), as organizações internacionais são agrupamentos de sujeitos de direito internacional (este o seu elemento material), criadas ordinariamente por tratados, com vocação de estabilidade e razoável duração, para a realização de fins específicos, internacionalmente relevantes, sendo dotadas de órgãos próprios e de personalidade jurídica internacional (elemento formal) e capacidade, atributos que lhes são conferidos pelos tratados constitutivos, de forma expressa ou implícita.

8.5 Órgãos das organizações internacionais

Basicamente, uma organização internacional deve contar com um órgão deliberativo que reúna todos os Estados Partes, normalmente chamado de Assembleia Geral, e um órgão executivo, usualmente a Secretaria-Geral ou o Secretariado, com funções administrativas e de representação, formada por funcionários internacionais "neutros", isto é, não vinculados aos governos de seus países de nacionalidade.

Pode haver outros órgãos, a depender das necessidades da organização, como um conselho permanente, um conselho econômico, órgãos judiciais e quase-judiciais. Somente a União Europeia dispõe de um tribunal de justiça para o controle dos atos da própria organização. A Corte da Haia não tem competência para anular atos das Nações Unidas que violem a Carta da ONU (MIRANDA, 2009), mas os tribunais administrativos das Nações Unidas podem decidir em matéria de direitos trabalhistas.[7] A Corte Europeia de Direitos Humanos também não tem jurisdição sobre o Conselho da Europa (CoE).

Miranda (2009) esclarece que cada órgão deve compreender quatro elementos: sua instituição, sua competência, seu titular (indivíduos) e seu cargo. Nas organizações internacionais pode haver órgãos independentes (de titulares individuais) e órgãos intergovernamentais, os mais comuns.

Diz o art. 100.1 da Carta da ONU que, no desempenho de seus deveres, o Secretário-Geral, titular de órgão independente, e o pessoal administrativo do Secretariado não solicitarão nem receberão instruções de qualquer governo ou de qualquer autoridade estranha à organização.

8.6 Espécies e finalidades

Para Rezek (2016), quanto à abrangência, uma organização internacional pode ter alcance universal ou regional. Aquela

[7] O sistema judiciário interno da ONU é formado pelo *UN Dispute Tribunal* (UNDT), de primeira instância com sedes em Nova York, Genebra e Nairóbi, e pelo *UN Appeals Tribunal* (UNAT), de segundo grau.

é "vocacionada para acolher o maior número possível de Estados, sem restrição de índole geográfica, cultural, econômica ou outra".

Quanto ao domínio de atuação, as organizações serão de natureza política ou de vocação específica. As entidades políticas "se consagram sobretudo à preservação da paz e da segurança, embora cuidem, ancilarmente, de outros propósitos". Já as específicas são aquelas "votadas primordialmente a um fim econômico, financeiro, cultural ou estritamente técnico" (REZEK, 2016).

Por sua vez, Miranda (2009) classifica as organizações internacionais:

a) quanto aos fins: em organizações plurais (ONU, OEA, UA etc.) ou especiais, subdividindo-as estas em jurídico-políticas (CoE), econômicas (FMI, Banco Mundial, OMC etc.), sociais (OIT, OMS, UNICEF etc.), culturais e científicas (UNESCO, AIEA etc.) e militares (OTAN e Pacto de Varsóvia);
b) quanto ao âmbito geográfico: em parauniversais (ONU e suas agências); e regionais (OEA, UE, UA etc.);
c) quanto ao acesso: em abertas (ONU) e restritas (OEA, Liga dos Estados Árabes, CPLP, CoE etc.);
d) quanto à duração: em perpétuas (quase todas) e temporárias (OTAN);
e) quanto aos poderes: de cooperação (quase todas) e de integração (UE, Mercosul, Caricom etc.), sendo que estas assumem certos poderes típicos de Estados e interferem diretamente sobre os ordenamentos jurídicos de seus integrantes (MIRANDA, 2009).

O autor português cita dois casos *sui generis* de organizações internacionais, o Tribunal Penal Internacional, criado pelo Estatuto de Roma, de 1998 (Decreto nº 4.388/2002), e a Autoridade Internacional dos Fundos Marinhos (ISA), criada pela Convenção das Nações Unidas sobre Direito do Mar, concluída em

Montego Bay, Jamaica, em 1982 (Decreto nº 99.165/1990[8] e Decreto nº 1.530/1995).

Neste grupo *sui generis*, também podemos mencionar a União Europeia, tal como agora desenhada pelo Tratado de Lisboa (2007). A UE é uma entidade de alcance regional, com finalidade de cooperação e integração em domínios específicos. Para Akehurst, a UE é a primeira das organizações supranacionais, categoria que não se confunde com a das organizações internacionais em sentido estrito, pois seu conjunto normativo conforma uma ordem jurídica nova, embora secundária em relação à dos Estados Partes (MALANCZUK, 1997).

Segundo Akehurst, pode-se dizer que, nas organizações supranacionais, a transferência de soberania dos Estados membros para o nível internacional é mais ampla no que toca ao escopo e à natureza das competências delegadas e se caracteriza pela coexistência de pelo menos seis elementos (MALANCZUK, 1997):

a) os órgãos da organização são ocupados por pessoas que não representam os governos de seus Estados de origem;
b) tais órgãos podem adotar decisões por voto majoritário;
c) podem praticar ou adotar decisões vinculantes;
d) alguns desses atos têm eficácia jurídica direta sobre indivíduos e pessoas jurídicas;
e) o tratado constitutivo da organização e os atos e decisões de seus órgãos formam uma ordem jurídica distinta;
f) o cumprimento dos deveres dos Estados membros e a validade dos atos dos órgãos da entidade supranacional submetem-se a controle judicial de um tribunal específico e independente (MALANCZUK, 1997).

---

8 Este decreto foi baixado quando a UNCLOS, sua sigla em inglês, ainda não estava em vigor internacional. Por isso, foi revogado em seguida pelo Decreto nº 99.263/1990. A Convenção adquiriu vigência internacional em 16 de novembro de 1994. Foi então baixado o Decreto nº 1.530/1995, que também lhe deu vigência no Brasil, a partir da mesma data.

Nesse sentido, a Corte Caribenha de Justiça (CCJ) é também um tribunal *sui generis*, sendo a corte apical dos Estados Partes da Comunidade do Caribe (CARICOM) e, ao mesmo tempo, o tribunal internacional responsável pela interpretação e aplicação do Tratado de Chaguaramas, de 1973.[9]

8.7 Funcionamento, ingresso, exclusão e retirada

As organizações internacionais podem ser compostas por Estados, por outras organizações e por entidades afins a Estados, como a Santa Sé. Pode haver membros plenos ou no *status* de associados.

O princípio majoritário ainda não impera de modo absoluto nas deliberações dos órgãos colegiados de organizações internacionais. Salvo nas questões substanciais, os Estados vencidos (minoria) não se sentem obrigados a segui-las.

Em órgãos como o Conselho de Segurança das Nações Unidas, no qual cinco dos 15 membros têm poder de veto, o princípio da igualdade (jurídica) soberana dos Estados também é debilitado.

São os Estados Partes que se cotizam para formar as receitas da organização internacional. Essas cotizações não são paritárias e correspondem à capacidade contributiva de cada Estado, ensina Rezek (2016).

O ingresso de novos membros depende dos termos do tratado e da manifestação de vontade do ingressante e da aprovação dos Estados Partes. Há tratados abertos e fechados, por critérios geográficos, políticos, culturais etc. Atualmente, muitos tratados do Conselho da Europa são abertos a adesão de Estados terceiros. O mesmo fenômeno tem sido visto em tratados gestados sob os auspícios da OEA (ARAS, 2016).

[9] COMUNIDADE DO CARIBE. *The Caribbean Court of Justice*. Disponível em: https://ccj.org/about-the-ccj/. Acesso em: 14 mar. 2022.

O tratado constitutivo da organização pode impor sanções aos Estados Partes que o descumpram. Tais sanções podem ser a suspensão total ou parcial ou a exclusão, esta reservada para situações mais graves. Os arts. 5º e 6º da Carta das Nações Unidas (Decreto nº 19.841/1945) estipulam tais sanções a suas partes. Pelo art. 5º, o Estado Membro das Nações Unidas contra o qual for levada a efeito ação preventiva ou coercitiva por parte do Conselho de Segurança "poderá ser suspenso do exercício dos direitos e privilégios de Membro pela Assembleia Geral, mediante recomendação do Conselho de Segurança. O exercício desses direitos e privilégios poderá ser restabelecido pelo Conselho de Segurança". Já o art. 6º diz que o Estado membro das Nações Unidas que houver violado persistentemente os princípios contidos na Carta "poderá ser expulso da Organização pela Assembleia Geral mediante recomendação do Conselho de Segurança".

Do mesmo modo que nelas ingressam, os Estados também podem retirar-se voluntariamente de organizações internacionais. O direito de recesso se concretiza mediante denúncia, quando admissível pelo tratado constitutivo. Faz-se um aviso prévio e, vencido o prazo, a retirada ganha eficácia. Há, portanto, requisitos procedimentais e temporais a serem observados.

Logo após a invasão da Ucrânia em 2022, a Federação Russa foi expulsa do Conselho da Europa, por decisão do Comitê de Ministros, com base no art. 8º do Estatuto do CoE, o Tratado de Londres, de 1949. Na mesma ocasião, Moscou anunciara sua intenção de retirar-se da organização (CONSELHO DA EUROPA, 2022a).[10]

> Artigo 8º.
>
> Qualquer Membro do Conselho da Europa que atente gravemente contra o disposto no artigo 3º[11] pode ser suspenso

[10] *Vide* a Resolução nº CM/Res(2022)2, de 16.03.2022.

[11] ESTATUTO DO COE: "Artigo 3º. Todos os Membros do Conselho da Europa reconhecem o princípio do primado do Direito e o princípio em virtude do qual qualquer pessoa colocada sob a sua jurisdição deve gozar dos direitos do homem e das liberdades fundamentais, comprometendo-se a colaborar sincera e activamente na prossecução do objectivo definido no capítulo I".

> do seu direito de representação e convidado pelo Comité de Ministros a retirar-se nas condições previstas no artigo 7º Se não for tomado em consideração este convite, o Comité pode decidir que o Membro em causa deixou de pertencer ao Conselho a contar de uma data que o próprio Comité fixa.

8.8 Poder normativo das organizações internacionais: alcance e limites

A ordem jurídica das organizações internacionais tem sua gênese nos tratados constitutivos, que especificam seus fins, estabelecem seus órgãos internos e suas competências, delimitam seu âmbito de atuação e forma de filiação etc.

As organizações podem celebrar tratados, conforme a Convenção sobre o Direito dos Tratados entre Estados e Organizações Internacionais ou entre Organizações Internacionais (conhecida por seu acrônimo em inglês VCLTIO), concluída em Viena em 1986, e ainda não vigente para o Brasil.[12] Podem também aprovar resoluções, expedir recomendações e proferir sentenças e opiniões consultivas.

Entre os deveres dos membros da organização estão os de respeitar e cumprir suas decisões, de boa-fé. O não cumprimento desses deveres pode levar à suspensão ou à expulsão do membro.

Miranda (2009) diz que as deliberações da Assembleia Geral das Nações Unidas não têm força jurídica vinculante para os Estados, mas podem dar origem a normas de direito internacional. Porém, as resoluções do Conselho de Segurança são vinculantes para os Estados Partes. As decisões da Corte da Haia em competência contenciosa também são vinculantes para os Estados que aceitaram sua jurisdição obrigatória e inapeláveis (art. 60 do Estatuto). Consoante o art. 94 da Carta da ONU, cada membro das Nações Unidas se compromete a conformar-se com a decisão da Corte Internacional de Justiça em qualquer caso em que for parte.

---

12 *Vide* o PDC nº 1160/2018.

Se uma das partes num caso deixar de cumprir as obrigações que lhe incumbem em virtude de sentença proferida pela Corte, a outra pode recorrer ao Conselho de Segurança que poderá, se julgar necessário, fazer recomendações ou decidir sobre medidas a serem tomadas para o cumprimento da sentença.

8.9 Acordo de sede

Como não têm território, as organizações internacionais precisam firmar tratados com os Estados onde pretendem fixar suas sedes. Tais tratados bilaterais são normalmente chamados de "acordos de sede" e quase como regra são firmados com um dos Estados membros.

8.10 Prerrogativas e imunidades das organizações internacionais

Por ter capacidade jurídica e poder exercer direitos, as organizações internacionais também estão sujeitas à responsabilidade internacional.

A organização internacional tem privilégios e imunidades tanto no Estado com o qual firmou o seu acordo de sede, quanto nos demais Estados membros. Terá também tais prerrogativas em qualquer Estado não membro. Seus funcionários gozam de proteções similares às dos diplomatas e cônsules. Os bens e os imóveis de representação da entidade "também têm a inviolabilidade usual em direito diplomático" (REZEK, 2016) e isenção tributária.

A imunidade da própria organização internacional em tribunais locais não decorre de direito costumeiro, mas de tratados bilaterais ou multilaterais. No caso da ONU, vale a Convenção Geral sobre Privilégios e Imunidades das Nações Unidas, de 1946 (Decreto nº 27.784/1950), e suas controvérsias com funcionários ou ex-funcionários internacionais são decididos pelos dois tribunais administrativos das Nações Unidas, o Tribunal de Controvérsias das Nações Unidas (UNDT) e o Tribunal de Apelações das Nações Unidas (UNAT), em primeira e segunda instâncias respectivamente. A OIT também tem um Tribunal Administrativo, que é competente para causas de várias agências do sistema ONU.

De fato, de acordo com o art. 9º da Convenção de 1947 sobre Privilégios e Imunidades (Decreto nº 52.288/1963), cada agência especializada da ONU providenciará modos apropriados de resolver disputas resultantes de contratos ou outras controvérsias de caráter privado nas quais a agência especializada seja parte; e conflitos que envolvam qualquer funcionário de uma agência especializada que, por motivo de sua posição oficial, goze de imunidade, se a imunidade não houver sido dispensada.

> Seção 20. Os privilégios e imunidades são concedidos aos funcionários unicamente no interesse das Nações Unidas e não em benefício próprio. O Secretário-Geral poderá e deverá suspender a imunidade concedida a um funcionário, sempre que, a seu critério, esta imunidade impedir a aplicação da justiça e puder ser suspensa sem prejuízo dos interesses da Organização. No que diz respeito ao Secretário-Geral, o Conselho de Segurança tem capacidade para pronunciar a suspensão das imunidades.

A imunidade das organizações internacionais é puramente funcional, pois presta-se a proteger a realização das finalidades específicas da entidade. Na ONU, somente o Secretário-Geral e os secretários gerais assistentes têm imunidade diplomática. Os outros funcionários das Nações Unidas têm imunidades mais restritas, que podem ser afastadas pelo Secretário-Geral, nos termos da seção 20 da Convenção de 1946.

No RE nº 1.034.840 RG/DF, de interesse do Programa das Nações Unidas para o Desenvolvimento (PNUD), dando aplicação à Convenção de 1947 e à Convenção sobre Privilégios e Imunidades das Nações Unidas (Decreto nº 27.784/1950), o STF reafirmou sua jurisprudência e decidiu pela "impossibilidade de o organismo internacional vir a ser demandado em juízo, salvo em caso de renúncia expressa à imunidade de jurisdição".[13]

Em 2013, a Corte havia examinado o RE nº 578.543/MT, assim ementado:

> DIREITO INTERNACIONAL PÚBLICO. DIREITO CONSTITUCIONAL. IMUNIDADE DE JURISDIÇÃO. ORGANIZAÇÃO DAS NAÇÕES UNIDAS (ONU). PROGRAMA DAS NAÇÕES UNIDAS PARA O DESENVOLVIMENTO (ONU/PNUD). RECLAMAÇÃO TRABALHISTA. CONVENÇÃO SOBRE PRIVILÉGIOS E IMUNIDADES DAS NAÇÕES UNIDAS (DECRETO Nº 27.784/1950). APLICAÇÃO. 1. Segundo estabelece a "Convenção sobre Privilégios e Imunidades das Nações Unidas", promulgada no Brasil pelo Decreto nº 27.784, de 16 de fevereiro de 1950, "A Organização das Nações Unidas, seus bens e haveres, qualquer que seja seu detentor, gozarão de imunidade de jurisdição, salvo na medida em que a Organização a ela tiver renunciado em determinado caso. Fica, todavia, entendido que a renúncia não pode compreender medidas executivas". 2. Esse preceito normativo, que no direito interno tem natureza equivalente a das leis ordinárias, aplica-se também às demandas de natureza trabalhista. 3. Recurso extraordinário provido.[14]

A imunidade do PNUD também foi objeto de decisão do STJ, em 2009. Mas na ocasião discutia-se a incidência ou não do imposto de renda sobre rendimentos recebidos por prestador de serviço contratado pelo Programa.

> III – O Programa das Nações Unidas para o Desenvolvimento – PNUD, como seu próprio nome revela, é um Programa, não se confundindo com as Agências Especializadas daquele organismo, as quais possuem um tratado específico e autônomo versando sobre privilégios e imunidades diplomáticas

---

13 STF, Pleno, RE nº 1.034.840 RG/DF, Rel. Min. Luiz Fux, julgado em 01.06.2017.

14 STF, Pleno, RE nº 578.543, Rel. Min. Ellen Gracie, relator p/o acórdão Min. Teori Zavascki, julgado em 15.05.2013.

> daquelas agências (Convenção sobre privilégios e Imunidades das Agências Especializadas das Nações Unidas, promulgada pelo Decreto nº 52.288/63). Logo, acerca dos privilégios e imunidades, deve ser aplicada ao caso do PNUD a Convenção sobre Privilégios e Imunidades das Nações Unidas, ratificada pelo Decreto nº 27.784, de 16 de fevereiro de 1950.
>
> IV – A Convenção sobre Privilégios e Imunidades das Nações Unidas estabelece os privilégios e imunidades dos Funcionários a serviço das Nações Unidas, dispondo em seu artigo V, que "serão isentos de qualquer imposto sobre os salários e emolumentos recebidos das Nações Unidas".
>
> V – Tal isenção, entretanto, não se estende aos técnicos contratados pela ONU, visto que este benefício não foi previsto no artigo VI, Sessão 22, que trata dos privilégios e imunidades conferidos aos técnicos, além de não possuírem a situação jurídica de funcionário.
>
> VI – A pessoa física que não faz parte do quadro efetivo da ONU, prestadora de serviço a Programa desta Organização, como é o caso do PNUD, não goza de isenção sobre os rendimentos recebidos em razão do serviço prestado, sobre eles devendo incidir o imposto de renda, uma vez que importam em acréscimo patrimonial e não estão beneficiados por isenção, como é o caso das hipóteses dos incisos XVI, XVII, XIX, XX e XXIII do art. 39 do Regulamento do Imposto de Renda e Proventos de Qualquer Natureza, aprovado pelo Decreto nº 3.000, de 31.03.1999.[15]

8.11 Incorporação ao direito brasileiro das deliberações de organizações internacionais

Não há no Brasil uma lei que regule a incorporação dos atos de organizações internacionais em geral[16] ao ordenamento jurídico brasileiro, e a Constituição silencia neste ponto. O PLS

15 STJ, REsp nº 1.031.259/DF, Rel. Min. Francisco Falcão, 1ª Turma, julgado em 03.03.2009.

16 Há uma exceção que veremos adiante.

nº 220/2016, que dispõe sobre o cumprimento das decisões da Comissão Interamericana de Direitos Humanos e da Corte Interamericana de Direitos Humanos, é uma das primeiras tentativas de estabelecer um regramento mínimo no país. Por sua vez, o PL nº 4.038/2008 pretende regular o relacionamento do Estado brasileiro com o Tribunal Penal Internacional (TPI), criado pelo Estatuto de Roma, de 1998, servindo como *enabling legislation*.[17]

Devido à multiplicação de organizações internacionais, interessa saber como se dá a relação entre os atos dela emanados e o ordenamento jurídico dos Estados membros. Nesses está a chave do segredo, pois é ali que se confere certo *status* a essas deliberações ou decisões e que se reconhece a eficácia direta ou indireta de tais atos e seu caráter vinculante ou não.

Tome-se, por exemplo, os atos do Mercosul, adotados pelos seus órgãos. As decisões do Grupo Mercado Comum ou do Conselho do Mercado Comum, por exemplo, são diretamente eficazes na ordem interna dos Estados Membros ou dependem de implementação interna? E as resoluções do Conselho de Segurança das Nações Unidas? O que dizer das sentenças da Corte IDH?

Essa internalização pode ocorrer por meio de leis, por meio de decretos e outros atos infralegais ou por outra via, inclusive mediante o recebimento das deliberações da organização para aprovação como se dá com os tratados em geral. É o caso das convenções da OIT. Assim, tais atos das organizações internacionais podem ser assimilados pelo direito interno por diferentes maneiras, por meio de "nacionalização" (internalização), ou sem qualquer medida intermediária, valendo como atos internacionais na ordem interna, sem qualquer transposição.

Akehurst ensina que as organizações internacionais costumam ter pelo menos um órgão que não é composto por representantes dos Estados Partes e que a prática de tais órgãos pode ser considerada fonte do direito internacional (MALANCZUK, 1997).

---

[17] O art. 99 do PL estabelece que a cooperação com o TPI independe de homologação ou *exequatur*.

Por outro lado, pode ocorrer de órgãos deliberativos ou executivos de uma organização serem autorizados pelo seu tratado constitutivo a adotar, ainda que por maioria, deliberações vinculativas para todos os Estados. É o que ocorre com certas decisões do Fundo Monetário Internacional (FMI), certos atos da União Europeia (regulamentos, diretivas e decisões) e as resoluções do Conselho de Segurança das Nações Unidas, na forma do capítulo VII da Carta da ONU:

> Artigo 39. O Conselho de Segurança determinará a existência de qualquer ameaça à paz, ruptura da paz ou ato de agressão, e fará recomendações ou decidirá que medidas deverão ser tomadas de acordo com os Artigos 41 e 42, a fim de manter ou restabelecer a paz e a segurança internacionais.

A necessidade de adoção por unanimidade cede lugar diante da complexidade cada vez maior das relações internacionais. A aprovação por maioria qualificada (dois terços) é encontrada na maioria das organizações internacionais (VARELLA, 2019).

8.11.1 A força vinculante de resoluções do Conselho de Segurança das Nações Unidas

Normalmente as Resoluções do Conselho de Segurança das Nações Unidas (CS/ONU) têm merecido cumprimento imediato, no Brasil, com força vinculante, mediante a simples publicação de seus textos por decreto presidencial. *Vide* a propósito o Decreto nº 9.710/2019, que dispõe sobre a execução, no território nacional, da Resolução nº S/RES/2428 (2018), que aprovou o embargo de armas e estendeu o regime de sanções aplicáveis à República do Sudão do Sul até 31.05.2019.

A Lei nº 13.810/2019,[18] que dispõe sobre o cumprimento de sanções impostas por resoluções do Conselho de Segurança das Nações Unidas e das designações de seu comitê de sanções, passou a permitir o bloqueio administrativo, direto, de bens de pessoas

[18] Regulamentada pelo Decreto nº 9.825/2019.

naturais e jurídicas suspeitas de terrorismo. Os arts. 6º e 7º da lei deixam claro que se tem cumprimento imediato de tais atos, independentemente de qualquer publicação no *Diário Oficial da União*. Essas sanções são assim plenamente eficazes na ordem jurídica brasileira e de executoriedade imediata.

De fato, segundo o art. 6º da Lei nº 13.810/2019, as resoluções sancionatórias do Conselho de Segurança das Nações Unidas e as designações de seus comitês de sanções "são dotadas de executoriedade imediata na República Federativa do Brasil". Tais resoluções ou seus extratos devem ser publicados no *Diário Oficial da União* pelo Ministério das Relações Exteriores, em língua portuguesa, para fins de publicidade.

8.11.2 A força vinculante das deliberações de órgãos internacionais de direitos humanos

Conforme Ramos (2016), as decisões dos mecanismos convencionais (judiciais) de proteção a direitos humanos são obrigatórias porque emitidas por órgãos criados por tratados. Porém, em relação às decisões dos mecanismos extraconvencionais de proteção a direitos humanos, há controvérsia a respeito de tal vinculatividade.

No plano da obrigatoriedade, um processo de responsabilidade internacional do Estado por violação de direitos humanos pode resultar em três tipos de decisões: recomendações, decisões quase judiciais e decisões judiciais. Vejamos cada uma delas.

8.11.2.1 Recomendações de órgãos de direitos humanos

A recomendação "é uma opinião não vinculante de órgão internacional de direitos humanos, fruto da existência de obrigação internacional de monitoramento e supervisão dos direitos protegidos (o chamado *droit de régard*)" (RAMOS, 2016). Há três tipos de recomendações, sempre segundo Ramos (2016):

a) recomendações convencionais: resultam do exame de relatórios que os Estados Partes devem enviar aos comitês de supervisão e monitoramento previstos nos tratados de direitos humanos. Tais comitês podem ser provocados por Estados ou por petições individuais, com base em procedimentos facultativos;

b) recomendações extraconvencionais gerais: resultam de procedimentos extraconvencionais, não previstos em tratados, que focam em determinados temas gerais. Tais recomendações são preparadas por órgãos interestatais;

c) recomendações extraconvencionais casuísticas: resultam de procedimentos extraconvencionais relativos a casos concretos. As recomendações são preparadas por órgãos interestatais.

As recomendações extraconvencionais não são vinculantes, são meros conselhos ou exortações. Porém, elas têm poder de constranger (*power of embarrassment*) e levam os Estados a mover-se pelo peso da opinião pública mundial e da pressão política da comunidade internacional a fim de escapar a essa sanção moral. Têm o objetivo de reparar a violação aos direitos humanos. Não sendo vinculantes, não há o reconhecimento judicial ou jurídico da responsabilidade internacional do Estado, mas um reconhecimento de natureza política, sem sanção do direito internacional, diz Ramos (2016). Além disso, há uma utilidade probatória em tais recomendações, caso se recorra a um mecanismo judicial (vinculante) ou a pronunciamentos políticos no seio de organizações internacionais (RAMOS, 2016).

> Resta saber se a prática atual dos Estados não criou um costume internacional de cumprimento dessas deliberações. Esta obrigatoriedade costumeira seria particularmente observada nas deliberações oriundas dos mecanismos extraconvencionais no seio da Organização das Nações Unidas, em especial nas deliberações do Grupo sobre Detenção Arbitrária e no Grupo contra a Tortura, ambos da Comissão de Direitos Humanos. Como exemplo, cite-se a comunicação, como medida urgente de proteção, enviada pelo Relator especial, por exemplo, do grupo de execução sumária, para que se suspenda a execução de determinada pessoa. Essa comunicação teria força vinculante, fruto do

> próprio conteúdo do mandato destinado a tais grupos. A visão predominante indica que o pedido de soltura, por exemplo, por parte do relator especial a um determinado Estado é verdadeira ação de "bons ofícios" e a decisão de soltura do Governo local não é obrigatória. Não haveria força vinculante em relação a estes pedidos, que seriam atendidos com base em considerações políticas. De fato, alguns autores, como SIMMA e D'AMATO, assinalam a ausência de comprovação de um real costume internacional, já que os casos de não cumprimento das deliberações internacionais destes órgãos apontam para a falta do consenso entre os Estados sobre a força vinculante destas deliberações. Nesse sentido, houve mudança da própria denominação da deliberação internacional do Grupo de Trabalho sobre a Detenção Arbitrária. Abandonou-se o termo "decisão" em prol do termo "opinião", optando-se por enfatizar o caráter opinativo da deliberação e não vinculante. Assim, consolidou-se, de modo indubitável, a posição de não reconhecer qualquer força vinculante nestas deliberações, agora meras opiniões (RAMOS, 2016).

8.11.2.2 Decisões quase judiciais

Tais decisões são expedidas por órgãos responsáveis pela fase de controle do respeito aos direitos humanos, como resultado de procedimentos iniciados por provocação de Estados (petições ou comunicações interestatais) ou de indivíduos (comunicações individuais).

Esses órgãos correspondem a instâncias internacionais não jurisdicionais ou não judiciais, a exemplo do Comitê de Direitos Humanos do Pacto Internacional de Direitos Civis e Políticos e da Comissão Interamericana de Direitos Humanos. Por seu caráter não judicial, há duas correntes quanto ao caráter vinculante (obrigatório) ou não vinculante (natureza voluntária ou *ex gratia*) de seus pronunciamentos.

Para Ramos (2016), os que sustentam o caráter não vinculante de tais decisões alegam que falta disposição expressa sobre obrigatoriedade nos tratados, acrescentando que a cooperação dos Estados para o cumprimento das normas do direito internacional dos direitos humanos seria mais facilmente alcançável mediante o convencimento do que mediante coerção.

> A segunda corrente, por seu turno, indica que a interpretação sistemática e finalística dos tratados de direitos humanos deve ser feita em prol do aumento da carga protetiva, já que os mesmos foram celebrados justamente para proteger o indivíduo e não para dar vantagens materiais aos contratantes. Além disso, o poder de apreciar as petições pelos Comitês foi conferido, em geral, graças à adesão à cláusula facultativa. Logo, o Estado pode aderir ao tratado sem concordar com tais cláusulas, ficando imune ao sistema de petições. Mas se expressamente aceita tal sistema seria ilógico considerar as deliberações finais dos mesmos como meros conselhos ou recomendações (RAMOS, 2016).

Segundo o entendimento do próprio Comitê de Direitos Humanos do PIDCP, suas decisões, inclusive as cautelares, são vinculantes para os Estados Partes, diante do princípio *pacta sunt servanda*, que encontra reforço normativo no art. 26 da Convenção de Viena de 1969 (Decreto nº 7.030/2009): "Todo tratado em vigor obriga as partes e deve ser cumprido por elas de boa-fé".

No caso *Piandiong e outros vs. Filipinas* (2000), o Comitê do PIDCP decidiu que o descumprimento por Manila de uma *interim measure* concedida pelo colegiado a cidadãos sujeitos a pena de morte representava uma grave violação do direito internacional.

> *5.2. (...) a State party commits grave breaches of its obligations under the Optional Protocol if it acts to prevent or frustrate consideration by the Committee of a communication alleging a violation of the Covenant or to render examination by the Committee moot and the expression of its views nugatory and futile (...). It is particularly inexcusable for the State to do so after the Committee has acted under its rule 86 to request that the State party refrain from doing so* (UNITED NATIONS, 2000).

A discussão sobre a obrigatoriedade ou não dessas manifestações tem também ocupado a doutrina brasileira. Em 27.04.2022, foi divulgada a conclusão do Comitê do PIDCP sobre a comunicação apresentada pelo ex-presidente Luiz Inácio Lula da Silva contra a República Federativa do Brasil.[19] A manifestação do Comitê, conhecida por *view*, foi adotada por maioria (15 votos a 2) em 17.03.2022, durante sua 134ª sessão. Ainda em 2018, quando foi emitida uma *interim measure* no mesmo caso, o Tribunal Superior Eleitoral (TSE) afastou a obrigatoriedade do pronunciamento cautelar do Comitê e afirmou a inelegibilidade do comunicante.

Entre outros motivos, o TSE argumentou que o Comitê seria um "órgão administrativo, sem competência jurisdicional", que suas decisões não teriam caráter vinculante e que o Protocolo Facultativo ao PIDCP, não estaria em vigor na ordem interna brasileira. Por fim, a Corte Eleitoral também ponderou que a inelegibilidade do ex-presidente decorria da Lei da Ficha Limpa, reputada constitucional pelo STF. [20]

8.11.2.3 *Decisões judiciais e supervisão de cumprimento*

Já as decisões judiciais, cautelares ou de mérito, que são expedidas por cortes internacionais de direitos humanos, como as de Estrasburgo e San José, são vinculantes para os Estados Partes que se sujeitem a sua jurisdição obrigatória.

Se não cumprir a decisão judicial, o Estado terá cometido uma nova violação internacional e estará, já por isso, sujeito a responsabilização internacional adicional, agora por descumprimento de obrigação secundária. As sentenças internacionais são obrigatórias, mas não autoexecutáveis, ensina Ramos (2016). No entanto, pode ocorrer a supervisão internacional do cumprimento de tais decisões, para chegar-se ao seu cumprimento de boa-fé.

---

[19] Trata-se do julgamento da Comunicação nº 2841/2016.

[20] TSE, Registro de Candidatura nº 060090350, Acórdão, Rel. Min. Luís Roberto Barroso, publicação em 1º.09.2018. Disponível em: https://inter03.tse.jus.br/sjur-pesquisa/pesquisa/actionBRSSearchServers.do?tribunal=TSE&livre=comitê onu. Acesso em: 29 abr. 2022.

> É o que acontece no sistema interamericano, no qual a Corte Interamericana de Direitos Humanos averigua o cumprimento dos termos dispositivos de suas sentenças antes de determinar o arquivamento do feito. Essa dupla condenação pode acarretar a imposição de sanções coletivas capazes de obrigar o Estado infrator a finalmente cumprir as deliberações internacionais. Como já vimos, há a possibilidade do recurso às sanções coletivas no plano universal, através da ação do Conselho de Segurança, no plano regional europeu, através do Comitê de Ministros do Conselho da Europa, e mesmo no plano interamericano, através de uma deliberação da Assembleia Geral da OEA (RAMOS, 2016).

Para Piovesan (2018b), é crucial para o futuro do sistema interamericano

> aprimorar os mecanismos de implementação das decisões no âmbito doméstico, seja assegurando-lhes eficácia direta e imediata no plano interno, seja reforçando a capacidade fiscalizadora e sancionatória dos sistemas regionais.

As decisões da Corte Internacional de Justiça também são obrigatórias, nos termos do art. 59 do seu Estatuto: "A decisão da Côrte só será obrigatória para as partes litigantes e a respeito do caso em questão".

Disposição similar está no art. 296 da Convenção de Montego Bay, de 1982, que criou o Tribunal Internacional do Direito do Mar (ITLOS):

> ARTIGO 296
>
> Caráter definitivo e força obrigatória das decisões
>
> 1. Qualquer decisão proferida por uma corte ou tribunal com jurisdição nos termos da presente seção[21] será definitiva e deverá ser cumprida por todas as partes na controvérsia.
>
> 2. Tal decisão não terá força obrigatória senão para as partes na controvérsia e no que se refere a essa mesma controvérsia.

21 A seção em questão refere-se a decisões do ITLOS, da CIJ e de tribunais arbitrais.

8.12 Extinção e sucessão das organizações internacionais

Explica Miranda (2009) que uma organização internacional pode sofrer modificações: "modificações subjetivas, pela entrada ou pela saída de membros; modificações objetivas, em consequência de tratados que alarguem ou restrinjam os fins ou que, de qualquer outra forma, alteram o tratado constitutivo".

A organização internacional também pode ter fim por esgotamento de seu objeto ou por outra circunstância superveniente. Miranda (2009) dá como exemplos a Sociedade das Nações, dissolvida em 1946, e o Pacto de Varsóvia, que foi extinto em 1989.

É possível também a sucessão entre organizações internacionais, situação que deve ser regida pelos tratados. Foi o que se deu com a Sociedade das Nações, sucedida pela ONU, e com a antiga Organização Europeia de Cooperação Econômica, sucedida pela Organização para a Cooperação e o Desenvolvimento Econômico (OCDE). Os exemplos também são de Miranda (2009).

8.13 Responsabilidade internacional das organizações internacionais e a proteção funcional

A responsabilidade das organizações internacionais evidentemente depende do reconhecimento de sua personalidade jurídica internacional, e os atos pelos quais responde são praticados por quaisquer de seus órgãos ou agentes.

Se têm personalidade, organizações internacionais têm direitos e deveres. Como são dotadas de capacidade jurídica, podem responder por danos causados a terceiros, inclusive Estados e outras organizações internacionais, se descumprirem uma de suas obrigações internacionais, isto é, se praticarem um ato ilícito internacional, por ação ou omissão.

Os atos *ultra vires* praticados por órgãos ou agentes da organização internacional podem gerar sua responsabilidade na ordem internacional.

Quanto à proteção funcional, as organizações internacionais podem assumir os litígios sobre danos sofridos por seus agentes, quando em exercício. O mecanismo é semelhante ao da proteção diplomática, conferida pelos Estados a seus nacionais, mediante endosso. O caso do conde Bernadotte, decidido pela CIJ em 1949, é exemplo desse instituto, quando aplicado às Nações Unidas.[22]

8.14 O papel do indivíduo nas organizações internacionais

Evidentemente, particulares não são partes de organizações internacionais, mas mantêm diferentes espécies de relações com tais entidades. A enumeração a seguir é de Miranda (2009). Podem ser funcionários internacionais, por eles selecionados ou contratados, para integrar sua burocracia. Podem ser titulares de órgãos políticos ou administrativos autônomos, a exemplo dos secretários gerais. Podem funcionar como juízes internacionais vinculados à organização. Podem ser peticionários (*jus standi*) perante seus órgãos judiciais e quase-judiciais.

Indivíduos podem ser também os representantes dos Estados membros da organização perante os órgãos desta. Em tais casos, não agem com neutralidade política, pois representam o interesse do Estado patrial. Situação peculiar é a da OIT, que tem representantes estatais e dos segmentos dos trabalhadores e dos empregadores em sua composição.

8.15 As Nações Unidas

A Organização das Nações Unidas é uma organização de alcance universal e dimensão política, que visa à promoção da paz e da segurança coletiva no mundo. Somente Estados podem integrá-la, conforme o art. 4º da Carta. A organização sucedeu a Sociedade

22 CORTE INTERNACIONAL DE JUSTIÇA. *Reparation for Injuries Suffered in the Service of the United Nations.* Advisory Opinion of 11 April 1949. Disponível em: https://www.icj-cij.org/en/case/4. Acesso em: 4 jul. 2022.

das Nações (SdN), que sucumbiu ainda durante a Segunda Guerra Mundial.

Fundada em 1920 como resultado da Conferência de Paz de Paris e do Tratado de Versalhes (1919), que encerrou a Primeira Guerra Mundial, a Sociedade das Nações (*League of Nations*), que tinha sede em Genebra, existiu por 26 anos e chegou a ter 58 membros. Fracassou quando teve início a Segunda Guerra Mundial, em 1939. Seu tratado constitutivo previa como suas missões a promoção da paz e do desarmamento e a adoção de meios pacíficos de solução de conflitos.

O conjunto convencional que então começava a surgir buscava também proteger direitos de trabalhadores, refugiados, populações indígenas e reprimir o tráfico humano, a escravidão e o tráfico de drogas. Como já se viu, é também com o Tratado de Versalhes, de 1919, que surgem a Organização Internacional do Trabalho (OIT), a Organização Mundial de Saúde (OMS) e a Corte Internacional de Justiça (CIJ). O modelo da SdN não durou.

> Como causas intrínsecas do malogro apontam-se: o ter-se tratado de pouco ou mais do que de uma espécie de concerto diplomático de Estados soberanos; a falta de poderes vinculatórios e coercitivos do Conselho, simples órgão de mediação; a exclusão originária dos vencidos de 1918, a ausência dos Estados Unidos (que não ratificaram o Pacto) e o excessivo peso do bloco anglo-francês. E a isso acresceram a crise histórica geral, subsequente à Primeira Guerra Mundial, com repercussões psicológicas, políticas e econômicas incalculáveis, e os movimentos nacionalistas e totalitários que a acompanharam e viriam a dominar nos anos 30. Não obstante o idealismo dos que nela acreditaram (um nacionalismo democrático ou um internacionalismo liberal) e de uma obra efetiva no plano jurídico, a SdN era demasiado fraca para resistir a tais convulsões (MIRANDA, 2009).

Antes de finda a Segunda Guerra Mundial, começou-se a discutir a criação de outra entidade política universal capaz de cumprir o papel que coubera à SdN. A Carta do Atlântico (1941), a Declaração das Nações Unidas (1942), a Declaração de Moscou (1943) e as conferências de Dumbarton Oaks (1944) e Ialta (1945) criaram as condições para o esforço coletivo, que foi capitaneado pelos Estados Unidos, pelo Reino Unido e pela União Soviética.

Promulgada no Brasil pelo Decreto nº 19.841, de 22.10.1945, a Carta de São Francisco resulta da conferência realizada nessa cidade norte-americana entre 25 de abril e 26 de junho de 1945 e que reuniu 51 países. A *United Nations Conference on International Organization* (UNCIO) foi convocada para avançar a partir das linhas traçadas no início daquela década. No texto da Carta da ONU (1945), a sociedade internacional comprometeu-se:

> (...) a preservar as gerações vindouras do flagelo da guerra, que por duas vezes, no espaço da nossa vida, trouxe sofrimentos indizíveis à humanidade, e a reafirmar a fé nos direitos fundamentais do homem, na dignidade e no valor do ser humano, na igualdade de direito dos homens e das mulheres, assim como das nações grandes e pequenas, e a estabelecer condições sob as quais a justiça e o respeito às obrigações decorrentes de tratados e de outras fontes do direito internacional possam ser mantidos.

Entre seus princípios, a ONU também se volta à cooperação internacional com o objetivo de resolver

> os problemas internacionais de caráter econômico, social, cultural ou humanitário, e para promover e estimular o respeito aos direitos humanos e às liberdades fundamentais para todos, sem distinção de raça, sexo, língua ou religião.

Conforme o art. 13.1.b da Carta, cabe à Assembleia Geral promover a cooperação internacional nos terrenos econômico, social, cultural, educacional e sanitário e favorecer o pleno gozo dos direitos humanos e das liberdades fundamentais, por parte de todos os povos, sem distinção de raça, sexo, língua ou religião.

Segundo o art. 55, as Nações Unidas devem favorecer a solução dos problemas internacionais econômicos, sociais, sanitários e conexos; a cooperação internacional, de caráter cultural e educacional; e o respeito universal e efetivo dos direitos humanos e das liberdades fundamentais para todos, sem distinção de raça, sexo, língua ou religião.

Com estrutura mais robusta do que a de sua antecessora, a ONU tem vários órgãos internos com competências distintas. Além disso, o sistema ONU é composto pelos seis órgãos principais da organização, por mais de uma dezena de agências especializadas e vários fundos, programas, comissões, escritórios, comissariados e relatorias.

8.15.1 Os órgãos da ONU

Segundo o art. 7º do seu tratado constitutivo, são órgãos das Nações Unidas o Conselho de Segurança, o Secretariado, a Assembleia Geral, o Conselho Econômico e Social (ECOSOC) e a Corte Internacional de Justiça. São os chamados *UN Charter bodies.*

O Conselho de Tutela, previsto nos arts. 86 a 91, já não funciona, uma vez que já não existem territórios sob tutela internacional da ONU, e as antigas colônias, sobretudo na África e Ásia, obtiveram suas independências.

A Assembleia Geral (arts. 9º a 22 da Carta) é um dos principais órgãos deliberativos das Nações Unidas. É o grande fórum político global. Reúne anualmente todos os membros da organização, todos com direito a voto. A Assembleia Geral pode discutir quaisquer questões ou assuntos que estiverem dentro das finalidades da Carta da ONU ou que se relacionem a atribuições e funções de qualquer dos órgãos nela previstos. Pode debater qualquer dos assuntos de sua competência, inclusive princípios gerais de cooperação na manutenção da paz e da segurança internacionais, desarmamento e a regulamentação de armamentos, podendo fazer recomendações aos membros das Nações Unidas ou ao Conselho de Segurança. A Assembleia Geral também pode solicitar a atenção do Conselho de Segurança para situações que possam constituir ameaça à paz e à segurança internacionais.

O Conselho de Segurança das Nações Unidas (arts. 23 a 32 da Carta), principal órgão político da ONU, é formado por 15 membros, sendo que cinco deles têm assento permanente e poder de veto nas deliberações substantivas. São eles a China, os Estados Unidos, a França, o Reino Unido e a Rússia, conhecidos como 5P. Os demais membros do Conselho são escolhidos pela Assembleia para mandatos de dois anos. O Conselho de Segurança é o principal responsável pela manutenção da paz e da segurança internacionais.

O Secretário-Geral das Nações Unidas (arts. 97 a 101) é o órgão executivo das Nações Unidas. Responsável pelo Secretariado, o Secretário é eleito pela Assembleia Geral mediante recomendação do Conselho de Segurança, para um mandato de cinco anos, renovável por uma vez. O Secretário-Geral comparece a todas as reuniões da Assembleia Geral, do Conselho de Segurança e do Conselho Econômico e Social e pode desempenhar outras funções que lhe forem atribuídas por esses órgãos. O Secretário-Geral pode pedir a atenção do Conselho de Segurança a qualquer assunto que em sua opinião possa ameaçar a manutenção da paz e da segurança internacionais. Pode também convocar a Assembleia Geral.

O Conselho Econômico e Social – ECOSOC (arts. 61 a 72 da Carta) – é um órgão técnico, colegiado, composto de 54 membros das Nações Unidas eleitos pela Assembleia Geral para mandatos de três anos. É encarregado da promoção do progresso econômico e social. Compete-lhe fazer ou iniciar estudos e relatórios a respeito de assuntos internacionais de caráter econômico, social, cultural, educacional, sanitário e conexos. O ECOSOC pode fazer recomendações a respeito de tais assuntos à Assembleia Geral, aos membros das Nações Unidas e às entidades especializadas interessadas. Pode, igualmente, fazer recomendações destinadas a promover o respeito e a observância dos direitos humanos e das liberdades fundamentais para todos, assim como preparar projetos de convenções a serem submetidos à Assembleia Geral, sobre assuntos de sua competência. Cabe-lhe ainda convocar, de acordo com as regras estipuladas pelas Nações Unidas, conferências internacionais sobre assuntos de sua competência. O Conselho Econômico e Social também pode criar comissões para assuntos econômicos e sociais e para a proteção dos direitos humanos (art. 68). Pode ainda consultar organizações não governamentais, encarregadas de questões que estiverem dentro da sua própria competência.

O sexto órgão é a Corte Internacional de Justiça (CIJ), que tem sede na Haia, na Holanda. Sucedeu a Corte Permanente de Justiça Internacional, criada pelo Tratado de Versalhes. O tribunal hoje existente julga Estados em competência contenciosa e também emite opiniões consultivas, decidindo conflitos ou ofertando pareceres mediante consulta, respectivamente. A competência da Corte, que tem 15 juízes com mandatos de 9 anos, abrange todas as questões que as partes lhe submetam e todos os assuntos previstos na Carta das Nações Unidas ou em tratados e convenções em vigor. O Estatuto da CIJ faz parte da Carta das Nações Unidas de 1945, sendo certo que o tribunal exerce papel relevante na aferição da responsabilidade internacional dos Estados que se sujeitam a sua jurisdição.

A jurisdição da Corte é facultativa, pois depende da adesão dos Estados, conforme o art. 36.2 do Estatuto, ou cláusula facultativa de jurisdição obrigatória. Além disso, cada Estado pode condicionar sua declaração de aceitação ao princípio da reciprocidade. Apenas Estados podem acessar o Tribunal na competência contenciosa. A competência consultiva é acionada a pedido do Conselho de Segurança, da Assembleia Geral ou por solicitação de qualquer outro órgão autorizado das Nações Unidas ou agência especializada (art. 96 da Carta).

O Tribunal Internacional para o Direito do Mar, criado pela Convenção de Montego Bay (1982) e sediado em Hamburgo, e o Tribunal Penal Internacional, instituído pelo Estatuto de Roma (1998) e com sede na Haia, também têm vocação universal, mas não são órgãos da ONU. Note-se que, pelo art. 95 da Carta da ONU, os membros das Nações Unidas podem confiar a solução de suas divergências a outros tribunais, em virtude de acordos já vigentes ou que possam ser concluídos no futuro.

8.15.2 Agências especializadas da ONU

As agências especializadas das Nações Unidas são, como ela, organizações internacionais, também contando com personalidade jurídica de direito internacional. Têm, todavia, domínio específico de atuação. Compõem o sistema ONU, gravitando em torno do ECOSOC. Seus privilégios e imunidades são previstos pela Convenção sobre Privilégios e Imunidades das Agências Especializadas das Nações Unidas (1947), promulgada no Brasil pelo Decreto nº 52.288/1963. Tais agências atuam em áreas específicas, como segurança, economia, energia, cultura, transporte e comunicações, estando vinculadas à ONU por acordos específicos.

Segundo a Convenção de 1947, as agências especializadas da ONU são a Organização Internacional do Trabalho (OIT); a Organização das Nações Unidas para a Alimentação e a Agricultura (FAO); a Organização das Nações Unidas para a Educação, a Ciência e a Cultura (UNESCO); a Organização da Aviação Civil Internacional (OACI); o Fundo Monetário Internacional (FMI); o Banco Internacional para a Reconstrução e o Desenvolvimento (BIRD);[23] a Organização Mundial de Saúde (OMS); a União Postal Universal (UPU); a União Internacional de Telecomunicações (UIT); a Organização Mundial do Turismo (OMT); o Fundo Internacional de Desenvolvimento Agrícola (FIDA); e qualquer outra agência relacionada às Nações Unidas de acordo com os arts. 57 e 63 da Carta da ONU, como a Organização Meteorológica Mundial (OMM), a Organização Mundial da Propriedade Intelectual (OMPI), a Organização Marítima Internacional (OMI), e a Organização das Nações Unidas para o Desenvolvimento Industrial (UNIDO).

A Organização das Nações Unidas para o Desenvolvimento Industrial (UNIDO), com sede em Viena, foi criada pela Resolução

---

[23] O BIRD é uma das cinco instituições que formam o Grupo Banco Mundial.

nº 2.089 (XX), de 1965, tendo sido convertida, pela Resolução da Assembleia Geral da ONU nº 2152 (XXI), de 1967, em uma organização autônoma. Só em 1985 , por meio de um acordo com a ONU, a UNIDO tornou-se uma de suas agências especializadas. Seus fins são o desenvolvimento industrial, a redução da pobreza, a globalização inclusiva e a sustentabilidade ambiental. A Constituição da UNIDO foi promulgada no Brasil pelo Decreto nº 92.662/1986.

A OMI, por sua vez, foi criada pela convenção concluída em Genebra em 1948, para promover mecanismos de segurança marítima e a prevenção da poluição e a remoção de óbices ao tráfego marítimo. A entidade tem sede em Londres. O Brasil é parte da OMI (Decreto nº 52.493/1963) e também da Convenção Internacional para Salvaguarda da Vida Humana no Mar (SOLAS), assim como doutros tratados da organização.

Criada em 1967 pelo tratado de Estocolmo, a OMPI é uma das 15 agências especializadas da ONU. Com sede em Genebra, tem competência para propor padrões internacionais para a proteção de criações intelectuais, como o Tratado de Cooperação em Matéria de Patentes (PCT) e o Tratado de Marraqueche, de 2013. O Brasil é parte da OMPI, desde a promulgação do seu acordo constitutivo pelo Decreto nº 75.541/1975.

8.15.3 Órgãos convencionais das Nações Unidas (*UN human rights treaty bodies*)

Além das agências especializadas das Nações Unidas, há os chamados *UN human rights treaty bodies*, órgãos convencionais criados por certos tratados de direitos humanos, com competência quase-judicial. No Pacto Internacional de Direitos Civis e Políticos (PIDCP), de 1966, o órgão convencional é o Comitê de Direitos Humanos, objeto dos arts. 28 a 47 e do Protocolo Facultativo ao Pacto, também aprovado em 1966. O Comitê do PIDCP tem sede em Genebra.

Atualmente, no sistema onusiano, há 10 *human rights treaty-based bodies*, que são compostos por peritos (quase-juízes) independentes indicados pelos Estados Partes e escolhidos pela Assembleia Geral das Nações Unidas. Tais comitês foram criados pelos tratados de direitos humanos para lidar com direitos econômicos, sociais e culturais (Comitê sobre Direitos Econômicos, Sociais e Culturais - CESCR), direitos civis e políticos (Comitê de Direitos Humanos do Pacto Internacional de Direitos Civis e Políticos - CCPR), a discriminação racial (Comitê para a Eliminação da Discriminação Racial - CERD), os direitos da mulher (Comitê para a Eliminação da Discriminação contra a Mulher - CEDAW), a tortura (Comitê contra Tortura - CAT e Subcomitê sobre Prevenção da Tortura - SPT), os direitos da criança (Comitê sobre os Direitos da Criança - CRC), os direitos dos trabalhadores migrantes (Comitê sobre Trabalhadores Migrantes - CMW), os direitos de pessoas com deficiência (Comitê dos Direitos de Pessoas com Deficiência - CRPD), e os desaparecimentos forçados (Comitê sobre Desaparecimentos Forçados - CED).

Esses comitês atuam com o apoio do Alto Comissariado das Nações Unidas para os Direitos Humanos (ACNUDH) e podem ser acionados por meio de comunicações interestatais ou por comunicações individuais, a depender da existência da vigência deste último mecanismo e da sujeição do Estado em questão ao seu procedimento. Tomando como exemplo o Comitê CCPR, do PIDCP, as comunicações individuais são viabilizadas pelo Protocolo Facultativo ao PIDCP, do qual o Brasil é parte.[24]

8.15.4 Fundos, programas e outros organismos do sistema ONU

O sistema ONU ou família das Nações Unidas é formado ainda por organismos como o Fundo das Nações Unidas para a Infância (UNICEF); o Alto Comissariado das Nações Unidas para

---

[24] *Vide* o Decreto Legislativo nº 311/2009, que aprova o Protocolo Facultativo ao Pacto Internacional sobre Direitos Civis e Políticos, adotado em Nova Iorque, em 16.12.1966, e do Segundo Protocolo Facultativo ao Pacto Internacional sobre Direitos Civis e Políticos com vistas à Abolição da Pena de Morte, adotado e proclamado pela Resolução nº 44/128, de 15.12.1989.

Refugiados (ACNUR); o Programa das Nações Unidas para o Desenvolvimento (PNUD); o Programa das Nações Unidas para o Meio Ambiente (PNUMA); o Fundo de População das Nações Unidas (UNFPA); o Programa das Nações Unidas para Assentamentos Humanos (HABITAT) entre outras estruturas as mais variadas.

A ONU tem outros órgãos acessórios ou auxiliares, a exemplo da Comissão de Direito Internacional (CDI). O principal órgão de direitos humanos da ONU é o Alto Comissariado das Nações Unidas para Direitos Humanos (ACNUDH) ou *Office of the High Commissioner on Human Rights* (OHCHR), com sede em Genebra. O ACNUDH é ligado à Secretaria Geral e foi criado pela Resolução da Assembleia Geral nº A/RES/48/141, de 20.12.1993.

Também fazem parte do sistema ONU o Conselho de Direitos Humanos das Nações Unidas (*United Nations Human Rights Council* – HRC), regulado pela Resolução nº A/RES/60/251, de 15.03.2006, composto por 47 Estados eleitos pela Assembleia Geral, e o Alto Comissariado das Nações Unidas para Refugiados (ACNUR).

Os tribunais internacionais penais *ad hoc*, como o da ex-Iugoslávia (1993-2017) e o de Ruanda (1994-2015), foram criados por resoluções do Conselho de Segurança e ficaram vinculados a esse órgão. Atualmente, o Mecanismo Residual dos Tribunais Penais (*International Residual Mechanism for Criminal Tribunals*) instituído em 2010 tem o encargo de encerrar os procedimentos das cortes especiais para a ex-Iugoslávia (na Haia) e Ruanda (em Arusha).

8.16 A Organização dos Estados Americanos (OEA)

Tal como a ONU, a Organização dos Estados Americanos (OEA) é uma pessoa jurídica de direito internacional público que atua no domínio político. Todavia, tem abrangência regional, no hemisfério ocidental. Nesse aspecto é semelhante à Associação das Nações do Sudeste Asiático (ASEAN), ao Conselho da Europa (CoE), à União Africana (UA) e à Liga dos Estados Árabes, organizações também de alcance regional.

A OEA congrega 35 Estados americanos. Sua vocação é a promoção da paz e da segurança coletiva no continente americano. Segundo o art. 1° da Carta, a OEA tem por fim alcançar "uma ordem de paz e de justiça, para promover sua solidariedade, intensificar sua colaboração e defender sua soberania, sua integridade territorial e sua independência". Isso faz da OEA o principal fórum político e jurídico das Américas. A entidade atua nos campos da promoção da democracia, dos direitos humanos, da segurança e do desenvolvimento.

Com sede em Washington, a OEA é regida pela Carta da Organização, concluída em 1948, durante a IX Conferência Internacional Americana, realizada em Bogotá em abril de 1948, e promulgada no Brasil pelo Decreto n° 30.544/1952. Entre seus órgãos estão a Assembleia Geral, a Reunião de Consulta dos Ministros das Relações Exteriores, o Conselho Permanente, o Conselho Interamericano de Desenvolvimento Integral, a Comissão Jurídica Interamericana, a Comissão Interamericana de Direitos Humanos, a Secretaria Geral e as Conferências Especializadas.

O principal órgão de direitos humanos da OEA é a Comissão Interamericana de Direitos Humanos (CIDH), criada em Santiago em 1959. A CIDH, que tem sede na capital norte-americana, foi aperfeiçoada pelo Protocolo de Buenos Aires de 1967. A Corte Interamericana de Direitos Humanos (Corte IDH), com sede na capital costarriquenha, não é um órgão da OEA. É prevista na Convenção Americana de Direitos Humanos, de 1969.

A partir da Carta da OEA, formou-se um conjunto convencional bastante diversificado e complexo, no qual merecem destaque a Carta Democrática Interamericana, o Tratado Interamericano de Assistência Recíproca (TIAR), a Convenção Americana de Direitos Humanos, a Convenção de Barbados contra o Terrorismo, a Convenção de Caracas sobre Corrupção, a Convenção de Belém do Pará, sobre direitos da mulher, e a Convenção da Guatemala contra o Racismo e a Discriminação Racial, entre outros documentos relevantes.

A Carta Democrática Interamericana, aprovada pela Assembleia Geral da OEA em 2001, e o Protocolo de Ushuaia, do

Mercosul (Decreto nº 4.210/2002), têm grande importância para a proteção da democracia na região, valor essencial para o respeito aos direitos humanos, o desenvolvimento e a estabilidade política.

8.17 A Comunidade dos Países de Língua Portuguesa (CPLP)

Criada em 1996, a Comunidade dos Países de Língua Portuguesa (CPLP) destina-se a promover a cooperação intercontinental entre os nove países lusófonos: Angola, Brasil, Cabo Verde, Guiné Bissau, Guiné Equatorial, Moçambique, Portugal, São Tomé e Príncipe e Timor-Leste.

Conforme seu Estatuto, a CPLP é o foro multilateral para o aprofundamento da amizade mútua, da concertação político-diplomática e da cooperação entre os seus membros. Seu Secretariado Executivo fica em Lisboa.

Entre seus objetivos estão a cooperação em todos os domínios, inclusive os da educação, saúde, ciência e tecnologia, defesa, agricultura, administração pública, comunicações, justiça, segurança pública, cultura, desporto e comunicação social; e a materialização de projetos de promoção e difusão da língua portuguesa, através do Instituto Internacional de Língua Portuguesa.

A Declaração Constitutiva e o Estatuto da CPLP foram promulgados no Brasil pelo Decreto nº 5.002/2004.

8.18 O Mercosul

Instituído pelo Tratado de Assunção de 1991, o Mercosul é uma organização internacional que opera como um arranjo intergovernamental entre a Argentina, o Brasil, o Paraguai e o Uruguai, que são os seus Estados Partes. A Bolívia está em processo de adesão, ao passo que a Venezuela, que já integra a organização, está suspensa. Para um estudo mais detalhado sobre o Mercosul, *vide* o Capítulo 16.

No próximo capítulo examinaremos as imunidades dos sujeitos de direito internacional público (os Estados e as organizações internacionais) e as imunidades de seus representantes.

9

Imunidades

9.1 Introdução

O tema das imunidades pode apresentar-se de diversas maneiras no direito internacional ou no direito interno. No famoso caso do sequestro do embaixador Charles Burke Elbrick, dos Estados Unidos, houve violação ao direito internacional, que reconhece a imunidade dos representantes diplomáticos.[1] Elbrick foi sequestrado por guerrilheiros do Movimento Revolucionário Oito de Outubro (MR-8) e da Ação Libertadora Nacional, que exigiam a libertação de 15 prisioneiros políticos.

Em 1973, a questão chegou ao Supremo Tribunal Federal no RC nº 1.151, interposto pelos réus Cláudio Torres da Silva e Paulo de Tarso Wenceslau, contra decisão do Superior Tribunal Militar (STM) que os condenou, com base no art. 16 do Decreto-lei nº 314/1967 e no art. 25 do Decreto-lei nº 510/1969:

> Crime contra a segurança nacional. Sequestro de embaixador. Violação de imunidades diplomáticas. Fixação da pena. O sequestro de um agente diplomático acarreta, em um momento anterior, a ofensa as suas imunidades. Aplicação,

[1] *Vide* a Convenção sobre a Prevenção e Punição de Crimes Contra Pessoas que Gozam de Proteção Internacional, inclusive Agentes Diplomáticos, firmada em 14 de dezembro de 1973 e promulgada pelo Decreto nº 3.167/1999.

> segundo o princípio da absorção, da pena do crime mais grave. Extensão a outros co-réus. Excesso na fixação da pena do crime previsto no artigo 25 do Decreto-lei nº 510/1969. Recurso, em parte, provido.[2]

Outro caso peculiar que alcançou a Suprema Corte foi o da cantora mexicana Gloria Trevi, presa para fins de extradição. A extraditanda pretendia obter decisão no Brasil que obrigasse os Estados Unidos Mexicanos a exibir documentos, o que violaria a regra *par in parem non habet iudicium*:[3]

> Petição. Medida cautelar de exibição de documentos contra os Estados Unidos Mexicanos requerida por extraditandos, mexicanos, ora presos, à disposição do STF, em virtude de extradições solicitadas pelo Governo do referido Estado, ora requerido, as quais já foram deferidas pelo Plenário do STF, em 07.12.2000. 2. Requerimento de *Habeas Corpus ex officio* em favor de extraditanda, que se encontra em estado avançado de gravidez, não conhecido por já estar sendo objeto de exame pela Corte, em questão de ordem, em outro processo. 3. Impossibilidade jurídica do pedido relativamente à matéria cível, que é a medida cautelar destinada à exibição de documentos pelo Estado requerente da extradição. Imunidade de jurisdição em favor dos Estados estrangeiros que não podem ser citados para responder a processo dessa natureza. 4. O objeto da medida cautelar é matéria concernente a pressupostos das extradições, que já foram julgadas e deferidas. 5. Petição a que se nega provimento.[4]

Discutir imunidades também leva a pensar naquelas conferidas às organizações internacionais. No RE nº 597.368, julgado em

---

2 STF, RC nº 1.151, Rel. Bilac Pinto, 2ª Turma, julgado em 12.11.1973.

3 *Vide* também o ARE nº 954.858-RG/RJ, Rel. Min. Edson Fachin, com repercussão geral reconhecida. No julgamento de agosto de 2021 pelo plenário virtual do STF, fixou-se a seguinte tese: "Os atos ilícitos praticados por Estados estrangeiros em violação a direitos humanos não gozam de imunidade de jurisdição".

4 STF, Pet nº 2.537/QO, Rel. Min. Néri da Silveira, Tribunal Pleno, julgado em 26.11.2001.

2013, o STF decidiu pela imunidade jurisdicional da ONU, pela aplicação da Convenção sobre Privilégios e Imunidades das Nações Unidas:

> DIREITO INTERNACIONAL PÚBLICO. DIREITO CONSTITUCIONAL. IMUNIDADE DE JURISDIÇÃO. ORGANIZAÇÃO DAS NAÇÕES UNIDAS (ONU). PROGRAMA DAS NAÇÕES UNIDAS PARA O DESENVOLVIMENTO (ONU/PNUD). RECLAMAÇÃO TRABALHISTA. CONVENÇÃO SOBRE PRIVILÉGIOS E IMUNIDADES DAS NAÇÕES UNIDAS (DECRETO Nº 27.784/1950). APLICAÇÃO. 1. Segundo estabelece a "Convenção sobre Privilégios e Imunidades das Nações Unidas", promulgada no Brasil pelo Decreto nº 27.784, de 16 de fevereiro de 1950, "A Organização das Nações Unidas, seus bens e haveres, qualquer que seja seu detentor, gozarão de imunidade de jurisdição, salvo na medida em que a Organização a ela tiver renunciado em determinado caso. Fica, todavia, entendido que a renúncia não pode compreender medidas executivas". 2. Esse preceito normativo, que no direito interno tem natureza equivalente a das leis ordinárias, aplica-se também às demandas de natureza trabalhista. 3. Recurso extraordinário provido.[5]

O Superior Tribunal de Justiça também teve ocasião de se manifestar sobre o tema das imunidades, em casos de especial interesse. Num deles, um cidadão francês, naturalizado brasileiro, propôs uma ação civil contra a República Federal da Alemanha, para obter reparação pelos danos que ele e sua família, de origem judaica, sofreram na França durante a ocupação alemã durante a Segunda Guerra Mundial. O juiz extinguiu a ação sem julgamento do mérito, dando aplicação automática à imunidade. Tal decisão foi reformada pelo STJ em recurso ordinário:

> – A competência (jurisdição) internacional da autoridade brasileira não se esgota pela mera análise dos arts. 88 e 89 do CPC, cujo rol não é exaustivo. Assim, pode haver processos que não

[5] STF, RE nº 597.368, Rel. Min. Ellen Gracie, Relator p/o acórdão Min. Teori Zavascki, Tribunal Pleno, julgado em 15.05.2013.

se encontram na relação contida nessas normas, e que, não obstante, são passíveis de julgamento no Brasil. Deve-se analisar a existência de interesse da autoridade judiciária brasileira no julgamento da causa, na possibilidade de execução da respectiva sentença (princípio da efetividade) e na concordância, em algumas hipóteses, pelas partes envolvidas, em submeter o litígio à jurisdição nacional (princípio da submissão).

– Há interesse da jurisdição brasileira em atuar na repressão dos ilícitos descritos na petição inicial. Em primeiro lugar, a existência de representações diplomáticas do Estado Estrangeiro no Brasil autoriza a aplicação, à hipótese, da regra do art. 88, I, do CPC. Em segundo lugar, é princípio constitucional basilar da República Federativa do Brasil o respeito à dignidade da pessoa humana. Esse princípio se espalha por todo o texto constitucional.

No plano internacional, especificamente, há expresso compromisso do país com a prevalência dos direitos humanos, a autodeterminação dos povos e o repúdio ao terrorismo e ao racismo. Disso decorre que a repressão de atos de racismo e de eugenia tão graves como os praticados pela Alemanha durante o regime nazista, nas hipóteses em que dirigidos contra brasileiros, mesmo naturalizados, interessam à República Federativa do Brasil e podem, portanto, ser aqui julgados.

– A imunidade de jurisdição não representa uma regra que automaticamente deva ser aplicada aos processos judiciais movidos contra um Estado Estrangeiro. Trata-se de um direito que pode, ou não, ser exercido por esse Estado. Assim, não há motivos para que, de plano, seja extinta a presente ação. Justifica-se a citação do Estado Estrangeiro para que, querendo, alegue seu interesse de não se submeter à jurisdição brasileira, demonstrando se tratar, a hipótese, de prática de atos de império que autorizariam a invocação desse princípio.

Recurso ordinário conhecido e provido.[6]

---

6 STJ, RO nº 64/SP, Rel. Min. Nacncy Andrighi, 3ª Turma, julgado em 13.05.2008.

Vista a multiplicidade de situações envolvendo as imunidades, centremos nossa atenção nas imunidades pessoais dos representantes estatais para em seguida examinarmos as imunidades dos próprios Estados.

9.2 As antigas capitulações

Do ponto de vista das pessoas naturais, a doutrina das imunidades se aplica apenas a representantes estatais, como chanceleres, diplomatas e cônsules. Porém, noutros tempos, cidadãos comuns estrangeiros também gozavam de imunidade à jurisdição local.

Portugal e o Reino Unido, por exemplo, reconheciam um regime especial de capitulações para súditos britânicos, o que comportava o estabelecimento de foros privilegiados nos territórios portugueses. Tal regime também teve aplicação no Brasil.

Em 1808, a fim de estreitar os laços com Londres, D. João assinou o Tratado de Aliança e Amizade, de Comércio e Navegação com o Reino Unido, que garantia o direito de extraterritorialidade aos cidadãos britânicos que cometessem crimes na jurisdição portuguesa. Mediante o Alvará de 4 de maio de 1808, o príncipe regente criou na cidade do Rio de Janeiro "um Juiz Conservador para que processe e sentencie as causas que pertencerem á mesma Nação, na forma que praticava o Juiz Conservador que havia em Lisboa" (*sic*).

Tal favor real serviria como um dos reconhecimentos ao apoio dado à corte de Lisboa, em sua transferência ao Brasil naquele mesmo ano de 1808, devido à invasão napoleônica.

Decorrente do Tratado de Amizade, Navegação e Comércio, de 1827,[7] o Juiz Conservador da Nação Britânica no Brasil tinha

---

7 Segundo o art. III do Tratado de 1827, "Os Consules, e Vice-Consules de ambas as nações exercitarão cada um no seu respectivo lugar, a autoridade de arbitros nas duvidas que nascem entre subditos, mestres e tripolações dos navios das suas respectivas nações, sem a intervenção das autoridades territoriaes, senão quando a tranqullidade publica exigir esta intervenção, ou as Partes a requererem, intentando as suas causas perante os tribunaes do paiz, em que estas duvidas nascerem" (*sic*). Por sua vez, o art. V deixava claro que os ingleses não seriam "sujeitos á vistas ou

uma particularidade. Garantia foro privilegiado para os súditos ingleses, mas a função era exercida por um juiz brasileiro, eleito pelos ingleses residentes no Brasil e aprovado pelo embaixador britânico. Dizia o art. VI do Tratado de 1827:

> Tendo a constituição do Império abolido todas as jurisdicções particulares, convem-se em que o lugar de Juiz Conservador da Nação Ingleza subsistirá só até que se estabeleça algum substituto satisfactorio em lugar daquella jurisdicção que possa assegurar igualmente protecção ás pessoas e á propriedade dos subditos de Sua Magestade Britanica.
>
> Fica com tudo entendido, que os subditos de Sua Magestade Britannica gozarão no Brazil dos mesmos direitos e vantagens, de que gozam os subditos brazileiros nas suas causas, tanto civeis, como criminaes; que elles não poderão ser presos sem culpa formada, e sem ordem assignada por autoridade legitima, excepto em casos de flagrante serão livres de prisão em todos os casos, em que a Lei admitte fianças.

Este regime foi extinto em 1844, durante a crise pelo fim do tráfico de africanos escravizados, então chamado "tráfico negreiro". Em 9 de novembro daquele ano, a Corte informou por meio de nota que estava abolido o cargo de "juiz conservador da Nação inglesa" no Brasil, e os privilégios concedidos à Inglaterra seriam definitivamente extintos" (BRASIL, 2020).

O Reino Unido manteve esquemas semelhantes noutros países. Existiu uma Corte Suprema Britânica para a China e o Japão (British Supreme Court for China and Japan), com sede em Xangai para julgar casos contra súditos britânicos na China, Japão e Coreia, de acordo com princípios de extraterritorialidade, conforme

buscas arbitrarias, nem se poderá fazer exame ou investiagação nos seus livros e papeis debaixo de qualquer pretexto que seja" (*sic*). Dizia-se também que "nos casos de traição, contrabando, ou outros crimes, de que as Leis do respectivo paiz fazem menção, as buscas, visitas exame, ou investigações só se poderão fazer, e terão lugar, sendo presente o Magistrado competente"(*sic*).

o Tratado de Nanquim, de 1842. Esse tribunal também funcionava como corte de apelação para juízos consulares nos referidos países.

Por ocasião da Segunda Guerra do Ópio, em 1858, um tratado firmado em Tientsin (Tianjin) aprofundou a desvantagem chinesa. Um dos tratados desiguais (*unequal treaties*), o Acordo de Tientsin, reafirmou os direitos de extraterritorialidade de cidadãos americanos, russos, franceses e britânicos em face da China. Questões entre cidadãos britânicos seriam decididas por autoridades britânicas. Nos crimes cometidos por chineses, a competência era das autoridades chinesas. Réus britânicos seriam julgados por autoridades consulares britânicas, de acordo com a lei inglesa.

Em 1879, foi instituída a British Court for Japan, que se beneficiava do Tratado Nipo-britânico de Amizade e Comércio, de 1858.

Com o paulatino reconhecimento da igualdade soberana entre os Estados, tratados como estes perderam lugar na História. As capitulações deixaram de existir, eliminando-se os privilégios de extraterritorialidade de estrangeiros, que pressupunham uma renúncia à soberania territorial por suspeição *ipso jure* da justiça local.

9.3 Órgãos de representação dos Estados nas relações internacionais

Nas relações internacionais, os Estados podem se fazer representar por autoridades diversas. Normalmente, a representação internacional dos Estados cabe ao Chefe de Estado, ao Chefe de Governo, ao Ministro das Relações Exteriores ou Chanceler, a agentes diplomáticos e a agentes consulares.

São esses indivíduos que exercem, em regra, o direito de celebrar tratados, que é titularizado pelos Estados. Sua designação para essa tarefa corresponde ao direito de legação, que também é conferido aos Estados soberanos, permitindo-lhes enviar e receber representantes diplomáticos e acreditá-los. Organizações internacionais também podem firmar tratados e têm o direito de legação.

Este tema é regulado pela Convenção de Viena sobre Relações Diplomáticas, de 1961, e pela Convenção de Viena sobre Relações Consulares, de 1963, ambas em vigor para o Brasil e promulgadas pelos Decretos n°s 56.435/1965 e 61.078/1967, respectivamente.

O primeiro tratado multilateral de que se tem notícia, o *Règlement de Viena* (1815), cuidava do direito diplomático e dos privilégios e garantias dos representantes dos Estados perante o governo de outros (REZEK, 2016).

Segundo Gueiros e Japiassú (2018),

> A concessão de privilégios a representantes diplomáticos, relativamente aos atos ilícitos por eles praticados, é antiga praxe no direito internacional, fundando-se no respeito e na consideração ao Estado que representam e na necessidade de cercar a atividade de garantias para o seu perfeito desempenho. Tais privilégios baseiam-se sempre no regime de reciprocidade e tal imunidade não se refere apenas aos fatos relacionados com o exercício da atividade diplomática, mas a todo e qualquer crime. (...) Com relação à sua natureza jurídica, a imunidade diplomática no âmbito do Direito Penal é considerada causa pessoal de exclusão ou de isenção de pena.

9.4 Relações diplomáticas e consulares e seus regimes jurídicos

Os diplomatas são regidos pela Convenção de Viena sobre Relações Diplomáticas de 1961, e os cônsules, pela Convenção de Viena sobre Relações Consulares de 1963. Os regimes jurídicos de cônsules e diplomatas são distintos.

Salvo declaração em contrário, o estabelecimento de relações diplomáticas leva à instituição de relações consulares. Todavia, o rompimento de relações diplomáticas não acarreta automaticamente a suspensão ou interrupção de relações consulares (VARELLA, 2019).

Os diplomatas são os representantes dos Estados; podem ser funcionários de carreira ou pessoas especialmente nomeadas pelo Chefe do Estado que envia o representante ao exterior. Têm por missão defender os interesses do Estado de origem perante outro ou perante uma organização internacional. Exercem suas atividades em missões diplomáticas, as embaixadas, e nas delegações ou missões junto a organizações internacionais, como a ONU, a OEA e a OCDE. O relacionamento diplomático pode ser interrompido ou suspenso, por variados motivos, entre eles conflitos armados ou controvérsias políticas de outra natureza.

Chama-se "acreditante" o Estado que envia o agente diplomático. Estado "acreditado" é o Estado que recebe diplomata estrangeiro. O *agrément* é o ato estatal discricionário, soberano e que dispensa motivação, mediante o qual o Estado acreditado aceita a designação de embaixador estrangeiro em sua capital. A acreditação é realizada em uma cerimônia oficial, na qual estão presentes o chefe do Estado de acolhimento e o chefe da missão diplomática do Estado de origem (VARELLA, 2019).

Os cônsules têm *status* diverso dos diplomatas. Sua principal função é atender aos interesses dos nacionais do Estado acreditante no território do Estado acreditado. Os agentes consulares emitem passaportes e vistos e cumprem funções notariais, para a legalização consular, por exemplo. Cabe-lhes, especialmente, a tarefa de proteção diplomática e de assistência consular no exterior, inclusive a nacionais presos no Estado acreditante, o que consiste no direito à informação sobre a prerrogativa de visita consular, objeto da Opinião Consultiva OC-16/99 (México) da Corte IDH, que trata do direito à informação sobre a assistência consular como inerente às garantias do devido processo legal.[8]

Os cônsules provam sua condição mediante a carta-patente, que depende de *exequatur* do Estado acreditado. O procedimento de acreditação é objeto do Decreto-lei nº 4.391/1942. Tais funcionários estatais podem ser de carreira, chamados de *missi*, sempre nacionais do Estado que os envia, ou honorários (*electi*), que podem ser nacionais de qualquer Estado, inclusive do Estado que os

---

8 CORTE INTERAMERICANA DE DIREITOS HUMANOS. *Opinión Consultiva OC-16/99*, de 1 de octubre de 1999, solicitada por los Estados Unidos Mexicanos. Disponível em: https://www.corteidh.or.cr/docs/opiniones/seriea_16_esp.pdf. Acesso em: 4 jul. 2022.

recebe. No serviço exterior brasileiro, os funcionários de carreira podem ser ora cônsules *missi*, ora diplomatas (REZEK, 2016).

Rezek (2016) resume as diferenças entre uns e outros:

> (...) é da tradição do direito das gentes não perder de vista a natureza diversa dessas instituições. O diplomata representa o Estado de origem junto à soberania local, e para o trato bilateral dos assuntos de Estado. Já o cônsul representa o Estado de origem para o fim de cuidar, no território onde atue, de interesses privados – os de seus compatriotas que ali se encontrem a qualquer título, e os de elementos locais que tencionem, por exemplo, visitar aquele país, de lá importar bens, ou para lá exportar.

9.5 Imunidade dos representantes dos Estados no direito internacional

Desde o caso Yerodia (República Democrática do Congo vs. Bélgica),[9] julgado pela CIJ em 2002, também conhecido como *The Case Concerning the Arrest Warrant of 11 April 2000*, reconhece-se que os chefes de Estado e de Governo e os chanceleres têm regime jurídico similar ao dos agentes diplomáticos. Na verdade, esse já era o direito costumeiro.

Em 1999, a Bélgica expediu um mandado de prisão contra Abdulaye Yerodia Ndombasi, ministro das Relações Exteriores da República Democrática do Congo (RDC), por crimes contra a humanidade. O mandado foi incluído em difusão vermelha da Interpol. Bruxelas alegava poder submetê-lo a julgamento em um de seus tribunais em função do princípio da jurisdição universal, pela violação das Convenções de Genebra de 1949. Provocada pela RDC, a Corte da Haia decidiu que os ministros de Relações Exteriores

9 CORTE INTERNACIONAL DE JUSTIÇA. *Arrest Warrant of 11 April 2000 (Democratic Republic of the Congo v. Belgium). Judgment of 14 february 2002*. Disponível em: https://www.icj-cij.org/en/case/121. Acesso em: 4 jul. 2022.

gozam da mesma imunidade conferida aos chefes de Estado, na representação internacional dos Estados, e que a atuação belga feria o princípio da igualdade soberana entre os Estados, por prejudicar esse direito de representação. Por tal razão, a jurisdição universal reclamada pela Bélgica não poderia alcançar o ministro Yerodia, segundo os costumes internacionais.

A Corte esclareceu que a imunidade em tais casos não opera em favor dos indivíduos, mas dos Estados por eles representados, de modo que tais representantes gozam de imunidade plena à jurisdição penal, inclusive em relação a crimes contra a humanidade e crimes de guerra.

Em sua nota à imprensa de fevereiro de 2002, a Corte da Haia informou:

> A Corte considerou que a emissão e circulação internacional pela Bélgica do mandado de prisão de 11 de abril de 2000 contra Abdulaye Yerodia Ndombasi desrespeitou a imunidade de jurisdição penal e a inviolabilidade de que gozava o atual Ministro das Relações Exteriores do Congo de acordo com o direito internacional; e que a Bélgica deve cancelar o mandado de captura. Em sua sentença, que é definitiva, inapelável e vinculante para as Partes, a Corte considerou, por 13 votos a 3, "que a questão contra o Sr. Abdulaye Yerodia Ndombasi do mandado de prisão de 11 de abril de 2000 e sua circulação internacional, constituíram violações de uma obrigação legal do Reino da Bélgica para com a República Democrática do Congo, na medida em que desrespeitaram a imunidade de jurisdição penal e a inviolabilidade de que gozava o atual Ministro dos Negócios Estrangeiros da República Democrática do Congo conforme a lei"; e, por 10 votos a 6, "que o Reino da Bélgica deve, pela forma que escolher, anular o mandado de prisão de 11 de abril de 2000 e assim informar as autoridades a quem esse mandado tiver sido distribuído.[10]

---

10 NAÇÕES UNIDAS. United Nations Information Service. *ICJ rejects Belgian arrest warrant for foreign minister of Democratic Republic of Congo*. Disponível em http://www.unis.unvienna.org/unis/pressrels/2002/afr379.html. Acesso em: 15 jul. 2020.

Mais recentemente, a questão da imunidade de altos representantes estatais voltou a ocupar a CIJ, desta vez envolvendo a Guiné Equatorial e a França. Em 2016, o governo de Malabo instaurou um processo contra a República Francesa para assegurar a imunidade de jurisdição penal do Segundo Vice-Presidente da República da Guiné Equatorial encarregado da Defesa e Segurança do Estado, Sr. Teodoro Nguema Obiang Mangue, e proteger a inviolabilidade do imóvel[11] na Av. Foch, 42, em Paris, que supostamente albergava a embaixada da Guiné Equatorial. Em 2017, quando a causa internacional já tramitava na CIJ, Obiang foi condenado na França por lavagem de dinheiro a três anos de prisão e ao pagamento de uma multa de 30 milhões de euros. Além disso, o imóvel em questão foi confiscado.[12]

Perante a CIJ, a Guiné Equatorial invocou o Protocolo Facultativo à Convenção de Viena sobre Relações Diplomáticas relativo à Solução Compulsória de Controvérsias (1961) e a Convenção das Nações Unidas contra o Crime Organizado Transnacional (2000). A Corte só reconheceu sua competência quanto ao primeiro tratado, admitindo apenas a julgamento a questão do *status* do imóvel parisiense, que havia sido alcançado por medidas cautelares patrimoniais e, depois, por um confisco.[13]

A decisão de mérito quanto a este ponto foi publicada em 11.12.2020, tendo a CIJ considerado que o prédio da Av. Foch, 42, em Paris, nunca havia adquirido o *status* de "local da missão" na acepção do art. 1°, alínea *i*, da Convenção de Viena sobre Relações Diplomáticas. Sendo assim, a CIJ concluiu que a França não violou o art. 22 dessa Convenção.[14]

---

11 CONVENÇÃO DE VIENA SOBRE RELAÇÕES DIPLOMÁTICAS: "Artigo 22: 1. Os locais da Missão são invioláveis. Os Agentes do Estado acreditado não poderão neles penetrar sem o consentimento do Chefe da Missão".

12 CORTE INTERNACIONAL DE JUSTIÇA. *Immunities and Criminal Proceedings (Equatorial Guinea v. France).* Judgement of 11 December 2020. Disponível em: https://www.icj-cij.org/en/case/163. Acesso em: 4 jul. 2022.

13 Caso *Immunities and Criminal Proceedings* (Equatorial Guinea v. France).

14 Caso *Immunities and Criminal Proceedings* (Equatorial Guinea v. France).

Como se viu, a questão da imunidade de jurisdição de Teodoro Obiang Mangue ficou em aberto porque a CIJ não reconheceu sua jurisdição para apreciara questão à luz da Convenção de Palermo, o que inviabilizou um pronunciamento de mérito quanto a esse ponto, sem prejuízo, contudo, da preservação do costume internacional que assegura a imunidade de jurisdição aos Estados e a tais pessoas.[15]

Contudo, para os crimes contra a humanidade, crimes de guerra e crimes contra a paz não há imunidade nem mesmo para chefes de Estado e de Governo. É o que determina o Estatuto de Roma do Tribunal Penal Internacional. O art. 27 desse tratado, promulgado no Brasil pelo Decreto nº 4.388/2002, cuida da irrelevância da condição de autoridade estatal:

> Artigo 27
>
> Irrelevância da Qualidade Oficial
>
> 1. O presente Estatuto será aplicável de forma igual a todas as pessoas sem distinção alguma baseada na qualidade oficial. Em particular, a qualidade oficial de Chefe de Estado ou de Governo, de membro de Governo ou do Parlamento, de representante eleito ou de funcionário público, em caso algum eximirá a pessoa em causa de responsabilidade criminal nos termos do presente Estatuto, nem constituirá de per se motivo de redução da pena.
>
> 2. As imunidades ou normas de procedimento especiais decorrentes da qualidade oficial de uma pessoa; nos termos do direito interno ou do direito internacional, não deverão obstar a que o Tribunal exerça a sua jurisdição sobre essa pessoa.

Esse princípio já era reconhecido desde a adoção dos Princípios de Nuremberg após a Segunda Guerra Mundial. Conforme o Princípio III, o fato de que uma pessoa suspeita de um crime segundo o direito internacional tenha agido como Chefe de Estado

---

15 *Vide* o § 102 da sentença da CIJ, de 06.06.2018, sobre as questões preliminares no caso Guiné Equatorial vs. França.

ou como autoridade governamental responsável "não a isenta de responsabilidade perante o direito internacional".[16]

Já quando os chefes de Estado e os chefes de Governo deixam tais posições a situação é diversa. Tais autoridades perdem a imunidade ao deixarem suas funções. Em tais situações, podem ser julgadas por tribunais nacionais de Estados estrangeiros ou por tribunais internacionais. Exemplo da primeira situação é o pedido de extradição da Espanha ao Reino Unido, para a entrega de Augusto Pinochet, por crimes cometidos no Chile contra cidadãos espanhóis.

9.6 Imunidades diplomáticas e consulares

A imunidade dos agentes estatais justifica-se para permitir sua livre atuação na sociedade internacional, na representação dos Estados de origem. Primeiro por costume internacional e depois por força de convenções, instituiu-se limitação à soberania dos Estados sobre a pessoa dos representantes dos Estados estrangeiros que atuam em seu território. A imunidade se estende aos familiares dos diplomatas e a seus funcionários domésticos; protege também arquivos, veículos e o local da missão ou da legação. Por isso diz-se que a imunidade se classifica em pessoal, favorecendo diplomatas, cônsules e seus familiares, por exemplo, e real, que recai sobre as legações, veículos e certos objetos) (VARELLA, 2019).

A imunidade diplomática é mais ampla do que a imunidade consular. Os diplomatas não estão sujeitos à jurisdição penal, cível, administrativa ou trabalhista do Estado acreditado. Contudo, a Convenção de Viena de 1961 prevê algumas exceções, relativas, por exemplo, a imóveis particulares que não o residencial, ações sucessórias estritamente pessoais e processos referentes ao

16 *"Principle III - The fact that a person who committed an act which constitutes a crime under international law acted as Head of State or responsible Government official does not relieve him from responsibility under international law"* (NAÇÕES UNIDAS. *Principles of International Law Recognized in the Charter of the Nürnberg Tribunal and in the Judgment of the Tribunal, 1950.* Disponível em: https://legal.un.org/ilc/texts/instruments/english/draft_articles/7_1_1950.pdf. Acesso em: 4 jul. 2022).

exercício de profissão liberal ou de atividade comercial no país (REZEK, 2016). É o que diz o art. 31 da Convenção de 1961.

Essas imunidades são reconhecidas pela legislação processual brasileira. Basta lembrar que o inciso I do art. 1° do Código de Processo Penal estabelece o princípio da especialidade, ordenando que se dê prevalência aos tratados e às regras de direito internacional. De igual modo, o art. 369 do CPP diz que as citações que houverem de ser feitas em legações estrangeiras "serão efetuadas mediante carta rogatória". Essa regra é uma salvaguarda à imunidade de jurisdição do Estado acreditante e de seus representantes e funcionários.

No Código de Processo Civil não há regra similar à do CPP. Por isso, Madruga (2011) sustenta que a ordem judicial de citação do Estado estrangeiro réu seja efetivada pelos canais diplomáticos, para que chegue ao conhecimento de seu Ministério das Relações Exteriores, "sendo desnecessário que se rogue essa citação às autoridades judiciárias desse Estado".

De fato, o art. 3°, *a*, da Convenção de Viena de 1961, determina que uma das funções da missão diplomática é representar o Estado acreditante perante o Estado acreditado. Ademais, segundo o art. 22 da Convenção de 1961, os locais da missão são invioláveis, e, nos termos do art. 31.2, "o agente diplomático não é obrigado a prestar depoimento como testemunha".

A Constituição brasileira trata indiretamente da imunidade diplomática no art. 102, I, *c*, ao atribuir ao STF a competência para processar e julgar nas infrações penais comuns e nos crimes de responsabilidade "os chefes de missão diplomática de caráter permanente". A referência obviamente é aos diplomatas brasileiros chefes de missão perantes Estados ou organizações internacionais.

Segundo o art. 54 do Decreto n° 11.024/2022, o chefe de missão diplomática permanente

> é a mais alta autoridade brasileira no país em cujo governo está acreditado, e lhe cabe coordenar as atividades das repartições brasileiras ali sediadas, exceto as das Missões e

> Delegações Permanentes junto a organismos internacionais e as dos órgãos de caráter estritamente militar.[17]

Conforme a Convenção de Viena de 1963, a imunidade consular restringe-se às funções consulares. Para os cônsules, não há imunidade penal absoluta, que é assegurada pela Convenção de Viena de 1961 aos diplomatas. Assim já decidiu o STJ quanto à imunidade civil de cônsul estrangeiro no Brasil:

> 3. As autoridades consulares possuem imunidade de jurisdição, de acordo com o art. 43, § 1º, da Convenção de Viena sobre Relações Consulares: "os funcionários consulares e os empregados consulares não estão sujeitos à jurisdição das autoridades judiciárias e administrativas do Estado receptor pelos atos realizados no exercício das funções consulares".
>
> 4. Não é cabível a impetração contra autoridade consular estrangeira por negativa de visto de entrada, pelo que está consignado no art. 43, § 1º, da Convenção de Viena sobre Relações Consulares, promulgada por meio do Decreto nº 61.078, de 26.07.1967.[18]

Por outro lado, a imunidade dos locais da missão diplomática é mais abrangente do que aquela que a Convenção de 1963 reserva aos cônsules, tendo em vista as restrições do seu art. 31.

> Art. 31.
>
> Inviolabilidade dos locais consulares
>
> 1. Os locais consulares serão invioláveis na medida do previsto pelo presente artigo.
>
> 2. As autoridades do Estado receptor não poderão penetrar na parte dos locais consulares que a repartição consular utilizar exclusivamente para as necessidades de seu trabalho, a não

---

17 Segundo o art. 53 do Decreto nº 11.024/2022, às missões e delegações permanentes "compete assegurar a representação dos interesses do País nos organismos internacionais junto aos quais estão acreditadas".

18 STJ, RO nº 126/SP, Rel. Min. Humberto Martins, 2ª Turma, julgado em 02.08.2012.

> ser com o consentimento do chefe da repartição consular, da pessoa por ele designada ou do chefe da missão diplomática do Estado que envia. Todavia, o consentimento do chefe da repartição consular poderá ser presumido em caso de incêndio ou outro sinistro que exija medidas de proteção imediata.

De fato, em caso originado na Bahia e julgado em 1989, o STJ decidiu que a invocação de imunidade por funcionário consular não deveria prevalecer dadas as circunstâncias. Tratava-se da ação penal promovida contra o vice-cônsul honorário da Itália em Salvador, que foi acusado de favorecimento pessoal (art. 348 do CP) na fuga de Domenico Angelini, então processado pelo crime de moeda falsa. A Corte decidiu que, "ao contrário dos agentes diplomáticos, os funcionários consulares não gozam de maior imunidade de jurisdição criminal, salvo em relação aos atos estritamente funcionais".[19]

Tal precedente foi invocado para decidir outro caso, este envolvendo o cônsul de Israel no Rio de Janeiro, acusado de violar o art. 241 da Lei nº 8.069/1990:

> Trata-se de *habeas corpus* em que se pedia o trancamento da ação penal contra cônsul israelense que fotografou cenas pornográficas envolvendo adolescentes, crime previsto no ECA (art. 241). A Turma negou a ordem entendendo que os funcionários diplomáticos não estão isentos de toda a jurisdição civil e criminal do Estado receptor; a imunidade diplomática restringe-se apenas aos atos de estrito exercício das funções (Convenção de Viena assinada pelo Brasil em 1963).[20]

A imunidade dos diplomatas e cônsules não corresponde a impunidade. Tais agentes podem ser declarados *personae non gratae*, por ato unilateral e soberano do Estado acreditado. Em caso de não retirada pelo Estado acreditante, os privilégios e imunidades do agente podem ficar comprometidos, superando-se a imunidade.

---

19 STJ, RHC nº 372/BA, Rel. Min. José Dantas, 5ª Turma, julgado em 29.11.1989.

20 STJ, 6ª Turma, HC nº 14.703/RJ, Rel. Min. Fontes de Alencar, julgado em 19.06.2001.

Além disso, o Estado acreditante pode renunciar à imunidade à jurisdição local. Trata-se de ato de soberania. O agente não pode tomar essa iniciativa. A renúncia à imunidade civil não confere ao Estado acreditado o direito de implementar medidas de execução cível (REZEK, 2016).

Foi o que fez El Salvador, ao renunciar à imunidade de seu cônsul-geral, acusado de falsidade ideológica. O caso chegou ao STJ, que assim decidiu:

> 1. Tendo o paciente, na condição de Cônsul-Geral de El Salvador, praticado supostamente os delitos de falsidade ideológica e descaminho no exercício de suas funções, o artigo 43 da Convenção de Viena sobre Relações Consulares de 1963 lhe assegura a imunidade à jurisdição brasileira.
>
> 2. No entanto, é possível que o Estado estrangeiro renuncie a imunidade de jurisdição de qualquer membro da repartição consular, nos termos do artigo 45 da referida Convenção.
>
> 3. Instado a se manifestar, o Estado de El Salvador, no exercício de sua soberania, retirou os privilégios e imunidades do paciente, não havendo, portanto, qualquer óbice ao prosseguimento da ação penal.
>
> 4. A imunidade de jurisdição não se verifica de plano, isto é, não se aplica de forma automática, notadamente pelo fato de que há a possibilidade de renúncia pelo Estado estrangeiro. Deste modo, não era o caso de se impedir de pronto a persecução penal contra o paciente, mas sim, de indagar o Estado de El Salvador acerca do interesse em se submeter ou não à jurisdição brasileira, conforme se deu na espécie.
>
> 5. *Habeas corpus* denegado.[21]

A Espanha também renunciou à imunidade diplomática de um funcionário de sua missão no Brasil, que foi acusado de matar

21 STJ, HC nº 149.481/DF, Rel. Min. Haroldo Rodrigues (Desembargador Convocado do TJ/CE), 6ª Turma, julgado em 19.10.2010.

sua esposa no Espírito Santo. O governo em Madrid, porém, fez apenas uma renúncia parcial, para alcançar a investigação e o processo, mas não a execução penal, o que é possível no exercício da imunidade de jurisdição pelo Estado acreditante.[22]

9.6.1 O caso da embaixatriz grega

Em dezembro de 2016, em Nova Iguaçu/RJ, a embaixatriz grega Françoise Oliveira Amiridis tornou-se suspeita de coautoria na morte de seu marido, o embaixador da Grécia no Brasil, Kyriakos Amiridis. Teria sido um crime passional.

A Polícia Civil do Rio de Janeiro realizou uma investigação exemplar e desvendou o crime em poucos dias. Supõe-se que a embaixatriz teria concorrido para o crime, com seu suposto amante, um policial militar fluminense. Ambos foram julgados e condenados em 2021 pelo tribunal do júri de Nova Iguaçu/RJ.

Uma questão se coloca quanto às garantias processuais especiais a que teria direito a embaixatriz, na perspectiva da Convenção de Viena sobre Relações Diplomáticas, de 1961.

Em regra, os agentes diplomáticos, especialmente os embaixadores como chefes de missão, gozam de inviolabilidade pessoal, domiciliar, de seus bens e de suas comunicações e imunidade de jurisdição (art. 31.1 da Convenção de 1961). Na forma do art. 31.4 da Convenção, o diplomata está sempre sujeito à jurisdição do Estado acreditante, ou seja, a julgamento no país para o qual trabalha. É um caso convencional de extraterritorialidade da lei penal.

Nesse sentido, o art. 5° do Código Penal, ao tratar do princípio da territorialidade, estabelece que a lei penal brasileira se aplica ao crime cometido no território nacional, mas ressalva os tratados, as convenções e as regras de direito internacional. No Código de Processo Penal, a ressalva do direito internacional está no art. 1°, I.

---

[22] STJ, 6ª Turma, HC nº 87.825/ES, Rel. Min. Néfi Cordeiro, j. em 05.12.2017: "No caso presente veio a Espanha a renunciar à imunidade de jurisdição, mas reservou-se a imunidade de execução – pode o recorrente aqui ser processado e eventualmente condenado, mas a execução da pena se dará apenas pela Espanha".

É preciso perceber, no entanto, que pode haver renúncia, desde que expressa, a essa imunidade, que pode ser declarada pelo Estado acreditante, nos termos do art. 32.1 da Convenção de 1961. A renúncia pode dizer respeito tanto aos agentes diplomáticos quanto às pessoas que gozam de imunidade nos termos do art. 37 do tratado, ente os quais estão os familiares do chefe da missão. A renúncia pode também ser total ou parcial.

O tema da imunidade se apresentou na fase da investigação, pois a Polícia Civil "representou" pela decretação da prisão temporária da embaixatriz Françoise Oliveira Amiridis, então suspeita de homicídio qualificado e ocultação de cadáver, e realizou busca e apreensão em um imóvel alugado pelo casal em Nova Iguaçu.

Na forma do art. 37.1 da Convenção de Viena de 1961, "os membros da família de um agente diplomático que com êle vivam gozarão dos privilégios e imunidade mencionados nos artigos 29 e 36, desde que não sejam nacionais do estado acreditado".[23]

A existência dos privilégios e imunidades para os membros da família do agente diplomático depende da nacionalidade daqueles. A ex-embaixatriz grega é brasileira. Logo, se a embaixatriz suspeita fosse estrangeira ou se tivesse perdido a nacionalidade brasileira, teria as imunidades diplomáticas mencionadas nos arts. 29 a 36 do tratado. Porém, como a ex-esposa do embaixador é brasileira nata, não teve direito a tais imunidades e privilégios, que são estabelecidos pela Convenção no interesse do Estado estrangeiro.

Vejamos a questão à luz do direito internacional. Segundo o art. 29 da Convenção de Viena de 1961, "a pessoa do agente diplomático é inviolável. Não poderá ser objeto de nenhuma forma de detenção ou prisão", o que abrange prisões em flagrante, a prisão temporária, a prisão preventiva ou a prisão decorrente de condenação executável.

---

[23] Há um erro na versão em português constante do site oficial www.planalto.gov.br. Onde se lê "artigos 29 e 36" leia-se "artigos 29 a 36". É fácil perceber o equívoco examinando o texto autêntico em inglês: *"Article 37. 1.The members of the family of a diplomatic agent forming part of his household shall, if they are not nationals of the receiving State, enjoy the privileges and immunities specified in articles 29 to 36".*

Conforme o art. 30, a residência particular do agente diplomático goza da mesma inviolabilidade e proteção que os locais da missão. Seus documentos, sua correspondência e seus bens também merecem tal proteção. Essa imunidade se estende aos familiares do chefe da missão que com ele residam (art. 37.1). Diz o art. 22, §§ 1° e 3°, da Convenção que os locais da missão são invioláveis e não podem ser objeto de busca. Logo, a residência particular dos familiares do embaixador também é um local protegido, equiparando-se aos locais da missão. O Estado que envia o embaixador pode renunciar a esses privilégios.

De acordo com o art. 31.1 do tratado, o agente diplomático goza de imunidade de jurisdição penal no Estado acreditado. No caso concreto, o Estado acreditado é o Brasil. Essa imunidade também se estende a seus familiares, na forma do art. 37.1 e também é renunciável, no todo ou em parte.

Não havendo renúncia pelo Estado acreditante, a imunidade não se extingue nem com a morte do membro da missão. Seus familiares continuam no gozo dos privilégios e imunidades por um prazo razoável (art. 39.3), isto é, por tempo suficiente para deixarem o território do Estado acreditado.

Assim, se a embaixatriz acusada não tivesse nacionalidade brasileira, não poderia ser presa, sequer por ordem do juiz competente no Brasil. Não poderia sofrer busca e apreensão, nem ter os seus sigilos bancário, fiscal, telefônico e telemático afastados. Em suma, não poderia ser submetida a nenhuma medida de persecução penal, a menos que ocorresse o disposto no art. 32.1 da Convenção, isto é, a menos que a República da Grécia renunciasse expressamente a tal imunidade.

A renúncia se perfaz mediante comunicação formal ao Ministério das Relações Exteriores, que deve levar o fato ao conhecimento do Ministério Público e do Poder Judiciário.

Se tal renúncia não ocorrer, somente o Estado de envio terá jurisdição para a persecução penal de seu embaixador ou de sua embaixatriz, ou vice-versa. Essa situação pessoal não se estende a eventuais coautores que não gozem de tais imunidades. Diz o art. 30 do Código Penal que "não se comunicam as circunstâncias e as condições de caráter pessoal, salvo quando elementares do crime".

Por outro lado, se a embaixatriz acusada for brasileira, como no caso concreto é, pode ser presa preventivamente, sujeita-se a qualquer medida de investigação e pode responder a processo penal regular no Brasil, como qualquer cidadão. Paralelamente, o Ministério Público da Grécia poderá realizar sua própria persecução, se admitida a extraterritorialidade da lei penal grega nessas circunstâncias, tendo em vista o princípio da nacionalidade passiva.

9.6.2 Outros casos criminais relacionados a agentes diplomáticos

O representante grego não foi o único diplomata estrangeiro a ser assassinado no Brasil. Na nossa história recente, vários crimes envolveram autoridades diplomáticas e consulares, como autores ou vítimas.

Em julho de 1977, o embaixador Delorme Mehu, do Haiti, foi morto a tiros no bairro do Rio Vermelho, em Salvador. O crime teria sido cometido a mando do primeiro-secretário da embaixada haitiana em Brasília, Louis Robert Mackenzie. Dois brasileiros, executores do crime, foram presos. Em 1978, os dois pistoleiros brasileiros foram condenados pelo tribunal do júri de Salvador. O suposto mandante retornou a Porto Príncipe. Não há informações sobre se foi levado a julgamento no Haiti.

Em janeiro de 1997, Gueorgui Makharadze, diplomata georgiano, dirigia em alta velocidade em Washington e acabou matando Joviane Waltrick, uma adolescente brasileira. O governo da Geórgia renunciou à imunidade. O referido diplomata foi processado pela Procuradoria dos Estados Unidos e acabou aceitando o acordo penal que lhe foi ofertado.

Vale lembrar do terrível atentado terrorista de 2003 contra a sede da ONU em Bagdá, que cobrou a vida do diplomata Sérgio Vieira de Mello e de mais 21 pessoas. Mello exercia o cargo de

Alto Comissário das Nações Unidas para os Direitos Humanos e naquele ano foi designado por Kofi Annan representante especial do Secretário-Geral da ONU para o Iraque. O atentado suicida com um veículo cheio de explosivos teria sido praticado pela Al-Qaeda. O atentado lembra o caso do conde Bernadotte.[24]

Em 2010, o vice-cônsul da República Portuguesa no Rio Grande do Sul foi acusado de aplicar um golpe de 2,5 milhões de reais contra a Arquidiocese de Porto Alegre. Denunciado por estelionato, o vice-cônsul fugiu para Portugal em 2011. Em 2019, foi condenado pela Justiça em Lisboa a seis anos de prisão. Como vimos, diferentemente dos diplomatas, os cônsules só gozam de imunidade para os atos de ofício, conforme a Convenção de Viena de 1963.

No Rio de Janeiro em 2011, a imunidade diplomática foi usada como estratégia para facilitar a fuga de Antônio Francisco Bonfim Lopes, o "Nem". Ele e seus cúmplices, suspeitos de narcotráfico, usaram um carro com placas diplomáticas da República Democrática do Congo (antigo Zaire, capital Kinshasa) para fuga. Nenhuma autoridade consular congolesa se envolveu nesse episódio. Era só uma maneira de os suspeitos impedirem que o carro fosse revistado. "Nem" estava no porta-malas.

Em 2012, o diplomata iraniano Hekmatollah Ghorbani foi acusado de crimes sexuais contra quatro meninas num clube em Brasília. Não houve renúncia pela República Islâmica do Irã, e o diplomata retornou a Teerã.

Em maio de 2015, Jesús Figón Leo, membro do corpo diplomático espanhol e lotado em Brasília, confessou ter matado sua esposa Rosemary Justino Lopes em Vitória. O Reino da Espanha, como Estado acreditante, renunciou parcialmente à imunidade de jurisdição, o que permitiu o início da persecução penal perante a

---

[24] CORTE INTERNACIONAL DE JUSTIÇA. *Reparation for Injuries Suffered in the Service of the United Nations*. Advisory Opinion of 11 April 1949. Disponível em: https://www.icj-cij.org/en/case/4. Acesso em: 4 jul. 2022. O conde Bernadotte foi morto em setembro de 1948, em Jerusalém. Ele era então mediador da ONU para a Questão Palestina.

Vara do Júri da capital do Estado do Espírito Santo. O réu ainda não foi julgado. Sua tese é de legítima defesa. Em 2017, Figón Léo foi autorizado pelo STJ a retornar à Espanha.

> 1. Embora permaneça a jurisdição brasileira competente para o processo de conhecimento do homicídio imputadamente praticado por agente diplomático da República Federativa da Espanha, tendo esse país renunciado à imunidade de jurisdição cognitiva, mas reservando-se a imunidade de execução, não será o cumprimento de eventual pena da competência brasileira.
>
> 2. A cautelar fixada de proibição de ausentar-se do país sem autorização judicial não é adequada ao temor de fuga do acusado, com indicados riscos à instrução e à aplicação da lei penal.
>
> 3. Não há sequer menção de ter o paciente buscado destruir provas ou ameaçado testemunhas, e seu eventual intento de não comparecer a atos do processo é reserva de autodefesa a ele plenamente possível – sequer o júri restaria no caso impedido (nova redação do art. 475 CPP da Lei nº 11.689/2008).
>
> 4. Tampouco é justificável a proteção por magistrado brasileiro à aplicação da lei penal se por reserva jurisdicional da execução é da Espanha a competência para o cumprimento de eventual pena criminal imposta.
>
> 5. Dado provimento ao recurso em habeas corpus para tornar sem efeito a cautelar fixada de proibição de ausentar-se do país sem autorização judicial, sem prejuízo de nova e fundamentada decisão de necessárias medidas cautelares penais.[25]

9.7 Imunidades de jurisdição do Estado

Originalmente, a imunidade do Estado à jurisdição estrangeira cobria todas as áreas de atividade estatal. Tratava-se de imunidade absoluta. No entanto, a partir do século XIX, essa doutrina

---

25 STJ, 6ª Turma, HC nº 87.825/ES, Rel. Min. Néfi Cordeiro, j. em 05.12.2017.

evoluiu e hoje se aplica a teoria da imunidade qualificada, que abrange apenas os atos governamentais (*iure imperii*), e não as transações comerciais (*iure gestionis*) (MALANCZUK, 1997).

Se a imunidade dos agentes diplomáticos e consulares está expressa no direito convencional, a imunidade dos próprios Estados não está prevista em convenções. Essa é uma regra costumeira, que deriva da igualdade soberana entre as nações e do princípio *par in parem no habet iudicium*.

Rezek (2016) explica que, embora as convenções de Viena de 1961 e 1963 sejam voltadas para o direito diplomático, também há nelas regras sobre a inviolabilidade e a isenção fiscal de alguns bens, móveis e imóveis, integrantes do patrimônio do Estado acreditante. Porém, ali não há qualquer norma sobre a imunidade do próprio Estado, como pessoa jurídica de direito público externo, à jurisdição local (REZEK, 2016).

9.7.1 Conceito

Em sentido amplo, há dois tipos de imunidades ligadas à soberania estatal, a imunidade do próprio Estado (*sovereign immunity*) e a imunidade dos seus agentes (*diplomatic immunity*). Há também a imunidade das organizações internacionais.

Segundo Akehurst, historicamente, o chefe do Estado ou do governo tem a mesma imunidade que o próprio Estado, mesmo para os atos praticados como pessoa física (MALANCZUK, 1997).

No direito internacional, ensina Akehurst, a imunidade se refere às normas e princípios jurídicos que determinam as condições sob as quais um Estado estrangeiro pode reclamar sua não sujeição à jurisdição (administrativa, legislativa ou judicial) do Estado do foro (MALANCZUK, 1997).

9.7.2 Imunidades do Estado

Em sentido estrito, a imunidade do Estado abrange seus bens, valores e arquivos e protege o pessoal do seu serviço exterior.

Tratados podem estender a imunidade a outras atividades do Estado, como as de natureza militar, quando se tem em mira bases instaladas em território estrangeiro. Em temas judiciais, tal imunidade diz respeito tanto ao processo de conhecimento (em ações indenizatórias, por exemplo) quanto ao processo de execução (penhora de bens etc.). Em sentido amplo, diz respeito à própria imunidade do Estado à jurisdição local, como pessoa jurídica de DIP.

Cortes internacionais e mecanismos quase-judiciais também não têm jurisdição imediata sobre os Estados soberanos. Para que um Estado se submeta a um tribunal internacional, inclusive às cortes de direitos humanos, é necessário ser parte de um tratado e aceitar a cláusula de jurisdição obrigatória ou ingressar num protocolo específico.

Com a evolução das relações internacionais, o costume internacional *par in parem non habet iudicium* acabou derrogado ou flexibilizado. Não é mais absoluto. Para os atos de império (*jure imperii*), os Estados continuam gozando de imunidade à jurisdição local. Porém, para os atos de mera gestão (*jure gestionis*), tal imunidade não mais existe. Os atos de império dizem respeito à relação entre Estados soberanos.

Para Rezek (2016), tendo em conta o direito convencional ainda não vigente[26] e os precedentes legislativos[27] e judiciais em vários países, é provável que a imunidade à jurisdição "não subsistirá no que se refere a toda espécie de processo derivado de relação jurídica entre o Estado estrangeiro e o meio local – mais exatamente os particulares locais" (REZEK, 2016). Noutras palavras, a preliminar de imunidade total em relação a tais eventos não pode mais ser invocada pelo Estado estrangeiro no processo em todo e qualquer caso.

---

26 Convenção das Nações Unidas sobre Imunidade de Jurisdição do Estado e de seus Bens (United Nations Convention on Jurisdictional Immunities of States and Their Property), concluída em 2004. Em julho de 2019, havia 22 Estados Partes. A vigência só ocorrerá com o depósito do trigésimo instrumento.

27 Leis de diversos países – como a *1976 Foreign Sovereign Immunities Act*, dos Estados Unidos; a *1978 State Immunity Act*, do Reino Unido; e a *1985 Foreign States Immunities Act*, da Austrália –, têm restringido as imunidades soberanas.

> A imunidade tende a reduzir-se, desse modo, ao mais estrito sentido dos *acta jure imperii*, a um domínio regido seja pelo direito das gentes, seja pelas leis do próprio Estado estrangeiro: suas relações com o Estado local ou com terceira soberania, com seus próprios agentes recrutados na origem, com seus nacionais em matéria de direito público – questões tendo a ver com a nacionalidade, os direitos políticos, a função pública, o serviço militar, entre outras (REZEK, 2016).

Na jurisprudência brasileira, em se tratando de matérias de ordem estritamente pública ou tributária, a prerrogativa institucional de imunidade jurisdição dos Estados estrangeiros é absoluta.

> 1. Os Estados estrangeiros gozam de imunidade de jurisdição e tributária, com esteio, respectivamente, nos arts. 23, da Convenção de Viena sobre Relações Diplomáticas, e 32, da Convenção de Viena sobre Relações Consulares, estando, assim, isentos do pagamento de tributos que recaiam sobre seu patrimônio ou lhes sejam exigidos pela prestação não individualizada de serviços. Precedentes: RO nº 49/RJ, Rel. Min. José Delgado, *DJU* de 07.11.2006; RO nº 46/RJ, Rel. Min. Francisco Peçanha Martins, *DJU* de 13.02.2006; RO nº 45/RJ, Rel. Min. Castro Meira, *DJU* de 28.11.2005; RO nº 35/RJ, Rel. Min. Teori albino Zavascki, *DJU* de 05.08.2004. (...)
>
> 3. Recurso ordinário desprovido.[28]

No entanto, nas reclamações trabalhistas, tal imunidade tem sido afastada. Segundo o STJ, "a imunidade de jurisdição de Estado estrangeiro não alcança litígios de ordem trabalhista decorrentes de relação laboral prestada em território nacional e tendo por reclamante cidadã brasileira aqui domiciliada".[29]

---

28 STJ, RO nº 43/RJ, Rel. Min. Luiz Fux, 1ª Turma, julgado em 02.10.2007.

29 STJ, RO nº 23/PA, Rel. Min. Aldir Passarinho Junior, 4ª Turma, julgado em 28.10.2003.

9.7.3 Evolução da imunidade dos Estados

A imunidade estatal só tem caráter cível, administrativo e tributário (não criminal), evidentemente, e corresponde a um costume internacional, consolidado na expressão *par in parem non habet iudicium*, ou seja, "nenhum Estado soberano pode submeter-se contra sua vontade à condição de parte perante o foro doméstico de outro Estado". O princípio, como se nota, remete à igualdade soberana entre os Estados (REZEK, 2016).

Embora o Estado soberano não seja jurisdicionável fora de sua própria jurisdição ou quando não sujeito a tribunais internacionais, nada impede, porém, que tal soberania renuncie ao seu privilégio e aceite ser demandada perante foro estrangeiro, ou, em sentido oposto, dê início a uma ação em tribunal de Estado estrangeiro, contra um particular, cidadão local, ou uma empresa com sede ou filial naquele país. O consentimento estatal sempre foi apto a afastar a vedação *par in parem non habet iudicium*.

Por outro lado, o Estado sempre pôde ser processado perante suas próprias cortes. Contudo, "essa via alternativa não estava provavelmente ao alcance do auxiliar de serviços a quem certa embaixada demitisse arbitrariamente, ou da vítima por atropelamento por veículo diplomático" (REZEK, 2016). Alcançar tribunais estrangeiros para lá abrir ações de qualquer natureza é um problema de acesso à Justiça. Muitas vezes restará inviabilizada a tutela dos direitos de pessoas economicamente vulneráveis, diante de Estados estrangeiros que lhes tenham prejudicado ou causado danos.

Por isso mesmo, se antes se defendia a imunidade absoluta do Estado estrangeiro à jurisdição local, pouco a pouco tal costume foi sendo abrandado, especialmente a partir da segunda metade do século XX, quando os representantes estatais passaram a atuar "em atividades de todo estranhas à diplomacia estrita ou ao serviço consular". Isso fez com que fosse adotado "um entendimento restritivo do privilégio, a base da distinção entre atos estatais *jure imperii* e *jure gestionis*" (REZEK, 2016).

A multiplicação de questões trabalhistas, previdenciárias, comerciais ou financeiras, não relacionadas à soberania do Estado em si, serviu como propulsor da mudança, que foi sentida na comunidade internacional e também na jurisprudência brasileira.

No Brasil, em matéria trabalhista, a virada se deu quando do julgamento da Ação Cível nº 9.896/SP, na qual a República Democrática Alemã (antiga Alemanha Oriental) foi a apelada:

> Estado estrangeiro. Imunidade judiciária. Causa trabalhista. Não há imunidade de jurisdição para o estado estrangeiro, em causa de natureza trabalhista. Em princípio, esta deve ser processada e julgada pela Justiça do Trabalho, se ajuizada depois do advento da Constituição Federal de 1988 (art. 114). Na hipótese, porém, permanece a competência da Justiça Federal, em face do disposto no parágrafo 10 do art. 27 do ADCT da Constituição Federal de 1988, c/c art. 125, II, da EC nº 1/69. Recurso ordinário conhecido e provido pelo Supremo Tribunal Federal para se afastar a imunidade judiciária reconhecida pelo juízo federal de primeiro grau, que deve prosseguir no julgamento da causa, como de direito.[30]

Nos Estados Unidos, a doutrina da sujeição de Estados estrangeiros à jurisdição local é um tema que tem ganhado maior extensão nos últimos anos, sendo esta matéria regulada pela *Foreign Sovereign Immunities Act* (FSIA), de 1976, e pela *Justice Against Sponsors of Terrorism Act* (JASTA), de 2008, havendo casos famosos contra a Santa Sé, a Argentina, a Arábia Saudita e o Sudão.

A pandemia de SARS-Cov-2, cujo início se deu na China em 2019, propiciou a discussão sobre as imunidades dos Estados sob a perspectiva da responsabilidade internacional por danos sanitários transfronteiriços. Nesse caso, é de se perquirir se a mora de Pequim em cumprir as obrigações previstas na Constituição da OMS e no Regulamento Sanitário Internacional (RSI)[31] retardou o reconhe-

---

30 STF, Pleno, ACi nº 9.696/SP, Rel. Min. Sydney Sanches, julgado em 31.05.1989.

31 Promulgado no Brasil pelo Decreto nº 10.212/2020.

cimento do coronavírus como uma emergência de saúde pública de interesse internacional e, com isto, prejudicou a adoção das medidas iniciais para a contenção do surto.[32]

9.7.4 O caso do navio Changri-lá

Em 2021, o STF deu um passo além na relativização da imunidade absoluta dos Estados em matéria cível, no contexto de violações a direitos humanos internacionalmente consagrados.

Ao decidir o Tema nº 944, num recurso extraordinário referente à responsabilização civil da República Federal da Alemanha por fatos cometidos na costa brasileira pelo submarino U-199 da Marinha do III Reich, durante a Segunda Guerra Mundial, a Suprema Corte brasileira fixou a tese de que "Os atos ilícitos praticados por Estados estrangeiros em violação a direitos humanos não gozam de imunidade de jurisdição".

O barco pesqueiro Changri-lá foi torpedeado ao largo do Rio de Janeiro em 1943, quando morreram dez de seus tripulantes. O acórdão do STF ficou assim redigido:

> 1. Controvérsia inédita no âmbito desta Suprema Corte, estando em questão a derrotabilidade de regra imunizante de jurisdição em relação a atos de império praticados por Estado soberano, por conta de graves delitos ocorridos em confronto à proteção internacional da pessoa natural, nos termos do art. 4º, II e V, do Texto Constitucional. 2. A imunidade de jurisdição do Estado estrangeiro no direito brasileiro é regida pelo direito costumeiro. A jurisprudência do STF reconhece a divisão em atos de gestão e atos de império, sendo os primeiros passíveis de cognoscibilidade pelo Poder Judiciário e, mantida,

---

32 Por exemplo, em 2020, foi proposta perante um tribunal da Flórida, nos EUA, uma ação coletiva (*class action*) contra o Estado chinês, a Província de Hubei, a cidade de Wuhan e outras entidades (BERMAN LAW GROUP. *The Berman Law group files class action complaint against the Chinese government for their failures to contain the coronavirus.* Disponível em: https://www.bermanlawgroup.com/practice-area/class-action/coronavirus-class-action/. Acesso em: 4 jul. 2022).

sempre, a imunidade executória, à luz da Convenção de Viena sobre as Relações Diplomáticas (Decreto nº 56.435/1965). Precedentes. 3. O artigo 6, *b*, do Estatuto do Tribunal Militar Internacional de Nuremberg, reconhece como "crimes de guerra" as violações das leis e costumes de guerra, entre as quais, o assassinato de civis, inclusive aqueles em alto-mar. Violação ao direito humano à vida, incluído no artigo 6, do Pacto sobre Direitos Civis e Políticos. Assim, os atos praticados em períodos de guerra contra civis em território nacional, ainda que sejam atos de império, são ilícitos e ilegítimos. 4. O caráter absoluto da regra de imunidade da jurisdição estatal é questão persistente na ordem do dia do direito internacional, havendo notícias de diplomas no direito comparado e de cortes nacionais que afastaram ou mitigaram a imunidade em casos de atos militares ilícitos. 5. A Corte Internacional de Justiça, por sua vez, no julgamento do caso das imunidades jurisdicionais do Estado (Alemanha vs. Itália), manteve a doutrina clássica, reafirmando sua natureza absoluta quando se trata de atos *jure imperii*. Decisão, no entanto, sem eficácia *erga omnes* e vinculante, conforme dispõe o artigo 59, do Estatuto da própria Corte, e distinta por assentar-se na reparação global. 6. Nos casos em que há violação à direitos humanos, ao negar às vítimas e seus familiares a possibilidade de responsabilização do agressor, a imunidade estatal obsta o acesso à justiça, direito com guarida no art. 5º, XXXV, da CRFB; nos arts. 8 e 10, da Declaração Universal; e no art. 1, do Pacto sobre Direitos Civis e Políticos. 7. Diante da prescrição constitucional que confere prevalência aos direitos humanos como princípio que rege o Estado brasileiro nas suas relações internacionais (art. 4º, II), devem prevalecer os direitos humanos – à vida, à verdade e ao acesso à justiça –, afastada a imunidade de jurisdição no caso. 8. Possibilidade de relativização da imunidade de jurisdição estatal em caso de atos ilícitos praticados no território do foro em violação à direitos humanos. 9. Fixação de tese jurídica ao Tema 944 da sistemática da repercussão geral: "Os atos ilícitos praticados por Estados estrangeiros em violação a direitos

> humanos não gozam de imunidade de jurisdição." 10. Recurso extraordinário com agravo a que se dá provimento.[33]

9.8 Regime de tropas estacionadas por força de tratados

Trata-se de tema complexo do direito internacional saber a que jurisdição se submetem as tropas estrangeiras estacionadas no território de outro Estado, em função de tratados bilaterais ou multilaterais, em matéria de segurança regional ou de manutenção da paz. Tais mobilizações de tropas não se confundem com ocupações militares.

Acordos bilaterais sobre o regime de tropas estacionadas por força de tratados são conhecidos pela denominação de *Status of Forces Agreements* (SOFA). Tais acordos costumam prever a imunidade dos militares à jurisdição local do Estado que os abriga, no plano civil e criminal, quando o ato disser respeito ao desempenho de suas funções. Documentos dessa natureza contêm disposições sobre a movimentação de tropas, porte de armas, questões tributárias e postais e relações de emprego de cidadãos do país anfitrião.

Um dos problemas mais comuns em torno desses tratados diz respeito ao cometimento de crimes por militares estrangeiros contra a população civil do Estado onde as tropas estão estacionadas. Normalmente, os acusados são julgados pela Justiça Militar do Estado a que pertence a tropa, salvo nos crimes comuns (PIKE, 2022). Vale, no particular, o princípio da especialidade, que faz prevalecer as previsões dos tratados internacionais sobre o direito interno (art. 1°, I, do CPP, ou o art. 1°, § 1°, do CPPM),[34] ou ainda a regra do art. 26 da Convenção de Viena de 1969, segundo o qual

---

33 STF, ARE nº 954.858-RG/RJ, Rel. Min. Edson Fachin, Tribunal Pleno, julgado em 23.08.2021.

34 O art. 1° do CPPM ordena que o processo penal militar se rege por suas normas, em tempo de paz ou em tempo de guerra, "salvo legislação especial que lhe for estritamente aplicável". Em caso de divergência de normas, o § 1° desse artigo determina que, "se houver divergência entre essas normas e as de convenção ou tratado de que o Brasil seja signatário, prevalecerão as últimas".

todo tratado em vigor obriga as partes e deve ser cumprido por elas de boa-fé. Valerá também o art. 27 da mesma Convenção: "Uma parte não pode invocar as disposições de seu direito interno para justificar o inadimplemento de um tratado".

Os Estados Unidos, a maior força bélica do planeta, têm soldados estacionados em diversos países, inclusive na Europa e nas Américas, e mantêm diversos acordos deste tipo, sendo os mais importantes aqueles celebrados com o a Itália, o Japão e a Coreia do Sul, que abrangem dezenas de milhares de soldados deslocados para o exterior.

Segundo Pike (2022), os SOFAs:

> (...) são um meio crucial pelo qual o Departamento de Defesa executa sua diretriz política "de proteger, na medida do possível, os direitos do pessoal dos Estados Unidos que possa estar sujeito a julgamento criminal por tribunais estrangeiros e a prisão em prisões estrangeiras". A maioria dos SOFAs reconhece o direito do governo anfitrião à "jurisdição primária", ou seja, o país anfitrião exerce jurisdição para todos os casos em que militares dos EUA violam as leis do Estado anfitrião. Existem duas exceções, no entanto, que geralmente se aplicam apenas em casos criminais envolvendo pessoal das forças armadas dos EUA: quando o crime é cometido por americanos contra americanos (casos *inter se*) e quando o crime é cometido por americanos no cumprimento de dever oficial. Nessas situações, os Estados Unidos têm jurisdição primária sobre o acusado norte-americano.

Alguns dos acordos do tipo SOFA preveem para os militares engajados na missão os mesmos privilégios e imunidades previstas na Convenção de Viena de 1961 para o pessoal do serviço técnico e administrativo de uma missão diplomática. Serve como exemplo o SOFA entre os Estados Unidos e Ruanda, de 2020, conforme o seu art. 3º.[35]

---

[35] ESTADOS UNIDOS DA AMÉRICA. *Agreement between the Government of the United States of America and the Government of the Republic of Rwanda regarding the Status of United States Forces in the Republic of Rwanda.* Disponível em: https://www.state.gov/wp-content/uploads/2020/07/20-528-Rwanda-Defense-TIMS-62616-1.pdf. Acesso em: 4 jul. 2022.

10

Responsabilidade Internacional do Estado

10.1 Responsabilidade internacional do Estado

O Estado que praticar um ato ilícito internacional contra outro Estado é obrigado a reparar os danos que causou. O regime de responsabilidade internacional também se aplica às organizações internacionais, como se viu no caso do conde Bernadotte, de interesse das Nações Unidas, objeto de parecer consultivo da CIJ em 1949.[1]

Essa disciplina se desenvolveu a partir do direito consuetudinário e é objeto de certas normas convencionais. "Trata-se de um princípio de direito internacional, e mesmo um conceito geral do direito que qualquer violação de um compromisso comporta a obrigação de reparação".[2] Para a responsabilização dos sujeitos de DIP

1 CORTE INTERNACIONAL DE JUSTIÇA. *Reparation for Injuries Suffered in the Service of the United Nations*. Advisory Opinion of 11 April 1949. Disponível em: https://www.icj-cij.org/en/case/4. Acesso em: 4 jul. 2022. O conde Bernadotte foi morto em setembro de 1948, em Jerusalém. Ele era então mediador da ONU para a Questão Palestina.

2 CORTE PERMANENTE INTERNACIONAL DE JUSTIÇA. Case Concernig the Factory at Chorzów (Merits) (Poland v. Germany), PCIJ Series A n. 17, Jugdment 13 September 1928. Disponível em: https://jusmundi.com/en/document/decision/en-factory-at-chorzow-merits-judgment-thursday-13th-september-1928. Acesso em: 4 jul. 2022. Conhecido internacionalmente como *Chorzów Factory case* ou *Affaire relative*

não é necessária a existência de "culpa subjetiva". Algumas convenções internacionais preveem a possibilidade de responsabilidade objetiva dos Estados.

O dever de indenizar resulta de uma ação ou omissão do Estado, de um dano e da relação causal entre essa ação ou omissão e tal dano (VARELLA, 2019). Seus três elementos são:

a) a prática de um ato ilícito,[3] segundo o direito internacional, que seja violador de um tratado, de um costume ou de princípio geral de direito, por exemplo, não importando se esse ato é de natureza executiva ou se resulta do exercício de competências do Poder Legislativo[4] ou do Poder Judiciário[5] ou de uma unidade subnacional;
b) a imputabilidade do ato ao Estado, seja por ação ou omissão, o que pode ocorrer de forma direta ou indireta;
c) o dano, material ou imaterial ao patrimônio do Estado, ao seu território, a seus serviços ou a bens ou interesses de um seu nacional. Tal dano deve resultar do ato ilícito internacional e ser suportado por outro sujeito de direito das gentes.

Para Miranda (2009), são quatro os elementos da responsabilidade internacional: a conduta comissiva ou omissiva do sujeito de DIP; a sua imputabilidade, o dano (o prejuízo moral ou material); e o nexo de causalidade (entre a conduta e o dano).

à l'usine de Chorzów, o caso da Fábrica em Chorzów dizia respeito a uma fábrica de nitrogênio na Silésia polonesa. Antecessora da CIJ, a CPIJ era então presidida por Dionisio Anzilotti e tinha como juízes juristas de renome como Antonio Sánchez de Bustamante y Sirven e o estadista brasileiro Epitácio Pessoa.

3 Certos atos lícitos também podem gerar responsabilidade internacional do Estado.

4 A aprovação pelo Poder Legislativo de uma lei nacional que afronte um tratado vigente para o Estado pode gerar situação de descumprimento ao princípio *pacta sunt servanda*.

5 Exemplo: uma decisão judicial que ignore previsão expressa da Convenção de Viena sobre Relações Diplomáticas, autorizando uma busca e apreensão em sede de missão estrangeira, ou a prisão de um agente diplomático cuja imunidade de jurisdição não tenha sido objeto de renúncia pelo Estado acreditante. A denegação de justiça também pode gerar responsabilidade internacional do Estado, em caso de violação a direitos humanos internacionalmente reconhecidos.

Mazzuoli (2020, p. 501) aponta os três elementos clássicos: a) o ato internacionalmente ilícito; b) a imputabilidade; e c) o dano a outro Estado.

A responsabilidade do Estado pode decorrer de atos de direito internacional (unilaterais ou não), ou de atos de direito interno, nas suas funções administrativa, judiciária ou legislativa, praticados pelo Estado em seu próprio território ou no território de outro Estado (MIRANDA, 2009), ou ainda em zonas não sujeitas a jurisdição alguma.

A responsabilidade estatal pode ser também: a) direta, quando o ato é imputável ao próprio Estado nacional; ou b) indireta, quando se atribui a uma dependência do Estado ou uma unidade subnacional, como as entidades componentes de uma federação, ou a atos de particulares.

Os atos de particulares ou de empresas nem sempre podem ser imputados aos Estados. Ensina Rezek (2016) que "este incorrerá em ilícito somente quando faltar a seus deveres elementares de prevenção e repressão". Miranda (2009) concorda:

> Simples particulares podem também praticar atos que acarretem responsabilidade do Estado a que pertencem em face do Estado estrangeiro (ou de outro sujeito de direito internacional. (...) Aqui a omissão do Estado geradora de responsabilidade tem por pressuposto a atividade ilícita dos participantes.

Foi esse o entendimento que prevaleceu na Corte Internacional de Justiça, em 1980, quando do julgamento do caso do Pessoal Diplomático e Consular dos Estados Unidos em Teerã.[6] A omissão do governo iraniano na contenção dos manifestantes que invadiram a missão norte-americana em Teerã levou à responsabilização internacional da então formada República Islâmica do Irã. Na chamada Crise dos Reféns no Irã, 52 pessoas do corpo diplomático e consular

---

[6] Em *Case concerning United States Diplomatic and Consular Staff in Tehran (United States v. Iran)*, a CIJ proferiu uma decisão cautelar em 1979. O mérito foi decidido em 24.05.1980.

norte-americano foram mantidas em cárcere privado por 444 dias, de 4 de novembro de 1979 a 20 de janeiro de 1981. A crise foi encerrada pela Declaração da Argélia de 1981, também conhecida como Acordos de Argel (*Algiers Accords*), entre os dois países.

A CIJ entendeu que os estudantes de uma organização islâmica iraniana que invadiram e tomaram a embaixada norte-americana, embora tenham agido inicialmente como particulares, diante da inação do governo em Teerã, tornaram-se agentes do Estado iraniano.

A responsabilidade internacional do Estado por atos de particulares também é presente no direito internacional dos direitos humanos. No caso *Damião Ximenes Lopes vs. Brasil*, o Estado brasileiro foi responsabilizado internacionalmente pela Corte Interamericana de Direitos Humanos por violação da Convenção Americana de 1969, por atos imputáveis a dirigentes e funcionários de uma clínica de saúde conveniada ao SUS, em Sobral/CE, onde a vítima foi torturada e morta.[7] Em tais hipóteses,

> (...) a responsabilidade estatal não decorre propriamente de um ato do indivíduo, que vínculo nenhum mantinha com o Estado e que não atuou em nome deste, mas de uma conduta negativa do Estado, relativamente às obrigações que lhe impõe o direito internacional (MAZZUOLI, 2020, p. 512).

É também da jurisprudência da Corte IDH o caso *Gomes Lund e Outros vs. Brasil*, do qual consta a seguinte passagem bem elucidativa quanto à responsabilidade internacional dos Estados:

> 177. No presente caso, o Tribunal observa que não foi exercido o controle de convencionalidade pelas autoridades jurisdicionais do Estado e que, pelo contrário, a decisão do Supremo Tribunal Federal confirmou a validade da interpretação da Lei de Anistia, sem considerar as obrigações internacionais do Brasil derivadas do Direito Internacional, particularmente

7 CORTE INTERAMERICANA DE DIREITOS HUMANOS. *Caso Ximenes Lopes vs. Brasil*. Sentença de 4 de julho de 2006 (Mérito, reparações e custas). Disponível em: https://www.corteidh.or.cr/docs/casos/articulos/seriec_149_por.pdf. Acesso em: 4 jul. 2022.

> aquelas estabelecidas nos artigos 8 e 25 da Convenção Americana, em relação com os artigos 1.1 e 2 do mesmo instrumento. O Tribunal estima oportuno recordar que a obrigação de cumprir as obrigações internacionais voluntariamente contraídas corresponde a um princípio básico do direito sobre a responsabilidade internacional dos Estados, respaldado pela jurisprudência internacional e nacional, segundo o qual aqueles devem acatar suas obrigações convencionais internacionais de boa-fé (*pacta sunt servanda*). Como já salientou esta Corte e conforme dispõe o artigo 27 da Convenção de Viena sobre o Direito dos Tratados de 1969, os Estados não podem, por razões de ordem interna, descumprir obrigações internacionais. As obrigações convencionais dos Estados Parte vinculam todos sus poderes e órgãos, os quais devem garantir o cumprimento das disposições convencionais e seus efeitos próprios (*effet utile*) no plano de seu direito interno.[8]

Contudo, um dos precedentes mais importantes para a definição das balizas da responsabilidade internacional do Estado foi firmado em 1928 pela extinta Corte Permanente Internacional de Justiça no caso da Fábrica em Chorzów, que fora expropriada pelo governo polonês, após a anexação à Polônia de parte da Alta Silésia alemã, incluindo a cidade de Chorzów, em função do plebiscito ordenado pelo Tratado de Versalhes (1919) sobre a fronteira entre os dois países.[9]Ao apreciar o caso, a CPIJ ordenou que a Polônia reparasse integralmente a Alemanha pela encampação da fábrica de nitrogênio *Oberschlesische Stickstoffwerke*, reconhecendo o dever de reparar como um princípio geral de direito, com repercussões também no direito internacional humanitário (DIH).

---

8 CORTE INTERAMERICANA DE DIREITOS HUMANOS. *Caso Gomes Lund e Outros* ("Guerrilha do Araguaia") vs. Brasil. Sentença de 24 de novembro de 2010. Voto do Juiz Roberto Caldas. Disponível em: https://www.corteidh.or.cr/docs/casos/articulos/seriec_219_por.pdf. Acesso em: 9 mar. 2022.

9 CORTE PERMANENTE INTERNACIONAL DE JUSTIÇA. Case Concernig the Factory at Chorzów (Merits) (Poland v. Germany), PCIJ Series A n. 17, Jugdment 13 September 1928. Disponível em: https://jusmundi.com/en/document/decision/en-factory-at-chorzow-merits-judgment-thursday-13th-september-1928. Acesso em: 4 jul. 2022.

De acordo com a norma 150 de DIH consuetudinário, catalogada pelo Comitê Internacional da Cruz Vermelha (CICV), "um Estado responsável pelas violações do Direito Internacional Humanitário deverá efetuar a reparação total pelas perdas ou danos causados" (COMITÊ INTERNACIONAL DA CRUZ VERMELHA, 2005).

Em mais de uma oportunidade, a Assembleia Geral da ONU recomendou aos Estados Partes que observem o projeto de Artigos sobre Responsabilidade do Estado por Atos Ilícitos, preparado pela Comissão de Direito Internacional.[10] O princípio básico declara que todo ato internacionalmente ilícito de um Estado acarreta a responsabilidade desse Estado. Afirma-se ainda que existe um ato estatal internacionalmente ilícito quando sua conduta, por ação ou omissão, for imputável a este Estado nos termos do direito internacional; e constituir uma violação de uma obrigação internacional desse Estado.[11]

10.2 Responsabilidade internacional do Estado por atos lícitos

O desenvolvimento do direito internacional do meio ambiente, sobretudo a partir de 1972, produziu importantes mudanças no campo da responsabilidade internacional dos Estados, passando a admitir-se a responsabilidade objetiva do Estado por danos ambientais, no plano internacional.

Explica Miranda (2009) que, "classicamente, a responsabilidade pressupunha atos ilícitos, a violação de deveres; hoje entremostra-se, com cada vez maior importância, uma responsabilidade objetiva, uma responsabilidade pelo risco". O autor português cita como exemplos:

a) a Convenção sobre Responsabilidade de Armadores de Navios Nucleares (1962), da qual o Brasil não é parte;

---

10 Sob o tema "Responsibility of States for internationally wrongful acts", *vide* a Resolução nº A/RES/56/83, de 2001, e a Resolução nº A/RES/62/61, de 2007.

11 NAÇÕES UNIDAS. Responsibility of States for internationally wrongful acts, A/RES/56/83, 17 December 2001. Disponível em: https://www.ilsa.org/Jessup/Jessup11/basicmats/StateResponsibility.pdf. Acesso em: 4 jul. 2022.

b) a Convenção sobre Responsabilidade Internacional por Danos Causados por Objetos Espaciais (1972), promulgada no Brasil pelo Decreto nº 71.981/1973;[12]

c) a Convenção das Nações Unidas sobre Direito do Mar (1982), promulgada no Brasil pelo Decreto nº 99.165/1990, depois corrigido pelos Decretos nºs 99.263/1990 e 1.530/1995.[13]

Mazzuoli (2020, p. 502) explica que essa responsabilidade internacional por risco (*sine delicto*) tornou-se presente na segunda metade do século XX, diante da realização mais constante de testes nucleares e do lançamento de artefatos ao espaço, assim como em função da poluição marítima.

10.3 Proteção diplomática e proteção funcional

Esses institutos, que nada têm a ver com as imunidades diplomáticas, são métodos para impedir ou minorar os danos causados por um Estado aos direitos de um nacional de outro Estado. A proteção diplomática liga-se à ideia de nacionalidade, ao passo que a proteção funcional,[14] atinente ao pessoal das organizações internacionais, tem relação com o vínculo funcional e se sobrepõe à primeira quando apresenta tal relação de subordinação.

Assim, quando um particular sofre dano ou ameaça de dano a um direito seu por um sujeito de direito internacional público, o Estado de sua nacionalidade ou a organização internacional para a qual tal pessoa atua pode apresentar uma reclamação internacional para que a afronta cesse. O ato mediante o qual o Estado confere proteção diplomática a um de seus súditos chama-se "endosso". No entanto, não há direito subjetivo público ao endosso. Em regra, o

---

[12] Nos arts. 2º e 3º dessa convenção nota-se claramente a distinção entre a responsabilidade objetiva e a responsabilidade subjetiva, por culpa.

[13] Conhecida por UNCLOS, na sigla em inglês.

[14] *Vide* o caso Bernadotte, no qual a CIJ emitiu parecer consultivo em 1949, em relação à responsabilidade do Estado de Israel (CORTE INTERNACIONAL DE JUSTIÇA. *Reparation for Injuries Suffered in the Service of the United Nations*. Advisory Opinion of 11 April 1949. Disponível em: https://www.icj-cij.org/en/case/4. Acesso em: 4 jul. 2022).

endosso dependerá da nacionalidade (contínua e efetiva)[15] do solicitante e do esgotamento dos recursos internos, administrativos ou judiciais, no Estado supostamente ofensor.[16]

O objeto da proteção diplomática, diz Rezek (2016),

> é o particular – indivíduo ou empresa – que, no exterior seja vítima de um procedimento estatal arbitrário, e que, em desigualdade de condições frente ao governo estrangeiro responsável pelo ilícito que lhe causou dano, pede ao seu Estado de origem que lhe tome as dores, fazendo da reclamação uma autêntica demanda entre personalidades de direito internacional público.

Não sendo a proteção diplomática um direito subjetivo público, o particular não pode, em tese, a ela renunciar (REZEK, 2016). No entanto, no século XIX, a doutrina Calvo sustentava que, para estrangeiros e nacionais, as cortes locais deveriam ser as únicas vias de recurso contra atos da Administração. O jurista uruguaio-argentino Carlos Calvo (1824-1906) sustentava ser possível incluir em contratos celebrados entre um particular e um Estado estrangeiro uma cláusula de renúncia à proteção diplomática. "Dessa forma, o endosso deveria ser recusado pelas potências estrangeiras a seus nacionais inconformados", explica Rezek (2016).

> Desde o aparecimento dessa doutrina, uma cláusula se fez com frequência incorporar aos contratos de concessão e ajustes análogos, celebrados entre governos latino-americanos e pessoas físicas e jurídicas estrangeiras, segundo cujos termos as últimas renunciam desde logo, e para todos os efeitos, à proteção diplomática de seus países de origem em caso de litígio relacionado ao contrato.

A partir do endosso, a controvérsia seguirá entre Estados. O particular lesado não assume uma legitimidade concorrente no seu

---

15 *Vide* o caso Nottebohm, entre Liechtenstein e a Guatemala, da Corte Internacional de Justiça (1955), no qual se adensou o princípio da efetividade em matéria de nacionalidade.

16 *Vide*, porém, o art. 11 da Convenção sobre Responsabilidade Internacional por Danos Causados por Objetos Espaciais (1972).

curso. No tema da tutela internacional dos direitos humanos, porém, sistemas regionais de proteção[17] conferem *jus standi* diretamente a particulares vítimas de violação de seus direitos fundamentais.

10.4 Consequência da responsabilidade internacional

Tal como no direito civil, quem pratica ato ilícito internacional também está obrigado a repará-lo. Como se viu esse princípio foi elucidado no direito internacional a partir do caso da Fábrica em Chorzów, de 1928.

> Assim como na ordem interna, o Estado e qualquer entidade pública respondem pelos prejuízos que decorram de atos ou omissões dos seus órgãos ou agentes, também na ordem internacional o Estado e os demais sujeitos de direito internacional respondem pelos atos ilícitos que pratiquem ou por certos atos lícitos que lesem direitos e interesses de outros sujeitos (ou de pessoas dependentes destes sujeitos, como sucede através dos mecanismos de proteção diplomática (MIRANDA, 2009).

A reparação por esse ato ilícito deve ser proporcional ao dano causado e é de cunho compensatório e poderá assumir forma pecuniária (em dinheiro) ou não, a depender da natureza do dano. Pode, assim, resultar em *restitutio in integrum*, num desagravo, num pedido formal de desculpas, no reconhecimento do direito, ou na punição dos indivíduos responsáveis na jurisdição local. A reparação também pode consistir no restabelecimento do *status quo ante* (REZEK, 2016).

10.5 A responsabilidade internacional dos indivíduos

Com a evolução do direito internacional e a necessidade de proteger a dignidade da pessoa humana diante de graves crimes de

---

[17] O exemplo clássico é o europeu, no qual o indivíduo pode postular diretamente à Corte de Estrasburgo.

guerra e contra a humanidade, a comunidade internacional passou a discutir a possibilidade de responsabilização de pessoas perante cortes internacionais.

Já ao fim da Primeira Guerra Mundial este tema veio à tona. O art. 227 do Tratado de Versalhes, de 1919, previu a constituição de uma corte para julgamento do kaiser alemão Guilherme II (1859-1941). No entanto, esse julgamento nunca ocorreu, porque o monarca deposto exilou-se na Holanda e nunca foi extraditado. Previsto no mesmo tratado (arts. 228-230), o Tribunal de Leipzig, que deveria julgar oficiais alemães, também fracassou. Somente 12 militares foram julgados, ainda assim pela própria justiça alemã, entre 23 de maio e 16 de julho de 1921, perante o *Reichsgericht*.

Terminada a Segunda Guerra Mundial, a Resolução nº A/RES/1/95, de 1946, da Assembleia Geral das Nações Unidas,[18] afirmou os princípios básicos do direito internacional penal aplicados pelos tribunais militares *ad hoc*, de Nuremberg e de Tóquio, formados para julgar os vencidos naquele conflito. No final do século XX, as resoluções do Conselho de Segurança, baseadas no capítulo VII da Carta da ONU e inspiradas nos referidos princípios, determinaram a constituição dos tribunais para julgar os crimes cometidos durante a guerra da Iugoslávia (Resoluções nºs S/RES/808 e S/RES/827, de 1993) e de Ruanda (Resolução nº S/RES/955, de 1994).

A aprovação em 1998 do Estatuto de Roma do Tribunal Penal Internacional sedimentou a possibilidade de responsabilização internacional do indivíduo pelos crimes sujeitos a sua jurisdição. O TPI funciona desde 2002 na Haia, e seu tratado foi promulgado no Brasil pelo Decreto nº 4.388/2002.

---

18 Os Princípios de Direito Internacional Reconhecidos pelo Estatuto do Tribunal de Nuremberg e no Julgamento do Tribunal (Princípios de Nuremberg) foram adotados pela Comissão de Direito Internacional da ONU em 1950. Segundo o Princípio I: "*Any person who commits an act which constitutes a crime under international law is responsible therefore and liable to punishment*". Tais princípios foram antes afirmados pela Assembleia Geral, em 1946 (NAÇÕES UNIDAS. *A/RES/1/95, Resolution adopted by the General Assembly*: affirmation of the Principles of International Law recognized by the Charter of the Nurnberg Tribunal. Disponível em: http://www.un-documents.net/a1r95.htm. Acesso em: 4 jul. 2022).

10.6 A solução dos conflitos decorrentes de atos ilícitos dos Estados

Normalmente, a reparação do dano causado por um sujeito de direito internacional público vem após tratativas diplomáticas, mas também pode resultar de decisão judicial. Todos os modos de solução pacífica de conflitos podem ser adotados, à luz da Carta da ONU ou do tratado aplicável ao caso concreto.

O dever internacional de solução pacífica dos conflitos é uma matéria correlata à da responsabilização dos Estados, uma vez que o Estado "vítima" pode reagir ao ato ilícito de potência estrangeira de variadas formas, como mediante o emprego de retorsão (resposta mediante ato lícito) ou de represália (resposta mediante ato ilícito, com ou sem uso da força) ou de contramedida (ato também ilícito de não cumprimento de deveres internacionais); ou retaliação econômica no sistema da Organização Mundial do Comércio (OMC). Todas essas respostas estatais são formas de autotutela (MIRANDA, 2009).

No entanto, pelo menos desde o Pacto de Paris de 1928, não se admite o recurso à guerra como forma de reação estatal. O emprego da força só é admissível em caso de legítima defesa internacional ou após decisão do Conselho de Segurança das Nações Unidas.[19]

[19] Esta é uma das razões pelas quais a invasão da Ucrânia pela Rússia em 2022 configura um ilícito internacional, que pode caracterizar o crime de agressão.

11

O Domínio Público Internacional

11.1 Espaços globais comuns

Os espaços globais comuns são o alto-mar e os fundos marinhos, a Antártica e os espaços extra-atmosféricos. São áreas ou regiões que não pertencem a nenhum Estado em particular e se apresentam como *res communis.*

A expressão "domínio público internacional" serve para designar o alto-mar, os rios internacionais, o espaço aéreo sobre o alto-mar, o espaço extra-atmosférico (geoestacionário, sideral e os corpos celestes) e o continente antártico. Varella (2019) diz que o patrimônio comum da humanidade compreende regiões "que não estão sob o domínio direto de Estado algum e cuja preservação é de interesse de toda a humanidade".

11.1.1 Domínio aquático

O domínio aquático abrange os mares, os rios internacionais, as águas interiores, as regiões polares e certos acidentes geográficos, como os estreitos.

A Convenção das Nações Unidas sobre Direito do Mar *(United Nations Convention on the Law of the Seas* – UNCLOS), concluída em

1982 em Montego Bay, na Jamaica, é o principal instrumento do direito do mar, segmento do direito internacional público. A UNCLOS substituiu as quatro convenções celebradas em Genebra em 1958.

Este tratado foi promulgado no Brasil pelo Decreto nº 99.165/1990, depois corrigido pelos Decretos nºs 99.263/1990 e 1.530/1995, tendo sido implementado parcialmente pela Lei nº 8.617/1993, que dispõe sobre o mar territorial, a zona contígua, a zona econômica exclusiva e a plataforma continental brasileiros.

11.1.1.1 As águas interiores

São os rios e lagos de água doce no interior do território do Estado, assim como os pequenos mares interiores. Estas não são objeto do direito internacional do mar.

No entanto, há outra espécie de "águas interiores", a que se refere a UNCLOS. Compreendem as baías, os portos, os recortes e reentrâncias da costa. Sobre essas áreas, o Estado ribeirinho exerce soberania ilimitada, não havendo direito de passagem inocente para embarcações de terceiros Estados.

11.1.1.2 O mar territorial

É a zona de mar adjacente ao território do Estado, sobre a qual sua soberania se estende, atingindo as águas, o solo e o subsolo marinhos e o espaço aéreo sobrejacente (REZEK, 2016).

A extensão do mar territorial é de 12 milhas. O costume, sobretudo de países americanos e africanos, de estendê-lo a 200 milhas náuticas (370 km) não mais subsiste depois da UNCLOS. O art. 1º da Lei nº 8.617/1993 determina que o mar territorial brasileiro "compreende uma faixa de doze milhas marítima de largura, medidas a partir da linha de baixa-mar do litoral continental e insular, tal como indicada nas cartas náuticas de grande escala, reconhecidas oficialmente no Brasil".[1]

---

[1] Esta lei revogou o Decreto-lei nº 1.098/1970, que dava ao mar territorial brasileiro, unilateralmente, a largura de 200 milhas marítimas.

a) Passagem inocente

Sobre as águas do mar territorial existe, todavia, o direito de passagem inocente, que se reconhece a navios mercantes, privados ou militares, de qualquer bandeira. Tal passagem deve ser contínua e rápida, não se admitindo a prática de atos estranhos à simples passagem pelas águas territoriais. Os navios transeuntes estão sujeitos, porém, a eventual regulamentação baixada pelas autoridades locais para segurança da navegação.

De fato, segundo o art. 3º da Lei nº 8.617/1993, "é reconhecido aos navios de todas as nacionalidades o direito de passagem inocente no mar territorial brasileiro". Pela mesma lei, "a passagem será considerada inocente desde que não seja prejudicial à paz, à boa ordem ou à segurança do Brasil, devendo ser contínua e rápida".

Segundo o § 2º do art. 3º da Lei, a passagem inocente pode "compreender o parar e o fundear, mas apenas na medida em que tais procedimentos constituam incidentes comuns de navegação ou sejam impostos por motivos de força ou por dificuldade grave, ou tenham por fim prestar auxílio a pessoas a navios ou aeronaves em perigo ou em dificuldade grave".

> Os navios de guerra, imunes à jurisdição local, podem, contudo, receber ordem de imediata retirada do mar territorial quando afrontem a respectiva disciplina. Sobre navios de comércio em trânsito pelo mar territorial o Estado costeiro abstém-se de exercer jurisdição civil, salvo por responsabilidade decorrente do próprio ato de por ali passar. A jurisdição penal do Estado costeiro tampouco será exercida sobre o navio mercante em trânsito, exceto se a infração produz consequências sobre a ordem territorial, ou tem a ver com tráfico de tóxicos; e ainda em caso de pedido de interferência feito pelo capitão ou pelo cônsul do Estado de nacionalidade do navio (REZEK, 2016).

b) Disciplina dos navios

As embarcações de propulsão própria a que se denomina navios devem ter matrícula em determinado país para que possam arvorar a bandeira daquele Estado. Somente impropriamente se fala em "nacionalidade" de navios, já que esse é, em sentido estrito, um vínculo pessoal entre um ser humano e seu Estado patrial.

A UNCLOS procura limitar os "pavilhões facilitários" ou de complacência, normalmente concedidos sem vínculo substancial da embarcação, de seu armador ou marinheiros com o Estado de matrícula. Quando em alto-mar, o navio se sujeita à jurisdição do Estado de sua bandeira.

Ensina Rezek (2016) que a Convenção de Montego Bay consagra a perseguição contínua (*hot pursuit*), isto é:

> (...) a prerrogativa que têm as naus de guerra de um Estado costeiro de prosseguir, alto-mar a fora, no encalço de navio mercante que tenha infringido as normas aplicáveis em seu mar territorial ou zona contígua. Para ser lícita em alto-mar, essa perseguição há de ter começado num daqueles espaços afetos ao Estado costeiro, e não pode ter sofrido interrupção. Não tendo sido possível interpelar o barco faltoso em alto-mar, a perseguição deverá cessar, de todo modo, quando ele ingresse no mar territorial de seu próprio Estado ou de terceiro (REZEK, 2016).

11.1.1.3 A zona contígua e a zona econômica exclusiva

A zona contígua corresponde a uma segunda faixa de mar, imediatamente adjacente ao mar territorial e, em princípio, de igual largura, isto é, mais 12 milhas marítimas. Nela, "o Estado costeiro pode tomar medidas de fiscalização em defesa de seu território e de suas águas, no que concerne à alfândega, à imigração, à saúde, e ainda à disciplina regulamentar dos portos e do trânsito pelas águas territoriais" (REZEK, 2016). A zona contígua não faz parte do mar territorial; integra a primeira parte da zona econômica exclusiva.

Conforme a UNCLOS, a zona econômica exclusiva (ZEE) pode ter 200 milhas marítimas. Esta era a extensão que países americanos passaram a reclamar para os seus mares territoriais a partir dos anos 1950. A faixa da ZEE é adjacente ao mar territorial. A contagem de sua extensão se faz a partir das linhas de base, ou seja, a partir da costa. Após esse setor começa o alto-mar.

Sua origem, segundo Mazzuoli (2020), estaria na declaração do presidente dos EUA, Harry Truman, em 1946, que pretendia a exploração econômica exclusiva de tal área pela indústria pesqueira de seu país. Em 1972, a Declaração de Santo Domingo[2] "reconheceu-se aos Estados costeiros direitos soberanos a uma faixa posterior ao mar territorial (então chamada mar patrimonial) para fins de exploração econômica sobre os recursos renováveis ou não das águas, do leito e do subsolo" (MAZZUOLI, 2020, p. 725). De fato, diz o texto da Declaração firmada na capital dominicana:

> 3. A largura do mar patrimonial deve ser objeto de acordo internacional, preferencialmente de âmbito mundial. A soma desta zona e do mar territorial, tendo em conta as circunstâncias geográficas, não deverá exceder o total de 200 milhas náuticas.

Ensina Rezek (2016) que a zona econômica exclusiva está reservada à exploração econômica exclusiva do Estado costeiro, quanto a todos os recursos. Ali, o Estado exerce direito de soberania para fins de exploração e aproveitamento, conservação e gestão dos recursos naturais existentes nas águas, no leito e no subsolo, assim como para preservação do meio ambiente, pesquisas científicas e instalação de ilhas artificiais.

Contudo, os outros Estados têm direito de navegação e de sobrevoo na referida zona e de colocação de cabos e dutos submarinos.

A UNCLOS declara também que os Estados sem litoral podem "participar, em base equitativa, do aproveitamento do excedente dos recursos vivos (não dos recursos minerais, portanto), das zonas econômicas exclusivas de seus vizinhos" (REZEK, 2016, p. 380).

---

[2] Declaração de Santo Domingo, de 9 de junho de 1972, aprovada pela Reunião de Ministros da Conferência Especializada dos Países do Caribe sobre os Problemas do Mar.

11.1.1.4 A plataforma continental

A plataforma continental corresponde à parte do leito do mar adjacente à costa, "cuja profundidade em geral não excede duzentos metros, e que, a uma boa distância do litoral, cede lugar às inclinações abruptas que conduzem aos fundos marinhos" (REZEK, 2016). Para Mazzuoli (2020, p. 728), é " uma extensão suave que se inicia no litoral, onde termina a terra firme, e vai até certa distância da costa, para além das águas territoriais, onde se inclina radicalmente até cair nas extremas profundezas do alto-mar".

Os Estados ribeirinhos exercem direitos soberanos (exclusivos) de exploração dos recursos naturais da plataforma continental (leito e subsolo), que se estende a 200 milhas náuticas, salvo se o bordo exterior da margem continental, estiver ainda mais adiante. Nesse caso, o começo do bordo será o limite máximo. Em qualquer caso, os direitos sobre a plataforma não poderão estender-se para além de 350 milhas marítimas, contadas das linhas de base do litoral.[3]

11.1.1.5 Os fundos marinhos

A UNCLOS dá aos fundos marinhos o nome de "área". A "área" corresponde ao leito do mar para além da plataforma continental e seu subsolo. Segundo Rezek (2016), "a área fica além dos limites de jurisdição nacional, ou seja, das diversas plataformas continentais. Sobre ela assentam as águas do alto-mar e o respectivo espaço aéreo. Seus recursos de maior vulto são minerais de variada natureza".

A Convenção trata os fundos marinhos como patrimônio comum da humanidade e constituiu uma organização internacional para sua gestão. A Autoridade Internacional dos Fundos Marinhos, conhecida por *International SeaBed Authority* (ISA), foi regulamentada em 1994 e tem sede na Jamaica.

---

3 *Vide* a propósito da exploração de recursos vivos na plataforma continental, a controvérsia entre Brasil e França, em 1963, na chamada "Guerra da Lagosta".

11.1.1.6 O alto-mar

O alto-mar e o espaço aéreo a ele sobrejacente não estão sujeitos a qualquer jurisdição. Nessa região dos oceanos, há plena liberdade de navegação e de exploração econômica e investigação científica, respeitados os tratados de direito internacional do meio ambiente, de navegação e de uso do alto-mar para fins pacíficos.

A doutrina sobre a liberdade dos mares foi adensada a partir de Grotius que, em 1609, escreveu o seu *Mare liberum*. Em 1958, foi regulada numa das quatro convenções de Genebra daquele ano, a Convenção sobre o Alto Mar. Em 1982, a questão passou a ser objeto da UNCLOS.

No alto-mar, todos os Estados contribuem para a repressão do tráfico de drogas, da pirataria marítima, do tráfico humano e de transmissões não autorizadas a partir do oceano.

11.1.1.7 Os estreitos e canais

Nos estreitos em que o mar territorial de dois ou mais Estados se tocam, pode haver conflitos de navegação rotineiros. São exemplos os Estreitos de Magalhães, de Gibraltar, de Bósforo e de Ormuz. Segundo Rezek (2016), "O estreito típico é o corredor cujas águas integram o mar territorial de um ou mais Estados, e que assegura a comunicação entre espaços de alto-mar ou zona econômica exclusiva, interessando à navegação internacional".

Quanto a tais regiões, a UNCLOS garante o direito de passagem em trânsito e o de sobrevoo a navios e aeronaves civis ou militares, seja qual for a bandeira. Tal como a passagem inocente, a passagem em trânsito deve ser breve e contínua. Porém, esta é mais ampla porque abrange também o sobrevoo, liberdade não incluída no instituto da passagem inocente.

Conforme a Convenção de Montreux sobre o Regime dos Estreitos, de 1936, a Turquia pode proibir a passagem de navios de guerra pelo Bósforo e por Dardanelos, se reconhecer um estado de guerra. Os estreitos de Dardanelos e Bósforo permitem a ligação entre o Mar Negro e o Mediterrâneo. Por isso são estratégicos para a navegação na região. Desde o Império Otomano, outros acordos internacionais tiveram como objeto a questão dos estreitos turcos. Em tempo de guerra, a passagem de navios dos beligerantes pode ser restringida pela Turquia, com base nos arts. 19 e 20 do tratado.[4]

Os canais têm relevância para a navegação internacional. Podem estar submetidos a completo controle de uma soberania, como o canal de Corinto, ou sujeitos a regulamentação internacional, como os canais do Panamá (Tratado Hay-Bunau Varilla, de 1903, e o Tratado sobre o Canal, de 1977), de Suez (Convenção de Constantinopla, de 1888) e de Kiel (Tratado de Versalhes, de 1919).[5] Este estreito foi objeto do caso do navio S. S. Wimbledon, de bandeira britânica, cuja passagem por Kiel, durante a guerra russo-polonesa, em 1921, foi rejeitada pela Alemanha, então neutra. Em 1923, a Corte Permanente de Justiça Internacional julgou a reclamação apresentada por Reino Unido, França, Itália e Japão, aplicando os arts. 380 a 386 do Tratado de Versalhes, para ordenar que a Alemanha permitisse a passagem pelo Estreito de Kiel.[6]

11.1.1.8 Rios internacionais

Um rio internacional é aquele que banha mais de um Estado soberano. Pode ser limítrofe, marcando a fronteira entre os Estados, ou de curso sucessivo, quando ingressa em mais de um território durante o seu trajeto (REZEK, 2016, p. 390). É o caso dos rios Reno, Danúbio, Grande, Nilo, Congo, Ganges, Mekong, Paraguai, Paraná, Uruguai e Amazonas. Este último, por ato unilateral brasileiro, tornou-se acessível a navegação estrangeira no século XIX. De fato, o Decreto nº 3.749, de 07.12.1866, abriu os rios

---

4 Este tratado foi invocado após a invasão da Ucrânia pela Rússia em 2022. Ambos os Estados têm saídas para o Mar Negro.

5 *Nord-Ostsee-Kanal* (Canal do Mar do Norte ao Mar Báltico).

6 CORTE PERMANENTE INTERNACIONAL DE JUSTIÇA. Case of the S.S. *Wimbledon, Britain et al. v. Germany*, Judgment 17 August 1923, PCIJ Series A01. Disponível em: http://www.worldcourts.com/pcij/eng/decisions/1923.08.17_wimbledon.htm. Acesso em: 4 jul. 2022.

Amazonas, Tocantins, Tapajós, Madeira, Negro e São Francisco à navegação dos navios mercantes de todas as nações. A navegação internacional teve início em 07.09.1867, como ordenava o decreto.

Sobre os rios internacionais há o direito de livre navegação ou, ao menos, a regra de igualdade de tratamento de terceiros Estados. O regime das bacias do Prata foi estabelecido pelo Tratado da Bacia do Prata, concluído em Brasília em 1969, tendo como partes Argentina, Brasil, Bolívia, Paraguai e Uruguai (Decreto nº 67.084/1970). O Tratado de Cooperação Amazônica – também celebrado em Brasília, em 1978, reúne Brasil, Bolívia, Colômbia, Equador, Guiana, Peru, Suriname e Venezuela – regula, entre outros temas, a navegação na bacia do Amazonas (Decreto nº 85.050/1980).

O mais antigo regime jurídico de um rio internacional é o do Danúbio, que atravessa Alemanha, Áustria, Bulgária, Croácia, Eslováquia, Hungria, Moldávia, Romênia, Sérvia e Ucrânia. Foi instituído em 1856. Nele a navegação é livre, sob controle da Comissão Europeia do Danúbio (Commission Européenne du Danube), uma das mais antigas organizações internacionais, criada pelo Tratado de Paris, de 1856.

11.1.2 O polo norte

O polo norte não pertence a qualquer nação. O alto-mar a ele contíguo e as ilhas do seu entorno têm soberania reclamada pela Dinamarca, Noruega, Canadá e Rússia, de acordo com a teoria dos setores e a tese da contiguidade.

A região, que não tem *status* definido (VARELLA, 2019), é formada por áreas congeladas do oceano, não existindo uma massa continental sob a capa de gelo. Integra o domínio comum da humanidade.

11.1.3 A Antártica

A Antártica é uma ilha-continente coberta de gelo. As pretensões sobre seu território baseiam-se na teoria da continuidade da massa geológica, ou na teoria da descoberta, ou na teoria do controle. Não pode ser utilizada para exploração econômica ou para a realização de atividades militares (VARELLA, 2019).

Firmado em 1959 em Washington, o Tratado da Antártica (Decreto nº 75.963/1975) regula a não militarização do continente e sua utilização para fins pacíficos, de pesquisa científica sobretudo. A Convenção para Conservação dos Recursos Vivos Marinhos Antárticos, concluída em Canberra, em 1980 (Decreto nº 93.935/1987), dispôs sobre a conservação de organismos vivos nos mares antárticos. Junto com o Protocolo de Proteção Ambiental do Tratado da Antártica, celebrado em Madri em 1991 (Decreto nº 2.742/1998), esses tratados compõem o sistema do Tratado da Antártica.

Pelo Protocolo de Madri, as partes comprometem-se a assegurar a proteção abrangente ao meio ambiente antártico e aos ecossistemas dependentes e associados e designam a Antártida como reserva natural, consagrada à paz e à ciência.

Segundo o art. 4º do Tratado de Washington, de 1959, nada que nele se contenha poderá ser interpretado como: a) renúncia, por quaisquer das Partes Contratantes, a direitos previamente invocados ou a pretensão de soberania territorial na Antártida; b) renúncia ou diminuição da posição de qualquer das Partes Contratantes quanto ao reconhecimento dos direitos ou reivindicações ou bases de reivindicação de algum outro Estado quanto à soberania territorial na Antártida.

11.1.4 O domínio aéreo

Compreende o espaço aéreo e o espaço extra-atmosférico, que, por sua vez, abrange a Lua e os demais corpos celestes. É incerto o limite entre um e outro.

11.1.4.1 O espaço aéreo

O Estado tem soberania plena sobre o espaço aéreo sobrejacente ao seu território e ao seu mar territorial. Sobre ele não há sequer direito de passagem inocente, conceito inexistente na navegação aérea.

Sobre o alto-mar, o polo norte e a Antártica a navegação aérea é livre. A aviação observa sobretudo regras convencionais construídas ao longo do século XX, como a Convenção de Paris, de 1919; a Convenção de Havana, de 1928; a Convenção de Varsóvia, de 1929; e as três Convenções de Chicago, de 1944, todas atinentes à aviação civil. Normalmente, os Estados firmam tratados bilaterais sobre tráfego aéreo que complementam os dispositivos dos acordos de Chicago.

Tratados de cunho penal também regulam a aviação civil. A Convenção de Tóquio, de 1963, regula infrações penais e outros atos cometidos a bordo de aeronaves (Decreto-lei nº 479/1969). A Convenção da Haia, de 1970, busca reprimir o apoderamento ilícito de aeronaves (Decreto nº 70.201/1972). A Convenção de Montreal, de 1971, destina-se a punir atos ilícitos contra a segurança da aviação civil (Decreto nº 72.383/1973). O Protocolo para a Repressão de Atos Ilícitos de Violência em Aeroportos que Prestem Serviços à Aviação Civil Internacional foi concluído em Montreal, em 1988 (Decreto nº 2.611/1998).

Cabe à Organização de Aviação Civil Internacional (OACI), com sede em Montreal, disciplinar esse tema globalmente. A Associação Internacional de Transporte Aéreo (IATA), que reúne as empresas aéreas, não tem personalidade jurídica de DIP, mas também desempenha papel nesse campo.

Aeronaves não têm nacionalidade em sentido estrito, pois este é um vínculo pessoal do indivíduo com seu Estado patrial. No entanto, conforme o art. 17 da Convenção de Chicago (Decreto nº 21.713/1946), "as aeronaves terão a nacionalidade do Estado em que estejam registradas". Assim, a aeronave ostentará a bandeira do Estado onde tem matrícula. Dessa "nacionalidade" advirão regras sobre responsabilidade e sobre proteção.

No regime jurídico da Convenção de Chicago, vigora o sistema de cinco liberdades, duas técnicas e três comerciais. São elas:

- liberdade de sobrevoo do território;
- liberdade de escala técnica;
- liberdade de desembarcar passageiros e mercadorias oriundas do Estado de matrícula;
- liberdade de embarcar passageiros e mercadorias destinadas ao Estado de matrícula; e
- liberdade de embarcar e desembarcar passageiros e mercadorias destinadas a outros Estados membros da OACI ou deles provenientes.

Vários foram os eventos que violaram, em maior ou menor grau, as convenções sobre aviação civil. Em 1983, houve a derrubada do voo KAL-007, da Korean Airlines (Linhas aéreas coreanas), sobre a Ilha de Sacalina, na então União Soviética. Em 1988, o *USS Vincennes*, dos Estados Unidos, derrubou o voo IR-655 da Iran Air (Linhas aéreas iranianas), que sobrevoava o Estreito de Ormuz. Em 2016, rebeldes separatistas derrubaram o voo MH-17, da Malaysia Airlines, sobre o território da Ucrânia. Em 2020, o Irã derrubou por engano uma aeronave civil ucraniana, matando 176 pessoas. Foi a tragédia do voo PS-752, da companhia Ukraine Airlines International, que partira de Teerã com destino a Kiev.

A derrubada do voo iraniano IR-655, em 1988, foi levada à Corte Internacional de Justiça como o caso relativo ao incidente **áereo** de 3 de julho de 1988, que foi resolvido por acordo entre as partes em 1996.[7]

Ao julgar o caso das *Atividades Militares e Paramilitares na Nicarágua*, a CIJ entendeu que a soberania territorial é violada pelo sobrevoo não autorizado do território de um Estado por uma aeronave a serviço de outro Estado.[8]

7 CORTE INTERNACIONAL DE JUSTIÇA. Aerial Incident of 3 July 1988 (Islamic Republic of Iran v. United States of America). Disponível em: https://www.icj-cij.org/en/case/79. Acesso em: 4 jul. 2022.

8 CORTE INTERNACIONAL DE JUSTIÇA. *Military and Paramilitary Activities in and against Nicaragua* (Nicaragua v. United States of America). Judgment of 27 June 1986. Disponível em: https://www.icj-cij.org/en/case/70/judgments. Acesso em: 4 jul. 2022. *Vide* o § 251 da sentença de 27 de junho de 1986.

11.1.4.2 O espaço extra-atmosférico

O espaço sideral e os corpos celestes integram o patrimônio comum da humanidade. A questão do limite superior da soberania estatal ainda é uma questão em aberto. Deve existir um limite superior entre o espaço aéreo e o espaço cósmico. "A soberania estatal não pode mais ser considerada ilimitada na sua projeção vertical" (DIEDERIKS-VERSCHOOR; KOPAL, 2008, p. 10).

Embora haja opiniões diversas (LYALL; LARSEN, 2018), sustenta Rezek (2016) que o direito relativo ao espaço extra-atmosférico é estritamente convencional e começou a forjar-se entre dois acontecimentos impactantes para a História: "a colocação em órbita do primeiro satélite artificial - o Sputnik - pela União Soviética, em 4 de outubro de 1957, e o primeiro pouso de uma nave terrestre tripulada - por astronautas norte-americanos - na Lua, em 20 de julho de 1969". Talvez seja mais correto dizer que o direito internacional do espaço é regulado principalmente por tratados, pois o direito internacional costumeiro desempenha um papel importante no *space law* (DIEDERIKS-VERSCHOOR; KOPAL, 2008, p. 12).

O Tratado sobre Exploração e Uso do Espaço Cósmico foi concluído em 1967, em Nova York e promulgado no Brasil pelo Decreto nº 64.362/1969.[9] Conforme essa convenção, a exploração e o uso do espaço cósmico, inclusive da Lua e demais corpos celestes, devem ter em mira o bem e interesse de todas as nações e são incumbência de toda a humanidade.

Diz ainda o art. 1º do Tratado que o espaço cósmico pode ser explorado e utilizado livremente por todos os Estados sem qualquer discriminação em condições de igualdade e em conformidade com o direito internacional, devendo haver liberdade de acesso a todas as regiões dos corpos celestes; devendo estar aberto às pesquisas científicas, devendo os Estados facilitar e encorajar a cooperação internacional em tais pesquisas.

---

[9] Conhecido em inglês como *UN Outer Space Treaty* (OST), Tratado do Espaço Sideral ou do Espaço Cósmico.

Já o art. 2º do Tratado do Espaço dispõe que o espaço cósmico, inclusive a Lua e demais corpos celestes, não pode ser objeto de apropriação nacional por proclamação de soberania, por uso ou ocupação, nem por qualquer outro meio. Mesmo que colônias sejam fixadas no satélite natural da Terra ou em Marte, tais povoações não poderão ser consideradas integrantes do território de qualquer país.

Os arts. 6º e 7º cuidam da responsabilidade internacional pelo uso e exploração do espaço cósmico, atribuindo-a aos Estados soberanos, ainda quando as atividades sejam executadas por entidades privadas. Atualmente, há várias empresas privadas neste mercado, como a Space X, de Elon Musk; a Blue Origin, de Jeff Bezos; e a Virgin Galactic, de Richard Brason. Tais companhias já realizam missões espaciais tripuladas e não tripuladas, isoladamente ou em conjunto com Estados soberanos, o que pode acarretar situações mais complexas para a responsabilidade na exploração do espaço sideral.

> Artigo VI. Os Estados partes do Tratado têm a responsabilidade internacional das atividades nacionais realizadas no espaço cósmico, inclusive na Lua e demais corpos celestes, quer sejam elas exercidas por organismos governamentais ou por entidades não-governamentais, e de velar para que as atividades nacionais sejam efetuadas de acordo com as disposições anunciadas no presente Tratado. As atividades das entidades não-governamentais no espaço cósmico, inclusive na Lua e demais corpos celestes, devem ser objeto de uma autorização e de uma vigilância contínua pelo componente Estado parte do Tratado. Em caso de atividades realizadas por uma organização internacional no espaço cósmico, inclusive na Lua e demais corpos celestes, a responsabilidade no que se refere às disposições do presente Tratado caberá a esta organização internacional e aos Estados partes do Tratado que fazem parte da referida organização.[10]

[10] *Vide* o Decreto nº 64.362/1969, que promulgou no Brasil o Tratado sobre Exploração e Uso do Espaço Cósmico.

Serão essas empresas, como novos atores espaciais, e os governos das potências espaciais (China, Estados Unidos, Japão, Rússia e a União Europeia) que iniciarão a ocupação robótica e posteriormente humana de corpos celestes no Sistema Solar, para estudos científicos e para a extração mineral, com vistas à colonização humana da Lua, de Marte, do cinturão de asteroides e de satélites naturais dos planetas gasosos.

> Artigo IX. No que concerne à exploração e ao uso do espaço cósmico, inclusive da Lua e demais corpos celestes, os Estados partes do Tratado deverão fundamentar-se sobre os princípios da cooperação e de assistência mútua e exercerão as suas atividades no espaço cósmico, inclusive na Lua e demais corpos celestes, levando devidamente em conta os interesses correspondentes dos demais Estados-partes do Tratado (...).[11]

Conforme o art. 7° do Tratado sobre Exploração e Uso do Espaço Cósmico, todo Estado parte do tratado que realize ou mande realizar o lançamento de um objeto ao espaço cósmico, e qualquer Estado parte cujo território ou instalações sirvam ao lançamento desse objeto pode ser responsabilizado internacionalmente pelos danos causados a outro Estado parte do tratado ou a seus cidadãos pelo referido objeto ou por seus elementos constitutivos, sobre a Terra, no espaço cósmico ou no espaço aéreo.

Esse regime convencional é complementado por outros tratados firmados em 1968, sobre salvamento e restituição de astronautas e de objetos lançados ao espaço cósmico (*Rescue Agreement*);[12] 1972, sobre responsabilidade internacional por danos causados por engenhos espaciais (*Liability Convention*);[13] 1975, sobre registro internacional de objetos lançados ao espaço exterior (*Registration Convention*);[14] e 1979, sobre atividades dos Es-

11 *Vide* o Decreto n° 64.362/1969.

12 Promulgado pelo Decreto n° 71.989/1973.

13 Promulgado pelo Decreto n° 71.981/1973.

14 Promulgado pelo Decreto n° 5.806/2006. O registro internacional é controlado pelo Escritório das Nações Unidas para Assuntos do Espaço Exterior (*United Nations Office for Outer Space Affairs*), a UNOOSA.

tados na Lua. O Acordo que Regula as Atividades dos Estados na Lua e em outros Corpos Celestes é conhecido por Tratado da Lua (*Moon Agreement*) e até 2022 não fora ratificado pelo Brasil. Lyall e Larsen (2018) citam ainda a Constituição e a Convenção da União Internacional de Telecomunições (UIT), promulgada pelo Decreto nº 2.962/1999, cujos regulamentos, especialmente em radiodifusão e radiocomunicação, são essenciais ao direito espacial.

Também tem grande importância a Declaração de Viena de 1999 sobre o Espaço e Desenvolvimento Humano (*The Space Millenium Declaration*),[15] adotada na 3ª Conferência da ONU sobre a Exploração e os Usos Pacíficos do Espaço Sideral (UNISPACE III),[16] realizada pelo Comitê da ONU para o Uso Pacífico do Espaço Exterior (COPUOS), órgão criado pela Assembleia Geral em 1959.

O Brasil não está alheio ao direito espacial. O Decreto nº 9.418/2018 promulgou o Acordo-Quadro entre o Governo da República Federativa do Brasil e o Governo dos Estados Unidos da América sobre Cooperação nos Usos Pacíficos do Espaço Exterior, firmado em Brasília, em 2011.

Há muitos anos funciona em Alcântara no Maranhão um base de lançamento de foguetes e satélites. Após a tentativa frustrada de constituir uma estatal binacional com a Ucrânia, o Brasil firmou um Acordo com os EUA sobre Salvaguardas Tecnológicas (AST) Relacionadas à Participação dos Estados Unidos da América em Lançamentos a partir do Centro Espacial de Alcântara (CEA). Esse acordo, assinado em Washington, em 18.03.2019 e promulgado pelo Decreto nº 10.220/2020, cuida sobretudo do controle de transferência de tecnologia e proteção de patentes.

Em função do AST, o Brasil poderá lançar do CEA foguetes e espaçonaves de qualquer país, para fins pacíficos,[17] contendo com-

---

15 NAÇÕES UNIDAS. *The Space Millennium*: Vienna Declaration on Space and Human Development. Vienna, 30 July 1999. Disponível em: https://www.unoosa.org/pdf/reports/unispace/viennadeclE.pdf. Acesso em: 5 jul. 2022.

16 As três primeiras conferências UNISPACE ocorreram em 1968, 1982 e 1999. Em 2018 foi realizada a UNISPACE+50, nos cinquenta anos da UNOOSA.

17 O AST é compatível com o Regime de Controle de Tecnologia de Mísseis (*Missile Technology Control Regime* – MTCR, em inglês), um regime informal, criado pelo G-7

ponentes norte-americanos, consolidando a participação do Brasil no mercado global de lançamento de cargas ao espaço. Por meio do AST, um acordo estratégico para o país, o Brasil comprometeu-se a:

> Em conformidade com obrigações e compromissos assumidos pelo Brasil no que tange a programas de mísseis balísticos com capacidade de transportar armas de destruição em massa que ameacem a paz e a segurança internacionais, não permitir o lançamento, a partir do Centro Espacial de Alcântara, de Espaçonaves Estrangeiras ou Veículos de Lançamento Estrangeiros de propriedade ou sob controle de países os quais, na ocasião do lançamento: i) estejam sujeitos a sanções estabelecidas pelo Conselho de Segurança das Nações Unidas; ou ii) tenham governos designados por uma das Partes como havendo repetidamente provido apoio a atos de terrorismo internacional. Caso uma das Partes notifique a outra Parte dúvidas sobre designação relativa ao item ii), as Partes deverão entrar em consultas e buscar solução mutuamente aceitável.

O AST também contém restrições à jurisdição brasileira no interior do Centro Espacial de Alcântara, cabendo ao Brasil "tomar todas as medidas necessárias para impedir o acesso desacompanhado ou não monitorado de pessoas não autorizadas a veículos de lançamento e espaçonaves dos Estados Unidos da América, a dados técnicos às 'Áreas Restritas'". Estas são definidas como zonas na jurisdição territorial da República Federativa do Brasil, "designadas conjuntamente pelas Partes, às quais o Governo da República Federativa do Brasil somente permitirá acesso a pessoas autorizadas pelo Governo dos Estados Unidos da América".

Esse marco normativo criado a partir dos anos 1960 e composto de cinco tratados universais, princípios, declarações e resoluções, constitui o chamado direito internacional do espaço

em 1987, que visa ao controle da exportação de mísseis. *Vide* a Lei nº 9.112/1995, que dispõe sobre a exportação de bens sensíveis e serviços diretamente vinculados.

(*international space law*).[18] Seus princípios fundamentais são o dos usos pacíficos do espaço, o da cooperação em prol da humanidade e o da assistência mútua, o da responsabilidade internacional, o da liberdade de investigação científica, o da jurisdição real (sobre a coisa lançada), o da proteção ambiental espacial e o da reciprocidade.

Duas diretrizes se destacam e orientam os Estados na exploração e uso do espaço: a) o direito internacional, inclusive a Carta da ONU, se aplica ao espaço sideral e aos corpos celestes; e b) o espaço sideral e os corpos celestes podem ser livremente explorados por todos os Estados em conformidade com o direito internacional e não se sujeitam a apropriação por nenhum Estado ou organização (DIEDERIKS-VERSCHOOR; KOPAL, 2008, p. 3).

---

18 NAÇÕES UNIDAS. *Declaración de los princípios jurídicos que deben regir las actividades de los Estados en la exploración y utilización del espacio ultraterrestre*, aprovada pela Assembleia Geral pela Resolução nº 1962 (XVIII), de 13 de dezembro de 1963. Disponível em: https://www.unoosa.org/oosa/documents-and-resolutions/search.jspx . Acesso em: 5 jul. 2022.

12

Proteção Internacional da Pessoa Humana

12.1 Proteção internacional da pessoa humana

Ensina Miranda (2009) que a proteção dos direitos humanos é umas das modalidades de proteção da dignidade da pessoa humana de que se ocupa o direito internacional público. Ao seu lado, coexistem a proteção diplomática, a proteção humanitária e a proteção dos refugiados.

Por sua vez, Ramos (2019b) diz que a proteção dos direitos essenciais da pessoa humana cabe a três ramos do direito internacional público: o direito internacional dos direitos humanos (DIDH), o direito internacional humanitário (DIH) e o direito internacional dos refugiados (DIR). Os dois últimos ramos funcionam como um conjunto de normas especiais em relação direito internacional dos direitos humanos.[1] Este considera a proteção dos seres humanos em todos os seus aspectos, englobando direitos civis, políticos, sociais, econômicos, culturais e ambientais, e é aplicável subsidiariamente a

---

[1] No entanto, a aplicação de normas do DIDH e do DIH pode coexistir, como se viu na Guerra da Ucrânia, notadamente a partir de 2022, com a ativação de mecanismos convencionais desses dois ramos, inclusive pela atuação concomitante do TPI, da CIJ e da Corte Europeia de Direitos Humanos.

todas as situações não reguladas especificamente pelos demais (RAMOS, 2019b).

Além dessa relação de especialidade, tais manifestações do direito internacional guardam convergência e identidade entre si, pois tutelam os mesmos direitos ou empregam soluções similares para lidar com as questões jurídicas. São também complementares, sobretudo o direito internacional dos direitos humanos para com os demais, mantendo, porém, influências recíprocas (RAMOS, 2019b).

É semelhante a posição de Jubilut (2007) quanto à existência de um direito internacional de proteção à pessoa humana, que se especializa em três ramos:

> (...) pode-se dizer que, hoje em dia, a pessoa humana conta com um grande sistema de proteção, denominado comumente de Direito Internacional dos Direitos Humanos lato sensu (ou Direito Internacional de Proteção da Pessoa Humana), que se divide em três vertentes de proteção: o Direito Internacional dos Direitos Humanos *stricto sensu,* o Direito Internacional Humanitário e o Direito Internacional dos Refugiados.

12.2 Direito internacional humanitário

A proteção internacional humanitária surgiu com a Convenção de Genebra de 1864,[2] considerada o marco inicial do direito humanitário idealizado por Henry Dunant, que relatou as atrocidades que viu nas guerras de unificação italiana em seu livro "Uma lembrança de Solferino".[3] Volta-se para a proteção de pessoas em caso de guerra e seu desenvolvimento está associado às atividades da Cruz Vermelha Internacional. Conhecido como direito de Genebra soma-se ao Direito da Haia, também chamado "direito de guerra",

[2] A Convenção para a Melhoria da Sorte dos Feridos e Enfermos dos Exércitos em Campanha foi o primeiro tratado internacional a se orientar pela proteção da pessoa humana.

[3] A Batalha de Solferino, de 1859, foi travada entre a França e o Piemonte, de um lado, e a Áustria, de outro.

que regula as operações militares e estipula os direitos e deveres dos beligerantes imediatamente antes do conflito armado e durante as hostilidades. Junto com o direito de Nova York e o direito de Roma, decorrente do Estatuto do TPI de 1998, esses componentes formam o chamado direito internacional dos conflitos armados (DICA), o ramo do direito internacional que se volta para a redução dos efeitos deletérios dos conflitos armados sobre a pessoa humana.

Foi a partir do século XIX, em decorrência das sangrentas guerras daquele período, na Crimeia (1853-1856), encerrada pela Declaração de Paris, e nos Estados Unidos, onde se travou a Guerra de Secessão (1861-1865), que o interesse pelo direito internacional humanitário se intensificou e continua presente nos conflitos armados do século XXI.

As Declarações de São Petersburgo (1868), de Bruxelas (1874) e as Convenções da Haia de 1899 e 1907 (que formam o Direito da Haia)[4] compuseram esse conjunto normativo de proteção à pessoa humana durante conflitos armados. Já um dos documentos mais importantes do direito de Genebra é a Convenção de 1864, que resultou na criação da Cruz Vermelha (REZEK, 2016).

Para Miranda (2009), "A proteção humanitária refere-se a situações de extrema necessidade, em que já não se trata da defesa contra poderes jurídicos ou fáticos, mas da própria sobrevivência das pessoas". Seu móvel é a solidariedade humana.

Por isso, diz Ramos (2019b), o direito internacional humanitário se ocupa da proteção do ser humano em situações específicas, em razão de conflitos internacionais e não internacionais. Seu objetivo é restringir a violência inerente à guerra e aos demais conflitos armados.

O direito de Genebra tem por fim limitar a violência em relação aos militares e bani-la em relação a populações civis e outros

---

[4] Direito da guerra em sentido estrito, agora caduco. Em relação a esse conjunto convencional valia a cláusula *si omnes* (se todos), segundo a qual suas normas só se aplicavam se todos os Estados em conflito fossem partes dos tratados.

sujeitos protegidos, como o pessoal de socorro e os religiosos. Compõe-se, sobretudo, do Pacto de Paris, de 1928; da Carta das Nações Unidas de 1945; da Convenção para a Prevenção e Repressão do Crime de Genocídio, de 1948; das quatro Convenções de Genebra, de 1949, seus dois Protocolos Adicionais,[5] de 1977, e seu terceiro Protocolo, de 2005.[6] Integram-no também atos de organizações internacionais, como a Resolução nº A/RES/2625 (XXV), de 1970,[7] e a Resolução nº A/RES/3314 (XXXIX), de 1974,[8] adotadas pela Assembleia Geral das Nações Unidas.

Os crimes de guerra correspondem a graves violações do direito internacional humanitário. Num rol exemplificativo, o art. 8º do Estatuto de Roma de 1998 determina que se entende por "crimes de guerra" as violações graves às Convenções de Genebra, de 12.08.1949, que se apresentam como homicídio doloso, tortura, tomada de reféns, escravidão sexual, prostituição, gravidez e casamentos forçados etc.

Visando à proteção dos não combatentes e dos combatentes já fora de combate (feridos, doentes, náufragos, prisioneiros de guerra), pessoal sanitário, religiosos, jornalistas e civis e também os mortos, as Convenções de Genebra de 1949 são as seguintes:

a) I Convenção de Genebra: protege os soldados feridos e enfermos durante a guerra terrestre. É a quarta versão dos textos sobre os feridos e enfermos adotados em 1864, 1906 e 1929. Com 64 artigos, a Convenção I cuida da proteção

---

5 O Protocolo I estende as convenções às guerras de libertação nacional (art. 1.4); e o Protocolo II cuida da guerra civil (art. 1.1). Foram promulgados no Brasil pelo Decreto nº 849/1993.

6 O Protocolo Adicional às Convenções de Genebra de 12 de agosto de 1949 relativo à Adoção de Emblema Distintivo Adicional (Protocolo III) foi promulgado pelo Decreto nº 7.196/2010.

7 Cuida do direito a autodeterminação e restrições ao uso da força etc.

8 Conceitua e lista, de forma não exaustiva, atos qualificados como de agressão, diferenciando-os de guerra de agressão, crime internacional depois conceituado pelas Emendas de Kampala ao Estatuto de Roma. O art. 5º da Resolução diz que "a guerra de agressão é um crime contra a paz internacional. A agressão dá origem a responsabilidade internacional".

dos enfermos, dos feridos, do pessoal sanitário e religioso e dos transportes e unidades sanitárias;

b) II Convenção de Genebra: visa à proteção dos militares feridos, enfermos e náufragos durante a guerra marítima. Este tratado substituiu a Convenção da Haia de 1907 para a Adaptação à Guerra Marítima dos Princípios da Convenção de Genebra. Seus 63 artigos aplicam-se especificamente à guerra naval;

c) III Convenção de Genebra: protege os prisioneiros de guerra (PoW, em inglês). Esse tratado substituiu a Convenção relativa aos Prisioneiros de Guerra de 1929. Com 143 artigos, amplia as categorias de pessoas com direito ao estatuto de prisioneiro de guerra, regula as condições e locais de cativeiro e o trabalho dos prisioneiros de guerra;

d) IV Convenção de Genebra: que trata da proteção aos civis, suprindo grave lacuna dos textos anteriores. Abrange a situação dos estrangeiros no território de uma das partes em conflito e dos civis em território ocupado, estabelece os deveres da potência ocupante em relação à população civil e regula o socorro humanitário às populações em território ocupado.

Com o incremento dos conflitos armados não internacionais e de guerras de libertação nacional, foi necessário ampliar a abrangência do direito de Genebra. Com isso, foram aprovados dois protocolos adicionais, ambos em 1977. Tais tratados fortalecem a proteção das vítimas a) dos conflitos armados internacionais (Protocolo I); e b) dos conflitos armados não internacionais (Protocolo II).

Em 2005, foi concluído o terceiro protocolo, para a especificação do emblema distintivo adicional para o Comitê da Cruz Vermelha Internacional (Protocolo III).[9]

---

[9] Além da cruz vermelha e do crescente vermelho, passou-se a adotar também o cristal vermelho, ou emblema do Terceiro Protocolo.

O direito de Roma tem como fonte principal o Estatuto do Tribunal Penal Internacional, de 1998, com as emendas de Kampala de 2010.

12.2.1 Entes de assistência humanitária

O êxito na consolidação do direito de Genebra deve-se muito ao esforço continuado do Comitê Internacional da Cruz Vermelha (CICV). Desde o século XIX, o CICV, que nasceu em 1863,[10] tem patrocinado a evolução do direito internacional humanitário. Tal ramo começa a tomar corpo depois da Convenção de 1864 e das Conferências de Paz da Haia, de 1899 e 1907.

Esta entidade atua por meio de seus capítulos nacionais. As atividades da Cruz Vermelha Brasileira são regidas pelo Decreto nº 8.885/2016, que a considera uma sociedade de socorro voluntário, auxiliar dos poderes públicos e, em particular, dos serviços militares de saúde. Diz também o decreto que a Cruz Vermelha Brasileira é uma entidade de utilidade internacional, declarada de caráter nacional pelo Decreto nº 9.620/1912, com organização federativa, composta por seu órgão central e por associações da Cruz Vermelha existentes no país.

A Cruz Vermelha Brasileira (CVB) foi fundada com a denominação de Sociedade Cruz Vermelha Brasileira, em 05.12.1908, de acordo com as Convenções de Genebra de 22.08.1864 e de 06.07.1906. Na forma do Código Civil brasileiro, é uma associação civil de direito privado, sem fins lucrativos, de natureza filantrópica, com prazo de duração indeterminado.

Outras entidades também operam em prol da assistência humanitária. É o exemplo da organização Médicos sem Fronteiras (MSF), uma ONG internacional especializada na área de saúde para populações em situações de emergência, de conflitos armados, catástrofes, epidemias e fome. Foi fundada em 1971 por

---

[10] Criada como uma associação civil constituída segundo as leis do Cantão de Genebra e depois reconhecida pela Convenção de 1864. É uma entidade não estatal *sui generis*, que tem personalidade jurídica de direito internacional, embora limitada.

médicos franceses liderados por Bernard Kouchner e também tem sede em Genebra.

A ONU também atua na implementação do direito internacional humanitário, diretamente ou por suas agências, fundos, programas ou organismos, como a ACNUR, o UNICEF, a UNESCO e o Representante Especial para a Questão das Crianças e dos Conflitos Armados.

12.2.2 Princípios do Direito de Genebra

O direito internacional humanitário (DIH) destacou-se do direito internacional público e não se confunde com o direito internacional dos direitos humanos. O DIH é o ramo do direito que "cuida das regras e princípios relativos aos limites e formas admitidos de guerra" (VARELLA, 2019). Visa à proteção da pessoa nos conflitos armados e regula a assistência a vítimas das hostilidades (PORTELA, 2019). Seis são os mais importantes princípios do direito internacional humanitário.

Pelo princípio da neutralidade, a prestação de assistência humanitária não é considerada intromissão em assuntos internos ou no conflito.

Conforme o princípio da não discriminação, a assistência humanitária deve ser prestada indistintamente a toda pessoa humana (PORTELA, 2019).

Segundo o princípio da humanidade, a capacidade lesiva das potências em conflito deve ser limitada ao menor dano possível a seus oponentes, e as pessoas protegidas devem ser tratadas com respeito e dignidade (PORTELA, 2019).

O princípio da responsabilidade estatal pelo cumprimento das normas do direito internacional humanitário estabelece que, em virtude do fortalecimento da justiça penal internacional, a responsabilidade internacional dos Estados é compartilhada pelos indivíduos das forças combatentes e mesmo por terceiros, pois tanto uns como outros podem ser responsabilizados pessoalmente por crimes de guerra e outros crimes de *jus cogens*, perante tribunais internacionais ou cortes locais (PORTELA, 2019).

O princípio da complementaridade estabelece uma relação entre as normas protetivas do direito internacional humanitário e os preceitos do direito internacional dos direitos humanos, havendo um conteúdo mínimo que deve ser observado mesmo em situações de grave crise institucional nos Estados (estado de defesa, estado de sítio etc.) (PORTELA, 2019). A invasão da Ucrânia em 2022 identifica essa conjugação temática, pois a partir do episódio viu-se a ativação de mecanismos de direitos humanos pela Corte Europeia de Direitos Humanos contra Moscou,[11] ao mesmo tempo em que medidas provisórias baseadas no direito internacional humanitário foram adotadas pela Corte Internacional de Justiça (CIJ), na Haia.

Conforme a decisão de Estrasburgo, a Federação Russa deveria abster-se de ataques militares contra civis e objetivos civis, incluindo instalações residenciais, veículos de emergência e outros objetivos civis especialmente protegidos, como escolas e hospitais, e garantir imediatamente a segurança dos estabelecimentos, funcionários e veículos de emergência dentro do território sob ataque ou cerco por tropas russas. Consoante a decisão da Haia, entre outras providências, a Rússia deveria suspender suas operações militares no território ucraniano, o que não ocorreu.[12]

Os princípios da boa-fé e *pacta sunt servanda* também se aplicam ao direito humanitário, já que o direito de Genebra é um ramo do direito das gentes (PORTELA, 2019).

Um dos desafios do presente será regular o uso de armas autônomas em combate, especialmente aquelas orientadas por inteligência artificial.

---

11 CORTE EUROPEIA DE DIREITOS HUMANOS. *Ukraine v. Russia*. Interim measure of 1 March 2022. Disponível em: https://hudoc.echr.coe.int/eng-press#{%22itemid%22:[%22003-7272764-9905947%22]}. Acesso em: 5 jul. 2022.

12 CORTE INTERNACIONAL DE JUSTIÇA. *Allegations of genocide under the Convention on the Prevention and Punishment of the Crime of Genocide (Ukraine v. Russian Federation)*. Order, 16 March 2022. Disponível em: https://www.icj-cij.org/public/files/case-related/182/182-20220316-ORD-01-00-EN.pdf. Acesso em: 5 jul. 2022.

12.3 Os princípios de Nuremberg de 1950

A codificação conhecida como Princípios de Nuremberg foi publicada em 1950, como resultado da Resolução nº A/RES/95(1), de 1946, da Assembleia Geral das Nações Unidas. Este documento onusiano ordenou a consolidação dos princípios básicos do primeiro tribunal militar do pós-guerra.[13]

São sete os princípios. Conforme o Princípio I, qualquer pessoa que cometa um ato que constitua um crime de direito internacional é por ele responsável e passível de punição.

Segundo o Princípio II, o fato de o direito interno não punir um ato que constitua um crime nos termos do direito internacional não isenta a pessoa que cometeu o ato da responsabilidade conforme o direito internacional.

O Princípio III determina que o fato de o autor de um crime internacional ter agido como Chefe de Estado ou autoridade governamental não o isenta da responsabilidade de acordo com o direito internacional.

Conforme o Princípio IV, o fato de uma pessoa ter agido por ordem de seu governo ou de um superior não o isenta de responsabilidade segundo o direito internacional, desde que uma alternativa moral lhe fosse de fato possível.

O Princípio V assegura a toda pessoa acusada de um crime internacional o direito a um julgamento justo em matéria de fato e de direito.

O Princípio VI lista os crimes internacionais que podiam ser imputados: a) os crimes contra a paz (crime de agressão), isto é, o planejamento, a preparação, o início ou o travamento de uma

---

[13] Os Princípios de Direito Internacional Reconhecidos pelo Estatuto do Tribunal de Nuremberg e no Julgamento do Tribunal (Princípios de Nuremberg) foram adotados pela Comissão de Direito Internacional da ONU em 1950. Tais princípios foram antes afirmados pela Assembleia Geral, em 1946 (NAÇÕES UNIDAS. *A/RES/1/95, Resolution adopted by the General Assembly:* affirmation of the Principles of International Law recognized by the Charter of the Nurnberg Tribunal. Disponível em: http://www.un-documents.net/a1r95.htm. Acesso em: 4 jul. 2022).

guerra de agressão ou uma guerra em violação de tratados, acordos ou garantias internacionais; b) os crimes de guerra; e c) os crimes contra a humanidade.

Por fim, segundo o Princípio VII a cumplicidade na prática de crimes contra a paz, crimes de guerra ou crimes contra a humanidade também é punível criminalmente. [14]

12.4 Direito internacional dos refugiados

A proteção internacional humanitária tem íntima relação com a proteção internacional dos refugiados, pois estes, quase sempre, são vítimas de conflitos armados. Outras vezes, os refugiados são afetados por violência de natureza diversa ou são alvo de perseguições por motivos políticos, étnicos, raciais, religiosos, de gênero ou de orientação sexual (MIRANDA, 2009). Há também os refugiados climáticos, que ainda não têm um instrumento adequado de proteção.

Mais de 89 milhões de pessoas estavam na situação de deslocamento forçado no mundo, em 2019, segundo o ACNUR.[15] Ramos (2019b) explica que o direito internacional dos refugiados atua na proteção do ser humano desde o início do seu deslocamento do país de origem, durante o trânsito de um país a outro, passando pela concessão de refúgio no país de destino, até sua eventual cessação.

A principal diferença em relação ao direito internacional humanitário está em que aos refugiados se assegura o direito de deslocamento das áreas de conflito ou perseguição, para possibilitar o acolhimento em outros territórios. O estatuto jurídico dos refugiados diferencia-se do regime de proteção aos migrantes também por outros motivos.

---

14 NAÇÕES UNIDAS. *Principles of International Law Recognized in the Charter of the Nürnberg Tribunal and in the Judgment of the Tribunal*: Text adopted by the International Law Commission at its second session, in 1950. Disponível em: https://legal.un.org/ilc/texts/instruments/english/draft_articles/7_1_1950.pdf. Acesso em: 6 ago. 2022.

15 NAÇÕES UNIDAS. *Global trends*: forced displacement in 2021. Copenhagen: UNHCR, 2022. Disponível em: wwww.unhcr.org/refugee-statistics. Acesso em: 10 jul. 2022.

Esse segmento do direito internacional é orientado pela Convenção relativa ao Estatuto dos Refugiados, de 1951 (Decreto nº 99.757/1990), e seu Protocolo, de 1967 (Decreto nº 70.946/1972). Também integra esse conjunto normativo a Declaração de Nova York de 2016 sobre Refugiados e Migrantes, que tem natureza de *soft law*. Grande parte das atividades de proteção neste campo é realizada por meio do Alto Comissariado das Nações Unidas para Refugiados (ACNUR), com o apoio de forças regulares de Estados estrangeiros, serviços públicos locais e ONGs.

Um dos princípios mais importantes no direito internacional dos refugiados (DIR) é o da proibição do rechaço (*non-refoulement*), previsto no art. 33 da Convenção e também presente noutros tratados. O refugiado não pode ser expulso ou devolvido para territórios nos quais sua vida ou liberdade estejam sob ameaça, por motivos raciais, étnicos, religiosos, de origem nacional, ou políticos.

> Art. 33 – Proibição de expulsão ou de rechaço
>
> 1. Nenhum dos Estados Contratantes expulsará ou rechaçará, de maneira alguma, um refugiado para as fronteiras dos territórios em que a sua vida ou a sua liberdade seja ameaçada em virtude da sua raça, da sua religião, da sua nacionalidade, do grupo social a que pertence ou das suas opiniões políticas.
>
> 2. O benefício da presente disposição não poderá, todavia, ser invocado por um refugiado que por motivos sérios seja considerado um perigo para a segurança do país no qual ele se encontre ou que, tendo sido condenado definitivamente por crime ou delito particularmente grave, constitui ameaça para a comunidade do referido país.

No Brasil, o tema é regulado pela Lei nº 9.474/1997, que criou o Conselho Nacional de Refugiados (CONARE). O diploma define refugiado como sendo o indivíduo que:

a) devido a fundados temores de perseguição por motivos de raça, religião, nacionalidade, grupo social ou opiniões políticas encontre-se fora de seu país de nacionalidade e não possa ou não queira acolher-se à proteção de tal país;

b) não tendo nacionalidade e estando fora do país onde antes teve sua residência habitual, não possa ou não queira regressar a ele, em função das circunstâncias descritas no inciso anterior; ou que

c) devido a grave e generalizada violação de direitos humanos, é obrigado a deixar seu país de nacionalidade para buscar refúgio em outro país.

O Decreto nº 9.277/2018 dispõe sobre a identificação do solicitante de refúgio e sobre o Documento Provisório de Registro Nacional Migratório.

A Lei nº 13.445/2017 (Lei de Migração) e seu Decreto nº 9.199/2017 também compõem o conjunto normativo de proteção a refugiados no Brasil, aplicando-se subsidiariamente.[16] Esta lei visa a assegurar a maior proteção possível aos migrantes, como se vê no seu art. 122: "A aplicação desta Lei não impede o tratamento mais favorável assegurado por tratado em que a República Federativa do Brasil seja parte".

As decisões do CONARE sobre refúgio estão sujeitas a controle recursal do Ministério da Justiça, na via administrativa, e também se submetem a controle judicial, cabendo à Justiça Federal tal competência. Vale destacar a posição do Superior Tribunal de Justiça no recurso especial REsp nº 1.174.235/PR:

> DIREITO INTERNACIONAL PÚBLICO. DIREITO COMPARADO. REFÚGIO POR PERSEGUIÇÃO RELIGIOSA. CONFLITO ISRAEL-PALESTINA. CONDIÇÕES. IMIGRAÇÃO DISFARÇADA. CONARE. REQUERIMENTO INDEFERIDO. MÉRITO DO ATO ADMINISTRATIVO.

---

16 "Art. 2º. Esta Lei não prejudica a aplicação de normas internas e internacionais específicas sobre refugiados, asilados, agentes e pessoal diplomático ou consular, funcionários de organização internacional e seus familiares".

REVISÃO. IMPOSSIBILIDADE. POLÍTICAS PÚBLICAS DE MIGRAÇÃO E RELAÇÕES EXTERIORES.

1. *In casu*, cidadão israelense ingressa no Brasil com visto para turismo, mas solicita permanência como refugiado, ao argumento de sofrer perseguição religiosa. Após se esgotarem as instâncias administrativas no Conare, entra com ação ordinária sob o fundamento de que o conflito armado naquele país, por ser notória, enseja automática concessão de *status* de refugiado.

2. O refúgio é reconhecido nas hipóteses em que a pessoa é obrigada a abandonar seu país por algum dos motivos elencados na Convenção Relativa ao Estatuto dos Refugiados de 1957 e cessa no momento em que aquelas circunstâncias deixam de existir. Exegese dos arts. 1º, III, e 38, V, da Lei nº 9.474/1997.

3. A concessão de refúgio, independentemente de ser considerado ato político ou ato administrativo, não é infenso a controle jurisdicional, sob o prisma da legalidade.

4. Em regra, o Poder Judiciário deve limitar-se a analisar os vícios de legalidade do procedimento da concessão do refúgio, sem reapreciar os critérios de conveniência e oportunidade. Precedentes do STJ.

5. Em casos que envolvem políticas públicas de migração e relações exteriores, mostra-se inadequado ao Judiciário, tirante situações excepcionais, adentrar as razões que motivam o ato de admissão de estrangeiros no território nacional, mormente quando o Estado deu ensejo à ampla defesa, ao contraditório e ao devido processo legal a estrangeiro cujo pedido foi regularmente apreciado por órgão formado por representantes do Departamento de Polícia Federal; do Alto Comissariado das Nações Unidas para Refugiados (Acnur) e dos Ministérios da Justiça, das Relações Exteriores, do Trabalho, da Saúde, da Educação e do Desporto, nos termos do art. 14 da Lei nº 9.474/1997. Precedentes do STJ e do STF.

> 6. A tendência mundial é no sentido da restrição do papel do Poder Judiciário no que tange à análise das condições para concessão de asilo. Precedentes do Direito Comparado.
>
> 7. No Direito Internacional Público, o instituto jurídico do refúgio constitui exceção ao exercício ordinário do controle territorial das nações, uma das mais importantes prerrogativas de um Estado soberano. Cuida de concessão ad cautelam e precária de parcela da soberania nacional, pois o Estado-parte cede temporariamente seu território para ocupação por não súdito, sem juízo de conveniência ou oportunidade no momento da entrada, pois se motiva em situação delicada, em que urgem medidas de proteção imediatas e acordadas no plano supranacional.
>
> 8. O refúgio, por ser medida protetiva condicionada à permanência da situação que justificou sua concessão, merece cautelosa interpretação, justamente porque envolve a regra internacional do respeito aos limites territoriais, expressão máxima da soberania dos Estados, conforme orienta a hermenêutica do Direito Internacional dos Tratados. Exegese conjunta dos arts. 1º, alínea *c*, item 5, da Convenção Relativa ao Estatuto dos Refugiados de 1957 e 31, item 3, alínea *c*, da Convenção de Viena sobre o Direito dos Tratados de 1969.
>
> 9. Não se trata de fechar as portas do País para a imigração – mesmo pelo fato notório de que os estrangeiros sempre foram bem-vindos no Brasil –, mas apenas de pontuar o procedimento correto quando a hipótese caracterizar intuito de imigração, e não de refúgio.
>
> 10. Recurso Especial provido para denegar a Segurança.[17]

O refúgio não se confunde com o asilo, que pode ser diplomático ou territorial e será examinado no próximo capítulo, no âmbito da proteção nacional a estrangeiros e apátridas.

---

17 STJ, 2ª Turma, Rel. Min. Herman Benjamin, j. em 04.11.2010.

12.5 Direito internacional dos direitos humanos

O direito internacional do direitos humanos compreende o mais amplo sistema de proteção à pessoa humana. A tutela dos direitos humanos pode-se dar no plano interno, por mecanismos judiciais e extrajudiciais, ou no plano internacional, por meio do sistema global (ou universal ou onusiano) de proteção dos direitos humanos e dos sistemas regionais (africano, europeu e interamericano). Estes "buscam internacionalizar os direitos humanos nos planos regionais, particularmente na Europa, América e África, somados a incipientes esforços de criação de sistemas regionais no mundo árabe e asiático" (PIOVESAN, 2018a).

Explica Piovesan que esses sistemas não são antagônicos. Na verdade eles se complementam e se somam aos sistemas nacionais de proteção em função da necessidade de assegurar a primazia da dignidade da pessoa humana, "a fim de proporcionar a maior efetividade possível na tutela e promoção de direitos fundamentais" (PIOVESAN, 2018a).Conclui a autora que surge desse modo "um novo paradigma baseado em um sistema jurídico multinível marcado por diálogos, permeabilidade e incidências mútuas e recíprocas, sob a inspiração do princípio maior da dignidade humana" (PIOVESAN, 2018a).

Como vimos acima, os sistemas global e regionais de proteção dos direitos humanos organizam-se em torno de três eixos fundamentais, para a proteção dos interesses superiores da pessoa humana: a) os tratados de direitos humanos em geral, que reconhecem os direitos civis, políticos, econômicos, sociais, culturais e ambientais; b) os tratados de direito internacional humanitário, que se aplicam aos conflitos armados internacionais, para a proteção de populações civis, prisioneiros de guerra, pessoal médico etc.; e c) os tratados sobre refugiados, que foram de grande importância ao fim da Segunda Grande Guerra e continuam a ter elevado valor num mundo tão repleto de desigualdades e ainda assolado por conflitos armados, como as guerras da Síria e da Ucrânia.

Há ainda um grupo complementar de convenções, que não é composto por tratados de direitos humanos em sentido estrito, mas que contém aqui e ali normas dessa natureza. São exemplos os tratados do regime global de proibição (*suppression treaties*) e os tratados de criminalização em geral, que por essa via servem à proteção de bens jurídicos fundamentais da pessoa humana, e que também preveem direitos de vítimas e a necessidade de respeito aos direitos de defesa.

Sobre o prisma do alcance, tais conjuntos convencionais são globais ou regionais, tendo natureza complementares, não antagônica, e podem ser acessados alternativa ou sucessivamente pelos indivíduos atingidos ou pelos Estados legitimados, sempre que uma violação se apresente (RAMOS, 2019b). Esses sistemas são assim estruturados:

a) o sistema onusiano, constituído pelos tratados internacionais concluídos sob os auspícios das Nações Unidas e que têm o Secretariado Geral da ONU como órgão depositário;
b) o sistema interamericano, formado pelos tratados assinados no nosso hemisfério e que têm na OEA o seu depositário;
c) o sistema europeu, o primeiro regime regional a ser criado, que abrange os tratados firmados no âmbito do Conselho da Europa (CoE), organização distinta da União Europeia (UE) e que tem 46 membros;[18]
d) o sistema africano, que engloba os tratados que foram gestados pela Organização da Unidade Africana, que em 1999, com a Declaração de Sirte, passou a se denominar União Africana (UA), atualmente com 55 membros.

Note-se que não existe um sistema pan-asiático de proteção de direitos humanos. O mais amplo esquema naquela região do globo gravita em torno da Associação das Nações do Sudeste Asiático (ASEAN), instituição criada em 1967, que tem na Asean Intergovernamental Commission on Human Rights (AICHR) o seu órgão temático. Dez países são partes da ASEAN, uma organização que abrange mais de 600 milhões de pessoas. Em 2012,

---

18 Após a expulsão da Rússia em 2022.

em Phnom Phen, para ampliar as proteções básicas previstas nos arts. 1°, 2° e 14 da Carta da ASEAN, decidiu-se adotar uma Declaração de Direitos Humanos, conhecida por *Asean Human Rights Declaration* (AHRD). Porém, o texto sofreu críticas da comunidade internacional, por seu escopo limitado e, em alguns pontos, aquém do *standard* mínimo da ONU e naturalmente pelo seu caráter não vinculante (MAZZUOLI, 2020, p. 881).

Segundo Mazzuoli (2020, p. 880), entre as dificuldades para a implantação de um sistema asiático de direitos humanos estão "o desacordo cultural" sobre o que seriam os direitos humanos. Evidentemente várias das nações da Ásia são partes de tratados do sistema onusiano, e há vários territórios europeus naquele continente, que estão vinculados ao regime de Estrasburgo (RAMOS, 2019b).

Também não existem sistemas regionais organizados para a proteção de direitos humanos no Pacífico ou na Oceania.

No contexto brasileiro, os sistemas onusiano e interamericano aderem à ordem jurídica brasileira diretamente, a partir da integração de seus tratados com *status* supralegal ou constitucional, a depender do mecanismo de incorporação adotado no Congresso Nacional.

Os sistemas africano e europeu relacionam-se indiretamente com o ordenamento jurídico brasileiro, especialmente em temas de cooperação jurídica internacional, sobretudo de cunho extradicional e de transferência de condenados e por meio do chamado diálogo das cortes de direitos humanos e das cortes apicais nacionais.

O sistema normativo assim formado contém instrumentos de alcance geral (como os PIDCP e o PIDESC) e instrumentos de alcance específico, para incidência em campos temáticos, como os da tortura e da discriminação racial e dos direitos da mulher, com focos em determinados sujeitos de direitos ou em grupos vulneráveis.

12.5.1 Os conjuntos convencionais e seus mecanismos de implementação e cumprimento

Os principais textos dos conjuntos convencionais do sistema universal e do sistema interamericano são gerais e dizem respeito aos direitos civis e políticos (como o PIDCP e a CADH) e aos direitos econômicos, sociais e culturais (como o PIDESC e o Protocolo de San Salvador). Há também uma série de tratados específicos sobre determinadas matérias (tortura, genocídio etc.) ou para a proteção de grupos vulneráveis (mulheres, crianças, idosos, migrantes, comunidades tradicionais etc.).

Para que esses tratados sejam úteis e eficazes, seus textos preveem diferentes mecanismos de monitoramento e *enforcement* vertical (*special enforcement machinery*), que se prestam a prevenir, investigar, processar e punir violações a direitos humanos (RAMOS, 2019b).

12.5.2 O sistema universal de proteção aos direitos humanos

O sistema internacional de proteção a direitos humanos, também conhecido como sistema onusiano, é conformado por um conjunto de tratados aprovados ao longo de décadas, simultaneamente à internacionalização dos direitos humanos.

O sistema onusiano é o que reúne o maior número de Estados soberanos e, portanto, é também aquele que congrega as mais variadas jurisdições, com diversidade de sistemas jurídicos e políticos, diferentes religiões predominantes, distintas formas de Estado e de governo, mas com uma meta comum.

Além de uma visão panorâmica sobre esse regime convencional, veremos também o conjunto de agências e órgãos das Nações Unidos que se ocupam de promover a defesa dos direitos humanos no planeta. Uns e outros assentam-se sobre tratados (normas cogentes) e também sobre atos que merecem a classificação de *soft* law, normas que "não criam obrigações de direito positivo aos Estados, ou não criam senão obrigações pouco constringentes (MAZZUOLI, 2011)".

O conjunto convencional do sistema ONU é composto de uma grande série de tratados, convenções internacionais e protocolos de cunho universal, com escopo geral ou temático. À luz da Convenção de Viena sobre o Direito dos Tratados, são instrumentos cogentes (*pacta sunt servanda*).

Ao lado desse regime convencional, há as declarações, os princípios e as chamadas regras mínimas, documentos que integram as soluções de *soft law* ou direito "flexível" ou quase-direito.

Os documentos fundantes do sistema onusiano são um tratado - a Carta das Nações Unidas, de 1945 - e um instrumento de natureza jurídica controvertida[19] - a Declaração Universal dos Direitos Humanos, de 1948. Para Ramos (2013),

> Em que pese a abrangência (rol amplo de direitos, direitos de todos sem qualquer diferenciação), consenso (aprovação sem vetos ou votos contrários) e ainda amplitude (menção à ordem internacional justa), a Declaração Universal foi aprovada sob a forma de resolução da Assembleia Geral da ONU, que, nessa matéria não possui força vinculante. Nesse sentido, a Declaração Universal representa uma diretriz aos Estados e compõe aquilo que é denominado de *soft law* no Direito Internacional, o chamado direito em formação. Contudo, além de ser entendida em parte como espelho do costume internacional de proteção de direitos humanos, a Declaração é interpretação autêntica da expressão genérica "direitos humanos" da Carta de São Francisco.

Juntam-se a esses documentos de base os tratados universais dos anos 1960, que compõem o *Bill of Rigths* internacional, isto é, o Pacto Internacional de Direitos Civis e Políticos (PIDCP); e o Pacto Internacional de Direitos Econômicos, Sociais e Culturais (PIDESC). No preâmbulo do PIDCP e do PIDESC, já se vê a afiliação desses pactos aos dois textos dos anos 1940:

> Considerando que, em conformidade com os princípios proclamados na Carta das Nações Unidas, o reconhecimento da dignidade inerente a todos os membros da família humana e de seus direitos iguais e inalienáveis constitui o fundamento da liberdade, da justiça e da paz no mundo,

---

[19] A DUDH seria cogente, por força do *ius cogens*? Ou não teria essa natureza impositiva (*soft law*)? É um tratado?

> Reconhecendo que esses direitos decorrem da dignidade inerente à pessoa humana,
>
> Reconhecendo que, em conformidade com a Declaração Universal dos Direitos do Homem, o ideal do ser humano livre, no gozo das liberdades civis e políticas e liberto do temor e da miséria, não pode ser realizado e menos que se criem às condições que permitam a cada um gozar de seus direitos civis e políticos, assim como de seus direitos econômicos, sociais e culturais,
>
> Considerando que a Carta das Nações Unidas impõe aos Estados a obrigação de promover o respeito universal e efetivo dos direitos e das liberdades do homem.

A esses textos fundamentais dos anos 1940 são acrescidos os vários tratados, protocolos, declarações, princípios[20] e regras mínimas, de corte temático, que estendem, explicitam e ampliam direitos e garantias no sistema universal, algumas vezes, contudo, sem a coercibilidade própria dos tratados. Alguns desses instrumentos, como as regras mínimas, contêm séries de boas práticas recomendadas aos Estados. Esquematicamente, há instrumentos de direitos humanos sobre tráfico humano, escravidão e servidão; discriminação e práticas de apartheid; direitos de migrantes, refugiados e apátridas; direitos dos trabalhadores; direitos das crianças e adolescentes; direitos das mulheres; direitos das pessoas com deficiência; direitos de

---

20 Nem sempre os princípios têm a natureza de *soft law*. Algumas dessas diretrizes costumam ser aprovadas por especialistas, sem a participação de Estados ou de organizações internacionais, entes produtores de normas jurídicas internacionais. Os Princípios de Yogyakarta fazem parte dessa categoria. Para André de Carvalho Ramos (2019b), por exemplo, os Princípios de Yogyakarta sobre orientação sexual são *soft law*: "Em 2006, especialistas em direitos humanos (em nome próprio, sem representarem os seus Estados de origem ou mesmo os órgãos internacionais nos quais trabalhavam), reunidos em Yogyakarta, na Indonésia, elaboraram os Princípios sobre a aplicação do direito internacional dos direitos humanos em relação à orientação sexual e identidade de gênero (Princípios de Yogyakarta). A natureza jurídica dos 'Princípios de Yogyakarta' é não vinculante, compondo a soft law (direito em formação) que rege a matéria. Contudo, os 'Princípios' representam importante vetor de interpretação do direito à igualdade e combate à discriminação por orientação sexual".

comunidades tradicionais e povos autóctones; genocídio; desaparecimento forçado; tortura e também sobre meio ambiente.[21]

Como antes vimos, a proteção a prisioneiros, populações civis e outras pessoas envolvidas em conflitos armados é objeto dos tratados do direito internacional humanitário (DIH), especialmente das chamadas convenções de Genebra ("direito de Genebra)".

Alguns desses campos vinculam-se com os chamados regimes globais de proibição (*suppression treaties*), que harmonizam e reforçam a atuação dos Estados Partes na instância penal.

Com pequenas variações aqui e ali, os tratados de direitos humanos em geral terão o seu *bill of rights;* a imposição de obrigações positivas e negativas aos Estados Partes; a criação de mecanismos ou órgãos de supervisão, monitoramento e *enforcement*, inclusive tribunais; regras de cooperação internacional, nos campos técnico e/ou jurídico;[22] e disposições finais comuns a quaisquer tratados, a respeito de denúncia, reservas e vigência. Tomemos o PIDCP como exemplo. Promulgado no Brasil pelo Decreto nº 592, de 06.07.1992, o Pacto Internacional de 1966 pode ser assim dissecado:

Parte	Artigos	Conteúdo
I	Art. 1º	Direito à autodeterminação dos povos.
II	Arts. 2º a 5º	Deveres estatais e limites à ação estatal.
III	Arts. 6º a 27	*Bill of rigths* (declaração dos direitos civis e políticos).
IV	Arts. 28 a 45	Órgão de supervisão e *enforcement* (o Comitê).
V	Arts. 46 e 47	Regras de interpretação do tratado.
VI	Arts. 48 a 53	Disposições finais sobre adesão, vigência, aplicação territorial, emendas, órgão depositário e idiomas.

---

21 Tomemos como exemplo o Acordo Regional sobre Acesso à Informação, Participação Pública e Acesso à Justiça em Assuntos Ambientais na América Latina e no Caribe, de 2018, conhecido como Acordo de Escazú.

22 Os arts. 1º, 2º, 11, 15, 23 do PIDESC contêm regras de cooperação técnica para a promoção dos direitos sociais, econômicos e culturais. Diz o art. 2.1: "Cada Estado Parte do presente Pacto compromete-se a adotar medidas, tanto por esforço próprio como pela assistência e cooperação internacionais, principalmente nos planos econômico e técnico, até o máximo de seus recursos disponíveis, que visem a assegurar, progressivamente, por todos os meios apropriados, o pleno exercício dos direitos reconhecidos no presente Pacto, incluindo, em particular, a adoção de medidas legislativas".

O vínculo etiológico dos tratados do sistema universal com a Carta das Nações Unidas e a DUDH vem enunciado no próprio texto, não só no preâmbulo, transcrito acima, mas também nas regras de interpretação. Vejamos o que diz o art. 46 do PIDCP:

> Artigo 46. Nenhuma disposição do presente Pacto poderá ser interpretada em detrimento das disposições da Carta das Nações Unidas e das constituições das agências especializadas, as quais definem as responsabilidades respectivas dos diversos órgãos da Organização das Nações Unidas e das agências especializadas relativamente às questões tratadas no presente Pacto.

São evidentes as razões para referenciar a DUDH. Quanto à Carta das Nações Unidas, o motivo de mencioná-la está ligado à própria razão de ser da organização: a promoção da paz e da segurança no mundo. Promulgado no Brasil pouco depois do fim da Segunda Guerra Mundial, pelo Decreto nº 19.841, de 22 de outubro de 1945, o texto resulta da conferência realizada em São Francisco entre 25 de abril e 26 de junho de 1945, que reuniu 51 países. A *United Nations Conference on International Organization* (UNCIO) foi convocada para desenvolver os termos do Acordo de Dumbarton Oaks (1944) e da Declaração de Moscou (1943), que reconheceram a necessidade de criar uma organização internacional para suceder a Sociedade das Nações (*League of Nations*), que fora fundada em 1920 como resultado da Conferência de Paz de Paris, que encerrou a Primeira Guerra Mundial.

A Sociedade das Nações, que tinha sede em Genebra, existiu por 26 anos e chegou a ter 58 membros. Seu tratado constitutivo promovia a paz, o desarmamento e a adoção de meios pacíficos de solução de conflitos. Além disso, o conjunto convencional que então começava a surgir buscava proteger direitos dos trabalhadores, refugiados, populações indígenas e reprimir o tráfico humano, a escravidão e o tráfico de drogas. É com o Tratado de Versalhes, de 1919, que surgem a Organização Internacional do Trabalho, a Organização Mundial de Saúde e a Corte Internacional de Justiça (CIJ).[23]

No texto da Carta da ONU, a sociedade internacional compromete-se:

> (...) a preservar as gerações vindouras do flagelo da guerra, que por duas vezes, no espaço da nossa vida, trouxe sofrimentos indizíveis à humanidade, e a reafirmar a fé nos direitos fundamentais do homem, na dignidade e no valor do ser humano, na igualdade de direito dos homens e das mulheres, assim como das nações grandes e pequenas, e a estabelecer condições sob as quais a justiça e o respeito às obrigações decorrentes de tratados e de outras fontes do direito internacional possam ser mantidos.

Entre seus princípios, a ONU também se volta à cooperação internacional com o objetivo de resolver "os problemas internacionais de caráter econômico, social, cultural ou humanitário, e para promover e estimular o respeito aos direitos humanos e às liberdades fundamentais para todos, sem distinção de raça, sexo, língua ou religião" (RAMOS, 2013).

Conforme o art. 13.1.b, cabe à Assembleia Geral promover cooperação internacional nos terrenos econômico, social, cultural, educacional e sanitário e favorecer o pleno gozo dos direitos humanos e das liberdades fundamentais, por parte de todos os povos, sem distinção de raça, sexo, língua ou religião.

Segundo o art. 55, as Nações Unidas devem favorecer a solução dos problemas internacionais econômicos, sociais, sanitários e conexos; a cooperação internacional, de caráter cultural e educacional; e o respeito universal e efetivo dos direitos humanos e das liberdades fundamentais para todos, sem distinção de raça, sexo, língua ou religião.

---

[23] Faz parte da Carta das Nações Unidas o Estatuto da Corte Internacional de Justiça, com sede na Haia. O art. 7.1. da Carta lista a CIJ como um dos órgãos principais da organização.

Outro de seus órgãos principais, o Conselho Econômico e Social (ECOSOC) pode fazer recomendações à Assembleia Geral, aos Estados Partes e às agências especializadas para promover o respeito aos direitos humanos e às liberdades fundamentais (art. 62.2.). O Conselho Econômico e Social também pode criar comissões para assuntos econômicos e sociais e para a proteção dos direitos humanos (art. 68).

12.5.3 Direitos humanos: órgãos e agências do sistema ONU

Na temática dos direitos humanos, no sistema onusiano, vários órgãos têm relevância, como a Assembleia Geral, o Conselho de Segurança, o Conselho Econômico e Social, a Corte Internacional de Justiça e o Secretariado. São os chamados *UN Charter bodies*, ou organismos da Carta das Nações Unidas.

A Corte Internacional de Justiça (CIJ) tem sede na Haia, na Holanda. O tribunal julga Estados e também emite opiniões consultivas. Sucedeu a Corte Permanente de Justiça, criada pelo Tratado de Versalhes. O Estatuto da CIJ faz parte da Carta das Nações Unidas de 1945. Eventualmente, a CIJ examina questões relativas a direitos humanos. Leciona Ramos (2013):

> (...) a Corte Internacional de Justiça tem um modesto papel na aferição da responsabilidade internacional do Estado por violação de direitos humanos. De fato, dois limitadores exsurgem da análise do Estatuto da Corte. O primeiro diz respeito ao *jus standi* ou à legitimidade ativa e passiva nos processos submetidos à Corte. De acordo com o artigo 34.1 do Estatuto, a Corte, em sua jurisdição contenciosa, só reconhece como partes os Estados, o que limita sobremaneira a proteção judicial de direitos humanos, pois o acesso do indivíduo a instâncias internacionais é considerado um requisito indispensável para a correta garantia destes direitos. Nesse sentido, notamos que o foco da grande maioria dos casos contenciosos e dos pareceres consultivos relacionam-se com temas de interesses dos Estados, sem maior preocupação

> com direitos humanos. A reforma do artigo 34.1 possibilitaria que particulares pudessem apresentar petições contra Estados por violações de direitos humanos. Ou mesmo que organismos internacionais pertencentes à ONU, tal qual o Alto Comissariado das Nações Unidas para os Direitos Humanos, possam apresentar petições contra Estados violadores de direitos humanos. O segundo obstáculo à proteção judicial de direitos humanos perante a Corte Internacional de Justiça (CIJ) é o seu caráter facultativo. A jurisdição da Corte depende da adesão (facultativa) dos Estados, conforme o artigo 36.2 do Estatuto. Além disso, cada Estado pode condicionar sua declaração de aceitação ao princípio da reciprocidade.

Assim, diante das limitações organizacionais da CIJ, o principal órgão de direitos humanos da ONU é o Alto Comissariado das Nações Unidas para Direitos Humanos (ACNUDH) ou *Office of the High Commissioner on Human Rights* (OHCHR), com sede em Genebra. O ACNUDH é ligado à Secretaria Geral e foi criado pela Resolução nº A/RES/48/141, de 7 de janeiro de 1994.[24]

Também faz parte do sistema ONU o Conselho de Direitos Humanos das Nações Unidas (*United Nations Human Rights Council* – HRC), regulado pela Resolução nº A/RES/60/251, de 2006, composto por 47 Estados eleitos pela Assembleia Geral.[25]

Há ainda as agências especializadas que gravitam em torno do Conselho Econômico e Social (ECOSOC), como a Organização Internacional do Trabalho (OIT); a Organização das Nações Unidas para Educação, Ciência e Cultura (UNESCO); e a Entidade das Nações Unidas para a Igualdade de Gênero e o Empoderamento das Mulheres (ONU Mulheres). Outros entes da ONU também lidam

---

24 NAÇÕES UNIDAS. *Resolución A/RES/48/141: Alto Comisionado para la promoción y la protección de todos los derechos humanos.* 7 de enero de 1994. Disponível em: https://documents-dds-ny.un.org/doc/UNDOC/GEN/N94/012/59/PDF/N9401259.pdf?OpenElement. Acesso em: 4 ago. 2022.

25 NAÇÕES UNIDAS. *Resolution A/RES/60/251: Human rights council.* 3 April 2006. Disponível em: https://www2.ohchr.org/english/bodies/hrcouncil/docs/a.res.60.251_en.pdf. Acesso em: 4 ago. 2022.

com a temática de direitos humanos, a exemplo do Fundo das Nações Unidas para a Infância (UNICEF); do Alto Comissariado das Nações Unidas para Refugiados (ACNUR); do Programa das Nações Unidas para o Desenvolvimento (PNUD); do Programa das Nações Unidas para o Meio Ambiente (PNUMA); do Fundo de População das Nações Unidas (UNFPA); e do Programa das Nações Unidas para Assentamentos Humanos (HABITAT).

Ao lado das agências especializadas das Nações Unidas, devemos citar os chamados *UN human rights treaty bodies*, órgãos convencionais criados por certos tratados de direitos humanos, com competência quase-judicial. No PIDPC, o órgão convencional é o Comitê de Direitos Humanos, objeto dos arts. 28 a 47 e do Protocolo Facultativo ao Pacto,[26] também aprovado em 1966.

Atualmente, no sistema onusiano, há 10 *human rights treaty bodies*, que são compostos por peritos (quase-juízes) independentes indicados pelos Estados Partes e escolhidos pela Assembleia Geral das Nações Unidas:[27]

Comitê	Tratado	Decreto
Comitê de Direitos Humanos (CCPR) – Genebra	Pacto Internacional de Direitos Civis e Políticos (1966) e seu Protocolo Facultativo (1966)	Decreto nº 678/1992 e Decreto Legislativo nº 311/2009
Comitê de Direitos Econômicos, Sociais e Culturais (CESCR) – Genebra	Pacto Internacional de Direitos Econômicos, Sociais e Culturais (1966) e seu Protocolo Facultativo	Decreto nº 591/1992. O protocolo ainda não tem decreto
Comitê sobre Eliminação da Discriminação Racial (CERD) – Genebra	Convenção Internacional sobre a Eliminação de Todas as Formas de Discriminação Racial (1966)	Decreto nº 65.810/1969

26 Objeto do Decreto Legislativo nº 311, de 2009, e que ainda não tem decreto federal de promulgação.

27 NAÇÕES UNIDAS. *United Nations human rights treaty bodies*. Disponível em: https://www.ohchr.org/en/treaty-bodies. Acesso em: 4 ago. 2022.

Comitê	Tratado	Decreto
Comitê sobre a Eliminação da Discriminação contra a Mulher (CEDAW) - Genebra	Convenção sobre a Eliminação de Todas as Formas de Discriminação contra a Mulher (1969) e Protocolo Facultativo à Convenção sobre Direitos da Mulher	Decretos n°s 4.377/2002 e 4.316/2002
Comitê contra a Tortura (CAT) - Genebra	Convenção contra a Tortura e Outros Tratamentos ou Penas Cruéis, Desumanos ou Degradantes (1984)	Decreto nº 40/1991
Comitê sobre os Direitos da Criança (CRC) - Genebra	Convenção sobre os Direitos da Criança (1989) e Protocolo Facultativo Relativo a um Procedimento de Comunicações (2011)	Decreto nº 99.710/1990 e Decreto Legislativo nº 85/2017
Comitê sobre Trabalhadores Migrantes (CMW) - Nova York	Convenção Internacional sobre a Proteção dos Direitos de Todos os Trabalhadores Migrantes e dos Membros das Suas Famílias (1990)	Ainda não internalizado (MSC nº 696/2010)
Comitê dos Direitos das Pessoas com Deficiência (CRPD) - Genebra	Convenção dos Direitos das Pessoas com Deficiência (2007) e seu Protocolo Facultativo (2007)	Decreto nº 6.949/2009
Comitê contra Desaparecimentos Forçados (CED) - Genebra	Convenção Internacional para a Proteção de Todas as Pessoas contra o Desaparecimento Forçado (2006)	Decreto nº 8.767/2016
Subcomitê para a Prevenção da Tortura (SPT)	Protocolo Facultativo à Convenção contra a Tortura (2002)	Decreto nº 6.085/2007

O quadro anterior permite intuir que os marcos normativos temáticos podem ser formados por um só tratado ou por uma convenção principal e seus protocolos, aos quais se acrescerem declarações, regras mínimas e princípios. Os 10 órgãos de monitoramento do sistema ONU se relacionam com os organismos da Carta das Nações Unidas e com os Estados Partes.

Tomemos como exemplo o conjunto de atos internacionais contra a tortura, formado por tratados, protocolos e declarações que detalham e particularizam a proteção devida pelos Estados Partes.

O marco internacional é composto pela Declaração Universal dos Direitos do Homem (1948); Convenções de Genebra (1949); Regras Mínimas para o Tratamento dos Reclusos (1955);[28] Pacto Internacional de Direitos Civis e Políticos (1966); Declaração sobre a Proteção de Todas as Pessoas contra a Tortura ou Outros Tratamentos ou Penas Cruéis, Desumanos ou Degradantes (1975); Protocolos Adicionais às Convenções de Genebra (1977); Código de Conduta para os Funcionários Responsáveis pela Aplicação da Lei (1979); Princípios de Ética Médica Aplicáveis à Função do Pessoal de Saúde, Especialmente aos Médicos, na Proteção de Prisioneiros ou Detidos contra a Tortura e Outros Tratamentos ou Penas Cruéis, Desumanos ou Degradantes (1982); Convenção contra a Tortura e Outros Tratamentos ou Penas Cruéis, Desumanos ou Degradantes (1984); Estatuto de Roma do Tribunal Penal Internacional (1998); Protocolo de Istambul ou Manual para a Investigação e Documentação Eficazes da Tortura e Outras Penas ou Tratamentos Cruéis, Desumanos ou Degradantes (ACNUDH) (2001); Protocolo Facultativo à Convenção contra a Tortura (2002); a Convenção sobre os Direitos das Pessoas com Deficiência (2007); Regras das Nações Unidas para o Tratamento de Mulheres Presas e Medidas Não Privativas de Liberdade para Mulheres Infratoras (Regras de Bangkok) (2010); e pelas Regras Mínimas das Nações Unidas para o Tratamento de Presos (Regras de Mandela) (2015).[29]

No mesmo tema, o marco doméstico brasileiro é integrado pela Constituição Federal de 1988; pela Lei nº 9.455/1997, que criminaliza a tortura (1997); pela Lei nº 12.847/2013, que instituiu o Sistema Nacional, o Comitê Nacional e o Mecanismo Nacional de Prevenção e Combate à Tortura (MNPCT); e pela Lei nº 13.869/2019, que criminaliza o abuso de autoridade.

---

28 Atualizadas em 2015 com o nome de Regras de Mandela.

29 Resultantes da revisão das Regras de 1955.

É de se notar que na prevenção e na proibição da tortura há uma interseção entre o direito internacional dos direitos humanos e o direito internacional humanitário. O art. 3°, comum às quatro convenções de Genebra (Decreto n° 42.121/1957), contém uma vedação geral à tortura, que foi depois estendida pelos dois protocolos de 1977 (Decreto n° 849/1993):

> (...) Para esse fim estão e ficam proibidos, em qualquer momento e lugar, com respeito às pessoas mencionadas acima: a) os atentados à vida e à integridade corporal, notadamente o homicídio sob qualquer de suas formas, as mutilações, os tratamentos cruéis, as torturas e suplícios; b) a detenção de reféns; c) os atentados à dignidade das pessoas, especialmente os tratamentos humilhantes e degradantes (...).

13

Migrantes, Estrangeiros e Apátridas

13.1 Migrações

As migrações são um grave problema contemporâneo. Centenas de milhões de pessoas deixam suas casas e se deslocam para outras regiões dos seus próprios países todos os anos, no fenômeno das migrações internas. O Brasil assistiu esse fenômeno com intensidade ao longo das décadas de 1960-1980, especialmente com a ida de trabalhadores das zonas rurais do Nordeste para o Sudeste do Brasil. Movimentos migratórios internos também levaram muitos brasileiros a se fixarem no Centro-Oeste e no Norte do país.

Adicionalmente, outras dezenas de milhões de seres humanos deixam seus países em busca de melhores condições de vida ou de segurança, seja pelo flagelo das guerras, por desespero econômico ou por motivos ambientais. É desses movimentos migratórios internacionais, aqueles realizados entre Estados soberanos, que se ocupa o direito internacional.

Entre os migrantes em geral haverá refugiados (que têm *status* jurídico próprio no direito internacional), deslocados por conflitos, perseguidos religiosos, migrantes econômicos, deslocados ambientais, populações nômades, migrantes sazonais e apátridas.

Estes últimos também têm estatuto próprio no direito internacional. As Nações Unidas, a União Africana e a União Europeia têm realizado inúmeros estudos e programas para compreender e mitigar as razões para o deslocamento de milhões de pessoas todos os anos no interior desses continentes e em rotas intercontinentais, muitas delas exploradas por traficantes de pessoas.

Segundo o art. 1º da Lei nº 13.445/2017 (Lei de Migração), imigrante é a pessoa nacional de outro país ou o apátrida que trabalha ou reside e se estabelece temporária ou definitivamente no Brasil; e emigrante é o brasileiro que se estabelece temporária ou definitivamente no exterior. A lei brasileira de 2017 tem como foco a proteção de direitos humanos, sobretudo das pessoas que chegam ao território nacional sendo estrangeiras ou apátridas.

A Lei de Migração reconhece a universalidade, a indivisibilidade e a interdependência dos direitos humanos na política migratória brasileira (art. 3º, I) e evita utilizar a palavra "estrangeiro", como fazia a lei anterior (Estatuto do Estrangeiro, de 1980), substituindo-a por migrante, imigrante, emigrante, residente fronteiriço, visitante e apátrida (art. 1º).

O art. 13 da Declaração Universal dos Direitos do Homem assevera que todo ser humano tem direito à liberdade de locomoção e residência dentro das fronteiras de cada Estado. Tem também o direito de deixar qualquer país, inclusive o próprio e a esse regressar.

Por sua vez, o art. 14 da DUDH diz que todo ser humano, vítima de perseguição, tem o direito de procurar e de gozar asilo em outros países, e que esse direito não pode ser invocado em caso de perseguição legitimamente motivada pela prática, pela pessoa, de crimes de direito comum ou por atos contrários aos objetivos e princípios das Nações Unidas.

Os migrantes têm direito de sair do território no qual ingressaram ou no qual residem; direito de pedir asilo; de buscar refúgio; de acesso à Justiça; e direito ao devido processual legal, além, evidentemente, de todos os outros direitos humanos básicos, como os direitos à vida, à integridade física, à intimidade, à liberdade e à propriedade, assim como os direitos econômicos, sociais, culturais e ambientais.

Nenhum Estado é obrigado a admitir estrangeiros em seu território, seja temporária ou definitivamente. Entretanto, "a partir do momento em que admite o nacional de outro país no âmbito espacial de sua soberania, tem o Estado, perante ele, deveres resultantes do direito internacional costumeiro e escrito, cujo feitio e dimensão variam segundo a natureza do ingresso" (REZEK, 2016).

As questões sobre migração e a proteção dos direitos dos migrantes são objeto dos mandatos da Organização Internacional para as Migrações (OIM), criada em 1951; do Comitê para a Proteção dos Trabalhadores Migrantes (CPTM); e do Alto Comissariado das Nações Unidas para Refugiados (ACNUR).

13.1.1 Tratados do regime protetivo aos migrantes

Há alguns tratados específicos que visam a estabelecer alguma proteção internacional para as pessoas migrantes, no que se pode chamar direito internacional da mobilidade humana, que tem como destinatários os estrangeiros e os apátridas, quando na condição de migrantes.

A Convenção sobre a Proteção dos Direitos de Todos os Trabalhadores Migrantes e dos Membros de Suas Famílias (1990) e a Convenção 97 da OIT sobre Trabalhadores Migrantes (1949)[1]conferem alguns direitos a trabalhadores migrantes, inclusive o direito à informação. A Convenção 143 da OIT Relativa às Migrações em Condições Abusivas e à Promoção da Igualdade de Oportunidades e de Tratamento de Trabalhadores Migrantes (1975) lhes assegura o direito à igualdade e outras proteções.

Além dessas, merecem referência a Convenção sobre o Estatuto dos Apátridas (1954) (Decreto nº 4.246/2002), a Convenção para a Redução dos Casos de Apatridia (1961) (Decreto nº 8.501/2015), a Convenção sobre o Estatuto dos Refugiados

[1] Promulgada pelo Decreto nº 58.819, de 14.07.1966, e agora objeto do Anexo XXIII do Decreto nº 10.088/2019.

(Convenção de Genebra, de 1951) e seu Protocolo (1967) (Decretos nºs 99.757/1990 e 70.946/1972) e, obviamente, o Pacto Internacional de Direitos Civis e Políticos (1966), a Convenção Americana de Direitos Humanos (1969) e o Acordo sobre Residência para Nacionais dos Estados Partes do Mercosul, Bolívia e Chile, concluído em Brasília (2002) (Decreto nº 6.975/2009).

Aprovado em Marraqueche em 2018 e confirmado pela Resolução nº A/RES/73/195 da Assembleia Geral, o Pacto Mundial para uma Migração Segura, Ordenada e Regular (*Global Compact on Migrations* – GCM) não é um tratado. É um compromisso internacional em favor de migrações ordenadas e sustentáveis que conclama os Estados à cooperação. O Brasil não se comprometeu com o texto.

Resultado da Declaração de Nova York sobre Refugiados e Migrantes (2016), adotada pela Assembleia Geral da ONU, o Pacto se coordena com a meta 10.7 da Agenda 2030 das Nações Unidas, sem estabelecer um direito à migração. O § 4º do seu preâmbulo destaca:

> Se é verdade que os refugiados e os migrantes têm os mesmos direitos humanos universais e liberdades fundamentais, que devem ser respeitados, protegidos e cumpridos a todo tempo, constituem, contudo, dois grupos distintos regidos por marcos jurídicos separados. Só os refugiados têm direito a uma proteção internacional específica, definida no direito internacional dos refugiados. O presente Pacto Mundial se refere aos migrantes e propõe um marco de cooperação para lidar com a migração em todas as suas dimensões.[2]

Seus princípios reitores são o humanocentrismo, a cooperação internacional, a soberania nacional, o estado de direito e as garantias processuais, o desenvolvimento sustentável, os direitos humanos, a perspectiva de gênero, a perspectiva infantil protetiva, o enfoque pangovernamental e o enfoque pansocial.

---

2 NAÇÕES UNIDAS. *Pacto Mundial para la Migración Segura, Ordenada y Regular*. A/RES/73/195, de 19 de dezembro de 2018. Disponível em: https://www.un.org/en/ga/search/view_doc.asp?symbol=A/RES/73/195&Lang=S. Acesso em: 19 ago. 2019.

O GCM (2018) contém 23 objetivos em relação à migração. Cabe aos Estados coletar e utilizar dados precisos e desagregados como base para políticas públicas; minimizar os fatores adversos e os fatores estruturais que obrigam as pessoas a deixarem seus países de origem; fornecer informações precisas e oportunas em todos os estádios da migração; assegurar que todos os migrantes tenham identificação pessoal e documentação adequada; e aumentar a disponibilidade e a flexibilidade das vias para a migração regular.

Os Estados também se comprometem a facilitar o recrutamento justo e ético e garantir condições que garantam um trabalho decente; abordar e reduzir vulnerabilidades na migração; salvar vidas e estabelecer esforços internacionais coordenados para localização de migrantes desaparecidos; reforçar a resposta transnacional ao "contrabando" de migrantes; prevenir, combater e erradicar o tráfico de pessoas no contexto internacional; gerenciar as fronteiras de forma integrada, segura e coordenada; e reforçar a certeza e a previsibilidade nos procedimentos de migração para triagem, avaliação e encaminhamento responsáveis de tais pessoas.

Exorta-se ainda os signatários a usar a detenção em casos de migração apenas como uma medida de último recurso e trabalhar para criar alternativas à prisão de migrantes clandestinos; reforçar a proteção, assistência e cooperação consulares em todo o ciclo de migração; fornecer acesso a serviços básicos para migrantes; capacitar os migrantes e a sociedade para a plena inclusão e coesão social; eliminar todas as formas de discriminação e promover o discurso público baseado em evidências para moldar percepções de migração; promover a inclusão financeira dos migrantes; cooperar para facilitar o regresso e a readmissão seguros e dignos, bem como sua reintegração sustentável; estabelecer mecanismos para a portabilidade dos direitos à seguridade e assistência social; fortalecer a cooperação internacional e as parcerias globais para garantir migrações seguras, ordenadas e regulares.[3]

---

[3] NAÇÕES UNIDAS. *Pacto Mundial para la Migración Segura, Ordenada y Regular*. A/RES/73/195, de 19 .12.2018. Disponível em: https://www.un.org/en/ga/search/view_doc.asp?symbol=A/RES/73/195&Lang=S. Acesso em: 19 ago. 2019.

O objetivo 23 do Pacto pretende aumentar a cooperação internacional e regional a fim de acelerar a implementação da Agenda 2030 nas zonas geográficas de onde sistematicamente partem os maiores fluxos de migração irregular devido à constância de fatores estruturais como a pobreza, o desemprego, as mudanças climáticas e os desastres naturais, a desigualdade, a corrupção e a má governança. Pretende-se fazê-lo mediante marcos de cooperação apropriados, inovação e a participação de todos os interessados, mas respeitando ao mesmo tempo a soberania nacional e a responsabilidade compartilhada.

O art. 51 do Compromisso de Lima sobre Governabilidade Democrática contra a Corrupção,[4] de 2018, aprovada durante a 8ª Cúpula das Américas, conclamou os Estados a redobrar sua atenção à corrupção, tendo em vista sua relação com o tráfico de pessoas. Migrantes são vulneráveis à exploração e a outras formas de abuso durante seus movimentos migratórios, de modo que enfrentar as práticas corruptas é essencial para o cumprimento do Pacto.

Atualmente, o Brasil sofre pressões demográficas na região Norte, em função de fluxos migratórios de haitianos e de venezuelanos. As ondas de haitianos começaram a chegar ao Brasil depois do grande terremoto de 2010 e se intensificaram devido à presença brasileira na força de paz e de reconstrução das Nações Unidas, a Missão das Nações Unidas para a Estabilização no Haiti (MINUSTAH). Os venezuelanos começaram a ingressar no Brasil, em grandes levas, a partir de 2017, quando recrudesceu a ditadura de Nicolás Maduro e as violações de direitos humanos se intensificaram. Há também grandes contingentes de bolivianos, que buscam grandes cidades do Sudeste brasileiro, assim como imigrantes africanos que procuram destinos semelhantes. Em 2021, 1,3 milhão de imigrantes residiam no Brasil. Na década entre 2011 e 2020,

---

4 OEA. Cúpula das Américas. *Compromisso de Lima:* governabilidade democrática contra a corrupção: VIII Cúpula das Américas. Lima, 13 e 14 de abril de 2018. Disponível em: http://www.summit-americas.org/LIMA_COMMITMENT/LimaCommitment_es.pdf. Acesso em: 19 ago. 2019.

os maiores fluxos foram da Venezuela, Haiti, Bolívia, Colômbia e Estados Unidos. [5]

No plano das emigrações, o Brasil continua sendo um país que envia muitos migrantes exterior, a maioria deles aos Estados Unidos, Portugal, Paraguai, Reino Unido, Japão, Itália, Espanha, Alemanha, Canadá e França. Segundo o Ministério das Relações Exteriores, estima-se que em 2021 a comunidade brasileira no exterior teria ultrapassado os 4,2 milhões de cidadãos.[6]

13.1.2 Casuística sobre migrações

A Corte IDH proferiu uma série de decisões sobre questões migratórias. No caso *Vélez Loor vs. Panamá* discutiram-se a proibição da criminalização da migração, o direito à detenção em estabelecimento distinto dos presos comuns, o direito à igualdade e o direito de acesso à justiça.[7]

Já na Opinião Consultiva OC-16/99, solicitada pelo México, a Corte Interamericana manifestou-se sobre o direito à comunicação consular para o estrangeiro preso, assentando que sua falta viola o devido processo legal. [8] Esse tema também foi objeto da decisão da CIJ no caso LaGrand (Alemanha vs. Estados Unidos), quanto à violação ao direito à assistência consular previsto no art. 36 da Convenção de Viena de 1963, em um processo em que dois cidadãos alemães foram condenados à morte no Arizona.[9]

---

5 Segundo dados de 2021 do Ministério da Justiça divulgados pela Agência Brasil em https://agenciabrasil.ebc.com.br/.

6 BRASIL. *Comunidade brasileira no exterior*: estimativas para o ano 2020. Brasília: MRE, 2021. Disponível em: https://www.gov.br/mre/pt-br/assuntos/portal-consular/arquivos/ComunidadeBrasileira2020.pdf. Acesso em: 7 jul. 2022.

7 CORTE INTERAMERICANA DE DIREITOS HUMANOS. *Caso Vélez Loor vs. Panamá.* Sentença de 23 .11.2010. Disponível em: https://www.corteidh.or.cr/docs/casos/articulos/seriec_218_esp2.pdf. Acesso em: 8 jul. 2022.

8 CORTE INTERAMERICANA DE DIREITOS HUMANOS. *Opinião Consultiva OC-16/99* (México). Disponível em: http://www.corteidh.or.cr/docs/opiniones/seriea_16_esp.pdf. Acesso em 7 jul. 2019. Acesso em: 10 jul. 2020.

9 CORTE INTERNACIONAL DE JUSTIÇA. LaGrand (Germany v. United States). Judgment of 27 June 2001. Disponível em: https://www.icj-cij.org/en/case/104. Acesso em: 7 jul. 2022.

Na OC-18/03, também solicitada pelo México e tornada pública em 17.09.2003, a Corte Interamericana decidiu que os Estados Partes da OEA devem respeitar os direitos dos trabalhadores migrantes indocumentados, independentemente de sua nacionalidade. Segundo a Corte, o direito à igualdade é *jus cogens*.

> 1. Que os Estados têm a obrigação geral de respeitar e garantir os direitos fundamentais. Com este propósito, devem adotar medidas positivas, evitar tomar iniciativas que limitem ou violem um direito fundamental, e eliminar as medidas e práticas que restrinjam ou violem um direito fundamental.
>
> 2. Que o descumprimento pelo Estado, através de qualquer tratamento discriminatório, da obrigação geral de respeitar e garantir os direitos humanos, gera sua responsabilidade internacional.
>
> 3. Que o princípio de igualdade e não discriminação possui um caráter fundamental para a proteção dos direitos humanos tanto no Direito Internacional como no interno.
>
> 4. Que o princípio fundamental de igualdade e não discriminação faz parte do Direito Internacional geral, à medida em que é aplicável a todos os Estados, independentemente de que seja parte ou não em determinado tratado internacional. Na atual etapa da evolução do Direito Internacional, o princípio fundamental de igualdade e não discriminação ingressou no domínio do *jus cogens*.[10]

A Corte Europeia de Direitos Humanos também tem precedentes sobre migrações. Um dos casos mais relevantes é *Amuur vs. França* (1996), quando a Corte pôde manifestar-se sobre a detenção de quatro migrantes somalis em zona de trânsito internacional do aeroporto de Orly. Garantiu-se a eles o direito de acesso à justiça. Em caso mais recente, *Bistieva e Outros vs. Polônia* (2018), a Corte

10 CORTE INTERAMERICANA DE DIREITOS HUMANOS. *Parecer Consultivo OC-18/03*, de 17 de setembro de 2003, solicitado pelos Estados Unidos Mexicanos. Disponível em: http://www.corteidh.or.cr/docs/opiniones/seriea_18_por.doc. Acesso em: 10 jul. 2020.

de Estrasburgo considerou que a detenção de uma mulher e de seus três filhos menores em um centro de detenção de migrantes violava os direitos previstos no art. 8° da Convenção Europeia. No mesmo ano, o tribunal europeu julgou o caso *Hoti vs. Croácia*, no qual um migrante de origem albanesa, nascido no Kosovo, alegava violação ao art. 8° da Convenção, porque não conseguia regularizar seu *status* de residente no país, onde vivia e trabalhava desde 1979.

> Em *Soering vs. Reino Unido*, o Tribunal decidiu pela primeira vez que a extradição poderia acarretar a responsabilidade do Estado extraditante nos termos do artigo 3º da Convenção. Desde então, a Corte tem afirmado repetidamente que a remoção de um estrangeiro por um Estado Contratante pode dar origem a uma violação nos termos dos artigos 2º e 3º e, portanto, implicar a responsabilidade desse Estado de acordo com a Convenção, sempre que tenham sido demonstrados motivos substanciais para supor que a pessoa em questão, se removida, correria um risco real de ser submetida a tratamento contrário aos artigos 2º ou 3 no país de destino. O Tribunal também tem julgado casos relativos à deportação de migrantes e a recusa de sua entrada no território de um Estado Contratante, em relação ao direito ao respeito pela sua vida privada e/ou familiar, garantido pelo artigo 8º da Convenção.[11]

13.2 Medidas compulsórias e migrações

Frequentemente misturados pela imprensa, não se confundem os conceitos de extradição, entrega, deportação, expulsão e repatriação.

As duas primeiras providências – a extradição e a entrega – são medidas de cooperação jurídica internacional para captura de foragidos; as três últimas são medidas administrativas de cunho

11 CORTE EUROPEIA DE DIREITOS HUMANOS. *Guide on the case-law of the European Convention on Human Rights: immigration*, 30 April 2022. Disponível em: https://www.echr.coe.int/Documents/Guide_Immigration_ENG.pdf. Acesso em: 7 jul. 2022.

migratório. A Lei nº 13.445/2017, lei migratória brasileira, trata das medidas de retirada compulsória nos arts. 46 a 62.

Tais institutos assemelham-se apenas pelo fato de serem, todas eles, ações estatais compulsórias que recaem sobre pessoas.

A extradição é um procedimento de cooperação internacional em matéria penal, relacionada a uma investigação criminal ou a um processo penal em andamento ou já concluído. Só se extradita alguém (seja estrangeiro ou brasileiro naturalizado) procurado por um crime praticado na jurisdição do Estado requerente. A extradição tem feição jurisdicional, e somente o STF pode autorizar a extradição de pessoa que esteja em território brasileiro (art. 102, CF), fazendo-o com base na Lei nº 13.445/2017 ou em tratados bilaterais ou multilaterais firmados pelo Brasil. É o que se chama de extradição passiva. A extradição ativa ocorre quando o Estado brasileiro reclama a transferência de custódia de alguém que se encontra no exterior, para que aqui responda a um processo penal ou venha cumprir pena.

Por sua vez, a entrega (*surrender of persons do the Court*) é uma medida de cooperação internacional em matéria penal entre um Estado e o Tribunal Penal Internacional (TPI). Prevista nos arts. 59 e 89 a 91 do tratado, a entrega pode recair sobre nacionais ou estrangeiros do Estado-membro e diz respeito apenas aos casos criminais sujeitos à jurisdição do TPI, isto é, crimes contra a humanidade, crimes de guerra, genocídio e, a partir de 2017, crimes de agressão, assim como os crimes contra a administração da Justiça previsto no Estatuto de Roma.

O art. 102 do Estatuto de Roma contém uma distinção entre os institutos. Entende-se por "entrega" a transferência de uma pessoa por um Estado ao Tribunal. Por "extradição", entende-se a transferência de uma pessoa por um Estado a outro Estado conforme previsto em um tratado, em uma convenção ou no direito interno.

Porém, há também a entrega com feição de mecanismo regional de cooperação para a captura de foragidos, com base no princípio do reconhecimento mútuo. O melhor exemplo é o do mandado europeu de captura ou mandado de detenção europeu (MDE), procedimento de transferência simplificada de foragidos no espaço jurídico da União Europeia, em vigor desde 2004. Na América do Sul, foi criado pelo Acordo de Foz do Iguaçu de 2010 o Mandado Mercosul de Captura (MMC), que regulará a entrega nesta comunidade.[12]

Já a repatriação, a deportação e a expulsão são medidas compulsórias de natureza migratória, aplicáveis apenas a estrangeiros, e jamais a brasileiros, ainda que naturalizados. São providências de cunho administrativo, que dependem de decisão do Ministério da Justiça ou de autoridade delegada, estando reguladas pelos arts. 46 a 62 da Lei de Migração.

Segundo o art. 47 dessa Lei, a repatriação, a deportação e a expulsão são feitas para o país de nacionalidade ou de procedência do migrante ou do visitante, ou para outro que o aceite, em observância aos tratados dos quais o Brasil seja parte.

Conforme o art. 48 da Lei de Migração, nos casos de deportação ou expulsão, a Polícia Federal pode representar ao juízo federal, mas não define a finalidade de tal *representação*. Depreende-se que seja para a decretação judicial, respeitada a ampla defesa e o devido processo legal, de medidas cautelares, mas não diz quais. No regime da Lei nº 6.815/1980, podia-se decretar a prisão do estrangeiro para fins de deportação ou expulsão. Agora, diante da lacuna legislativa, não subsiste essa possibilidade.

> 1. Em 21.11.2017 entrou em vigor a Lei nº 13.445/2017 (nova Lei de Migração), em substituição ao antigo Estatuto do Estrangeiro. Com a *novatio legis*, a prisão com o fim de garantir o cumprimento do decreto de expulsão de estrangeiro foi abolida de nosso ordenamento jurídico, não mais havendo, pois, previsão legal para o encarceramento do ora recorrente.

---

12 O Decreto Legislativo nº 138/2018 aprova o texto do Acordo sobre Mandado Mercosul de Captura e Procedimentos de Entrega entre os Estados Partes do Mercosul e Estados Associados, assinado na XL Reunião Ordinária do Conselho do Mercado Comum, realizada em Foz do Iguaçu, Paraná, em 16.12.2010.

> 2. Recurso provido para revogar a prisão decretada em desfavor do recorrente nos autos nº 0004804- 77.2017.4.03.6181, da 8.ª Vara Federal Criminal de São Paulo.[13]

A repatriação consiste em medida administrativa de devolução de pessoa em situação de impedimento ao país de procedência ou de nacionalidade (art. 49). O impedimento de ingresso se dá nas hipóteses do art. 45 da Lei de Migração. Por exemplo, não pode entrar no território brasileiro e deve ser repatriada a pessoa que tenha sido expulsa do Brasil; a pessoa condenada ou ré em ação penal pela prática de crime doloso; a pessoa cuja nome estiver incluído em lista de restrições por ordem judicial ou em razão de compromisso assumido pelo Brasil perante organização internacional, como a ONU; a pessoa cujo documento de viagem apresentar inconsistências ou for inválido ou a pessoa que não tenha tal documento etc.

A deportação é medida decorrente de procedimento administrativo que consiste na retirada compulsória de pessoa que se encontre em situação migratória irregular em território nacional (art. 50 da Lei nº 13.445/2017). Ocorre nos casos de entrada ou estada irregular de estrangeiro em território nacional. Se o alienígena não se retirar voluntariamente do território nacional no prazo fixado pelo Poder Executivo, será deportado. O Decreto nº 9.199/2017 e a Portaria MJ nº 770/2019 complementam os arts. 50 a 53 da Lei Migratória.

Ao seu turno, a expulsão se aplica a estrangeiro *persona non grata* no Brasil. Segundo o art. 54 da Lei de Migração, a expulsão consiste em medida administrativa de retirada compulsória de migrante ou visitante do território nacional, conjugada com o impedimento de reingresso por prazo determinado.[14] Anteriormente aplicava-se àquele que atentasse contra a segurança nacional a ordem política ou social, a tranquilidade ou moralidade pública

---

13 STJ, 6ª Turma, RHC nº 91.785/SP, Rel. Min. Maria Thereza de Assis Moura, j. em 16.08.2018.

14 O reingresso de estrangeiro expulso configura o crime do art. 338 do Código Penal, uma infração penal de competência da Justiça Federal (art. 109, X, da Constituição).

e a economia popular, ou cujo procedimento o tornasse nocivo à conveniência e aos interesses nacionais. Essas hipóteses desaparecem com a revogação do Estatuto do Estrangeiro.

Agora, pode dar causa à expulsão a condenação no Brasil, com sentença transitada em julgado, pela prática de genocídio, crime contra a humanidade, crime de guerra ou crime de agressão, nos termos definidos pelo Estatuto de Roma do Tribunal Penal Internacional, de 1998; ou de crime comum doloso passível de pena privativa de liberdade, consideradas a gravidade e as possibilidades de ressocialização em território nacional.

Em resumo:

a) deportação: medida administrativa compulsória que atinge apenas estrangeiros clandestinos ou irregulares;
b) expulsão: medida administrativa compulsória contra estrangeiros (*persona non grata*) condenados pela prática de crime doloso em nossa jurisdição;
c) repatriação: medida administrativa compulsória aplicável a estrangeiro que pretendia ingressar no território nacional;
d) extradição: medida judicial que pode ser imposta a brasileiros naturalizados e a estrangeiros que cometerem crime no exterior e que devam submeter-se à jurisdição de um Estado estrangeiro;
e) entrega: medida judicial que pode ser imposta a brasileiros e a estrangeiros que cometerem em qualquer parte do globo um crime internacional da jurisdição do TPI;
f) entrega (mecanismo regional de cooperação): prisão e transferência de uma pessoa em cumprimento a decisão de autoridade judiciária de um Estado Parte de um arranjo regional à autoridade judiciária de outro Estado Parte, sem intermediários, para que tal pessoa responda a procedimento criminal ou cumpra uma pena ou medida de segurança privativas da liberdade.

13.3 Direito de asilo

Há duas formas de asilo: o territorial e o diplomático. No asilo diplomático, o perseguido não precisa deixar seu país para entrar noutro e ali pleitear essa medida de proteção. No asilo territorial, a pessoa que pede asilo deve ingressar no território do Estado ao qual solicita proteção.

A concessão de asilo é um ato discricionário do Estado *intuitu personae* cabível em caso de perseguição, para proteção da vida, liberdade ou dignidade que estejam ameaçadas por autoridades de outro Estado.

O asilo diplomático é objeto de costume regional América Latina e está previsto em tratados regionais, ao passo que o asilo territorial é um costume internacional geral, que também é previsto em um tratado interamericano. O refúgio, que se diferencia do asilo, é previsto em tratados globais, como o Estatuto dos Refugiados de 1951, promulgado pelo Decreto nº 50.215/1961, e um ente das Nações Unidas, o ACNUR, monitora seu cumprimento.

O Brasil é signatário da Convenção sobre Asilo Diplomático, concluída em Caracas em 28.03.1954 (Decreto nº 42.628/1957), tratado interamericano que estabelece não ser lícito

> conceder asilo a pessoas que, na ocasião em que o solicitem, tenham sido acusadas de delitos comuns, processadas ou condenadas por esse motivo pelos tribunais ordinários competentes, sem haverem cumprido as penas respectivas; nem a desertores das forças de terra, mar e ar, salvo quando os fatos que motivarem o pedido de asilo seja qual for o caso, apresentem claramente caráter político.

O asilo diplomático foi antes objeto de codificação pelo Tratado de Direito Penal Internacional, assinado em Montevidéu em 1889 e pela Convenção sobre Asilo, concluída em 1928 em Havana e promulgada no Brasil pelo Decreto nº 18.956/1929. Já o asilo territorial foi regulado por outra convenção, também celebrada em

Caracas em 1954, a Convenção sobre Asilo Territorial, promulgada pelo Decreto nº 55.929/1965.

Segundo o art. 1º da Convenção sobre Asilo Diplomático, o instituto se justifica quando há perseguição política no país de origem. Pode ser concedido em legações (sedes da missão ou residência dos chefes da missão diplomática), navios militares e acampamentos ou aeronaves militares, a pessoas perseguidas por motivos políticos ou por delitos políticos.

Compete ao Estado asilante decidir sobre a natureza do delito ou dos motivos da perseguição, a partir das informações que lhe forem prestadas pelo Estado territorial, tendo em conta os direitos fundamentais da pessoa humana reconhecidos universalmente ou delimitados em tratados internacionais de direitos humanos.

Uma vez concedido o asilo, o Estado asilante pode pedir a saída do asilado para território estrangeiro, sendo o Estado territorial obrigado a conceder imediatamente as garantias necessárias no tocante à vida, à liberdade e à integridade pessoal do asilado, e o salvo-conduto para trânsito. Nesse caso, o asilo diplomático converte-se em asilo territorial.

Embora sejam formas de proteção internacional à pessoa humana, diferencia-se o asilo do refúgio porque aquele é um ato discricionário do Estado soberano, que normalmente se endereça a um indivíduo em particular. Este pode pedir a proteção ainda no seu país de origem. O refúgio confere ao estrangeiro um direito de ingresso e de permanência no território até o exame do seu pedido pelas autoridades competentes, de acordo com o tratado de 1951, e se aplica usualmente a situações generalizadas de perseguição. Deve ser pedido quando do ingresso no território de outra soberania.

O asilo depende de perseguição política atual; o refúgio resulta de temor de perseguição por motivos mais amplos. O refúgio é um instrumento jurídico internacional de caráter humanitário, cujas causas são os conflitos armados ou a perseguição por motivos de raça, religião, procedência nacional, grupo social, orientação social ou opinião política.

O art. 3º da Convenção sobre Asilo Político, concluída em Montevidéu em 1933 (promulgado pelo Decreto nº 1.570/1937), já previa o asilo político como um instituto humanitário, que não se sujeita a reciprocidade e não depende da nacionalidade do asilando.

Conforme o art. 14.1 da Declaração Universal de Direitos Humanos (1948), todo ser humano, vítima de perseguição, tem o direito de procurar e de gozar asilo em outros países. A Resolução nº A/RES/2312(XXII) aprovou a Declaração das Nações Unidas sobre Asilo Territorial, de 1967, cujo art. 3º diz que nenhuma pessoa será objeto de medidas tais como a negativa de admissão na fronteira ou, se houver entrado no território em que busca asilo, será sujeita a deportação ou repatriação obrigatória ou extradição a qualquer Estado onde possa ser alvo de perseguição.

No Brasil, o asilo é regulado pelos arts. 27 a 29 da Lei nº 13.445/2017 combinados com os arts. 108 a 118 do Decreto nº 9.199/2017, e também pelos tratados de que o país é parte. Ademais, o art. 4º, X, da Constituição, estabelece que um dos princípios pelos quais a República Federativa do Brasil rege-se nas suas relações internacionais é a concessão de asilo político.

Diz o art. 27 da Lei de Migração (Lei nº 13.445/2017) que "o asilo político, que constitui ato discricionário do Estado, poderá ser diplomático ou territorial e será outorgado como instrumento de proteção à pessoa".

Segundo o art. 109 do Decreto nº 9.199/2017, o asilo diplomático é solicitado no exterior em legações, navios de guerra e acampamentos ou aeronaves militares brasileiras. Já o asilo territorial é o solicitado em qualquer ponto do território nacional, perante unidade da Polícia Federal ou representação regional do Ministério das Relações Exteriores.

A Corte Internacional de Justiça cuidou do tema do asilo diplomático no caso *Haya de La Torre (Colômbia vs. Peru)*, de 1950. Victor Raúl Haya de la Torre pediu asilo à Colômbia e foi atendido. O Peru objetou à concessão do salvo-conduto, porque o asilado seria na verdade um criminoso comum, o que afastaria sua condição jurídica. Provocada pelo Peru, a Corte Internacional decidiu a questão em favor do Peru, com base na Convenção sobre Asilo de 1928.[15]

Casos de asilo diplomático também foram resolvidos por outros meios. Julian Assange, dirigente do *site* Wikileaks, ficou de 2012 a 2019 em asilo diplomático na embaixada equatoriana em Londres. Abrigou-se ali para evitar ser entregue à Justiça sueca, pois tinha receio de ser reextraditado da Suécia para os Estados Unidos, onde enfrentaria graves acusações de espionagem previstas no *Espionage Act* e vazamento de dados relativos à segurança nacional norte-americana. Em 2021, a Suprema Corte Reino Unido autorizou sua extradição para os EUA,[16] o que provocou reação contrária do Comissário de Direitos Humanos do Conselho da Europa, pois sua entrega a Washington poderia impactar negativamente o exercício da liberdade de imprensa em sociedades democráticas.[17]

Em 2012, alegando perseguição por parte do presidente Evo Morales, o senador boliviano Roger Pinto Molina pediu asilo na embaixada brasileira em La Paz, onde ficou por mais de um ano até fugir para cá em 2013, via Corumbá, com a ajuda do diplomata brasileiro Eduardo Saboia em veículo diplomático brasileiro. A Bolívia violou o costume regional ao não expedir o salvo-conduto a Molina, sendo certo que o país, embora não signatário da Convenção de Caracas de 1954, não era uma *persistent objector*, isto é, não era um opositor persistente ao costume regional. A negativa do salvo-conduto foi assim examinada por Lafer (2022):

> Diante desta situação-limite, fruto da má vontade intencional (para usar um termo benévolo) do governo de Evo

---

15 CORTE INTERNACIONAL DE JUSTIÇA. *Affaire Haya de la Torre (Colombie/Pérou), arrêt du 13 juin 1951*. Disponível em: https://www.icj-cij.org/public/files/case-related/14/014-19510613-JUD-01-00-EN.pdf. Acesso em: 4 jul. 2022.

16 INTERNATIONAL PRESS INSTITUTE. UK Supreme Court denies Assange permission to appeal extradition, 15 March 2022. Disponível em: https://ipi.media/uk-supreme-court-denies-assange-permission-to-appeal-extradition/. Acesso em: 7 jul. 2022.

17 CONSELHO DA EUROPA. *Commissioner calls on UK government not to extradite Julian Assange*, Strasburg, 18 May 2022. Disponível em: https://www.coe.int/en/web/commissioner/-/commissioner-calls-on-uk-government-not-to-extradite-julian-assange. Acesso em: 7 jul. 2022.

> Morales, voltada para frustrar a prática do Direito Internacional da região, o diplomata Eduardo Saboia operacionalizou, em termos não ortodoxos, um trecho do artigo XIII da CCAD: "Ao Estado asilante cabe o direito de conduzir o asilado para fora do país". Como ex-ministro das Relações Exteriores, tenho perfeita consciência da importância da disciplina na vida do Itamaraty. No entanto, como estudioso de Hannah Arendt, tenho clareza de que, em situações-limite, é preciso parar para pensar e evitar, pela ação, o mal contido em disposições ou inércias burocráticas. Foi o que fizeram o embaixador Sousa Dantas e Aracy e João Guimarães Rosa, concedendo vistos aos perseguidos pelo regime nazista. Por isso, Eduardo Saboia teve a coragem de um homem de bem e agiu certo, em consonância com o artigo 4.º da Constituição.

13.4 Situação jurídica dos estrangeiros

Uma pessoa se torna **estrangeira** tão logo ingresse no território de outro Estado que não o de sua nacionalidade.

A comunidade nacional é formada por nacionais de um país que habitem em seu território e também pelos nacionais que emigraram. Como já vimos alhures, a nacionalidade é um direito humano previsto no art. 15, §§ 1° e 2°, da Declaração Universal de 1948, no art. 20.2 da Convenção Americana de Direitos Humanos e no art. 24.1 do Pacto Internacional de Direitos Civis e Políticos. Quem não é nacional de um determinado Estado será estrangeiro em relação a ele, ou apátrida.

Já vimos que toda pessoa tem direito à nacionalidade do Estado em cujo território houver nascido, se não tiver direito a outra. Isso compreende os direitos a uma nacionalidade, de mudar de nacionalidade, de não ser privado arbitrariamente de sua nacionalidade, os direitos decorrentes de naturalização e os direitos decorrentes de regimes especiais (Estatuto da Igualdade, Acordos sobre Residência etc.).

O art. 22 da Convenção Americana de Direitos Humanos (CADH) também prevê os direitos de circulação e de residência, de modo que toda pessoa que se ache legalmente no território de um Estado tem direito de nele circular e de nele residir em conformidade com as disposições legais. Além disso, toda pessoa tem o direito de sair livremente de qualquer país, inclusive do próprio. Diz ainda a Convenção Americana que o exercício dos direitos acima mencionados não pode ser restringido senão em virtude de lei, na medida indispensável, numa sociedade democrática, para prevenir infrações penais ou para proteger a segurança nacional, a segurança ou a ordem públicas, a moral ou a saúde públicas, ou os direitos e liberdades das demais pessoas. Porém, alguns desses direitos podem ser restringidos pela lei, em zonas determinadas, por motivos de interesse público.

Outro dos direitos da nacionalidade é o de não ser expulso do território do Estado do qual for nacional, nem ser privado do direito de nele entrar.

Apesar de não integrarem a comunidade nacional, os estrangeiros têm direitos reconhecidos pelas constituições (art. 5º, *caput*, CF), pelas leis (Lei nº 13.445/2017) e pelos tratados. Por isso, o art. 22.6 da Convenção Americana diz que o estrangeiro que se ache legalmente no território de um Estado Parte da Convenção só poderá dele ser expulso em cumprimento de decisão adotada de acordo com a lei.

Atualmente, devido aos novos espaços jurídicos decorrentes do direito comunitário, os direitos dos estrangeiros dos Estados Partes desses blocos regionais têm sido ampliados. É o que se vê na União Europeia e no Mercosul, a ponto de se falar em cidadania europeia e, no futuro, em cidadania do Mercosul.[18]

Adicionalmente, toda pessoa tem o direito de buscar e receber asilo em território estrangeiro, em caso de perseguição por

---

18 MERCOSUL. *O estatuto da cidadania do Mercosul*. Disponível em: http://www.mercosul.gov.br/o-mercosul-na-vida-do-cidadao/estatuto-da-cidadania. Acesso em: 4 jul. 2022.

delitos políticos ou comuns conexos com delitos políticos e de acordo com a legislação de cada estado e com os convênios internacionais (art. 22.7).

Além disso, em nenhum caso o estrangeiro pode ser expulso ou entregue a outro país, seja ou não de origem, onde seu direito à vida ou liberdade pessoal esteja em risco de violação por causa da sua raça, nacionalidade, religião, condição social ou de suas opiniões políticas (art. 22.8).

Por fim, o art. 22.9 da Convenção Americana de Direitos Humanos proíbe a expulsão coletiva de estrangeiros.

Na instância criminal, os estrangeiros também têm certos direitos. Segundo o art. 8.2.a da Convenção Americana, todo preso tem direito a um intérprete se não compreender o idioma. O preso estrangeiro tem também direito à notificação consular imediata sobre sua prisão, nos termos do art. 36 da Convenção de Viena de 1963 e da Opinião Consultiva OC-16/99, da Corte IDH.[19]

Esse preso também terá direito de comunicação com os agentes sempre que necessário, o direito de visita desses funcionários e o direito de assistência consular durante o julgamento. Se condenado, o estrangeiro tem direito de pedir a transferência para cumprir pena no seu país de nacionalidade ou no de sua residência habitual, desde que haja tratados de transferência de condenados ou que se admita a reciprocidade, na forma da Lei nº 13.445/2017.

Como o ingresso no território de outro Estado é uma questão atinente à soberania deste, do estrangeiro pode ser exigido um visto para a entrada e permanência. Há diferentes tipos de visto, como os para turismo, para negócios, para trabalho, para estudo, para missões religiosas ou para atividades científicas. O estrangeiro ou apátrida ingressante pode entrar com ânimo de permanência definitiva ou apenas para exercer certa atividade durante um período determinado.

---

[19] CORTE INTERAMERICANA DE DIREITOS HUMANOS. *Opinião Consultiva OC-16/99* (México). Disponível em: http://www.corteidh.or.cr/docs/opiniones/seriea_16_esp.pdf. Acesso em: 7 jul. 2019. Acesso em: 10 jul. 2020.

Tratados bilaterais ou multilaterais podem dispensar a exigência de vistos, o que normalmente observa critérios de reciprocidade. No entanto, em 2019, para ampliar o turismo, o Brasil dispensou a exigência de vistos para estrangeiros de quatro países, sem obter reciprocidade para os brasileiros. Diz o art. 1º do Decreto nº 9.731/2019, que fica dispensado, de forma unilateral, visto de visita, nos termos do disposto no art. 9º, *caput*, IV, da Lei de Migração, para os solicitantes nacionais da Comunidade da Austrália; do Canadá; dos Estados Unidos da América; e do Japão.

Os estrangeiros imigrantes têm seus direitos civis reconhecidos pelas leis locais. Porém, não terão direitos políticos, mesmo quando sejam residentes definitivos, salvo se houver um estatuto especial decorrente de tratado entre o Estado de sua nacionalidade e o Estado de sua residência ou quando a legislação local conceder tais direitos.

13.5 Apatridia e polipatria

Pessoas com mais de uma nacionalidade são polipátridas. Porém, há aquelas pessoas que não têm nacionalidade alguma. São os apátridras.

Para os primeiros, cada um dos Estados de nacionalidade pode exercer a proteção diplomática em relação a um terceiro Estado. Para os segundos, nenhum Estado poderá reclamar proteção diplomática, o que pode propiciar a violação de direitos humanos.

A polipatria decorre de situação em que concorrem diferentes critérios de atribuição de nacionalidade, como, por exemplo, o *jus soli* e o *jus sanguinis*. A pessoa pode nascer polipátrida ou tornar-se uma. Já a apatridia ocorre quando nenhum critério de atribuição é aplicável a um indivíduo ou quando tal pessoa perdeu a nacionalidade que tinha.

Os polipátridas merecem referência na Convenção Concernente a Certas Questões Relativas aos Conflitos de Leis sobre a Nacionalidade, concluída na Haia em 1930 (Decreto nº 21.798/1932), que consagra o princípio de que a pessoa só deve ter uma nacionalidade. Também se lhes aplica o Protocolo relativo às Obrigações Militares, em Certos Casos de Dupla Nacionalidade, de 1930, promulgado no Brasil pelo mesmo decreto.

Conforme o art. 20 da Convenção Americana de Direitos Humanos toda pessoa tem direito à nacionalidade do Estado em cujo território houver nascido, se não tiver direito a outra.

Segundo o art. 16 da Convenção sobre o Estatuto dos Apátridas, de 1954 (Decreto nº 4.246/2002), os apátridas têm direito de demandar em juízo em defesa de seus direitos. Todo apátrida gozará, no território dos Estados Contratantes, de livre e fácil acesso aos tribunais. É a garantia de acesso à Justiça. Além disso, no Estado Parte em que tiver sua residência habitual, todo apátrida pode fruir do mesmo tratamento que um nacional no que concerne ao acesso aos tribunais, inclusive a assistência judiciária e a isenção de caução. A naturalização dos apátridas deve ser estimulada e facilitada. Disso se ocupa a Lei nº 13.445/2017.

A Convenção para a Redução dos Casos de Apatridia, de 1961 (Decreto nº 8.501/2015), também é um instrumento importante. Segundo seu art. 3º, salvo prova em contrário, "presume-se que um menor abandonado que tenha sido encontrado no território de um Estado Contratante tenha nascido nesse território, de pais que possuem a nacionalidade daquele Estado".

No caso *Niñas Yean y Bosico vs. República Dominicana* (2005), a Corte IDH decidiu que violava a Convenção Americana a privação do direito de nacionalidade por mais de quatro anos de filhas de pais haitianos, nascidas na República Dominicana. Para a Corte, os apátridas têm direito a não discriminação. O registro das menores fora negado porque os pais estavam em trânsito pelo território dominicano.[20]

Segundo o tribunal, a nacionalidade é a expressão jurídica de um fato social de conexão de um indivíduo com um Estado. A

[20] CORTE INTERAMERICANA DE DIREITOS HUMANOS. *Caso de las Niñas Yean y Bosico vs. República Dominicana.* Sentencia de 8 de septiembre de 2005. Disponível em: https://www.corteidh.or.cr/docs/casos/articulos/seriec_130_esp.pdf. Acesso em: 10 jul. 2020.

nacionalidade é um direito fundamental da pessoa humana que está consagrado na Convenção Americana, assim como em outros instrumentos internacionais, e é inderrogável. A nacionalidade permite que o indivíduo adquira e exerça os direitos e responsabilidades próprias de pertinência a uma comunidade política. Como tal, a nacionalidade é um pré-requisito para o exercício de determinados direitos, dotando a pessoa humana de um mínimo amparo jurídico ao estabelecer sua vinculação com um Estado determinado. A proibição da privação da nacionalidade de forma arbitrária impede que se retire a totalidade dos direitos políticos e dos direitos civis que se sustentam na nacionalidade do indivíduo.[21]

> 141. A Corte considera que o princípio do direito imperativo de proteção igual e efetiva da lei e da não discriminação determina que os Estados, ao regularem os mecanismos de concessão da nacionalidade, devem abster-se de produzir regulamentos discriminatórios ou com efeitos discriminatórios nos diferentes grupos de uma população no momento do exercício de seus direitos. (...)
>
> 142. Os Estados têm a obrigação de não adotar práticas ou legislação relativas à concessão da nacionalidade, cuja aplicação favoreça o aumento do número de apátridas, condição derivada da falta de nacionalidade, quando um indivíduo não se qualifica de acordo com as leis de um Estado para recebê-la, como resultado de sua privação arbitrária, ou pela concessão de uma nacionalidade que não seja efetiva na prática. A apatridia tem como consequência tornar impossível o desfrute dos direitos civis e políticos de uma pessoa e causar uma condição de extrema vulnerabilidade.
>
> 143. Por sua vez, a Convenção para Reduzir Casos de Apatridia (...) em seu artigo 1 determina que os Estados devem

[21] CORTE INTERAMERICANA DE DIREITOS HUMANOS. *Caso de las Niñas Yean y Bosico vs. República Dominicana.* Sentencia de 8 de septiembre de 2005. Disponível em: https://www.corteidh.or.cr/docs/casos/articulos/seriec_130_esp.pdf. Acesso em: 10 jul. 2020.

> conceder sua nacionalidade a uma pessoa nascida em seu território, que de outra forma estaria em condição de apátrida.[22]

Segundo o parágrafo único do art. 26 do Código Penal Militar brasileiro, de 1969, "para os efeitos da lei penal militar, são considerados estrangeiros os apátridas e os brasileiros que perderam a nacionalidade".

13.6 Proteção diplomática

Tema relativo à nacionalidade, a proteção diplomática está prevista na Convenção de Viena de 1961 (Decreto nº 56.435/1965). Já a assistência consular consta da Convenção de Viena de 1963 (Decreto nº 61.078/1967).

Justifica-se a proteção diplomática em caso de violação de direitos de pessoa física ou jurídica por Estado estrangeiro. O dano a tais pessoas será considerado um dano indireto ao Estado de origem. O instituto abrange a proteção e a assistência, inclusive jurídica, vindo sempre após o endosso pelo Estado da nacionalidade.

Segundo o art. 3º da Convenção de Viena de 1961, cabe aos agentes diplomáticos, entre outras funções, proteger no Estado de acolhimento os direitos de seus nacionais, observados os limites permitidos pelo direito internacional.

Por outro lado, conforme o art. 5º da Convenção de Viena de 1963, cabe aos agentes consulares, entre outras tarefas, proteger, no Estado receptor, os interesses dos seus nacionais, pessoas físicas ou jurídicas, respeitados os limites do direito internacional; e prestar ajuda e assistência a esses nacionais, sejam pessoas físicas ou jurídicas.

No ordenamento jurídico brasileiro, o art. 3º, XV e XIX, da Lei nº 13.445/2017 (Lei de Migração), determina que cabe ao Estado

---

[22] CORTE INTERAMERICANA DE DIREITOS HUMANOS. *Caso de las Niñas Yean y Bosico vs. República Dominicana.* Sentencia de 8 de septiembre de 2005. Disponível em: https://www.corteidh.or.cr/docs/casos/articulos/seriec_130_esp.pdf. Acesso em: 10 jul. 2020.

cooperar internacionalmente com Estados de origem, de trânsito e de destino de movimentos migratórios, a fim de garantir a efetiva proteção aos direitos humanos do migrante. Cabe-lhe também realizar a proteção ao brasileiro no exterior.

A Resolução nº 405/2021 do CNJ estabelece procedimentos para o tratamento das pessoas migrantes custodiadas, acusadas, rés, condenadas ou privadas de liberdade, inclusive em prisão domiciliar e em outras formas de cumprimento de pena em meio aberto, em cumprimento de alternativas penais ou monitoração eletrônica. Tal resolução institui diretrizes para assegurar os direitos dessa população perante o Poder Judiciário brasileiro.

13.7 Direito dos presos estrangeiros à assistência consular

O art. 36 da Convenção de Viena sobre Relações Consulares, de 1963, regula uma importante função dos cônsules: a comunicação com os nacionais do Estado que envia. Determina o dispositivo que, a fim de facilitar o exercício das funções consulares relativas aos nacionais do Estado que envia, os funcionários consulares devem poder comunicar-se com os nacionais desse Estado e visitá-los quando estiverem presos.

Se o cidadão interessado lhes solicitar, as autoridades competentes do Estado receptor devem, sem demora, informar à repartição consular competente quando, em sua jurisdição, um nacional do Estado que envia for preso. Uma comunicação endereçada ao consulado pela pessoa presa deve também ser transmitida sem demora pelas referidas autoridades, cabendo a estas informar ao interessado os seus direitos.

Os agentes consulares terão também o direito de visitar o nacional do Estado que envia, o qual estiver preso preventivamente ou em cumprimento de pena; de conversar e corresponder-se com ele; e providenciar sua defesa perante os tribunais locais do Estado acreditado.

Na Opinião Consultiva OC-16/99, solicitada pelo México, a Corte IDH decidiu que o descumprimento do direito à informação a preso estrangeiro, previsto no art. 36.1.b da Convenção de Viena de 1963, afeta a garantia do devido processo legal:

> *1. Que el artículo 36 de la Convención de Viena sobre Relaciones Consulares reconoce al detenido extranjero derechos individuales, entre ellos el derecho a la información sobre la asistencia consular, a los cuales corresponden deberes correlativos a cargo del Estado receptor.*
>
> *2. Que el artículo 36 de la Convención de Viena sobre Relaciones Consulares concierne a la protección de los derechos del nacional del Estado que envía y está integrada a la normativa internacional de los derechos humanos.*
>
> *3. Que la expresión "sin dilación" utilizada en el artículo 36.1.b) de la Convención de Viena sobre Relaciones Consulares, significa que el Estado debe cumplir con su deber de informar al detenido sobre los derechos que le reconoce dicho precepto al momento de privarlo de libertad y en todo caso antes de que rinda su primera declaración ante la autoridad.*
>
> *4. Que la observancia de los derechos que reconoce al individuo el artículo 36 de la Convención de Viena sobre Relaciones Consulares no está subordinada a las protestas del Estado que envía.*[23]

Conforme Rezek (2016), a Alemanha (caso *LaGrand*),[24] o México (caso *Avena* e outros casos)[25] e o Paraguai (caso *Angel Breard*)[26] processaram os Estados Unidos da América, perante a Corte da Haia, por descumprimento do referido art. 36 da Convenção de Viena de 1963, e os dois primeiros Estados tiveram êxito.

---

23 CORTE INTERAMERICANA DE DIREITOS HUMANOS. *Opinião Consultiva OC-16/99* (México). Disponível em: http://www.corteidh.or.cr/docs/opiniones/seriea_16_esp.pdf. Acesso em 7 jul. 2019. Acesso em: 10 jul. 2020.

24 CORTE INTERNACIONAL DE JUSTIÇA. LaGrand (Germany v. United States). Judgment of 27 June 2001. Disponível em: https://www.icj-cij.org/en/case/104. Acesso em: 7 jul. 2022.

25 CORTE INTERNACIONAL DE JUSTIÇA. *Avena and Other Mexican Nationals* (Mexico v. United States). Judgment of 31 March 2004. Disponível em: https://www.icj-cij.org/en/case/128. Acesso em: 7 jul. 2022.

26 CORTE INTERNACIONAL DE JUSTIÇA. *Vienna Convention on Consular Relations* (Paraguay v. United States). Disponível em: https://www.icj-cij.org/en/case/99. Acesso em: 7 jul. 2022.

14

Solução de Conflitos Internacionais

14.1 Conflitos internacionais

Normalmente, a doutrina do direito internacional se ocupa dos conflitos entre Estados. No entanto, como lembra Miranda (2009), conflitos intraestatais também são objeto do DIP, uma vez que guerras civis, insurgências, guerras de secessão ou guerras coloniais podem evoluir para conflitos internacionais, com repercussão direta ou indireta sobre interesses de outros Estados soberanos, tornando necessário a tais Estados reconhecer movimentos de insurgência e beligerâcia ou movimentos de libertação nacional, atribuindo-lhes certo *status* jurídico e sujeição a certos tratados internacionais, como as Convenções de Genebra de 1949.

Mazzuoli (2020, p. 355) explica que a beligerância se verifica diante de uma "sublevação da população, por meio de movimento armado politicamente organizado, para fins de desmembramento ou de mudança de governo ou do regime vigente, constituindo-se em verdadeira guerra civil". Os beligerantes assumem o controle de parte do território do Estado.

Segundo o mesmo autor, a insurgência é um conflito intraestatal que não alcança a importância de uma guerra civil, sendo mais restrito que a beligerância, não havendo em regra controle territorial excludente do governo de turno (MAZZUOLI, 2020, p. 356).

Os conflitos internacionais mais acerbos são os de natureza armada entre Estados soberanos. Apesar dos incontestáveis avanços do direito internacional, o século XXI continua a presenciar guerras, como se vê na Síria, no Iêmen e na Ucrânia.[1]

14.1.1 Conceito e espécies

Os conflitos internacionais são desinteligências, diferendos ou controvérsias sobre a interpretação do direito internacional ou sobre sua aplicação em concreto, na relação entre dois ou mais sujeitos de direito das gentes. Poderá haver um conflito internacional diante do desacordo sobre a mera interpretação ou alcance de uma norma ou sobre fatos ou atos de relevância internacional, em contextos bilaterais ou multilaterais.

Organizações internacionais e outros sujeitos de DIP também podem vivenciar conflitos internacionais, como se deu na questão Romana, envolvendo a Itália e a Santa Sé (1870-1929) – que foi resolvida pelos tratados lateranenses de 1929 –, e na questão entre a ONU e a África do Sul sobre o encerramento do mandato sul-africano sobre o território do Sudoeste Africano, atual Namíbia (1915-1990), a partir de 1966. Por meio da Resolução nº S/RES/276 (1970), o Conselho de Segurança das Nações Unidas considerou ilegal a ocupação da África do Sul naquele território e condenou a resistência do governo sul-africano a cumprir as resoluções pertinentes à Namíbia.[2] Em julho de 1970, o Conselho de Segurança solicitou um parecer consultivo à CIJ, que o proferiu no ano seguinte, no qual concluiu que a ocupação da Namíbia pela

---

1 *Vide* os dados do localizador de conflitos armadados *Armed Conflict Location & Event Data Project* (ACLED), disponíveis em: https://acleddata.com/#/dashboard.

2 NAÇÕES UNIDAS. *Resolution 276 (1970) of 30 January 1970* (The Situation in Namibia). Disponível em: https://www.refworld.org/docid/3b00f2112b.html. Acesso em: 8 jul. 2022.

África do Sul era ilegal e este país deveria retirar-se imediatamente do território que administrara sob mandato da ONU.[3]

No entanto, adverte, Miranda (2009), tais diferendos no direito internacional historicamente têm sido e continuam a ser conflitos sobretudo entre Estados, em torno dos mais diversos motivos, territoriais, ideológicos, econômicos, estratégicos ou políticos.

De fato, os conflitos mais comuns na sociedade internacional são entre Estados, havendo uma obrigação internacional de resolvê-los por meios pacíficos, uma vez que no século XX a guerra tornou-se um ilícito internacional, com a assinatura do Pacto de Paris, de 1928, mais conhecido como Pacto Briand-Kellog.[4] Por meio dele, as Altas Partes contratantes declararam solenemente, em nome dos seus respectivos povos, que a partir dali condenavam o recurso à guerra para a solução das controvérsias internacionais, e a ela renunciavam como instrumento de política nacional nas suas mútuas relações. No mesmo tratado, as Partes contratantes reconheceram que o ajuste ou a solução de todas as controvérsias ou conflitos de qualquer natureza ou origem "nunca deverá ser procurado senão por meios pacíficos".[5]

14.1.2 Meios pacíficos de solução de controvérsias internacionais

Os meios pacíficos de solução das controvérsias internacionais são de natureza diplomática, política e jurisdicional, podendo ser utilizados indistintamente, em qualquer ordem, porque não há preferência de um sobre o outro. No entanto, os meios políticos e

---

[3] CORTE INTERNACIONAL DE JUSTIÇA. *Legal Consequences for States of the Continued Presence of South Africa in Namibia (South West Africa) notwithstanding Security Council Resolution 276 (1970)*. Advisory Opinion of 21 June 1971. Disponível em: https://www.icj-cij.org/en/case/53. Acesso em: 8 jul. 2022.

[4] O Pacto Kellog-Briand, como também é chamado, entrou em vigor em 24.07.1929. No contexto da Guerra da Ucrânia, vale recordar que a União das Repúblicas Socialistas Soviéticas (URSS) aderiu a esse tratado, o que, portanto, obriga o Estado sucessor, a Federação Russa. *Vide* a lista dos Estados Partes em: https://www.state.gov/wp-content/uploads/2020/02/249-Kellogg-Briand-Treaty.pdf. Acesso em: 1° ago. 2022.

[5] Promulgado no Brasil pelo Decreto n° 24.557/1934.

diplomáticos se assemelham mais entre si (sendo ambos políticos em sentido amplo), distinguindo-se dos meios jurisdicionais ou jurídicos, porque nestes há compromisso com o princípio da legalidade.

Os meios pacíficos também podem ser classificados em relacionais, a exemplo da diplomacia; ou institucionais, que são as soluções alcançadas por meio de organizações internacionais (MIRANDA, 2009).

Sendo um dos signatários do Tratado de Renúncia à Guerra, concluído em Paris em 1928 (Decreto nº 24.557/1934), conforme o art. 4º, V e VI, da Constituição brasileira, o Brasil rege-se nas suas relações internacionais pela defesa da paz e pela solução pacífica dos conflitos. Dever semelhante está no art. 2º, § 3º, da Carta das Nações Unidas, segundo o qual "Todos os Membros deverão resolver suas controvérsias internacionais por meios pacíficos, de modo que não sejam ameaçadas a paz, a segurança e a justiça internacionais".

O art. 279 da Convenção das Nações Unidas sobre Direito do Mar, de 1982, também estabelece para as partes a obrigação de solucionar controvérsias por meios pacíficos. Assim, os Estados Partes devem solucionar qualquer diferendo entre eles relativo à interpretação ou aplicação da UNCLOS por meios pacíficos, de conformidade com o § 3º do art. 2º da Carta das Nações Unidas e, para tal fim, procurar uma solução pelos meios indicados no § 1º do art. 33 da Carta, que assim dispõe:

> Artigo 33.
>
> 1. As partes em uma controvérsia, que possa vir a constituir uma ameaça à paz e à segurança internacionais, procurarão, antes de tudo, chegar a uma solução por negociação, inquérito, mediação, conciliação, arbitragem, solução judicial, recurso a entidades ou acordos regionais, ou a qualquer outro meio pacífico à sua escolha.
>
> 2. O Conselho de Segurança convidará, quando julgar necessário, as referidas partes a resolver, por tais meios, suas controvérsias.

Há assim um dever de *jus cogens* de utilizar tais vias pacíficas para dirimir diferendos internacionais. No entanto, os litigantes podem eleger qualquer um dos meios disponíveis, que não são taxativos, devendo agir de boa-fé daí em diante, com o compromisso de cumprir a solução apontada (MIRANDA, 2009).

Na medida provisória (*provisional order*) que concedeu contra a Rússia a pedido da Ucrânia, a CIJ lembrou esse dever internacional, que também resulta do art. 1° da Carta das Nações Unidas:[6]

> **Artigo 1. Os propósitos das Nações unidas são:**
>
> 1. Manter a paz e a segurança internacionais e, para esse fim: tomar, coletivamente, medidas efetivas para evitar ameaças à paz e reprimir os atos de agressão ou outra qualquer ruptura da paz e chegar, por meios pacíficos e de conformidade com os princípios da justiça e do direito internacional, a um ajuste ou solução das controvérsias ou situações que possam levar a uma perturbação da paz;

14.1.2.1 *Meios diplomáticos*

São meios diplomáticos o entendimento direto, os bons ofícios, o sistema de consultas, a mediação, a conciliação e o inquérito. Tal como nos meios políticos, busca-se a solução do conflito de modo pacífico, mas sem que seja imprescindível a observância estrita das normas jurídicas aplicáveis.

Na negociação ou entendimento direto, há conversação entre os Estados em conflito, sem intervenção de terceiros. Normalmente, este método se dá por troca de notas, entre a chancelaria de um país e a embaixada do outro. É forma muito rotineira de solução de diferendos (REZEK, 2016).

---

[6] CORTE INTERNACIONAL DE JUSTIÇA. *Allegations of genocide under the Convention on the Prevention and Punishment of the Crime of Genocide* (Ukraine v. Russian Federation). Order, 16 March 2022. Disponível em: https://www.icj-cij.org/public/files/case-related/182/182-20220316-ORD-01-00-EN.pdf. Acesso em: 5 jul. 2022.

Nos bons ofícios, os Estados em conflito contam com a ação facilitadora do entendimento desempenhada por um terceiro Estado amistoso, ou por um grupo de Estados ("grupo de contato"), ou ainda por uma organização internacional. A esse sujeito ou sujeitos se dá o nome de "prestador(es) de bons ofícios". O prestador normalmente costuma oferecer sua ajuda instrumental aos entes em conflito, para facilitar a aproximação entre eles. Rezek (2016) cita como exemplos de bons ofícios os prestados por Portugal ao Brasil e ao Reino Unido, durante a *Questão Christie*, em 1864; pelos Estados Unidos a Israel e ao Egito, para a formulação do acordo de Camp David, em 1979; pela França aos Estados Unidos e ao Vietnã, para o acordo de Paz de Paris (1968-1973).

Mazzuoli (2020, p. 985-986) explica que no sistema de bons ofícios, "tal como ocorre na mediação e na conciliação, o terceiro interveniente não irá propriamente decidir o conflito pelos Estados, mas tão-somente auxiliá-los (...) a chegar a uma solução amistosa".

No sistema de consultas, há um entendimento direto programado entre as partes, normalmente decorrente de previsão em tratado ou convenção. Não há interferência de terceiros, e as reuniões consultivas são periódicas. Na Carta da OEA, "as reuniões de consulta dos chanceleres integram a estrutura orgânica da entidade" (REZEK, 2016).

Na mediação, há a intervenção de um terceiro ("mediador"), que terá maior envolvimento na solução do conflito do que o prestador de bons ofícios. Cabe ao mediador ou aos mediadores (que será um Estado ou um estadista, por exemplo) examinar a demanda e propor uma solução às partes. Seu parecer ou proposta não é vinculante para as partes, mas, em sendo aceita, põe fim ao conflito. Foi o que se deu em 1981 quando o Papa João Paulo II mediou o conflito chileno-argentino em torno do Canal de Beagle (REZEK, 2016). Na mediação, "o terceiro Estado se torna parte ativa das negociações e se coloca à frente do problema, a fim de (juntos) tentar resolver o conflito" (MAZZUOLI, 2020, p. 987).

A conciliação é uma variante mais formal da mediação. Uma comissão de conciliação será responsável por encontrar a solução do conflito de forma participativa, isto é, com envolvimento dos próprios contendores. Essa comissão é formada por representantes dos Estados em conflito e por um ou mais conciliadores neutros, constituindo um colegiado de composição ímpar. O relatório final dessa comissão não é vinculante para as partes (REZEK, 2016). O art. 284 da Convenção de Montego Bay, de 1982 (UNCLOS), designa expressamente a conciliação como um dos meios de solução de controvérsias relativas à sua interpretação ou aplicação. O art. 66, *b*, e o anexo da Convenção de Viena de 1969 também listam a conciliação como um dos meios de solução de conflitos entre os Estados Partes.

O inquérito não é propriamente um método de **solução** de controvérsia, mas um instrumento para a coleta de informações e provas quanto à materialidade de uma questão, de modo preliminar, para posterior uso em instância diplomática, política ou jurisdicional. A comissão de inquérito não propõe o encerramento do conflito; limita-se a apurar os fatos e oferecer elementos para sua solução por outra via. "O inquérito costuma ser conduzido por comissões semelhantes às de conciliação, visto que integradas por representantes das partes e investigadores neutros", ensina Rezek (2016).

Para Mazzuoli (2020, p. 988), o inquérito, também chamado de investigação, "é sempre preliminar aos outros meios de solução pacífica de controvérsias, o que decorre de sua própria natureza investigativa".

14.1.2.2 Meios políticos

Os meios políticos podem ser universais ou regionais, com a intervenção de organizações internacionais de um ou de outro tipo.

No sistema universal, o Conselho de Segurança das Nações Unidas e sua Assembleia Geral podem ser utilizados para solução de controvérsias políticas. O Conselho é o principal foro político para esse fim e tem primazia sobre a Assembleia Geral, obstando suas iniciativas enquanto se ocupar de determinado diferendo. Esse meio pode ser provocado unilateralmente por um Estado envolvido no conflito ou por um terceiro Estado ou ainda pelo Secretário-Geral da ONU.

Segundo o art. 35, §§ 1º e 2º, da Carta das Nações Unidas, um Estado pode solicitar a atenção do Conselho de Segurança ou da Assembleia Geral para qualquer controvérsia, ou qualquer situação suscetível de provocar atritos entre as nações, ou situação que constitua ameaça à manutenção da paz e da segurança internacionais.

A Assembleia e o Conselho podem examinar os fatos e emitir recomendações sobre a controvérsia, mas apenas o Conselho pode expedir resoluções com força vinculante, nos termos do capítulo VII da Carta, quando há ameaças relativas à paz, ruptura da paz e atos de agressão, sendo-lhe facultado adotar medidas preventivas ou corretivas, inclusive ação militar, nos termos do art. 42.

Os meios políticos regionais estão centrados em organizações como a OEA ou a União Africana, a Liga dos Estados Árabes ou o Conselho da Europa, que têm escopo político nas áreas do globo em que atuam. Em geral, suas propostas de solução não são obrigatórias, salvo se observadas certas condições previstas em seus tratados. No particular, diz o art. 84 da Carta da OEA:

> Artigo 84. O Conselho Permanente velará pela manutenção das relações de amizade entre os Estados membros e, com tal objetivo, ajudá-los-á de maneira efetiva na solução pacífica de suas controvérsias, de acordo com as disposições que se seguem.

Os meios políticos especializados são empregados em organizações internacionais especializadas, como a Organização de Aviação Civil Internacional (OACI). Nos termos do art. 54, *n*, da Convenção de Chicago, o Conselho da OACI pode examinar qualquer assunto relativo à Convenção que lhe seja submetido por qualquer Estado contratante, podendo também, com base no art. 55, *e*, investigar, a pedido de qualquer Estado contratante, situação da qual possam surgir obstáculos evitáveis ao desenvolvimento da navegação aérea internacional e apresentar, depois de tal investigação, o parecer que julgar aconselhável.[7]

---

[7] O Decreto nº 21.713/1946 promulgou a Convenção sôbre Aviação Civil Internacional, concluída em Chicago em 7 de dezembro de 1944.

14.1.2.3 *Meios jurisdicionais*

Os meios jurisdicionais, quando empregados, resultam em decisões que são obrigatórias para as partes em conflito. São eles as cortes de justiça internacional (solução judiciária), e os árbitros, tribunais arbitrais e a Corte Permanente de Arbitragem (solução arbitral). Tais métodos são de natureza institucional.

Nos meios jurisdicionais de solução de controvérsias há compromisso com o primado do direito e o *rule of law*. Cabe aos juízes ou aos árbitros internacionais aplicar o direito existente ao caso concreto, ou colmatar suas lacunas, mediante a analogia e a equidade.

Vejamos cada um deles.

14.1.2.3.1 A solução por meio de arbitragem

A solução arbitral foi o primeiro meio jurisdicional a ser adotado pelo direito internacional. É um mecanismo jurisdicional não judiciário. Os árbitros são escolhidos casuisticamente (*ad hoc*) pelas partes,[8] mas suas decisões, na forma de sentença ou laudo arbitral, são obrigatórias e irrecorríveis, embora caiba pedido de interpretação, via semelhante à dos embargos de declaração. As partes se comprometem a observar a conclusão a que se chegou na arbitragem. O descumprimento da decisão arbitral constitui um ilícito internacional, por violação ao princípio *pacta sunt servanda*, salvo se o Estado puder demonstrar a nulidade da sentença. Embora obrigatória, a sentença arbitral não é dotada de executoriedade, devendo, portanto, ser cumprida de boa-fé (REZEK, 2016).

Na arbitragem, pode haver uma decisão monocrática, quando escolhido um único árbitro, ou uma decisão colegiada. A Corte Permanente de Arbitragem (CPA),[9] que está situada na Haia, não

---

[8] A Questão do Rio Pirara (1829-1904), entre o Brasil e o Reino Unido, em torno das fronteiras da antiga Guiana Inglesa, foi resolvida por laudo arbitral de 1904, emitido pelo rei da Itália.

[9] *Permanent Court of Arbitration* (PCA) ou *Cour Permanente d'Arbitrage* foi fundada em 1899. Com sede na Haia, a CPA tem também unidades na Argentina, nas Ilhas Maurício, em Singapura e na Áustria. *Vide*: https://pca-cpa.org/en/about/.

é um verdadeiro tribunal, mas um *roster* de especialistas em arbitragem, que podem ser escolhidos pelos Estados litigantes. Foi fundada em 1899, na esteira da Convenção da Haia para a Solução Pacífica de Controvérsias Internacionais, cujo art. 20 diz:

> Com o objetivo de facilitar o acesso imediato à arbitragem para as controvérsias internacionais que não tenham sido resolvidas pela via diplomática, as Potências signatárias se comprometem a organizar uma Corte Permanente de Arbitragem, acessível a qualquer tempo e que funcione, salvo estipulação contrária das Partes, conforme o Regulamento de Procedimento incluído na presente Convenção.

A base jurídica da arbitragem poderá ser um compromisso arbitral entre os Estados, ato que tem a natureza jurídica de tratado; ou um tratado geral de arbitragem de que sejam partes; ou ainda uma cláusula arbitral, prevista em tratado específico.

O compromisso arbitral é firmado posteriormente ao conflito, ao passo que o tratado geral e a cláusula arbitral normalmente lhe antecedem. De qualquer modo, o compromisso arbitral será sempre indispensável, porque é nele que são delimitados o litígio e o procedimento, selecionado o árbitro e ajustada a obrigatoriedade de cumprimento da sentença ou laudo arbitral.

14.1.2.3.2 Solução judiciária

A solução judiciária engloba os tribunais (jurisdicionais) criados por tratados internacionais. Estes surgiram apenas no século XX, com a criação da Corte de Justiça Centro-Americana (Corte de Cartago),[10] em 1908, e da Corte Permanente de Justiça Internacional (CPJI), em 1920, hoje Corte Internacional de Justiça (CIJ), com sede na Haia. Seus juízes são profissionais, independentes, não representam seus Estados patriais e cumprem mandato.

---

[10] Em 1907, por tratado, Costa Rica, El Salvador, Guatemala, Honduras e Nicarágua constituíram a corte que funcionou inicialmente na cidade costarriquense de Cartago a partir do ano seguinte.

As decisões judiciárias de cortes internacionais são obrigatórias, mas sua executoriedade depende da boa-fé dos Estados,[11] salvo em relação a certos acórdãos da CIJ. É que, na forma do art. 94 da Carta da ONU, o Conselho de Segurança pode adotar medidas para forçar o cumprimento de decisão da Corte, quando estiver em jogo ameaça à paz ou a segurança coletivas.[12]

a) A Corte Internacional de Justiça

A CIJ é um órgão das Nações Unidas e rege-se por um Estatuto. Tem 15 juízes eleitos pela Assembleia Geral e pelo Conselho de Segurança da ONU para mandatos de 9 anos, permitida a reeleição, entre juristas representativos dos diversos sistemas jurídicos existentes. A Corte da Haia exerce competência contenciosa - à qual só podem aceder Estados soberanos que aceitem sua jurisdição obrigatória - e competência consultiva, quando o foro será acessível também às organizações internacionais (REZEK, 2016). A Assembleia Geral, o Conselho de Segurança, o Conselho Econômico e Social e outros órgãos ou agências especializadas da ONU (UNESCO, OIT, OMS, FAO, FMI etc.) podem solicitar essas *advisory opinions* à CIJ, que não terão caráter obrigatório (MAZZUOLI, 2020, p. 1004).

A jurisdição da Corte da Haia torna-se obrigatória para o Estado (i) se não rejeitar a jurisdição em preliminar de mérito; (ii) se este Estado tiver compromisso bilateral ou multilateral[13] no qual se obriga a submeter eventual litígio à Corte; ou (iii) se o Estado é signatário da cláusula facultativa de jurisdição obrigatória da Corte, vinculada ao seu Estatuto e está presente a reciprocidade em relação ao outro

---

11 A Albânia, no caso do Estreito de Corfu (1949), e os Estados Unidos, no caso das atividades militares na Nicarágua (1986), não cumpriram decisões da CIJ.

12 "Artigo 94. 1. Cada Membro das Nações Unidas se compromete a conformar-se com a decisão da Corte Internacional de Justiça em qualquer caso em que for parte. 2. Se uma das partes num caso deixar de cumprir as obrigações que lhe incumbem em virtude de sentença proferida pela Corte, a outra terá direito de recorrer ao Conselho de Segurança que poderá, se julgar necessário, fazer recomendações ou decidir sobre medidas a serem tomadas para o cumprimento da sentença".

13 Como, por exemplo, o art. 66 da Convenção de Viena de 1969.

litigantes.[14] Nota-se assim que o fundamento da obrigatoriedade é sobretudo convencional, baseado no consentimento.

Mazzuoli (2020, p. 1005) lembra que diversos tratados preveem clausulas compromissórias judiciais quanto à jurisdição da CIJ, nos termos do art. 36.1 do Estatuto da Corte. Cita os tratados de direitos humanos, os sobre navegação marítica e aérea, os sobre proscrição de armas nucleares e o enfrentamento ao narcotráfico internacional, e os sobre codificação do direito internacional.

O acórdão (*judgment*) da Corte é obrigatório e irrecorrível, mas com a possibilidade de pedido de interpretação. Suas decisões cautelares também são obrigatórias. Porém, no caso Angel Francisco Breard, de 1998 (*Paraguai vs. Estados Unidos*),[15] e no caso Walter LaGrand, de 1999 (*Alemanha vs. Estados Unidos*), [16] o governo norte-americano descumpriu as cautelares expedidas pela CIJ que ordenavam a suspensão da execução da pena de morte desses cidadãos do Paraguai e da Alemanha. Ambos acabaram executados na Virgínia e no Arizona, respectivamente.[17]

Pessoas físicas ou jurídicas não têm acesso direto à CIJ. Na sua competência decisória, somente Estados podem acioná-la.

b) Outras cortes internacionais

Há outros foros judiciários internacionais, todos criados por tratados. No entanto, não guardam a universalidade temática que

---

[14] O Brasil não é signatário da cláusula facultativa. Alguns países a assinaram por prazo determinado. Em julho de 2022, 73 países estavam obrigados por essa cláusula, condicionada à reciprocidade (art. 36.2 do Estatuto da CIJ). Guiné Equatorial, Holanda, Paquistão e Reino Unido a firmaram em 2017. *Vide*: CORTE INTERNACIONAL DE JUSTIÇA. Declarations recognizing the jurisdiction of the Court as compulsory. Disponível em: https://www.icj-cij.org/en/declarations. Acesso em: 8 jul. 2022.

[15] CORTE INTERNACIONAL DE JUSTIÇA. *Vienna Convention on Consular Relations (Paraguay v. United States)*. Disponível em: https://www.icj-cij.org/en/case/99. Acesso em: 7 jul. 2022.

[16] CORTE INTERNACIONAL DE JUSTIÇA. LaGrand (Germany v. United States). Judgment of 27 June 2001. Disponível em: https://www.icj-cij.org/en/case/104. Acesso em: 7 jul. 2022.

[17] Ambos os casos diziam respeito ao descumprimento pelos Estados Unidos do art. 36 da Convenção de Viena sobre Relações Consulares, no que diz respeito ao direito do preso estrangeiro de ter assistência consular do seu Estado patrial.

tem a Corte da Haia, com ampla possibilidade de cognição em razão da matéria. Há alguns tribunais com competências especializadas.

O Tribunal Internacional do Direito do Mar (TIDM ou ITLOS), com sede em Hamburgo, foi constituído pela Convenção de Montego Bay, de 1982 (UNCLOS). Seu estatuto integra o anexo VI do tratado. Conforme o art. 2º do Estatuto, o TIDM é composto de 21 membros independentes, eleitos dentre pessoas que gozem da mais alta reputação pela sua imparcialidade e integridade e sejam de reconhecida competência em matéria de direito do mar. A representação dos principais sistemas jurídicos do mundo e uma distribuição geográfica equitativa devem ser asseguradas na composição global do Tribunal.

Com competência geral sobre todas as matérias do direito comunitário da União Europeia, mas com abrangência restrita aos seus Estados membros nessa região do globo, tem-se o Tribunal de Justiça da União Europeia (TJUE), com sede em Luxemburgo. Perante ele podem demandar os Estados membros da UE, cidadãos e pessoas jurídicas constituídas em qualquer dos países da União.

Merece menção a Corte Caribenha de Justiça. Criada em 2001, a CCJ é uma instituição híbrida, com competências de direito interno e de direito internacional. No primeiro caso funciona como tribunal de última instância nas questões cíveis e criminais submetidas ao Judiciário dos Estados Membros. Na sua feição de corte internacional, opera como tribunal de competência exclusiva e obrigatória no tocante à interpretação e aplicação do Tratado de Chaguaramas, de 1973, que instituiu a Comunidade do Caribe (CARICOM).[18] A Corte passou a funcionar em 2004 e tem sede na cidade de Porto de Espanha, em Trinidad e Tobago.

Há também o Tribunal de Justiça da Comunidade Andina (TJCA), que funciona desde 1984. Criado em 1979, com sede em Quito, o TJCA é o órgão jurisdicional do processo de integração da

[18] A Comunidade tem 15 membros: Antígua e Barbuda, Bahamas, Barbados, Belize, Dominica, Granada, Guiana, Haiti, Jamaica, Santa Lúcia, São Cristóvão e Névis, São Vicente e Granadinas, Suriname e Trinidad e Tobago.

região, competindo-lhe interpretar e aplicar o Acordo de Cartagena, de 1969, e as demais normas do direito comunitário andino. Esse acordo criou a Comunidade Andina de Nações (CAN), da qual são membros a Bolívia, a Colômbia, o Equador e o Peru.[19]

A Corte Centro-Americana de Justiça é sucessora do primeiro tribunal internacional do mundo, a *Corte de Justicia Centroamericana* (Corte de Cartago),[20] criada pelos Tratados de Paz e Amizade de Washington, de 1907. A corte sucessora está hoje prevista no art. 12 do Protocolo de Teguigalpa, de 1991, à Carta da Organização dos Estados Centro-Americanos (ODECA).[21] A Corte Centro-Americana funciona desde 1994 em Manágua. Congrega três países: Honduras, El Salvador e Nicarágua. Cabe-lhe, entre outras matérias, conhecer de pedidos dos Estados membros sobre matérias da integração centro-americana, salvo as controvérsias fronteiriças, territoriais e marítimas, cujo julgamento depende de concordância expressa de todas as partes envolvidas.[22]

Na África, cortes regionais têm sido estabelecidas. Uma das mais importantes é o Tribunal de Justiça da Comunidade Econômica dos Estados da África Ocidental (CEDEAO), sediado em Abuja, na Nigéria.[23] Esta Corte tem competência para decidir sobre o descumprimento pelos Estados Membros de suas obrigações em virtude do direito comunitário; e decidir sobre qualquer litígio relativo à interpretação e a aplicação de atos comunitários. Também julga litígios entre as instituições da Comunidade e os seus funcionários

---

19 Em julho de 2022, Argentina, Brasil, Chile, Paraguai e Uruguai figuravam como Estados associados à CAN.

20 A vinculação entre a atual corte centro-americana e a Corte de Cartago, já extinta, é controvertida.

21 O Sistema da Integração Centro-Americana (SICA) sucedeu a ODECA. São membros Guatemala, Honduras, El Salvador, Nicarágua, Costa Rica, Panamá e Belize.

22 CORTE DE JUSTIÇA CENTRO-AMERICANA. *Competencias de la Corte Centroamericana de Justicia*. Disponível em: https://portal.ccj.org.ni/competencia/. Acesso em: 8 jul. 2022.

23 A CEDEAO é mais conhecida por sua sigla em inglês: ECOWAS, que significa *Economic Comunity of West African States*, criada pelo Tratado de Lagos, de 1975, atualmente com 15 membros, entre eles, Cabo Verde e Guiné-Bissau, de língua portuguesa.

e tem competência para decidir sobre violações dos direitos humanos em qualquer Estado Membro.[24]

Em 2001, a começou a funcionar em Arusha o Tribunal de Justiça da África Oriental (*East African Court of Justice*). Julga em primeira e segunda instância questões envolvendo os Estados Membros da Comunidade da África Oriental (Burundi, Ruanda, Quênia, Sudão do Sul, Tanzânia e Uganda), inclusive temas de direitos humanos.

Na estrutura do Mercosul opera o Tribunal Permanente de Revisão do Mercosul (TPR), com sede em Assunção. Criado pelo Protocolo de Olivos, de 2002, o TPR foi instalado em 2004. É corte de revisão, competente para reexaminar os laudos arbitrais adotados por árbitros *ad hoc* de primeira instância, mas também pode exercer jurisdição direta, em única instância, conforme os arts. 9º e 23 do Protocolo de Olivos.

Devem ser lembrados os tribunais regionais de direitos humanos, que podem julgar Estados, a exemplo da Corte Europeia de Direitos Humanos, sediada em Estrasburgo; a Corte Interamericana de Direitos Humanos, com sede em San José; e a Corte Africana de Direitos Humanos e dos Povos, em Arusha, Tanzânia.

Acrescenta Rezek (2016) que certas organizações internacionais, como a OIT e a ONU, "possuem tribunais administrativos, onde se resolvem, no contencioso, problemas concernentes à função pública internacional".

O autor se refere ao Tribunal Contencioso-Administrativo das Nações Unidas (TCANU), que é o tribunal de primeira instância do sistema de justiça interna da ONU, com sedes em Nova York, Genebra e Nairóbi. Esse tribunal rege-se por um estatuto aprovado pela Assembleia Geral da ONU por meio da Resolução nº 63/253, de 2008. No sistema há também o Tribunal de Apelação das Nações Unidas, que é o órgão de segunda instância.

---

[24] TRIBUNAL DE JUSTIÇA DA COMUNIDADE ECÔNOMICA DE ESTADOS DA ÁFRICA OCIDENTAL. *Mandato e competências*. Disponível em: http://www.courtecowas.org/pt/mandato-e-jurisdicao/. Acesso em: 8 jul. 2022.

A OIT tem o seu tribunal administrativo, o *ILO Administrative Tribunal*, com sete juízes e sede em Genebra, que sucedeu a corte para litígios administrativos da Liga das Nações (1927-1946). Compete-lhe julgar reclamações de funcionários internacionais da OIT e de outras organizações e organismos que reconheçam sua competência.

14.2 Os conflitos armados

Desde a assinatura do Pacto de Paris de 1928, o recurso à guerra de agressão ou de conquista está interditado, seja qual for a finalidade, o que hoje constitui uma norma de *jus cogens*. No entanto, existe o direito de legítima defesa individual ou coletiva diante de agressão armada estrangeira (guerra defensiva). Na verdade, como explica Rezek (2016), a limitação do direito à guerra surge já em 1919, graças ao Pacto da Sociedade das Nações (SdN).

O direito à guerra era objeto do direito internacional clássico. O direito à guerra (*jus belli*) e o direito de deflagrá-la (*jus ad bellum*) quando parecesse justa eram prerrogativas soberanas dos Estados reguladas por normas costumeiras. As regras desse direito costumeiro que passa a se convencionalizar no século XIX visava à proteção dos feridos e enfermos; dos médicos, enfermeiros e capelães; dos hospitais; dos prisioneiros de guerra; e da população civil.

No direito internacional contemporâneo, o segmento do direito internacional dos conflitos armados ocupa-se do direito aplicável na guerra. Essa disciplina desenvolveu-se no âmbito do direito internacional humanitário (direito de Genebra), a partir do século XIX, em decorrência das sangrentas guerras daquele período, na Crimeia (1853-1856), encerrada pela Declaração de Paris, e nos Estados Unidos, onde se travou a Guerra de Secessão (1861-1865).

Seguiram-se as Declarações de São Petersburgo (1868), Bruxelas (1874) e as Convenções da Haia de 1899 e 1907 (que compõem o direito da Haia),[25] mas nenhum instrumento foi mais

25 Direito da guerra em sentido estrito, agora caduco. Em relação a esse conjunto convencional valia a cláusula *si omnes*, segundo a qual suas normas só se aplicavam se todos os Estados em conflito fossem partes dos tratados.

importante do que a Convenção de Genebra de 1864, "marco inicial do direito humanitário idealizado por Henry Dunant", o que resultou na criação da Cruz Vermelha (REZEK, 2016).

O direito de Genebra tem por fim conter a violência em relação aos militares e bani-la em relação a populações civis e outros sujeitos protegidos, como o pessoal de socorro. Compõe-se, sobretudo, do Pacto de Paris, de 1928; da Carta das Nações Unidas de 1945; da Convenção para a Prevenção e Repressão do Crime de Genocídio, de 1948; das quatro Convenções de Genebra, de 1949, e seus dois Protocolos Adicionais,[26] de 1977; e do Estatuto de Roma, de 1998 (direito de Roma). Integram-no também atos de organizações internacionais, como a Resolução nº A/RES/2625(XXV), de 1970,[27] e a Resolução nº A/RES/3314(XXXIX), de 1974,[28] adotadas pela Assembleia Geral das Nações Unidas.

O art. 2º, § 4º, da Carta das Nações Unidas determina que todos os Estados membros devem evitar em suas relações internacionais a ameaça ou o uso da força contra a integridade territorial ou a dependência política de qualquer Estado, ou qualquer outra ação incompatível com os propósitos das Nações Unidas.

As Convenções de Genebra de 1949 (Decreto nº 42.121/1957), por sua vez, tratam da proteção dos feridos e enfermos na guerra terrestre; (ii) da proteção dos feridos, enfermos e náufragos na guerra naval; (iii) do tratamento devido aos prisioneiros de guerra; e (iv) da proteção de civis em tempo de guerra, nos conflitos internacionais. Porém, "um artigo vestibular (o art. 3º), comum a todas elas, fixa uma pauta mínima de humanidade a prevalecer mesmo nos conflitos internos" (REZEK, 2016).

---

[26] O Protocolo I estende as convenções às guerras de libertação nacional (art. 1.4); e o Protocolo II cuida da guerra civil (art. 1.1). Foram promulgados no Brasil pelo Decreto nº 849/1993.

[27] Direito a autodeterminação e restrições ao uso da força etc.

[28] Conceitua e lista, de forma não exaustiva, atos qualificados como de agressão, diferenciando-os de guerra de agressão, crime internacional depois conceituado pela Emenda de Kampala ao Estatuto de Roma. O art. 5º da Resolução diz que "a guerra de agressão é um crime contra a paz internacional. A agressão dá origem a responsabilidade internacional".

As disposições do direito internacional superveniente à proscrição da guerra não se esgotam nesses instrumentos. Vale mencionar ainda os seguintes tratados:

a) a Convenção da UNESCO para a Proteção de Bens Culturais em caso de Conflito Armado e seus dois Protocolos, de 1954 (Decretos nº 44.851/1958 e 5.760/2006);
b) o Tratado de Não Proliferação de Armas Nucleares, de 1968 (Decreto nº 2.864/1998);
c) a Convenção sobre a Proibição do Desenvolvimento, Produção e Estocagem de Armas Bacteriológicas (Biológicas) e à Base de Toxinas e sua Destruição, de 1972 (Decreto nº 77.374/1976);
d) a Convenção sobre Proibições ou Restrições ao Emprego de Certas Armas Convencionais, que Podem Ser Consideradas como Excessivamente Lesivas ou Geradoras de Efeitos Indiscriminados, conhecida como Convenção sobre Certas Armas Convencionais, de 1980 (Decreto nº 2.739/1998);
e) a Convenção Internacional sobre a Proibição do Desenvolvimento, Produção, Estocagem e Uso de Armas Químicas e sobre a Destruição das Armas Químicas Existentes no Mundo, de 1993 (Decreto nº 2.977/1999);
f) a Convenção sobre a Proibição do Uso, Armazenamento, Produção e Transferência de Minas Antipessoal e sobre sua Destruição, de 1997 (Decreto nº 3.128/1999);
g) a Resolução nº 1540 (2004), do Conselho de Segurança da ONU (Decreto nº 7.712/2012)[29] etc.

No DIP contemporâneo, o uso da força é reservado à comunidade internacional, por decisão do Conselho de Segurança das Nações Unidas, nos termos do capítulo VII da Carta de São

29 Nesta resolução, o Conselho de Segurança decidiu que todos os Estados "devem abster-se de prestar qualquer forma de apoio a atores não-estatais que tentem desenvolver, adquirir, manufaturar, possuir, transportar, transferir ou utilizar armas nucleares, químicas ou biológicas e seus vetores de lançamento".

Francisco. Somente excepcionalmente podem os Estados ou alianças de Estados fazer uso dela.

De fato, como ensina Miranda (2009), a Carta apenas consente o uso da força pelos Estados em duas circunstâncias: a) em caso de legítima defesa, individual ou coletiva, que deve ser subsidiária e temporária, até a reação do Conselho de Segurança; e b) em caso de assistência às próprias Nações Unidas em ações ao abrigo do capítulo VII ou em operações de paz e de ingerência humanitária.

14.2.1 Intervenção do Conselho de Segurança das Nações Unidas

O Conselho de Segurança da ONU pode atuar em conflitos internacionais mediante sua própria iniciativa ou por provocação dos Estados em conflito, seja membro ou não, da Assembleia Geral, ou do Secretário-Geral da organização.

Como se vê nos arts. 33, 34, 36 e 37 do capítulo VI da Carta das Nações Unidas, o Conselho poderá convidar as partes à solução pacífica do conflito; determinar a abertura de inquérito para colher elementos destinados a esclarecer os fatos; recomendar processos ou métodos de solução; e recomendar solução adequada. Tais medidas não são obrigatórias, ao contrário das decisões do mesmo Conselho ao abrigo do capítulo VII da Carta da ONU.

Se eclode um conflito armado, cabe ao Conselho de Segurança confirmar sua existência da situação de ameaça à paz, ruptura da paz ou agressão, e tomar as medidas apropriadas, já nos termos do capítulo VII da Carta, observando o critério de proporcionalidade, que podem ser: (i) medidas provisórias e recomendações; e (ii) decisões cogentes, que podem resultar em sanções econômicas,[30] diplomáticas ou militares, ou no emprego de meios coercitivos (MIRANDA, 2009). Eis o que diz o art. 42 da Carta:

---

[30] Bloqueio de bens, proibição de relacionamento comercial ou financeiro etc. *Vide* a Lei nº 13.810/2019.

> Artigo 42. No caso de o Conselho de Segurança considerar que as medidas previstas no Artigo 41[31] seriam ou demonstraram que são inadequadas, poderá levar a efeito, por meio de forças aéreas, navais ou terrestres, a ação que julgar necessária para manter ou restabelecer a paz e a segurança internacionais. Tal ação poderá compreender demonstrações, bloqueios e outras operações, por parte das forças aéreas, navais ou terrestres dos Membros das Nações Unidas.

14.2.2 Operações de paz

Tais operações não se destinam à solução de conflitos; tampouco são repressivas. Destinam-se a evitar maiores danos decorrentes de conflitos, em posição de imparcialidade em relação aos beligerantes. Não estão previstas nos capítulos VI ou VII das Carta das Nações Unidas, mas, no dizer de Miranda (2009), "as operações de paz constituem umas das maiores e, no seu conjunto, mais felizes realizações das Nações Unidas". Encontram sua base nos arts. 1° e 42 da Carta, que traduzem o objetivo primordial da ONU, que são a manutenção da paz e da segurança internacionais (MIRANDA, 2009).

As missões de paz da ONU, que se desenrolam sob seu pavilhão e devem ter prazo limitado, têm ocorrido em todos os continentes desde a Guerra Fria e se destinam a ações em conflitos internacionais e em conflitos internos, como são os casos das operações no Camboja, Somália, Timor-Leste e Líbano. Como não são coercitivas, dependem da autorização do Estado onde se instalarão. Suas forças são formadas por contingentes multilaterais dos Estados membros. Organizações regionais, como a Liga dos Estados Árabes, a União Africana e a União Europeia, têm realizados operações similares (MIRANDA, 2009).

---

31 "Artigo 41. O Conselho de Segurança decidirá sobre as medidas que, sem envolver o emprego de forças armadas, deverão ser tomadas para tornar efetivas suas decisões e poderá convidar os Membros das Nações Unidas a aplicarem tais medidas. Estas poderão incluir a interrupção completa ou parcial das relações econômicas, dos meios de comunicação ferroviários, marítimos, aéreos, postais, telegráficos, radiofônicos, ou de outra qualquer espécie e o rompimento das relações diplomáticas".

Já no século XXI, o Brasil comandou a missão de paz dos capacetes azuis da ONU no Haiti (Missão das Nações Unidas para a Estabilização no Haiti - MINUSTAH)[32] e participou da missão de paz no Congo (Missão das Nações Unidas para a Estabilização na República Democrática do Congo - MONUSCO).[33] Segundo o art. 15 da Lei Complementar nº 97/1999, o emprego das Forças Armadas na defesa da Pátria e na garantia dos poderes constitucionais, da lei e da ordem, e na participação em operações de paz, é de responsabilidade do Presidente da República.[34]

A responsabilidade internacional pelos danos que resultem dessas operações é imputável à própria organização que a realiza, ao passo que a responsabilidade criminal é individual, ficando os membros das tropas sujeitos à jurisdição do Estado que as envia. É o que normalmente preveem os acordos do tipo SOFA, firmados pelas Nações Unidas:

> 73. Os militares dos contingentes nacionais estão sujeitos à jurisdição penal exclusiva de seu Estado remetente. Isso significa que eles estão completamente imunes à jurisdição penal do Estado anfitrião. Esta imunidade não pode ser renunciada pelo Secretário-Geral, uma vez que a jurisdição é exclusiva do Estado que envia. Por outro lado, o Secretário-Geral deve obter garantias dos países contribuintes de tropas de que estarão preparados para exercer jurisdição em tais casos.[35]

---

[32] Missão das Nações Unidas de Estabilização no Haiti, constituída pela Resolução nº 152, de 2004, do Conselho de Segurança.

[33] Missão das Nações Unidas de Estabilização da República Democrática do Congo, estabelecida pela Resolução nº 1.925, de 2010, do Conselho de Segurança.

[34] Código Penal Militar: "Art. 9º, § 2º. Os crimes de que trata este artigo, quando dolosos contra a vida e cometidos por militares das Forças Armadas contra civil, serão da competência da Justiça Militar da União, se praticados no contexto: (...) III - de atividade de natureza militar, de operação de paz, de garantia da lei e da ordem ou de atribuição subsidiária, realizadas em conformidade com o disposto no art. 142 da Constituição Federal e na forma dos seguintes diplomas legais: (...)".

[35] UNIVERSITY OF ESSEX. *UN Peacekeeping and The Model Status of Forces Agreement Background Paper Prepared for the Experts' Workshop*, 26 August 2010, London, UK, Hosted by the New Zealand High Commission. Disponível em: https://www.essex.ac.uk/-/media/documents/research-projects/peacekeeping-law-reform/model-sofa-preliminary-report-(august-2010)-(,-d-,pdf).pdf. Acesso em: 8 jul. 2022.

Assim, em caso de crimes praticados por militares brasileiros durante tais operações de paz, a competência para julgamento será da Justiça Militar da União, nos termos do art. 109, IV, parte final, da Constituição, do art. 7º e do art. 9º, § 2º, III, do Código Penal Militar.

14.2.3 Intervenções humanitárias

Tais ingerências também não estão previstas expressamente na Carta da ONU. Assemelham-se às missões de paz, mas destinam-se a assistência humanitária em casos de catástrofes e de conflitos. Têm objetivo próximo ao da Cruz Vermelha Internacional e podem assumir grande abrangência, devido à formação de equipes multinacionais, com pessoal civil e militar (MIRANDA, 2009).

Eis dois exemplos: (i) a Missão de Assistência das Nações Unidas para Ruanda (UNAMIR), ordenada pelo Conselho de Segurança por meio da Resolução nº S/RES/872, de 1993;[36] e (ii) a Missão das Nações Unidas no Kosovo (UNMIK), estabelecida por meio da Resolução nº S/RES/1244, de 1999, do Conselho de Segurança, que opera em coordenação com a Missão da União Europeia para o Estado de Direito em Kosovo (EULEX), criada pela Ação Comum 2008/124/PESC, adotada pelo Conselho da UE, nos termos da Política Externa Comum e de Segurança da União Europeia. Missões como a EULEX têm feição de medidas de cooperação para *capacity building*:

> A ação comum estabelece uma Missão da União Europeia (UE) para o Estado de Direito no Kosovo, também designada EULEX KOSOVO, que tem a missão de apoiar as instituições, as autoridades judiciais, a polícia e outros serviços de aplicação da lei do Kosovo nos seus progressos na via da sustentabilidade e da responsabilização. Estabelece, além disso, algumas das atribuições que permitirão alcançar este objetivo.[37]

---

[36] A resolução designa a missão como uma operação de manutenção da paz (*peace-keeping operation*).

[37] *Vide* a Ação Comum nº 2008/124/PESC – Missão da União Europeia para o Estado de Direito (EULEX Kosovo). Disponível em: https://eur-lex.europa.eu/legal-content/PT/TXT/HTML/?uri=LEGISSUM:4304043.

Tais intervenções devem ocorrer por prazo determinado e devem observar as diretrizes do Conselho de Segurança da ONU. Têm por finalidade primordial a salvaguarda de pessoas e de seus direitos básicos e têm como pressuposto uma situação de estado de necessidade (MIRANDA, 2009).

14.3 Sanções unilaterais e outros meios coercitivos

Diante de violações de seus interesses, o Estado que se considera vítima de um ilícito segundo o direito internacional deve buscar a solução pacífica do conflito pelos meios já examinados. Mas esse Estado pode também reagir ao ato ilícito de potência estrangeira de outras formas.

Entram em jogo então as sanções unilaterais, a retorsão, a represália e as contramedidas. Todas essas respostas estatais são formas de autotutela (MIRANDA, 2009). São "a última opção estatal antes de qualquer ataque armado", incluindo o rompimento de relações diplomáticas (MAZZUOLI, 2020, p. 1009).

As sanções unilaterais podem ser aplicadas ao Estado ou a seus nacionais ou a pessoas jurídicas desse Estado, assumindo a feição de *targeted sanctions*. Pode consistir de embargos comerciais (boicote) e de transações financeiras, congelamento de ativos, apreensão de bens, cassação de vistos ou impedimento de sua obtenção (*visa ban*), proibição de viagens ao país (*travel ban*), suspensão do funcionamento de pessoas jurídicas no Estado etc. Após a invasão da Ucrânia pela Rússia em 2022, vimos diversas sanções desse tipo serem impostas pelos Estados Unidos, pelo Reino Unido e pela União Europeia, no âmbito de sua política externa comum (PESC) a autoridades do Kremlin e a pessoas e entidades russas, como a rede de notícias Russia Today (RT) e diversos bilionários ligados a Vladimir Putin.

Tais sanções não têm finalidade punitiva. São medidas de conformidade, destinadas a instar ou compelir o Estado sancionado a observar as regras de direito internacional violadas, inclusive o *jus cogens*. Por isso mesmo, são aplicadas com validade definida, podendo ser prorrogadas ou não, caso a ilicitude internacional persista.

Embora rejeitadas pela Carta da OEA,[38] sua compatibilidade com a Carta das Nações Unidas surge ao exame do art. 41, que permite que o Conselho de Segurança adote medidas que, "sem envolver o emprego de forças armadas, abranjam a interrupção completa ou parcial das relações econômicas, dos meios de comunicação ferroviários, marítimos, aéreos postais, telegráficos, radiofônicos, ou de outra qualquer espécie e o rompimento das relações diplomáticas". Obviamente, na questão russo-ucraniana, tais medidas coletivas seriam vetadas pela Rússia, que é um dos cinco membros permanentes do Conselho.

Na União Europeia, tais sanções econômicas autônomas se fundam no art. 29 do Tratado da União Europeia e no art. 215 do Tratado sobre o Funcionamento da União Europeia (TFUE), a partir de decisões do Conselho da UE, a partir de propostas da Comissão Europeia. Esse dispositivo foi aplicado à Rússia após os eventos bélicos de 2014, quando da invasão da Crimeia, com aplicação de sanções adicionais em 2022, após a incursão militar de grande parte do território ucraniano.[39]

Para cleptocratas e violadores de direitos humanos, há um mecanismo unilateral muito peculiar: as chamadas leis do tipo Magnitsky, que vêm sendo usadas por países como os Estados Unidos, o Canadá e o Reino Unido (ARAS, 2018).

Como se viu, os meios coercitivos mais comuns são a retorsão, a represália e as contramedidas.

A retorsão é uma resposta estatal mediante a prática de um ato lícito. Mazzuoli (2020, p. 1009) a considera "um meio coercitivo

---

[38] Carta da OEA, art. 20: "Nenhum Estado poderá aplicar ou estimular medidas coercivas de caráter econômico e político, para forçar a vontade soberana de outro Estado e obter deste vantagens de qualquer natureza".

[39] UNIÃO EUROPEIA. *Regulamento (UE) 833/2014 do Conselho da União Europeia, de 31.07.2014, que impõe medidas restritivas tendo em conta as ações da Rússia que desestabilizam a situação na Ucrânia*. Disponível em: https://eur-lex.europa.eu/legal-content/PT/TXT/?uri=celex%3A32014R0833. Acesso em: 8 jul. 2022.

mais moderado de solução de controvérsias internacionais", pois guarda proporcionalidade ao ato inamistoso inicial e deve ser vista como aplicação do princípio da reciprocidade.

Já a represália é uma resposta mediante um ato ilícito, que causa dano em contra-ataque, com ou sem uso da força. Como visto, o uso da força não é admitido pelo DIP, salvo em legítima defesa. A represália difere da retorsão por envolver "medidas mais duras e mais arbitrária", sendo medidas "mais ou menos violentas que, em geral, estão em desacordo com as regras do direito internacional público". Pode assumir as formas de embargo e de boicote (MAZZUOLI, 2020, p. 1011-1012).

Por sua vez, a contramedida é também um ato ilícito, que consiste no não cumprimento de deveres internacionais pelo Estado que entende ser vítima de uma injustiça de outro Estado. Para Mazzuoli (2020, p. 1011), este meio seria uma represália negativa, "quando um Estado se nega propositamente em cumprir obrigação a ele imposta e aceita por meio de tratado firmado entre ambos".

Deve-se ter ainda em conta a retaliação econômica no âmbito da Organização Mundial do Comércio (OMC). Considere, no particular, o art. XXI.b e c do GATT 1994, que trata das exceções de segurança nacional. Esse dispositivo permite que os Estados Partes da OMC adotem medidas para a "proteção de seus interesses essenciais de segurança", quando tomadas em tempo de guerra ou diante de outra emergência nas relações internacionais. Também podem os Estados Partes adotar "qualquer ação em cumprimento de suas obrigações sob a Carta das Nações Unidas para a manutenção da paz e segurança internacionais".[40]

[40] *Vide* o artigo XXI do GATT 1994 em: https://www.wto.org/english/res_e/booksp_e/gatt_ai_e/art21_e.pdf.

15

Direito Internacional do Meio Ambiente

15.1 Direito internacional do meio ambiente

A partir dos anos 1960, o direito internacional do meio ambiente passou por uma grande evolução. A proteção da fauna, da flora, de biomas transfronteiriços, a escassez de água, os problemas de desertificação, a destruição da camada de ozônio da atmosfera, o efeito estufa e as mudanças climáticas são questões muito graves que podem comprometer a vida humana na Terra. A proteção ao meio ambiente tornou-se uma necessidade inadiável.

Num mundo em que as catástrofes ambientais se avolumam, já se percebe o efeito da destruição do meio ambiente e das alterações climáticas sobre as populações humanas. A elevação do nível dos oceanos até 2100 poderá atingir regiões hoje habitadas por um bilhão de pessoas. A desertificação em extensas regiões da África levará ao deslocamento de milhões de seres humanos também neste século (RAMOS, 2019b).

Por isso, tem-se se visto o fenômeno de "esverdeamento" dos direitos humanos (*greening effect*), com a ampliação da proteção dos direitos de cunho ambiental nos sistemas regionais de tutela. Prova contemporânea dessa evolução é a declaração da

Assembleia Geral das Nações Unidas, em 28.07.2022, reconhecendo como direito humano o direito a um meio ambiente limpo e saudável.[1] Tal afirmação é resultante de vários documentos internacionais aprovados desde 1972 em Estocolmo e mais recentemente da Resolução nº 48/2013, do Conselho de Direitos Humanos, de 08.10.2021, intitulada "O direito humano a um meio ambiente limpo, saudável e sustentável".

A Resolução nº A/RES/76/300 (2022) da Assembleia Geral levou em consideração que os efeitos das alterações climáticas, a gestão e o uso desregrado dos recursos naturais, a poluição do ar, do solo e das águas, a gestão irracional de substâncias químicas e de resíduos, as perdas de diversidade biológica e o declínio dos serviços prestados pelos ecossistemas interferem no gozo de um meio ambiente limpo, saudável e sustentável, sem perder de visa que os danos ambientais daí resultantes têm repercussões negativas, diretas e indiretas, no efetivo gozo de todos os direitos humanos.[2]

A Assembleia Geral reconheceu ainda que a degradação ambiental, as mudanças climáticas, a perda de diversidade biológica, a desertificação e o desenvolvimento insustentável "são algumas das ameaças mais prementes e sérias à capacidade das gerações presentes e futuras usufruírem plenamente de todos os direitos humanos".[3]

Para a AG/ONU, entre esses direitos ambientais se incluem os de "buscar, receber e difundir informações e participar efetivamente na condução de assuntos governamentais" e o de ter acesso a "um recurso efetivo", para assegurar um ambiente limpo, saudável e sustentável. Naturalmente, a tais direitos correspondem as obrigações estatais de "respeitar, proteger e promover os direitos humanos, inclusive em todas as atividades destinadas a enfrentar os problemas

---

1 NAÇÕES UNIDAS. *Resolución A/RES/76/300, de 28 de julio de 2022: el derecho humano a un medio ambiente limpio, saludable y sostenible.* Disponível em: https://www.un.org/en/ga/76/resolutions.shtml. Acesso em: 4 ago. 2022.

2 NAÇÕES UNIDAS. *Resolución A/RES/76/300, de 28 de julio de 2022: el derecho humano a un medio ambiente limpio, saludable y sostenible.* Disponível em: https://www.un.org/en/ga/76/resolutions.shtml. Acesso em: 4 ago. 2022.

3 *Vide* a Resolução nº A/RES/76/300, de 28.07.2022.

ambientais" e adotar medidas para proteger os direitos reconhecidos em diversos instrumentos internacionais. Cabe também aos Estados adotar medidas adicionais "em relação a pessoas particularmente vulneráveis à degradação ambiental, levando em conta os princípios-quadro sobre direitos humanos e meio ambiente".[4]

Ficou então afirmado pela Resolução nº A/RES/76/300, no âmbito da *soft law* ambiental, o direito humano a um ambiente limpo, saudável e sustentável, estando tal direito vinculado a outros direitos humanos e sujeito ao direito internacional vigente. Em consequência, a ONU declara que a promoção dos direitos ambientais exige dos Estados, das organizações internacionais, das empresas e de outros *stakeholders* "a plena implementação de acordos multilaterais relacionados ao meio ambiente, com base nos princípios do direito ambiental internacional".[5]

Como o direito ao meio ambiente não é expressamente previsto na Convenção Europeia de 1950, a Corte Europeia de Direitos Humanos tem considerado casos ambientais tomando como parâmetro o direito à vida, previsto no art. 2º do tratado. Foi assim, por exemplo, no caso ***Öneryildiz** vs. Turquia*, de 2004.

15.2 Evolução do direito internacional do meio ambiente

O direito internacional do meio ambiente desenvolveu-se paulatinamente a partir dos anos 1950, embora sua primeira manifestação, como lembra Mazzuoli (2020, p. 917), tenha ocorrido ainda no entre-guerras com o caso da Fundição de Trail, um diferendo entre os Estados Unidos e o Canadá, relacionado a poluição atmosférica que foi resolvido por arbitragem em 1941. No entanto, a Conferência da ONU sobre Meio Ambiente Humano, realizada em Estocolmo em 1972, foi o primeiro grande momento dessa história, dando início ao debate global sobre o meio ambiente. Foi ali que

4 Resolução nº A/RES/76/300.

5 Resolução nº A/RES/76/300.

se estabeleceu a ideia de que todos temos direito a um ambiente saudável que permita o desenvolvimento da presente e das futuras gerações (RAMOS, 2019b).

A noção de "desenvolvimento sustentável" que resulta da Declaração sobre Meio Ambiente Humano de 1972, então firmada em Estocolmo, compreende três dimensões: a social, a econômica e a ambiental. A criação, no mesmo ano, do Programa das Nações Unidas para o Meio Ambiente (PNUMA)[6] como projeto permanente das Nações Unidas para a proteção ambiental e a promoção do desenvolvimento sustentável foi outro passo importante nessa evolução. O Programa tem sede em Nairóbi e é responsável por promover a cooperação ambiental e monitorar o cumprimento dos compromissos assumidos no âmbito da Assembleia das Nações Unidas para o Meio Ambiente (*United Nations Environment Assembly*).

Vinte anos depois do congresso sueco, foi realizada no Rio de Janeiro a Conferência das Nações Unidas para o Meio Ambiente e o Desenvolvimento (ECO 92). Viu-se que era possível conciliar o desenvolvimento socioeconômico e a preservação ambiental. Na ocasião foram concluídas ou aprovadas a Convenção sobre Diversidade Biológica, a Convenção sobre Mudanças do Clima, a Declaração de Princípios sobre o Uso das Florestas, a Declaração do Rio e a Agenda 21 (PORTELA, 2019).

O passo seguinte nessa evolução deu-se no Japão com a adoção do Protocolo de Kyoto durante a 3ª Conferência das Partes da Convenção das Nações Unidas sobre Mudanças Climáticas, realizada em Kyoto, em 1997. Nele, os países mais industrializados se comprometeram a reduzir significativamente as emissões globais de seis gases responsáveis pelo efeito estufa (PORTELA, 2019).

Já em 2002, foi realizada em Joanesburgo a Cúpula Mundial Sobre Desenvolvimento Sustentável, na qual foram reafirmados os compromissos das conferências anteriores. Ali foram firmadas

---

6 O PNUMA é conhecido em inglês como *United Nations Environment Programme* (UNEP).

a Declaração de Joanesburgo em Desenvolvimento Sustentável e seu Plano de Implementação (PORTELA, 2019).

Veio então a Rio+20. Realizada na mesma cidade em 2012, a Conferência das Nações Unidas sobre Desenvolvimento Sustentável manteve o foco mundial no desenvolvimento sustentável e realçou a importância de erradicação da pobreza e da promoção de modalidades sustentáveis de produção e consumo. Os focos da conferência foram a economia verde no contexto do desenvolvimento sustentável e da erradicação da pobreza; e a estrutura institucional necessária para o desenvolvimento sustentável.

Além da afirmação dos princípios do desenvolvimento sustentável e do princípio da precaução, essas iniciativas globais mostraram a importância da cooperação internacional para a defesa do meio ambiente em todas as suas dimensões e trouxeram elementos para a construção da Agenda 2030 das Nações Unidas. *Pari passu*, desenvolveu-se a noção de responsabilidade internacional por dano ambiental, um tema extremamente relevante quando se tem em mira a proteção dos oceanos, da plataforma continental e dos biomas comuns, os perigos de acidentes na indústria nuclear e o risco de extinção de espécies. A ideia de responsabilidades comuns entre os Estados é um dos princípios mais importantes deste ramo do direito internacional.

A aprovação em 2015 dos Objetivos do Desenvolvimento Sustentável (ODS), que configuram a Agenda 2030, consolidou os esforços da comunidade internacional para a implementação dos compromissos antes assumidos e para a mensuração de seus resultados. Os ODS foram aprovados pela Resolução nº 70/1, de 25.09.2015, intitulada "Transformando nosso mundo: a Agenda 2030 para o Desenvolvimento Sustentável". A Agenda 2030 reconhece que a eliminação da pobreza extrema é um requisito indispensável para o desenvolvimento sustentável, sendo este o ODS 1, o primeiro dos 17 listados.[7]

---

[7] NAÇÕES UNIDAS. A/RES/70/1: *Transformar nuestro mundo: la Agenda 2030 para el Desarrollo Sostenible, de 21 de octubre de 2015*. Disponível em: https://documents-dds-ny.un.org/doc/UNDOC/GEN/N15/291/93/PDF/N1529193.pdf?OpenElement. Acesso em: 4 ago. 2022.

15.3 Evolução legislativa no Brasil

No processo evolutivo demarcado a partir de Estocolmo (1972), o Brasil procurou avançar em seu marco normativo. O Código Florestal (Lei nº 4.771/1965) já dera sinais disso na década anterior. Uma década após a conferência ambiental da Suécia, foi sancionada no Brasil a Lei nº 6.938/1981, que instituiu a Política Nacional do Meio Ambiente e criou o Sistema Nacional do Meio Ambiente (SISNAMA). Além de vários aspectos inovadores, tal lei deu atribuição ao Ministério Público para a tutela coletiva ambiental, por meio de uma ação civil e na esfera criminal.[8]

A Lei nº 9.605/1998 (Lei Penal Ambiental) robusteceu o conjunto normativo local, com a tipificação de crimes contra a fauna, contra a flora, contra o ordenamento urbano e o patrimônio cultural, delitos de poluição e crimes contra a Administração Pública ambiental. Uma de suas novidades foi a previsão da responsabilidade penal de pessoas jurídicas por crimes ambientais, em harmonia com o art. 225 da Constituição.

O novo Código Florestal de 2012 (Lei nº 12.651/2012), que revogou a Lei nº 4.771/1965, seguiu esse caminho, aproximando a legislação brasileira dos avanços do cenário internacional. Segundo seu art. 1º, o Código

> estabelece normas gerais sobre a proteção da vegetação, áreas de Preservação Permanente e as áreas de Reserva Legal; a exploração florestal, o suprimento de matéria-prima florestal, o controle da origem dos produtos florestais e o controle e prevenção dos incêndios florestais, e prevê instrumentos econômicos e financeiros para o alcance de seus objetivos.

Obviamente, também devemos lembrar que a Constituição de 1988 contém vários dispositivos em matéria ambiental, que retratam esse processo evolutivo. A regra fundamental está no

---

8 Segundo o § 1º do art. 14 da Lei nº 6.938/1981, o Ministério Público da União (MPU) e os Ministérios Públicos dos Estados têm "legitimidade para propor ação de responsabilidade civil e criminal, por danos causados ao meio ambiente".

art. 225, que assegura a todos o direito ao meio ambiente ecologicamente equilibrado, como bem de uso comum do povo e essencial à sadia qualidade de vida. Disso decorre o dever do Poder Público e da coletividade de defendê-lo e preservá-lo para as presentes e futuras gerações. Como consequência dessa pedra angular, o art. 170, VI, da Constituição insere entre os princípios da ordem econômica a defesa do meio ambiente.

Conforme seu art. 23 da Constituição, compete à União, aos Estados, do Distrito Federal e dos Municípios proteger o meio ambiente e combater a poluição em todas as suas formas. Por isso mesmo, nos termos do art. 24 da Constituição, a legislação sobre florestas, caça, pesca, fauna, conservação da natureza, defesa do solo e dos recursos naturais, proteção do meio ambiente e controle da poluição é de competência comum desses entes da federação. Uma instituição foi destacada para a promoção desses deveres: o Ministério Público, com base no art. 129, III, da lei fundamental.

15.4 Conjunto convencional em matéria ambiental

Desde os anos 1950, pelo menos, têm sido aprovados diversos tratados em matéria ambiental. Eis alguns dos mais importantes documentos concluídos nessas décadas, segundo a ordem cronológica: Convenção para a Proteção da Flora, da Fauna e das Belezas Cênicas Naturais dos Países da América (1949); Tratado da Antártica (1959); Convenção de Viena sobre Responsabilidade Civil por Danos Nucleares (1963); Convenção Internacional sobre Responsabilidade Civil em Danos Causados por Poluição por Óleo (1969); Convenção para o Comércio Internacional das Espécies da Flora e Fauna Selvagens em Perigo de Extinção (CITES) (1973); Convenção Internacional para a Prevenção da Poluição Causada por Navios (MARPOL) (1973); Tratado de Cooperação Amazônica (1978); Convenção de Genebra sobre a Poluição Atmosférica Transfronteiriça a Longa Distância (1979); Convenção das Nações Unidas sobre o Direito do Mar (1982); Convenção de Viena para a Proteção da Camada de Ozônio (1985); Protocolo de Montreal sobre Substâncias que Destroem a Camada de Ozônio (1987); a Convenção sobre Controle de Movimentos Transfronteiços de Resíduos Perigosos (Convenção da Basiléia, 1989); Convenção sobre Diversidade Biológica (1992); Convenção-Quadro das Nações Unidas sobre Mudanças Climáticas (UNFCC) (1992); Convenção Internacional de Combate à Desertificação nos Países afetados por Seca Grave e/ou Desertificação, Particularmente na África (1994); Protocolo de Kyoto (1997) à Convenção Quadro das Nações Unidas sobre Mudanças Climáticas; Protocolo de Cartagena sobre Biossegurança à Convenção sobre Diversidade Biológica (2000); Acordo-Quadro sobre Meio-Ambiente do Mercosul (2001); Protocolo de Nagoya (2010) sobre Acesso a Recursos Genéticos e Repartição de Benefícios Decorrentes da sua Utilização da Convenção sobre Diversidade Biológica; Acordo de Paris sobre Mudança do Clima (2015); e o Acordo Regional sobre Acesso à Informação, Participação Pública e Acesso à Justiça em Assuntos Ambientais na América Latina e no Caribe (Acordo de Escazú) (2018).

Alguns temas se destacam desse conjunto, formando o regime jurídico convencional para enfrentamento dos efeitos nocivos das mudanças climáticas; o regime jurídico para enfrentamento da poluição atmosférica; e o regime jurídico de defesa da fauna, da flora e das florestas; e o regime jurídico sobre poluição do mar. No tema do aquecimento global, merecem relevo a Convenção-Quadro sobre Mudanças Climáticas, o Protocolo de Kyoto, o Acordo de Paris e a Convenção de Viena para a Proteção da Camada de Ozônio (PORTELA, 2019).

15.5 *Soft law* ambiental

O direito internacional do meio ambiente é regulado por um grande número de tratados internacionais e protocolos, de natureza multilateral e também de cunho bilateral. No entanto, esse direito convencional coexiste com um expressivo conjunto de nomas de quase-direito (*soft law*).

A Declaração de Estocolmo sobre o Meio Ambiente Humano, de 1972, é um marco do direito internacional do meio ambiente, orientando um regime protetivo e prevencionista global. A Declaração estabelece princípios orientadores para a preservação do meio ambiente em todo o planeta.

Segundo o texto dos anos 1970, que contém 26 princípios, os Estados devem tomar todas as medidas possíveis para impedir a poluição dos mares por substâncias que possam pôr em perigo a saúde do homem, os recursos vivos e a vida marinha, menosprezar as possibilidades de derramamento de óleo e outros poluentes ou impedir outras utilizações legítimas do mar.[9]

Estabelece também esse documento de *soft law* que o desenvolvimento econômico e social é indispensável para assegurar ao homem um ambiente de vida e trabalho favoráveis e para criar na terra as condições necessárias de melhoria da qualidade de vida.

Declara-se também que, em conformidade com a Carta das Nações Unidas e com os princípios de direito internacional, os Estados têm o direito soberano de explorar seus próprios recursos em aplicação de sua própria política ambiental e a obrigação de assegurar-se de que as atividades realizadas em sua jurisdição ou sob seu controle não prejudiquem o meio ambiente de outros Estados ou de zonas situadas fora de toda jurisdição nacional.

Outra manifestação importantíssima da *soft law* ambiental é a Resolução nº A/RES/76/300, de 28.07.2022, da Assembleia Geral das Nações Unidas, que, como vimos acima, afirma como direito humano o direito a um meio ambiente limpo, saudável e sustentável.[10]

15.6 Princípios do direito internacional ambiental

É notável a evolução do direito internacional ambiental desde a Declaração de Estocolmo sobre o Meio Ambiente Humano,

---

9 NAÇÕES UNIDAS. *Declaração das Nações Unidas sobre o Ambiente Humano*, Estocolmo, junho de 1972. Disponível em: https://cetesb.sp.gov.br/proclima/wp-content/uploads/sites/36/2013/12/estocolmo_mma.pdf. Acesso em: 10 jan. 2022.

10 NAÇÕES UNIDAS. *Resolución A/RES/76/300, de 28 de julio de 2022: el derecho humano a un medio ambiente limpio, saludable y sostenible*. Disponível em: https://www.un.org/en/ga/76/resolutions.shtml. Acesso em: 4 ago. 2022.

de 1972. Ali começaram a ser sistematizados os cinco princípios que regem essa disciplina: o princípio do desenvolvimento sustentável; do poluidor pagador; da precaução; da responsabilidade comum; e da cooperação entre os povos. Tais princípios foram consolidados na Declaração do Rio sobre Meio Ambiente e Desenvolvimento (Rio 1992).[11] Contudo, há objeção doutrinária quanto a se foi realmente na Rio 1992 que surgiram alguns desses princípios e outros desses enunciados chegam mesmo a ser princípios de direito internacional:

> (...) As obrigações mútuas dos Estados em matéria de informação e notificação dos Princípios 18 e 19 da Declaração do Rio são regras processuais reconhecidas no direito internacional consuetudinário. No que diz respeito à participação pública (Princípio 10), à abordagem de precaução (Princípio 15), ao princípio poluidor-pagador (Princípio 16) e à avaliação do impacto ambiental (Princípio 17), há fortes dúvidas se o seu *status* como princípios de direito internacional geral está garantido (MALANCZUK, 1997, p. 251).

Da Declaração de Estocolmo devem-se destacar os Princípios 21 e 22, considerados as pedras fundamentais do moderno direito internacional ambiental (MALANCZUK, 1997, p. 251). Conforme o Princípio 21, em conformidade com a Carta das Nações Unidas e com os princípios de direito internacional, os Estados têm o direito soberano de explorar seus próprios recursos em aplicação de sua própria política ambiental e a obrigação de assegurar-se de que as atividades que se levem a cabo, dentro de sua jurisdição, ou sob seu controle, não prejudiquem o meio ambiente de outros Estados ou de zonas situadas fora de toda jurisdição nacional.[12]

---

[11] NAÇÕES UNIDAS. *Declaração do Rio sobre Meio Ambiente e Desenvolvimento*, Rio de Janeiro, junho de 1992. Disponível em: https://cetesb.sp.gov.br/proclima/wp-content/uploads/sites/36/2013/12/declaracao_rio_ma.pdf. Acesso em: 10 jan. 2022.

[12] NAÇÕES UNIDAS. *Declaração das Nações Unidas sobre o Ambiente Humano*, Estocolmo, junho de 1972. Disponível em: https://cetesb.sp.gov.br/proclima/wp-content/uploads/sites/36/2013/12/estocolmo_mma.pdf. Acesso em: 10 jan. 2022.

Por sua vez, o Princípio 22 declara que os Estados devem cooperar para continuar desenvolvendo o direito internacional no que se refere à responsabilidade e à indenização às vítimas da poluição e de outros danos ambientais que as atividades realizadas dentro da jurisdição ou sob o controle de tais Estados causem a zonas fora de sua jurisdição. [13]

Segundo o princípio da precaução ou da cautela, na dúvida quanto à segurança de um produto ou quanto ao emprego de uma técnica, impõe-se uma abstenção. A segurança ambiental deve prevalecer para que não se cause danos ao meio ambiente. Medidas preventivas devem ser adotadas para certificar-se cientificamente que uma determinada ação humana não será lesiva ao meio ambiente.[14]

Pelo princípio do desenvolvimento sustentável pretende-se tutelar a qualidade de vida e o patrimônio ambiental do planeta para as próximas gerações. Práticas predatórias da natureza e dos recursos naturais devem ser evitadas, limitadas ou proibidas. Tais recursos são escassos e devem ser explorados com parcimônia e responsabilidade, para preservar o equilíbrio ambiental, assegurando-se, simultaneamente, o desenvolvimento socioeconômico. Segundo o Princípio 4 da Rio 1992, "a fim de alcançar o estágio do desenvolvimento sustentável, a proteção do meio ambiente deve constituir parte integrante do processo de desenvolvimento e não poderá ser considerada de forma isolada". [15]

A propósito, Shaw (2017) comenta:

> (...) o conceito de desenvolvimento sustentável vem evoluindo de uma forma que circunscreve a competência dos Estados para dirigir seu próprio desenvolvimento. A Corte Internacional no caso do Projeto Gabčíkovo-Nagymaros se referiu especificamente ao conceito de desenvolvimento

---

[13] Declaração das Nações Unidas sobre o Ambiente Humano, de 1972.

[14] Declaração das Nações Unidas sobre o Ambiente Humano, de 1972.

[15] NAÇÕES UNIDAS. *Declaração do Rio sobre Meio Ambiente e Desenvolvimento*, Rio de Janeiro, junho de 1992. Disponível em: https://cetesb.sp.gov.br/proclima/wp-content/uploads/sites/36/2013/12/declaracao_rio_ma.pdf. Acesso em: 10 jan. 2022.

> sustentável, enquanto o Princípio 3 da Declaração do Rio observa que o direito ao desenvolvimento deve ser cumprido de modo a "satisfazer equitativamente as necessidades de desenvolvimento e ambientais das gerações presentes e futuras".

Pelo princípio poluidor-pagador, quem causa danos ao meio ambiente é obrigado a repará-los. É esperado que a ação humana produza algum tipo de degradação ambiental, mas quem polui está obrigado a reparar os danos ao meio ambiente, buscando restaurar o *status quo ante* ou prover compensação. O Princípio 2 da Rio 1992 segue esta linha: "Os Estados (...) têm a responsabilidade de velar para que as atividades realizadas sob sua jurisdição ou sob seu controle não causem danos ao meio ambiente de outros Estados ou de zonas que estejam fora dos limites da jurisdição nacional".[16]

Shaw (2017) enxerga maior densidade nesse princípio e explica:

> Outro princípio emergente, mais amplamente aceito em alguns países e regiões do que em outros, é a noção de que os custos da poluição devem ser pagos pelo poluidor. O Princípio 16 da Declaração do Rio observa que "o poluidor deve, em princípio, arcar com os custos da poluição, tendo em devida conta os interesses públicos e sem distorcer o comércio e o investimento internacionais". O princípio foi aplicado especialmente no que diz respeito à responsabilidade civil por danos resultantes de atividades perigosas e foi particularmente adotado pela Organização para a Cooperação e Desenvolvimento Econômico e a Comunidade Europeia.

O princípio da responsabilidade comum indica que todos devem responsabilizar-se pela proteção ambiental e todos os responsáveis por danos devem arcar com os custos da reparação.

---

[16] NAÇÕES UNIDAS. *Declaração do Rio sobre Meio Ambiente e Desenvolvimento*, Rio de Janeiro, junho de 1992. Disponível em: https://cetesb.sp.gov.br/proclima/wp-content/uploads/sites/36/2013/12/declaracao_rio_ma.pdf. Acesso em: 10 jan. 2022.

Como os países concorrem de forma distinta para a degradação ambiental, tais responsabilidades são comuns, mas diferenciadas.[17]

Segundo o princípio da cooperação entre os povos, a superação dos problemas ambientais e a implementação do desenvolvimento sustentável são objetivos comuns da humanidade e devem ser buscados como metas universais. Conforme o Princípio 24 de Estocolmo, todos os países devem ocupar-se com espírito e cooperação e em pé de igualdade das questões internacionais relativas à proteção e melhoramento do meio ambiente. Cabe aos Estados cooperar para controlar, evitar, reduzir e eliminar eficazmente os efeitos prejudiciais que as atividades que se realizem em qualquer esfera possam ter para o meio ambiente, mediante acordos multilaterais ou bilaterais, ou por outros meios apropriados, respeitados a soberania e os interesses de todos os Estados.[18] Desse princípio deriva a ideia de cooperação internacional para a tutela e a defesa do meio ambiente, sob uma ótica de solidariedade (PORTELA, 2019, p. 518).

Segundo Portela (2019, p. 518), o direito internacional do meio ambiente tem o homem como centro das preocupações conservacionistas, o que nos leva ao princípio antropocêntrico da preservação ambiental. Essa afirmação é suportada pelo Princípio 1 da Declaração da Rio 1992: "Os seres humanos constituem o centro das preocupações relacionadas com o desenvolvimento sustentável. Têm direito a uma vida saudável e produtiva, em harmonia com a natureza".[19]

Também terá relevância o princípio da soberania, de que trata o Princípio 2 da Rio 1992, segundo o qual os Estados, "em conformidade com a Carta das Nações Unidas e os princípios da lei internacional, têm o direito soberano de explorar seus próprios recursos segundo suas próprias políticas ambientais e de desenvolvimento".[20]

---

[17] Declaração do Rio sobre Meio Ambiente e Desenvolvimento, de 1992.

[18] Declaração do Rio sobre Meio Ambiente e Desenvolvimento, de 1992.

[19] NAÇÕES UNIDAS. *Declaração do Rio sobre Meio Ambiente e Desenvolvimento*, Rio de Janeiro, junho de 1992. Disponível em: https://cetesb.sp.gov.br/proclima/wp-content/uploads/sites/36/2013/12/declaracao_rio_ma.pdf. Acesso em: 10 jan. 2022.

[20] Declaração do Rio sobre Meio Ambiente e Desenvolvimento, Rio de Janeiro, de 1992.

15.7 A proteção internacional dos oceanos

A proteção internacional dos oceanos é um dos temas mais prementes da atualidade. A poluição dos mares por derramamento de óleo, a partir de embarcações ou de plataformas fixas, causa danos de grande extensão em várias regiões do globo. Basta citar os casos Exxon Valdez, no Alasca em 1989; da sonda Deepwater Horizon, no Golfo do México, em 2010; e do navio Bouboulina, de bandeira grega, que poluiu o litoral brasileiro em 2019. Para lidar com esse problema, foram firmadas a Convenção Internacional sobre Responsabilidade Civil em Danos Causados por Poluição por Óleo (1969); e a Convenção Internacional para a Prevenção da Poluição Causada por Navios (MARPOL) (1973), entre outras convenções temáticas (ARAS, 2019b).

Além da poluição por petróleo, os mares e sua fauna e flora são ameaçados por plásticos e seus fragmentos que são descartados por embarcações ou que vêm pelos rios e desaguam nos oceanos, causando enormes danos ambientais. Esse tema deve ser objeto de uma futura convenção das Nações Unidas.[21]

> Tratados globais em vigor já abordam a poluição de plástico. A Convenção da Basileia regulamenta o comércio de resíduos, incluindo o de plástico; a Organização Marítima Internacional é responsável pelo lixo plástico dos navios; e a Convenção de Estocolmo protege os seres humanos contra danos causados por produtos plásticos. No entanto, não são ferramentas holísticas para enfrentar o problema a nível global. Diferentemente do caso das mudanças climáticas e da perda de biodiversidade, não existe uma estrutura internacional para lidar com a poluição de plástico, mesmo com o crescente entendimento de que ele também representa uma "ameaça de dimensões planetárias". A ONU levantou a ideia

21 *Vide* a Resolução nº UNEP/EA.5/RES/14, adotada pela Assembleia das Nações Unidas para o Meio Ambiente, em março de 2022, que pede a convocação de uma conferência para negociar um instrumento internacional juridicamente vinculante sobre poluição plástica, inclusive no meio ambiente marinho.

> de uma resposta global contra a poluição de plástico na terceira Assembleia do Meio Ambiente, em 2017. Na ocasião, a organização criou um grupo de especialistas em lixo marinho e microplástico para discutir o que seria um acordo global (PORTAL SANEAMENTO BÁSICO, 2022).

O principal documento internacional sobre a proteção do meio marinho ainda é a Convenção das Nações Unidas sobre o Direito do Mar (UNCLOS), concluída em Montego Bay, em 1982. A UNCLOS trata de vários temas correlatos à navegação e à exploração dos recursos marinhos. Seu art. 21 determina que o Estado costeiro deve adotar regras para a preservação do meio ambiente e a prevenção, redução e controle da poluição em seu mar territorial. Já o art. 193 da UNCLOS reconhece que os Estados têm o direito de aproveitar os seus recursos naturais de acordo com a sua política em matéria de meio ambiente, observando o seu dever de proteger e preservar o meio marinho.

No mesmo sentido, pelo art. 192 da Convenção de Montego Bay, os Estados devem adotar as medidas necessárias para garantir que as atividades sob sua jurisdição ou controle não causem "prejuízos por poluição a outros Estados e ao seu meio ambiente, e que a poluição causada por incidentes ou atividades sob sua jurisdição ou controle não se estenda além das áreas onde exerçam direitos de soberania".

Por poluição do meio marinho, entende-se, conforme o art. 1° da UNCLOS,

> a introdução pelo homem, direta ou indiretamente, de substâncias ou de energia no meio marinho, incluindo os estuários, sempre que estas provoquem ou possas vir provocar efeitos nocivos, tais como danos aos recursos vivos e à vida marinha, riscos à saúde do homem, entrave às atividades marítimas, incluindo a pesca e as outras utilizações legítimas do mar, alteração da qualidade da água do mar, no que se refere à sua utilização, e deterioração dos locais de recreio.

A proteção dos fundos marinhos, a chamada "Área" também é objeto da UNCLOS, que, para isso, criou uma organização internacional, a Autoridade Internacional dos Fundos Marinhos, a qual compete cumprir o art. 145 do Tratado de 1982 quanto à proteção do meio marinho na Área.

> ARTIGO 145
>
> Proteção do meio marinho
>
> No que se refere às atividades na Área, devem ser tomadas as medidas necessárias, de conformidade com a presente Convenção, para assegurar a proteção eficaz do meio marinho contra os efeitos nocivos que possam resultar de tais atividades. Para tal fim, a Autoridade adotará normas, regulamentos e procedimentos apropriados para, *inter alia*:
>
> a) prevenir, reduzir e controlar a poluição e outros perigos para o meio marinho, incluindo o litoral, bem como a perturbação do equilíbrio ecológico do meio marinho, prestando especial atenção à necessidade de proteção contra os efeitos nocivos de atividades, tais como a perfuração, dragagem, escavações, lançamento de detritos, construção e funcionamento ou manutenção de instalações, dutos e outros dispositivos relacionados com tais atividades;
>
> b) proteger e conservar os recursos naturais da Área e prevenir danos à flora e à fauna do meio marinho.

15.8 A proteção internacional dos recursos hídricos

O direito internacional do meio ambiente também se ocupa dos recursos hídricos, notadamente dos rios e lagos internacionais, na perspectiva da navegação, da pesca e do aproveitamento dos seus recursos hídricos.

O Princípio 2 da Declaração de Estocolmo, de 1972, já mencionava a água entre os recursos naturais a serem "preservados em benefício das gerações presentes e futuras, mediante uma cuidadosa planificação ou ordenamento". Em 1977, foi realizada a

Conferência das Nações Unidas sobre a Água, voltada para a gestão dos recursos hídricos. Na Rio 1992, o tema voltou a merecer atenção global, com sua inclusão no capítulo 18 da Agenda 21, sobre a "Proteção da Qualidade e do Abastecimento dos Recursos Hídricos: Aplicação de Critérios Integrados no Desenvolvimento, Manejo e Uso dos Recursos Hídricos", com foco no desenvolvimento e manejo integrado de recursos hídricos; na proteção dos recursos hídricos, da qualidade da água e dos ecossistemas aquáticos; no abastecimento de água e saneamento; na água e desenvolvimento urbano sustentável; na água para produção sustentável de alimentos e desenvolvimento rural sustentável; e nos impactos das mudanças climáticas sobre os recursos hídricos.

A ideia de cooperação para a gestão conjunta de biomas comuns, de bacias ou de rios internacionais é muito importante para países que compartilham recursos naturais como florestas, aquíferos e cursos d'água e para o desenvolvimento do planeta em geral, de forma sustentável.

Quando o direito internacional público dava seus primeiros passos, o regime jurídico dos rios internacionais começou a desenvolver-se. No século XIX surgiram as comissões internacionais dos rios Reno (1831-1868)[22] e Danúbio (1856-1865).[23] Inicialmente os focos dos arranjos internacionais eram a navegação e o comércio por via fluvial. Com o tempo, outros aspectos passaram a ser considerados, entre eles a preservação ambiental.

Rezek (2016) registra que, com o tempo, o regime jurídico dos rios internacionais passou a compreender, além dos temas de navegação, regras sobre a produção de energia elétrica, a irrigação e o aproveitamento industrial direto, do que decorrem preocupações com a poluição desses cursos d'água. Essa evolução deve-se à diversificação dos usos da água no contexto internacional.

Um rio internacional é aquele que banha mais de um Estado soberano. Pode ser limítrofe, marcando a fronteira entre os

---

[22] Resultante do Congresso de Viena, de 1815.

[23] Decorrência do Tratado de Paris, de 1856, celebrado ao final da Guerra da Crimeia.

Estados, ou de curso sucessivo, quando ingressa em mais de um território durante o seu trajeto (REZEK, 2016, p. 390). Esse conceito surge na Ata do Congresso de Viena de 1815, marco fundador do direito internacional fluvial. Breda (1992) conta que foi ali que se decidiu elaborar um estatuto para o rio Reno e estabelecer princípios gerais aplicáveis aos rios internacionais. Lembra ela que os anexos da Ata do Congresso de Viena:

> (...) destinados a regulamentar a navegação sobre os rios Neckar, Meno, Mosela, Mosa, Escalda e o Reno, tiveram uma aplicação prática muito evidente. Quanto a estes rios, o Congresso previu a criação de uma comissão para sua administração, com vistas a desenvolver a navegação e o comércio. A comissão do Reno, cujo estatuto foi internacionalizado, tinha um caráter essencialmente deliberativo (BREDA, 1992).

Devido aos desdobramentos dos tratados de Paris (1856), que encerrou a Guerra da Crimeia, e de Berlim (1885) - com seu Ato de Navegação sobre o rio Congo aprovado no contexto da expansão europeia sobre a África -, começou a consolidar-se o princípio da livre navegação nos rios internacionais, que tem evidente interesse para o livre comércio e a ocupação territorial (BREDA, 1992).

O Tratado de Versalhes, de 1919, também se ocupou do regime específico de certos rios internacionais, como o Reno, o Elba e o Oder, como se lê no art. 332 do texto (BREDA, 1992). Como consequência de Versalhes, foi realizada em 1921 a Convenção de Barcelona, quando se passa a entender que, para os rios internacionais, vigora o direito de livre navegação, inclusive para Estados terceiros, aos quais em regra se assegura igualdade de tratamento (REZEK, 2016, p. 391).

Breda (1992) diz que a Convenção de Barcelona estende o princípio da livre navegação a todas as vias navegáveis de interesse internacional, de acordo com um critério funcional. É o caso dos rios Reno, Danúbio, Grande, Nilo, Congo, Ganges, Mekong,[24] Paraguai, Paraná, Uruguai e Amazonas.

---

[24] O Mekong tem, como outros rios internacionais, um regime jurídico internacional específico, sendo administrado pelo Comitê Internacional do Mekong (MRC), criado em 1956 pelos Estados ribeirinhos: Camboja, Laos, Tailândia e Vietnã.

O mais antigo regime jurídico de um rio internacional é o do Danúbio, que atravessa Alemanha, Áustria, Bulgária, Croácia, Eslováquia, Hungria, Moldávia, Romênia, Sérvia e Ucrânia. Foi instituído em 1856. Nele a navegação é livre, sob controle de uma comissão. Em 1998, foi criada a Comissão Internacional para a Proteção do Rio Danúbio (ICPDR) para "assegurar o uso sustentável e equitativo das águas e recursos hídricos na bacia do rio Danúbio". A International Commission for the Protection of the Danube River (ICPDR) é uma organização internacional responsável pela implementação da Convenção sobre Cooperação para a Proteção e o Uso Sustentável do Rio Danúbio, de 1994, com 14 Estados Partes e a União Europeia. Este tratado estabelece o marco jurídico para a gestão coordenada das bacias hidrográficas e a proteção ambiental na bacia do rio Danúbio, com o objetivo de garantir que as águas superficiais e subterrâneas dessa bacia sejam geridas e utilizadas de forma sustentável, racional e igualitária. Visa-se também estabelecer medidas preventivas para controle de riscos relacionados a enchentes, gelo e substâncias perigosas e para a redução da poluição na foz do rio no Mar Negro, a partir de fontes fluviais.

Rios das Américas também têm os seus regimes jurídicos *ad hoc*. É o caso do Amazonas que, por ato unilateral brasileiro, tornou-se acessível à navegação estrangeira ainda no século XIX. De fato, o Decreto nº 3.749, de 07.12.1866, abriu os rios Amazonas, Tocantins, Tapajós, Madeira, Negro e São Francisco à navegação dos navios mercantes de todas as nações. A navegação internacional em tais cursos teve início em 07.09.1867, como ordenava o decreto.

O regime do estuário do Prata foi estabelecido pelo Tratado da Bacia do Prata, concluído em Brasília em 1969, tendo como partes Argentina, Brasil, Bolívia, Paraguai e Uruguai. Refere-se aos rios Paraná, Paraguai e Uruguai. Promulgado pelo Decreto nº 67.084, de 19.08.1970, este tratado pretende promover o "desenvolvimento harmônico e equilibrado, assim como o ótimo aproveitamento dos grandes recursos naturais da região", assegurando "sua preservação para as gerações futuras através da utilização racional dos aludidos recursos". A preocupação ambiental já era então evidente.

Os objetivos do Tratado da Bacia do Prata são a facilitação e assistência em matéria de navegação; a utilização racional do recurso água, especialmente através da regularização dos cursos d'água e seu aproveitamento múltiplo e equitativo; a preservação e o fomento da vida animal e vegetal; o aperfeiçoamento das interconexões rodoviárias, ferroviárias, fluviais, aéreas, elétricas e de telecomunicações; a cooperação econômica; a promoção de outros projetos de interesse comum em especial daqueles que se relacionem com o inventário, avaliação e o aproveitamento dos recursos naturais da área; e o conhecimento integral da Bacia do Prata.

Já o Tratado de Cooperação Amazônica, também celebrado em Brasília, em 1978, e que reúne Brasil, Bolívia, Colômbia, Equador, Guiana, Peru, Suriname e Venezuela, regula, entre outros temas, a navegação na bacia do Amazonas. Promulgado pelo Decreto nº 85.050/1980, este tratado lista entre suas *consideranda* a constatação de que, para "lograr um desenvolvimento integral dos respectivos territórios da Amazônia é necessário manter o equilíbrio entre o crescimento econômico e a preservação do meio ambiente".

Noutro **recital**, os Estados Partes do Tratado de 1978 declaram-se conscientes de que, "tanto o desenvolvimento socioeconômico como a preservação do meio ambiente são responsabilidade inerentes à soberania de cada Estado e que a cooperação entre as partes Contratantes servirá para facilitar o cumprimento destas responsabilidades".

O art. 1º do Tratado de Cooperação Amazônica afirma a obrigação internacional dos Estados Partes de cooperarem "para a preservação do meio ambiente e a conservação e utilização racional dos recursos naturais desses territórios".

Conforme o art. 3º do Tratado de Cooperação Amazônica, sem prejuízo dos direitos outorgados por atos unilaterais, das disposições de tratados bilaterais entre as Partes e dos princípios e normas do direito internacional, "as Partes Contratantes asseguram-se mutuamente, na base da reciprocidade, a mais ampla liberdade de navegação comercial no curso do Amazonas e demais rios amazônicos internacionais", salvo para a navegação de cabotagem.

Para que se cumpra o tratado, os regulamentos nacionais devem, "na medida do possível, favorecer essa navegação e o comércio e guardar entre si uniformidade".

No art. 5º do Tratado os Estados Partes reconhecem a "importância e multiplicidade de funções que os rios amazônicos desempenham no processo de desenvolvimento econômico e social da região" e comprometem-se a "envidar esforços com vistas à utilização racional dos recursos hídricos".

A interligação do território amazônico por via fluvial é objeto do art. 6º, segundo o qual,

> com o objetivo de que os rios amazônicos constituam um vínculo eficaz de comunicação entre as Partes Contratantes e com o Oceano Atlântico, os Estados ribeirinhos interessados num determinado problema que afete a navegação livre e desimpedida empreenderão, conforme for o caso, ações nacionais, bilaterais ou multilaterais para o melhoramento e habilitação dessas vias navegáveis.

No plano bilateral, o mais importante dos tratados firmados pelo Brasil sobre o regime jurídico fluvial diz respeito ao aproveitamento dos recursos hídricos do Rio Paraná. Mediante o Tratado de Itaipu, Brasil e Paraguai ajustaram a criação da empresa Itaipu Binacional, que construiria a hidrelétrica de mesmo nome na fronteira dos dois países. Promulgado pelo Decreto nº 72.707/1973, o Tratado entre a República Federativa do Brasil e a República do Paraguai para o Aproveitamento Hidrelétrico dos Recursos Hídricos do Rio Paraná, pertencentes em Condomínio aos dois Países, foi concluído em Brasília, em 26.04.1973.

Determina ainda o art. 13 do Tratado de 1973 que a energia produzida pelo aproveitamento hidrelétrico em Itaipu seria dividida em partes iguais entre os dois países, sendo reconhecido a cada um deles direito de aquisição da energia que não fosse utilizada pelo outro país para seu próprio consumo.

Na América do Sul, outro importante tratado sobre recursos hídricos reúne a Argentina e o Uruguai. Trata-se do Estatuto do Rio

Uruguai, um tratado bilateral firmado em 1975, em Salto, sobre o *status* internacional do rio, que promove o aproveitamento sustentável do curso d'água internacional. Segundo esse tratado, cabe à Comissão de Administração do Rio Uruguai (CARU), com personalidade jurídica nos dois países e sede em Paysandu, a gestão do rio e a fiscalização da qualidade das águas, do seu uso e da navegação, mediante o princípio da cooperação, da troca de informações e do uso sustentável.

15.9 Regulamentação internacional da pesca

O aproveitamento dos recursos da fauna marinha é tema de uma série de tratados internacionais, sendo objeto do capítulo 17 da Agenda 21, resultante da conferência Rio 1992.

A Convenção das Nações Unidas sobre Direito do Mar (Montego Bay, 1982) contém diversos dispositivos sobre a exploração pelos Estados dos recursos marinhos vivos no domínio marítimo, tanto nas águas territoriais, quanto na zona econômica exclusiva e no alto mar.

O art. 19.2 da UNCLOS exclui do direito de passagem inocente de um navio estrangeiro pelas águas territoriais do Estado costeiro qualquer atividade de pesca. Por sua vez, o art. 61, tratando da conservação dos recursos vivos, garante ao Estado costeiro o poder de fixar as capturas permissíveis dos recursos vivos na sua zona econômica exclusiva (ZEE), para evitar excesso de pesca.

Conforme o art. 62 da UNCLOS, os nacionais de outros Estados que pesquem na zona econômica exclusiva devem cumprir as medidas de conservação e as outras modalidades e condições estabelecidas nas leis e regulamentos do Estado costeiro. Tais leis e regulamentos podem exigir a obtenção de licenças ou o pagamento de taxas; determinar as espécies que podem ser capturadas e fixar as quotas de captura; regulamentar as épocas e zonas de pesca, o tipo, tamanho e número de aparelhos, bem como o tipo, tamanho e número de embarcações de pesca que podem ser utilizados, além de fixar a idade e o tamanho dos peixes e de outras espécies que podem ser capturados.

Para o alto mar, o art. 87 da UNCLOS estabelece a liberdade de pesca, desde que observadas as condições instituídas nos arts. 116 a 120. De todo modo, os Estados devem cooperar entre si na conservação e gestão dos recursos vivos nas zonas do alto-mar.

Várias organizações internacionais se dedicam a gestão da pesca, a exemplo da Comissão do Atum do Oceano Índico (IOCT), criada para conservar e gerir os recursos haliêuticos no Oceano Índico; a Comissão Internacional para a Conservação dos Tunídeos do Atlântico (CICTA/ICCAT), para conservação do atum e de espécies afins no Oceano Atlântico; a Organização para a Conservação do Salmão do Atlântico Norte (NASCO), que visa proteger o salmão selvagem no Atlântico Norte; a Comissão para a Conservação do Atum-do-Sul (CCSBT), voltada para a conservação e a otimização da pesca do atum-do-Sul; e a Comissão para a Conservação da Fauna e da Flora Marinhas da Antártida (CCAMLR), que visa a conservação da vida marinha no Oceano Antártico.

Para o Brasil têm relevância a ICCAT, constituída pela Convenção Internacional para a Conservação do Atum e afins do Atlântico, concluída no Rio de Janeiro em 1966 (Decreto nº 65.026/1969) e a Comissão para a Conservação dos Recursos Vivos Marinhos Antárticos (CCAMLR), regulada pela Convenção sobre a Conservação dos Recursos Vivos Marinhos Antárticos (Decreto nº 93.935/1987), assinada em Canberra, em 1980.

São inúmeros os documentos internacionais neste âmbito, valendo mencionar ainda o Decreto nº 28.524/1950, que promulgou a Convenção Internacional para a Regulamentação da Pesca da Baleia e seu Regimento, assinados em Washington, em 1946. Este tratado criou a Comissão Internacional para a Pesca da Baleia.

15.10 Responsabilidade por danos ambientais transfronteiriços

Num mundo complexo, populoso e com intenso uso e produção de novas substâncias químicas e emprego de novos processos fabris, é cada vez maior o risco de poluição ambiental transfronteiriça, por meio de gases tóxicos, efluentes líquidos, incêndios e outras emissões que podem causar desastres ecológicos em mais de uma jurisdição.

Os princípios do direito internacional ambiental que regem os danos transfronteiriços foram afirmados pela primeira vez nos anos 1940, inicialmente no caso da *Fundição de Trail* (*Trail Smelter Case*), e depois no caso do *Estreito de Corfu*. Examinaremos ambos nos próximos tópicos.

15.10.1 O caso da Fundição de Trail

O caso da **Fundição de Trail**, na Província da Columbia Britânica, foi uma disputa ambiental ao longo dos anos 1928-1941 entre o Canadá e os Estados Unidos. Essa controvérsia marcou o início do desenvolvimento do direito internacional ambiental.

A empresa Consolidated Mining and Smelting Company of Canada Ltd., que atuava na fundição de zinco e chumbo na fronteira dos dois países, na cidade de Trial, foi acusada de poluir áreas no território do Estado euamericano de Washington, por meio de emissões de dióxido de enxofre, que provocavam chuvas tóxicas no Vale do Rio Colúmbia nos Estados Unidos.

Depois do fracasso das negociações realizadas por meio da comissão bilateral encarregada de diferendos entre os dois países, em 1935, foi firmada em Ottawa uma convenção para o emprego da solução arbitral.[25] Na sentença de 1941 do tribunal de arbitragem, que se reuniu em Washington, lê-se:

> (...) de acordo com os princípios do direito internacional, bem como com a legislação dos Estados Unidos, nenhum Estado tem o direito de usar ou permitir o uso do seu território de forma a causar danos por fumaça no território de outro Estado ou nos bens de pessoas que nele estejam, quando o caso for de graves consequências e prejuízo determinado.[26]

---

25 ESTADOS UNIDOS. *Convention for Settlement of Difficulties Arising from Operation of Smelter at Trail*, British Columbia, em U.S. Treaty Serie, n. 893.

26 ESTADOS UNIDOS. *Decision of the Tribunal Reported March 11, 1941*. Trail Smelter Arbitration Between the United States and Canada under Convention of April 15, 1935. Washington: Government Printing Office, 1941.

Ou seja, segundo os princípios do direito internacional, um Estado não pode permitir o uso de seu território de modo prejudicial aos interesses de outro país. Cada Estado tem o dever de proteger outros Estados dos atos daninhos praticados por pessoas físicas ou jurídicas em sua jurisdição.

15.10.2 O caso do Estreito de Corfu

Em 1949, a Corte Internacional de Justiça julgou o caso do **Estreito de Corfu (Reino Unido vs. Albânia)**. Ali decidiu que "é obrigação dos Estados não permitir, conscientemente, que seu território seja utilizado para a prática de atos contrários aos direitos de outros Estados".[27] Dias (2016) explica a importância do caso Corfu para o direito internacional do meio ambiente:

> (...) pelo reconhecimento do princípio *sic utere tuo ut alienum non laedas*,[28] a decisão do caso Corfu, mesmo seu objeto nada tendo que ver com a proteção do meio ambiente, acabou se tornando, até mais do que os laudos arbitrais nos casos da Fundição Trail e do Lago Lanoux,[29] um dos textos fundamentais no desenvolvimento do direito internacional do meio ambiente. Essa relevância se deve ao fato de que, em Corfu, o princípio de *due diligence* foi delineado de forma mais ampla do que no caso Trail, ainda que condicionado ao conhecimento por parte do Estado de que a ação praticada em seu território é danosa, e implicando no dever de

---

[27] CORTE INTERNACIONAL DE JUSTIÇA. *Corfu Channel Case (United Kingdom v. Albania), Merits*, Judgment, I.C.J. Reports 1949. Disponível em: https://www.icc-cpi.int/RelatedRecords/CR2007_02429.PDF. Acesso em: 1° set. 2020. O caso do Estreito de Corfu remonta a disputas entre o Reino Unido e a Albânia pelo direito de passagem inocente no canal que liga o mar Adriático ao mar Jônico, entre a Albânia e ilha grega de Corfu. Em 1946, dois navios britânicos foram atingidos por minas colocadas no canal. O Conselho de Segurança das Nações Unidas referiu o diferendo à Corte Internacional de Justiça. No entanto, o processo foi iniciado unilateralmente por Londres. As objeções da Albânia não foram acolhidas e o caso foi julgado.

[28] Use sua propriedade de modo a não prejudicar a de outrem. Esse é o princípio da boa vizinhança.

[29] Arbitragem entre a França e a Espanha decidida em 1957. A disputa dizia respeito ao uso das águas do Lago Lanoux nos Pirineus.

> informar e notificar. Nesse sentido, o caso Corfu pode ser entendido como o ponto inicial do desenvolvimento desse princípio fundamental no direito ambiental, que seria reconhecido pela Corte como um costume na década de 1990.

O caso do **Estreito de Corfu** foi o primeiro a enunciar de forma ampla a diretriz da *due diligence* que foi adotada pelo Princípio 21 da Declaração de Estocolmo sobre o Meio Ambiente Humano, de 1972, e pelo Princípio 2 da Declaração do Rio de Janeiro sobre Meio Ambiente e Desenvolvimento, de 1992, assim como pelo § 6º do art. 4º da Convenção para a Proteção dos Recursos Naturais e do Meio Ambiente da Região do Pacífico Sul e seus Protocolos, concluídos em Numea,[30] em 1986.[31]

> 6. Nenhum dispositivo desta Convenção afetará o direito soberano dos Estados de explorar, desenvolver e administrar seus próprios recursos naturais de acordo com suas próprias políticas, levando em consideração seu dever de proteger e preservar o meio ambiente. Cada Parte assegurará que as atividades sob sua jurisdição ou controle não causem danos ao meio ambiente de outros Estados ou de áreas além dos limites de sua jurisdição nacional.[32]

Dias esclarece que, enquanto no caso da **Fundição de Trail**, "o dever de não causar dano estava limitado: 1) à emissão de gases que 2) causassem prejuízos no território de outros Estados", a decisão em **Corfu** não restringia a regra a um só tipo de atividade poluidora e tornou possível invocar o princípio ainda que as ações contrárias aos direitos de terceiros Estados ocorressem no território do próprio Estado poluidor (DIAS, 2016).

---

30 Numea ou Nouméa é a capital do território francês da Nova Caledônia.

31 Conhecida por *SPREP Convention* ou Convenção de Numea, o tratado tem dois protocolos. Entrou em vigor em 1990.

32 SECRETARIAT OF THE PACIFIC REGIONAL ENVIRONLMENTAL PROGRAMME. *Convention for the protection of the natural resources and environment of the south pacific region and related protocols.* Disponível em: https://www.sprep.org/att/IRC/eCOPIES/pacific_region/201.pdf. Acesso em: 1º set. 2020.

A influência desses dois casos de 1941 e 1949 foi notável para o direito internacional ambiental, como se vê na segunda parte do Princípio 21, da Declaração de Estocolmo, de 1972:

> Princípio 21
>
> Em conformidade com a Carta das Nações Unidas e com os princípios de direito internacional, os Estados têm o direito soberano de explorar seus próprios recursos em aplicação de sua própria política ambiental e a obrigação de assegurar-se de que as atividades que se levem a cabo, dentro de sua jurisdição, ou sob seu controle, não prejudiquem o meio ambiente de outros Estados ou de zonas situadas fora de toda jurisdição nacional.

A Declaração do Rio de Janeiro de 1992, aprovada ao final da Conferência Rio 92, reafirmou esse princípio com redação ligeiramente diferente:

> Os Estados, de conformidade com a Carta das Nações Unidas e com os Princípios de Direito Internacional, têm o direito soberano de explorar seus próprios recursos segundo suas próprias políticas de meio ambiente e desenvolvimento, e a responsabilidade de assegurar que atividades sob sua jurisdição ou controle não causem danos ao meio ambiente de outros Estados ou de áreas além dos limites da jurisdição nacional.

Para Shaw (2017), o caso *Corfu* estabeleceu o princípio de que os Estados não podem conscientemente permitir o uso de seu território para atos contrários aos direitos de outros Estados. Daí, diz o mesmo autor, pode-se deduzir o dever de informar quanto a riscos ambientais conhecidos, dever que acabou reconhecido por vários tratados, como se vê no art. 198 da Convenção das Nações Unidas sobre Direito do Mar, concluída em Montego Bay em 1982;[33] e no art. 13 da Convenção de Basileia sobre o Controle de

---

[33] Convenção de Montego Bay, de 1982: "ARTIGO 198. Notificação de danos iminentes ou reais. Quando um Estado tiver conhecimento de casos em que o meio marinho se encontre em perigo iminente de sofrer danos por poluição, ou já os tenha sofrido, deve notificá-lo imediatamente a outros Estados que julgue possam vir a ser afetados por esses danos, bem como às organizações internacionais competentes".

Movimentos Transfronteiriços de Resíduos Perigosos e seu Depósito, de 1989.[34]

A decisão da CIJ também levou ao princípio da prevenção, pelo qual os Estados "têm o dever de evitar, reduzir, limitar ou controlar atividades que possam causar danos ambientais" (SHAW, 2017).

Segundo Moniz (2012), o dever da diligência devida ou do cuidado objetivo exige uma série de medidas conjuntas:

> Em termos genéricos, a *due dilligence* reclama a introdução de política, legislação e controlo administrativo, aplicável ao sector público e privado, adequadas a prevenir e minimizar o risco de danos ambientais para outros Estados. É, no fundo, a conduta de um "bom governo", mensurável em termos de proporcionalidade e conformidade perante o grau de risco no caso concreto. Por exemplo, actividades consideradas *ultra-hazardous*, requerem um comportamento do Estado bem mais vigoroso, tanto na legislação como na execução e controlo. O conteúdo concreto da diligência esperada, é apreciado com o recurso a variados factores, como o tamanho da operação, a sua localização, as condições específicas de clima, os materiais usados na actividade, etc.

Nessa mesma linha, no caso sobre a **Legalidade da Ameaça ou do Uso de Armas Nucleares**, de 1996, a Corte Internacional de Justiça afirmou, em opinião consultiva, que "um Estado é obrigado a empregar todos os meios à sua disposição para evitar atividades que ocorrem em seu território, ou em qualquer espaço sujeito à sua jurisdição, que causem danos significativos ao meio ambiente de outro Estado". Conforme a Corte da Haia, tal dever "é parte do códice do direito internacional relativo ao meio ambiente".[35]

---

34 Convenção da Basileia, de 1989, art. 13: "As Partes deverão velar para que sejam imediatamente informados os Estados interessados, sempre que tiverem conhecimento de algum acidente ocorrido durante o movimento transfronteiriço de resíduos perigosos ou outros resíduos que possa apresentar riscos à saúde humana e ao meio ambiente em outros Estados".

35 CORTE INTERNACIONAL DE JUSTIÇA. *Legality of the Threat or Use of Nuclear Weapons*, Advisory Opinion, I.C.J. Reports 1996. Disponível em: https://www.icj-cij.org/files/case-related/95/095-19960708-ADV-01-00-EN.pdf. Acesso em: 1º fev.

> Na opinião consultiva de 1996, a Corte expressou o entendimento de que a ameaça ou o uso de armas nucleares é contrário aos princípios fundamentais do Direito Internacional Humanitário. Entretanto, a CIJ não alcançou uma conclusão definitiva sobre a legalidade perante o Direito Internacional sobre o uso de armas nucleares por determinado Estado em casos extremos, quando a sua própria existência estivesse ameaçada (VIEIRA, 2016).

15.10.3 O caso das *papeleras* do Rio Uruguai na Corte Internacional de Justiça

Também conhecido como *Pulp Mills Case*, o caso das *papeleras* foi um litígio internacional entre o Uruguai e a Argentina, julgado pela Corte Internacional de Justiça em 20 de abril de 2010.[36]

Trata-se de um precedente muito importante para o direito internacional ambiental. Em 2003 e 2005, duas empresas de produção de polpa de celulose foram autorizadas a instalar-se às margens do Rio Uruguai, na cidade de Fray Bentos, do lado uruguaio, na fronteira com a Argentina.

A instalação de duas fábricas, uma espanhola, a ENCE, e outra finlandesa, a Oy Mtsä-Botnia, foi contestada pela Argentina sob a alegação de seu alto potencial poluidor para o Rio Uruguai. A resistência de Montevidéu à pretensão de Buenos Aires deu início a mobilizações populares na Argentina, que fecharam por anos a Ponte General Libertador San Martin que liga os dois países, entre Fray Bentos e Gualeguaychu. Diante do impasse, a Argentina recorreu à Corte Internacional de Justiça, na Haia.

De início, é de se notar a inexistência ou insuficiência de mecanismos regionais para a solução de uma controvérsia como esta,

---

2020. O parecer foi solicitado pela Assembleia Geral das Nações Unidas e divulgado em 08.08.1996.

[36] CORTE INTERNACIONAL DE JUSTIÇA. *Case Concercing Pulp Mills on the River Uruguay*. Jugdment. Disponível em: https://www.icj-cij.org/en/case/135/judgments. Acesso em: 1° set. 2020.

entre dois Estados Partes do Mercosul. O arranjo regional não parece suficiente para a resolução desse tipo de diferendo dentro do próprio bloco, sem necessidade de recurso a um tribunal externo. Parte da explicação para o problema está em que o Estatuto do Rio Uruguai é de 1975, antes da criação do Mercosul, pelo Tratado de Assunção de 1991. A outra causa está na falta de institucionalidade judiciária no bloco, salvo pela existência do já mencionado Tribunal Permanente de Revisão, criado pelo Protocolo de Olivos.

Diante dessas circunstâncias, a Argentina questionou perante a CIJ, na Haia, o descumprimento do Estatuto do Rio Uruguai, tratado bilateral firmado em 1975, em Salto, sobre o *status* internacional do rio, que promove o aproveitamento sustentável desse curso d'água internacional. Segundo o referido tratado, cabe à Comissão de Administração do Rio Uruguai (CARU), com personalidade jurídica nos dois países e sede em Paysandu, a gestão do rio e a fiscalização da qualidade das águas, do seu uso e da navegação, mediante o princípio da cooperação, da troca de informações e do uso sustentável.

D'ISEP (2017, p. 291) lembra que o art. 6º do AQMAM reconhece os direitos de informação e de participação da sociedade civil, um tema sempre importante em matéria ambiental.

> Vale notar a aplicação do princípio da informação e participação no AQMAM, dado o destaque atribuído ao governo pelos organismos nacionais competentes e à sociedade civil organizada (art. 6º, *caput*) que deverão auxiliar na análise dos problemas ambientais, incrementando o intercâmbio de informações, incentivando a pesquisa científica, contribuindo para a promoção de trabalho ambientalmente saudável etc. (art. 6º, a-n).

Ademais, a ideia de cooperação para a gestão conjunta de biomas comuns ou de rios internacionais é muito importante para países que compartilham recursos naturais como florestas, aquíferos e cursos d'água. O regime jurídico dos rios internacionais, com foco no comércio, desenvolveu-se com o surgimento das comissões dos rios Reno (1831-1868) e Danúbio (1856-1865). Ali o direito internacional público dava seus primeiros passos.[37]

Diante da controvérsia insolúvel entre as Partes acerca do cumprimento do Estatuto do Rio Uruguai, que tinha como tema subjacente a tensão entre desenvolvimento industrial e proteção ambiental, em 2006, a Argentina submeteu a causa à Corte Internacional de Justiça, invocando o art. 60 do Estatuto:

> *Art. 60. Toda controversia acerca de la interpretación o aplicación del Tratado y del Estatuto que no pudiere solucionarse por negociaciones directas, podrá ser sometida, por cualquiera de las Partes, a la Corte Internacional de Justicia. En los casos a que se refieren los artículos 58 y 59, cualquiera de las Partes podrá someter toda controversia sobre la interpretación o aplicación del Tratado y del Estatuto a la Corte.*

A Argentina pediu uma medida cautelar à CIJ para a interrupção da instalação das *papeleras*, cujo início de operação impactaria em seu território, segundo suas alegações. No entanto, a Corte negou a medida por não se ter convencido da iminência de um prejuízo irreparável ou do risco de agravamento do conflito entre os países em questão.

Como pedido principal, a Argentina pretendia que a Corte reconhecesse que a República Oriental do Uruguai violou o tratado bilateral ao não cumprir a obrigação de notificação prévia à CARU e ao governo argentino quanto à licença para a construção das fábricas, o que ignorava sua obrigação de cooperar para a prevenção da poluição e proteção da biodiversidade.

De sua parte, o Uruguai negou ter descumprido o tratado bilateral e alegou que prestou todas as informações devidas à Argentina

---

[37] Sobre os rios internacionais há o direito de livre navegação ou, ao menos, a regra de igualdade de tratamento de terceiros Estados. Além do Estatuto do Rio Uruguai, há, como vimos, outros tratados similares na região. O regime das bacias do Prata foi estabelecido pelo Tratado da Bacia do Prata, concluído em Brasília em 1969, tendo como partes Argentina, Brasil, Bolívia, Paraguai e Uruguai. O Tratado de Cooperação Amazônica, também celebrado em Brasília, em 1978, reúne Brasil, Bolívia, Colômbia, Equador, Guiana, Peru, Suriname e Venezuela, e regula, entre outros temas, a navegação na bacia do Amazonas.

no marco do Estatuto do Rio Uruguai. Além disso, argumentou que a construção das fábricas diferia de operá-las e que, na primeira etapa, não haveria impacto ao rio e que as plantas funcionariam de acordo com tecnologia voltada à redução da poluição ambiental.

Na sua sentença de 2010, a Corte Internacional de Justiça decidiu que o Uruguai violou o art. 7º do Estatuto do Rio Uruguai, no tocante ao dever de informar a parte argentina sobre a construção da primeira fábrica em 2002. Para a Corte, a notificação servia ao propósito de prevenção, como regra costumeira:

> 159. Tendo constatado que o Uruguai violou suas obrigações processuais de informar, notificar e negociar na medida e pelas razões acima expostas, a Corte volta-se para a questão do cumprimento por parte desse Estado das obrigações substantivas estabelecidas pelo Estatuto de 1975.[38]

Ao decidir o diferendo uruguaio-argentino, a Corte invocou o caso do *Estreito de Corfu (Reino Unido vs. Albânia)*, de 1949, no que diz respeito aos princípios da precaução e da *due dilligence*:

> (...) nessa decisão a Corte deixou um recado importante aos dois Estados, determinando que ambos têm o dever legal de continuar cooperando, segundo o Estatuto, através da CARU, para promover a utilização adequada do rio e proteger o meio ambiente. O princípio ou dever de cooperação no seu sentido lato traz juntamente os deveres de informar, notificar e de consultar a parte, que possa se dizer interessada em evitar um dano ambiental transfronteiriço (NOSCHANG, 2020).

15.10.4 O caso das papeleras do Rio Uruguai no Tribunal Arbitral do Mercosul

O bloqueio das pontes General San Martin e General Artigas, entre Fray Bentos e Gualeguaychú, impediu a livre circulação de pessoas, mercadorias e serviços durante vários meses. Tais bloqueios

---

[38] CORTE INTERNACIONAL DE JUSTIÇA. *Case Concercing Pulp Mills on the River Uruguay*. Jugdment. Disponível em: https://www.icj-cij.org/en/case/135/judgments. Acesso em: 1º set. 2020.

ocorreram em protesto à construção de duas fábricas de celulose às margens do Rio Uruguai, que gerariam poluição na região.

Um tribunal arbitral *ad hoc* do Mercosul foi constituído em 2006 com competência para decidir sobre a controvérsia entre a República Oriental do Uruguai e a República Argentina em torno da suposta omissão do Estado Argentino em adotar medidas apropriadas para prevenir ou fazer cessar os impedimentos impostos à livre circulação pelas barreiras em território argentino de vias de acesso às pontes internacionais General San Martin e General Artigas, que unem a Argentina e o Uruguai.

O tribunal foi composto por três árbitros, um espanhol, um argentino e um uruguaio, reuniu-se em Montevidéu e seguiu o procedimento previsto no Protocolo de Olivos para a Solução de Controvérsias no Mercosul. O laudo arbitral foi divulgado em setembro de 2006.

Os bloqueios nos acessos às duas pontes foram estabelecidos por ambientalistas argentinos em dezembro de 2005 e prosseguiram até abril e maio de 2006, tendo causado, segundo o Uruguai, prejuízos econômicos nos setores de comércio exterior, turismo e transporte terrestre de mercadorias e passageiros, o que violaria o Tratado de Assunção, que constituiu o Mercosul, o Protocolo de Montevidéu sobre Comércio de Serviços e o Acordo sobre Transporte Internacional Terrestre (ATIT).[39]

A Argentina alegou várias questões preliminares em relação à constituição do tribunal *ad hoc*. No mérito, asseverou não ter havido danos ao comércio binacional, que os bloqueios eram anunciados com antecedência e que as manifestações eram legítimas numa democracia, lembrando que "*las normas internacionales en matéria de derechos humanos vigentes en la República Argentina tienen rango constitucional mientras que las normas de integración revisten rango legal*". Assim, interromper os protestos produziria ofensa ao direito público argentino.

---

[39] O Uruguai apontou ainda uma decisão de 1995 do Tribunal de Justiça da União Europeia entre a Comissão Europeia e a França. Na sua contestação, a Argentina citou o caso Schmidberger, julgado pelo TJUE em 2003.

O governo argentino também obtemperou que não poderia restringir mobilizações populares na Província de Entre Rios, dado que isso seria uma intervenção indevida nos assuntos internos provinciais.

Ao decidir, o tribunal *ad hoc* entendeu que a Argentina era responsável internacionalmente por omissão em relação a atos de terceiros, particulares, porque deixou de observar a "conduta devida" (*due dilligence*). A falta de diligência ocorreu porque não se cumpriu "o compromisso que os Estados Partes assumem de manter a livre circulação", do que deriva "a obrigação de encontrar os meios para chegar a esse objetivo".[40]

A alegação de que essas medidas interfeririam sobre o exercício de direitos fundamentais por cidadãos da República Argentina também foi rechaçada pelo tribunal *ad hoc*, uma vez que não há direitos absolutos e que os tratados admitem restrições ao seu exercício.

Invocando o princípio da unidade dos Estados perante a ordem jurídica internacional, os árbitros também recusaram a alegação argentina de que somente a Província de Entre Rios poderia interferir nos atos de protesto, pois a Argentina é um Estado federal.

Assim, com base no Tratado de Assunção e no Protocolo de Olivos, o tribunal julgou procedente em parte a reclamação do Uruguai e concluiu que

> os bloqueios nas rodovias realizados pela população e a atitude permissiva do governo argentino causaram inegáveis inconvenientes que afetaram tanto ao comércio uruguaio como o argentino, já que os manifestantes que interromperam as vias não fizeram diferença de tratamento entre as mercadorias de origem uruguaio ou de origem argentino, tampouco entras as importações ou as exportações de um ou outro país.

Deu-se como violado o direito à livre circulação de bens e serviços entre os dois países.

---

[40] MERCOSUL. *Laudo del Tribunal Arbitral ad hoc de Mercosur, 6 de septiembre de 2006*. Caso Uruguai vs. Argentina. Disponível em: www.mercosur.int. Acesso em: 1° set. 2020.

15.11 O crime de ecocídio

Após a aprovação da Convenção sobre Diversidade Biológica, concluída no Rio de Janeiro em 1992 (Decreto nº 2.519/1998), e da Convenção Quadro sobre Mudanças Climáticas, celebrada em Nova York no mesmo ano (Decreto nº 2.652/1998), cresceu o debate sobre a tipificação internacional do crime de ecocídio.

A proposta foi difundida em 1972 pelo primeiro-ministro sueco, Olaf Palme (1927-1986), durante a Conferência sobre Meio Ambiente Humano, de Estocolmo, a partir de uma ideia do biólogo norte-americano Arthur W. Galston (1920-2008), que cunhou o termo em 1970. O mote de tais conjecturas foi a utilização de agentes químicos para a destruição de florestas naturais na Guerra do Vietnã (1955-1975). Em 1973, o Prof. Richard Falke (1930-) propôs a convocação de uma conferência global para a definição do crime de ecocídio. Em 1978, a Subcomissão das Nações Unidas para a Prevenção da Discriminação e Proteção de Minorias[41] propôs que o ecocídio fosse tratada como uma forma de genocídio (STOP ECOCIDE FOUNDATION, 2021).

O delito poderia ser imputado a chefes de governo ou a lideranças corporativas, responsáveis por danos ambientais de grandes proporções, como resultado de uso de armas químicas ou biológicas durante guerras ou como consequência de operações empresariais em tempo de paz.

> O termo "guerra ecológica" (*ecological warfare*) começou a aparecer já em 1968, mas Galston foi o primeiro a vincular o crime internacional de genocídio a um crime cometido contra a natureza. Ecocídio seria o termo equivalente para descrever a destruição intencional do ambiente natural, que poderia transcender as fronteiras nacionais e que, em última

---

41 Em 1999, passou a chamar-se Subcomissão das Nações Unidas para a Promoção e a Proteção dos Direitos Humanos (*United Nations Sub-Commission on the Promotion and Protection of Human Rights*). Em 2006, foi incorporada ao Conselho de Direitos Humanos da ONU.

> análise, prejudicaria os seres humanos e a vida selvagem. A ideia de ecocídio forneceu uma poderosa ferramenta conceitual para criticar o uso de agentes químicos para destruir as florestas sul-vietnamitas (HAY, 2013).

Uma das propostas é emendar o Estatuto de Roma de 1998 do TPI para incluir o ecocídio entre os crimes sujeitos a sua jurisdição. Segundo a fundação STOP ECOCIDE o art. 8-ter do Estatuto de Roma poderia ser redigido de modo a considerar "ecocídio" a prática de atos ilícitos ou arbitrários sabendo-se que podem causar danos graves e generalizados ou de longo prazo ao meio ambiente, este definido como a Terra, sua biosfera, criosfera, litosfera, hidrosfera, atmosfera, bem como o espaço exterior (STOP ECOCIDE FOUNDATION, 2021).

Alguns países tipificam o ecocídio em suas leis penais domésticas, como a Rússia, o Cazaquistão e a Ucrânia. Na Armênia, por exemplo, a destruição em massa da flora ou da fauna, o envenenamento do meio ambiente, dos solos ou dos recursos hídricos, bem como a implementação de outras ações que causem uma catástrofe ecológica, são punidos com pena de prisão de 10 a 15 anos (STOP ECOCIDE FOUNDATION, 2022).

Em seu discurso a juristas em 2019, o Papa Francisco foi ao tema:

> "(...) um senso elementar de justiça exigiria que certas condutas, pelas quais as corporações são geralmente responsáveis, não ficassem sem punição. Em particular, todas aquelas que podem ser considerados como "ecocídio": a contaminação maciça do ar, dos recursos da terra e da água, a destruição em grande escala da flora e da fauna, e qualquer ação capaz de produzir um desastre ecológico ou de destruir um ecossistema. Devemos introduzir — estamos a pensar nisto — no Catecismo da Igreja Católica o pecado contra a ecologia, o "pecado ecológico" contra a casa comum, pois está em jogo um dever. (...) Como foi destacado nos vossos trabalhos, "ecocídio" deve ser entendido como a perda, dano ou

destruição de ecossistemas num determinado território, de modo que a sua fruição pelos habitantes tenha sido ou possa ser severamente afetado. Esta é uma quinta categoria de crimes contra a paz, que deve ser reconhecida como tal pela comunidade internacional. Nesta ocasião, e através de vós, gostaria de apelar a todos os líderes e referentes no setor para que contribuam com os seus esforços a fim de assegurar uma proteção jurídica adequada da nossa casa comum."[42]

[42] VATICANO. Discurso do Papa Francisco aos participantes no Congresso Mundial da Associação Internacional de Direito Penal. Libreria Editrice Vaticana, 15 de novembro de 2019. Disponível em: https://www.vatican.va/content/francesco/pt/speeches/2019/november/documents/papa-francesco_20191115_diritto-penale.html. Acesso em: 18 nov. 2022.

16

Direito da Integração Regional

16.1 Introdução ao direito da integração regional

Desdobramento recente do direito internacional público, o direito da integração regional assumiu grande importância a partir das experiências europeia, caribenha e sul-americana, representadas, respectivamente, pelas Comunidades Europeias, pela Caricom e pelo Mercosul.

A integração regional é uma modalidade de cooperação internacional entre Estados para o desenvolvimento, sobretudo no campo econômico. Varella (2019, p. 385) explica que "os sistemas regionais de integração são processos jurídico-políticos de aproximação entre Estados de uma mesma região geográfica para a criação de sinergias", por meio de estruturas comuns de poder. O surgimento de blocos econômicos regionais reclama a incorporação de suas normas ao direito interno.

O direito da integração regional não se confunde com direito comunitário, que compreende uma integração mais profunda das ordens jurídicas nacionais e a assunção de responsabilidades supranacionais por novos órgãos, inclusive no campo da política externa e do controle das fronteiras e no âmbito da interpretação e aplicação do direito comunitário. Grande parte das normas de direito comunitário é diretamente aplicável nos Estados, a exemplo dos regulamentos da União Europeia; outras também dependem de incorporação, como ocorre com as diretivas aprovadas em conformidade como Tratado da União Europeia e o Tratado sobre o Funcionamento da União Europeia.

A integração regional se processa em cinco fases, desde a formação de uma zona de livre comércio, passando pela etapa da união aduaneira, do mercado comum e da união econômica e monetária, para eventualmente chegar-se à união política (ALMEIDA, 2011). A União Europeia mescla elementos de união econômica e de união política. Por sua vez, o Mercosul é uma união aduaneira, mas já com importantes características de um mercado comum.[1]

Para Varella (2019) também são cinco as gradações do processo de integração regional, que corresponderiam às zonas de preferência tributária; às zonas de livre comércio; às uniões aduaneiras; aos mercados comuns; e às uniões econômico-monetárias. Vejamos importantes entes resultantes dos processos de integração regional.

16.2 A União Europeia

A União Europeia é uma organização supranacional, e cria o seu próprio direito. O direito comunitário tem primazia sobre o direito interno. Em espaços comunitários funcionam organizações internacionais supranacionais, mediante a cessão de parte da soberania dos Estados Membros (MAZZUOLI, 2020, p. 579).

A estrutura que hoje conhecemos resulta de uma série de tratados, como os de Maastricht (1992) e de Lisboa (2007). Mas a história da União Europeia se inicia no pós-guerra, com a criação da Comunidade Europeia do Carvão e do Aço (CECA), formada por Bélgica, Holanda e Luxemburgo (BENELUX) e por Itália, França e

1 *Vide* o art. XXIV.8 do Acordo GATT.

Alemanha. Pelo Tratado de Roma, de 1957, foi criada a Comunidade Econômica Europeia (CEE). Na mesma conferência, foi fundada a Comunidade Europeia de Energia Atômica (Euratom). A partir de Maastricht, essas entidades foram unificadas com o nome de Comunidades Europeias, surgindo o mercado único e as suas quatro liberdades: a livre circulação de pessoas, bens, serviços e ativos.

> O Tratado da União Europeia foi assinado em Maastricht na presença do Presidente do Parlamento Europeu, Egon Klepsch. De acordo com o Tratado, a União assenta em três pilares: as Comunidades Europeias (primeiro pilar) e duas áreas de cooperação adicionais (segundo e terceiro pilares): Política Externa e de Segurança Comum (PESC) e Justiça e Assuntos Internos (JAI).[2]

Dois tratados regulam essa comunidade política supranacional: o Tratado da União Europeia (TUE) e o Tratado sobre o Funcionamento da União Europeia (TFUE), que têm a mesma hierarquia e valor jurídico. Segundo o art. 20 do TFUE, é instituída a cidadania da União. Diz o texto que "é cidadão da União qualquer pessoa que tenha a nacionalidade de um Estado-Membro". A cidadania da União se soma à cidadania nacional e não a substitui.

Segundo o art. 2º do Tratado da União Europeia, resultante das modificações do Tratado de Lisboa,

> a União funda-se nos valores do respeito pela dignidade humana, da liberdade, da democracia, da igualdade, do Estado de direito e do respeito pelos direitos do Homem, incluindo os direitos das pessoas pertencentes a minorias. Estes valores são comuns aos Estados-Membros, numa sociedade caracterizada pelo pluralismo, a não discriminação, a tolerância, a justiça, a solidariedade e a igualdade entre homens e mulheres.

---

[2] UNIÃO EUROPEIA. *Tratado da União Europeia*. Disponível em: https://www.europarl.europa.eu/about-parliament/pt/in-the-past/the-parliament-and-the-treaties/maastricht-treaty. Acesso em: 6 ago. 2022.

Segundo Varella (2019, p. 401), a integração europeia desenvolveu-se sob três pilares: a) a integração econômica, política, ambiental, cultural, sanitária, monetária e fiscal (primeiro pilar); b) a integração da política externa e de segurança comum (segundo pilar); e c) a cooperação judiciária e policial (terceiro pilar).

O TFUE distribui as competências no seio da União. Conforme o seu art. 3º, a União dispõe de competência exclusiva nos domínios da união aduaneira; do estabelecimento das regras de concorrência necessárias ao funcionamento do mercado interno; da política monetária para os Estados-Membros cuja moeda seja o euro; da conservação dos recursos biológicos do mar, no âmbito da política comum das pescas; e da política comercial comum.

Já o art. 4º do TFUE determina que a União e os Estados Membros têm competência concorrente nos seguintes temas: mercado interno; política social, no que se refere aos aspectos definidos nesse Tratado; coesão econômica, social e territorial; agricultura e pesca, com exceção da conservação dos recursos biológicos do mar; meio ambiente; defesa dos consumidores; transportes; redes transeuropeias; energia; espaço de liberdade, segurança e justiça; problemas comuns em matéria de saúde pública, no que se refere aos aspectos definidos no Tratado; pesquisa e desenvolvimento tecnológico e do espaço; e cooperação para o desenvolvimento e da ajuda humanitária.

A integração permitiu a emissão e circulação do euro, substituindo as moedas nacionais, como a lira italiana, o franco francês e o marco alemão, que circula de 19 dos 26 países da União, que constituem a "zona do euro". Ficam de fora dessa zona a Bulgária, a Croácia, a Hungria, a Polônia, a Romênia, a Suécia e a Tchéquia.

Na UE, há instituições judiciárias, financeiras, executivas e legislativas supranacionais. Ao longo do processo de integração foram criados o Banco Central Europeu, o Tribunal de Contas, o Parlamento Europeu, o Serviço Europeu de Polícia (Europol), a Procuradoria Europeia (EPPO), o Organismo de Luta contra a Fraude (OLAF), um órgão de cooperação comum (EUROJUST), o Tribunal de Justiça, a Autoridade Europeia para a Proteção de Dados (AEPD), a Agência dos Direitos Fundamentais (FRA), a agência de gestão de fronteiras (FRONTEX) e outras instituições que se voltam a promover os objetivos da União e a defender os seus interesses.

Perceba a diferença entre o Conselho da Europa (CoE), com sede em Estrasburgo, e a União Europeia (UE), com sua principal sede em Bruxelas. O CoE foi fundado em 1949 e, desde a expulsão da Rússia em 2022, tem 46 Estados Partes. Já a UE, desde a saída do Reino Unido (Brexit) em 2020, tem 26 Estados Membros.

A Convenção Europeia de Direitos Humanos, concluída em 1950, é um tratado do Conselho da Europa (CoE). O principal documento de direitos humanos da União Europeia é a Carta de Direitos Fundamentais, do ano 2000.

16.2.1 O direito comunitário da União Europeia

A Comunidade Europeia do Carvão e do Aço (CECA) foi fundada em 1951, mediante o Tratado de Paris. É a partir dali que se intensifica a integração econômica europeia, seguindo-se várias etapas do processo de aproximação regional.

Em 1992, sobre as bases da Comunidade Econômica Europeia, criada pelo Tratado de Roma de 1957, 12 países adotam o Tratado de Maastricht e fundaram a União Europeia. Essa organização supranacional europeia, instituída por tratados de direito internacional, passa então a criar seu próprio direito, por meio de órgãos correspondentes aos poderes executivo (a Comissão Europeia), legislativo (o Parlamento Europeu) e judiciário (o TJUE).

As normas de direito comunitário valem por si, no plano supranacional, ou são incorporadas ao direito interno, de modo uniforme. Esse conjunto faz surgir uma nova ordem jurídica autônoma, distinta da internacional e das nacionais. Numa união política desta natureza ocorre a limitação da soberania dos Estados em nome de interesses comuns.

O art. 288 do TFUE estabelece que, no exercício de suas competências, as instituições adotam regulamentos, diretivas, decisões, recomendações e pareceres. O regulamento é um ato normativo de caráter geral e obrigatório, diretamente aplicável, semelhante às leis nacionais. Já a diretiva é um ato normativo que "vincula o Estado Membro destinatário quanto ao resultado a alcançar, deixando, no entanto, às instâncias nacionais a competência quanto à forma e aos meios". Precisa ser transposta para o direito interno. A seu turno, a decisão é um ato normativo obrigatório que, quando identifica seus destinatários, só é obrigatória para eles. Por fim, as recomendações e os pareceres não são vinculantes.

O processo legislativo para adoção dos regulamentos, diretivas ou decisões depende do desempenho de competências pelo Parlamento Europeu e pelo Conselho Europeu, sob proposta da Comissão Europeia. Os regulamentos, as diretivas e as decisões são os atos legislativos da União em sentido estrito.

A primazia do direito comunitário europeu é assegurada pelo Tribunal de Justiça da União Europeia (TJUE), com sede em Luxemburgo. Não se confundindo com a Corte Europeia de Direitos Humanos (CEDH), criada pelo Conselho da Europa (CoE) e com sede em Estrasburgo, o TJUE passou a funcionar em 1952, quando entrou em vigor o Tratado de Paris (1951). Era então chamado de Tribunal de Justiça das Comunidades Europeias. Jean Monnet (1888-1979), um dos seus idealizadores e considerado um dos arquitetos da integração europeia, projetara para o TJUE um papel de suprema corte numa Europa federal.

16.2.2 O princípio da primazia do direito comunitário europeu

A formação de espaços de integração regional, propiciados pelo direito internacional, adensou os compromissos estatais no campo do chamado direito comunitário, de que o direito da União Europeia é o mais requintado exemplo.

O êxito das iniciativas de integração de soberanias distintas depende fundamentalmente da existência de um mesmo patamar de respeito aos direitos fundamentais, de observância rigorosa do princípio democrático, do *rule of law* e do princípio da primazia do direito comunitário e do efeito imediato das normas gerais do direito da comunidade, como os regulamentos europeus.[3]

Quando consideramos o direito da integração regional, estaremos diante de situações de desconformidade do direito interno com o direito internacional geral e do direito interno com o direito comunitário, lembrando que este tem *status* supralegal.

A Declaração 17 que acompanha o Tratado de Lisboa, de 2007, cuida do primado do direito comunitário sobre o direito interno. Por meio dela, os Estados participantes da conferência lembram que,

> em conformidade com a jurisprudência constante do Tribunal de Justiça da União Europeia, os Tratados e o direito adotado pela União com base nos Tratados predominam sobre o direito dos Estados Membros, nas condições estabelecidas pela referida jurisprudência.[4]

A jurisprudência do TJUE à qual a Declaração 17 se refere tem como precedente o caso *Costa vs. E.N.E.L.*, ou *Ente nazionale per l'energia elettrica*, de 15 de julho de 1964, que consagrou o primado do direito comunitário sobre o direito interno.

Em *Costa vs. ENEL*, o TJUE decidiu que, diversamente dos tratados internacionais comuns, o Tratado da Comunidade Econômica Europeia instituiu uma ordem jurídica própria que é integrada no sistema jurídico dos Estados-membros a partir da entrada em vigor do tratado e que se impõe aos órgãos jurisdicionais nacionais. Conforme o Tribunal, os Estados Partes limitaram, ainda que em áreas restritas, "os seus direitos soberanos e criaram, assim, um corpo de normas aplicável aos seus nacionais e a si próprios".[5]

---

3 Segundo o art. 288 do TFUE, "o regulamento tem caráter geral. É obrigatório em todos os seus elementos e diretamente aplicável em todos os Estados-Membros".

4 UNIÃO EUROPEIA. *Ata Final (2007/C 306/02)*. Declaração 17 do Tratado de Lisboa, de 17 de dezembro de 2007. Disponível em: https://eur-lex.europa.eu/legal-content/PT/TXT/HTML/?uri=CELEX:C2007/306/02&from=PT. Acesso em: 12 mar. 2022.

5 TRIBUNAL DE JUSTIÇA DA UNIÃO EUROPEIA. *Flaminio Costa vs. E.N.E.L.* Reenvio: Giudice conciliatore di Milano – Itália. Acórdão de 15 de julho de 1964. Disponível

Para o Tribunal de Justiça da União, o primado do direito comunitário é confirmado pelo atual art. 288 do Tratado sobre o Funcionamento da União, segundo o qual os regulamentos, atos normativos de caráter geral semelhantes às leis nacionais, têm valor obrigatório e são diretamente aplicáveis em todos os Estados-Membros.[6]

> A transferência efetuada pelos Estados, da sua ordem jurídica interna em benefício da ordem jurídica comunitária, dos direitos e obrigações correspondentes às disposições do Tratado, implica, pois, uma limitação definitiva dos seus direitos soberanos, sobre a qual não pode prevalecer um ato unilateral ulterior incompatível com o conceito de Comunidade.[7]

Em suma, o direito decorrente do tratado comunitário não pode, portanto, em razão de sua especificidade originária, ser judicialmente impugnado com base em um texto interno de qualquer espécie sem perder seu caráter comunitário e sem pôr em causa a base jurídica da própria Comunidade.[8]

Um dos julgados mais relevantes para a fundamentação da precedência do direito europeu sobre o direito interno e do efeito direto das normas comunitárias foi o caso *Van Gend & Loos*, julgado pelo Tribunal de Justiça das Comunidades Europeias[9] em 1963. Para a Corte, a Comunidade "constitui uma nova ordem jurídica de direito internacional, em benefício da qual os Estados limitaram, ainda que em áreas restritas, seus direitos soberanos e cujos sujeitos não são apenas os Estados membros, mas também seus nacionais".[10]

---

em: https://eur-lex.europa.eu/legal-content/PT/TXT/HTML/?uri=CELEX:61964CJ0006&from=EN. Acesso em: 12 mar. 2022.

6 Caso *Flaminio Costa vs. E.N.E.L.*

7 Caso *Flaminio Costa vs. E.N.E.L.*

8 Caso *Flaminio Costa vs. E.N.E.L.*

9 Atualmente, Tribunal de Justiça da União Europeia.

10 TRIBUNAL DE JUSTIÇA DA UNIÃO EUROPEIA. NV Algemene Transport- en Expeditie Onderneming van Gend & Loos, e Administração Fiscal neerlandesa. Acórdão de 5 de fevereiro de 1963. Disponível em: https://eur-lex.europa.eu/legal-content/PT/TXT/HTML/?uri=CELEX:61962CJ0026&from=PT. Acesso em: 12 mar. 2022.

Ravluševičius (2018) pontua que a cláusula de primazia não deriva diretamente do Tratado de Lisboa nem da Declaração 17, que tem natureza puramente declaratória; resulta sim do *case law* do TJUE.

Tomando como norte a Convenção de Viena de 1969, o TJUE sedimenta o princípio da primazia do direito comunitário na regra segundo a qual um Estado-Membro não pode invocar disposições, práticas ou circunstâncias existentes na sua ordem jurídica interna para justificar o descumprimento de deveres decorrentes de uma diretiva da UE (RAVLUŠEVIČIUS, 2018). O direito da UE deve ter um *status* superior ao direito interno, ainda que se trate das constituições nacionais, conforme decidiu o TJUE no caso *Simmenthal*, de 1978.[11]

> 17. (...) por força do princípio do primado do direito comunitário, as disposições do Tratado e os actos das instituições directamente aplicáveis têm por efeito, nas suas relações com o direito interno dos Estados-membros, não apenas tornar inaplicável de pleno direito, desde o momento da sua entrada em vigor, qualquer norma de direito interno que lhes seja contrária, mas também — e dado que tais disposições e actos integram, com posição de precedência, a ordem jurídica aplicável no território de cada um dos Estados-membros — impedir a formação válida de novos actos legislativos nacionais, na medida em que seriam incompatíveis com normas do direito comunitário.

Para o Tribunal de Justiça da União Europeia, se atos jurídicos nacionais que invadam a competência legislativa da comunidade tivessem a sua eficácia reconhecida, haveria o descumprimento dos compromissos assumidos pelos Estados membros, desnaturando os fundamentos do processo de integração. Para assegurar a unidade do direito comunitário, qualquer órgão jurisdicional dos

---

[11] TRIBUNAL DE JUSTIÇA DA UNIÃO EUROPEIA. *Administração das Finanças do Estado e Sociedade anónima Simmenthal, com sede em Monza*. Acórdão de 9 de março de 1978. Disponível em: https://eur-lex.europa.eu/legal-content/PT/TXT/HTML/?uri=CELEX:61977CJ0106&from=EN. Acesso em: 12 mar. 2022.

Estados Membros pode, antes do julgamento de uma causa de sua competência, pedir ao TJUE, como questão prejudicial em reenvio, que expresse a interpretação válida do direito comunitário. Por outro lado, essas autoridades judiciárias nacionais podem também aplicar diretamente o direito comunitário conforme a interpretação que já lhe tenha sido dada pelo TJUE.[12]

16.3 A Comunidade do Caribe

O modelo europeu de direito comunitário inspirou também a Comunidade do Caribe (CARICOM). Criada pelo Tratado de Chaguaramas, de 1973, firmada pelos governos de Barbados, Guiana, Jamaica e Trinidad e Tobago, a CARICOM é hoje uma união polítca e econômica formada por 14 Estados Membros (entre eles dois países sul-americanos) e Montserrat, uma dependência ultramarina do Reino Unido.[13]

A sede da organização supranacional caribenha fica em Georgetown, na Guiana. Seus pilares de integração regional são o econômico, o de política externa, o de desenvolvimento humano e social e o da segurança.[14]

São 19 as instituições supranacionais da Comunidade. Entre elas está a Corte de Caribenha de Justiça (CCJ), constituída pelo Tratado Revisado de Chaguaramas em 2001 e funcional desde 2005, com sede em Porto Espanha, em Trinidad e Tobago.[15]

A Corte Caribenha de Justiça é uma instituição híbrida, funcionando ao mesmo tempo como um tribunal de última instância para os Estados Partes e um tribunal supranacional com competência originária, obrigatória e exclusiva para a interpretação e

---

12 Caso Simmenthal. *Vide* os §§ 17 a 20 do acórdão.

13 CARIBBEAN COMUNITY. *Who we are*. Disponível em: https://caricom.org/our-community/who-we-are/. Acesso em: 6 ago. 2022.

14 CARIBBEAN COMUNITY. *Who we are*. Disponível em: https://caricom.org/our-community/who-we-are/. Acesso em: 6 ago. 2022.

15 CARIBBEAN COMUNITY. *Who we are*. Disponível em: https://caricom.org/our-community/who-we-are/. Acesso em: 6 ago. 2022.

aplicação do Tratado Revisado de Chaguaramas.[16] No caso *Myrie vs. Barbados*, de 2013, a Corte ressaltou a precedência do direito comunitário caribenho sobre o direito interno dos Estados Partes:

> 52. A competência originária do Tribunal foi estabelecida para assegurar a observância pelos Estados Membros das obrigações por eles assumidas voluntariamente em nível comunitário. O Tribunal tem, portanto, o poder, senão o dever, de julgar alegações de violações do direito comunitário, mesmo quando o direito comunitário for incompatível com a lei doméstica. É obrigação de cada Estado, tendo consentido com a criação de um vínculo comunitário, assegurar que o seu direito interno, pelo menos na sua aplicação, reflita e apoie o direito comunitário.[17]

Mais adiante em *Myrie vs. Barbados*, a CCJ assentou:

> 69. A implementação da própria ideia e conceito de uma Comunidade de Estados implica necessariamente como exercício de soberania a criação de uma nova ordem jurídica e certos limites autoimpostos, embora talvez relativamente modestos, a áreas particulares de soberania estatal. O direito comunitário e os limites que impõe aos Estados-Membros devem prevalecer sobre a legislação nacional, em todo o caso a nível comunitário. Decorre do que precede que uma deportação por "inconveniência" pode basear-se no direito nacional e no direito comunitário, com a condição de que, quando o direito nacional não estiver em conformidade com os parâmetros estabelecidos pelo direito comunitário, será o último que em última análise deve prevalecer.[18]

---

16 COMUNIDADE DO CARIBE. *The Caribbean Court of Justice*. Disponível em: https://ccj.org/about-the-ccj/. Acesso em: 14 mar. 2022.

17 CORTE CARIBENHA DE JUSTIÇA. CCJ Application No. OA 002 of 2012 Between Shanique Myrie (Claimant) and the State of Barbados (Defendant) and the State of Jamaica (Intervener). Disponível em: http://www.ccj.org/wp-content/uploads/2021/02/2013-CCJ-3-OJ.pdf. Acesso em: 14 mar. 2022.

18 Caso *Shanique Myrie (Claimant) and the State of Barbados (Defendant) and the State of Jamaica (Intervener).*

Comentando essa importante decisão da comunidade caribenha, O'Brien (2013) ressalva que a CCJ está um passo atrás do Tribunal de Justiça da União Europeia, na afirmação de uma verdadeira ordem jurídica comunitária, na qual o direito da entidade tem efeito direto sobre os Estados, gerando direitos para seus cidadãos. Para ele, embora o direito comunitário caribenho possa prevalecer sobre o direito nacional e embora os nacionais dos Estados Membros possam responsabilizar seus próprios governos e os de outros Estados Membros por violações do direito comunitário em processos perante a CCJ, o direito comunitário e o direito nacional continuam a ser dois sistemas totalmente separados e os tribunais nacionais não têm competência para interpretar ou aplicar o direito da comunidade.

> O que a CCJ parece ter conseguido no processo *Myrie vs. Barbados* foi, assim, estabelecer a supremacia do direito comunitário. O que não fez, no entanto, foi estabelecer uma "Comunidade de Direito" (parafraseando Martin Loughlin The British Constitution: A Very Short Introduction (Oxford University Press: 2013) 79). Como consequência, embora o julgamento em *Myrie vs. Barbados* seja, sem dúvida, constitucionalmente significativo, é improvável que tenha o mesmo efeito transformador sobre os cenários político e jurídico da CARICOM e seus Estados Membros como os julgamentos inovadores do TJUE Van Gend en Loos e *Costa vs. ENEL* tiveram sobre os Estados-Membros da então Comunidade Europeia (O´BRIEN, 2013).

Seja como for, é fácil perceber que, se o regime comunitário caribenho está "um passo atrás" da União Europeia, está sem dúvidas um passo adiante do Mercosul. De fato, esta entidade da América do Sul nem sequer tem um tribunal de justiça comunitário, embora já tenha um Tribunal Permanente de Revisão, o TPR, com sede em Assunção, como agora veremos.

16.4 O Mercado Comum do Sul

O Mercosul é uma pessoa jurídica de direito internacional público, conforme o art. 34 do Protocolo de Ouro Preto, de 1994.[19] Por ser um sujeito de DIP, o Mercosul também firma acordos de sede (art. 36) e detém capacidade para celebrar tratados.

Como um dos processos de integração de que o Brasil faz parte, seu exame interessa ao país por vários aspectos. O Mercosul tem alguns órgãos permanentes em Assunção e Montevidéu. Sua finalidade é promover o desenvolvimento dos Estados Membros: Brasil, Argentina, Paraguai, Uruguai e Venezuela (atualmente suspensa). A Bolívia está em processo de adesão e são Estados associados o Chile, a Colômbia, o Equador, a Guiana, o Peru e o Suriname.[20]

Instituído pelo Tratado de Assunção de 1991, o Mercosul funciona como um arranjo intergovernamental, sem instituições supranacionais em sentido estrito. Todas suas normas dependem de internalização. Outros importantes tratados compõem sua base institucional e sua organicidade, dos quais podem ser citados o Protocolo de Brasília (1991); o Protocolo de Las Leñas (1992); o Protocolo de Ouro Preto (1994); o Protocolo de Ushuaia (1998); e o Protocolo de Olivos para a Solução de Controvérsias (2002). Mas estes não são os únicos. O Decreto nº 7.225/2010 promulgou no Brasil o Protocolo de Assunção sobre Compromisso com a Promoção e a Proteção dos Direitos Humanos do Mercosul, assinado em Assunção, em 20 de junho de 2005.

No Mercosul, cujos idiomas oficiais são o espanhol, o português e o guarani, vigora a livre circulação de bens, serviços e fatores produtivos, sendo também facilitada a circulação de pessoas. Ao longo dos anos, há um nível cada vez maior de integração nas áreas de trabalho, ciência, cultura, seguridade social, saúde, educação e residência. Caminha-se para a adoção da cidadania do Mercosul.

---

[19] Promulgado no Brasil pelo Decreto nº 1.901/1996.

[20] MERCOSUL. *Países do Mercosul*. Disponível em: https://www.mercosur.int/pt-br/quem-somos/paises-do-mercosul/. Acesso em: 6 ago. 2022.

Esses temas são regulados por tratados, acordos ou atos da organização internacional, adotados pelos órgãos do Mercosul, como as Decisões do Conselho do Mercado Comum (CMC), as Resoluções do Grupo Mercado Comum (GMC) e as Diretrizes da Comissão de Comércio do Mercosul (CCM), listadas pelo art. 41 do Protocolo de Ouro Preto como fontes jurídicas do Mercosul:

> Fontes Jurídicas do Mercosul
>
> Artigo 41
>
> As fontes jurídicas do Mercosul são:
>
> I – o Tratado de Assunção, seus protocolos e os instrumentos adicionais ou complementares;
>
> II – os acordos celebrados no âmbito do Tratado de Assunção e seus protocolos;
>
> III – as Decisões do Conselho do Mercado Comum, as Resoluções do Grupo Mercado Comum e as Diretrizes da Comissão do Mercosul, adotadas deste a entrada em vigor do Tratado de Assunção.

Embora todas essas normas sejam vinculantes e obrigatórias, conforme o art. 42 do Protocolo de Ouro Preto, elas não têm eficácia imediata e dependem de integração ao direito interno, mediante o processo legislativo regular. Assim, sempre que necessário, devem ser "incorporadas aos ordenamentos jurídicos nacionais mediante os procedimentos previstos pela legislação de cada país".

De fato, em 2008, o STF negou *exequatur* a uma carta rogatória oriunda da Argentina (CR-AgR nº 8.279), porque os acordos celebrados pelo Brasil no âmbito do Mercosul sujeitam-se ao mesmo tratamento normativo que a Constituição Federal dispensa aos tratados internacionais em geral. Transcrevo:

> A recepção de acordos celebrados pelo Brasil no âmbito do MERCOSUL está sujeita à mesma disciplina constitucional que rege o processo de incorporação, à ordem positiva interna brasileira, dos tratados ou convenções internacionais em

geral. É, pois, na Constituição da República, e não em instrumentos normativos de caráter internacional, que reside a definição do iter procedimental pertinente à transposição, para o plano do direito positivo interno do Brasil, dos tratados, convenções ou acordos – inclusive daqueles celebrados no contexto regional do MERCOSUL – concluídos pelo Estado brasileiro. Precedente: ADI nº 1.480/DF, Rel. Min. Celso de Mello. – Embora desejável a adoção de mecanismos constitucionais diferenciados, cuja instituição privilegie o processo de recepção dos atos, acordos, protocolos ou tratados celebrados pelo Brasil no âmbito do MERCOSUL, esse é um tema que depende, essencialmente, quanto à sua solução, de reforma do texto da Constituição brasileira, reclamando, em consequência, modificações de *jure constituendo*. Enquanto não sobrevier essa necessária reforma constitucional, a questão da vigência doméstica dos acordos celebrados sob a égide do MERCOSUL continuará sujeita ao mesmo tratamento normativo que a Constituição brasileira dispensa aos tratados internacionais em geral. PROCEDIMENTO CONSTITUCIONAL DE INCORPORAÇÃO DE CONVENÇÕES INTERNACIONAIS EM GERAL E DE TRATADOS DE INTEGRAÇÃO (MERCOSUL). – A recepção dos tratados internacionais em geral e dos acordos celebrados pelo Brasil no âmbito do MERCOSUL depende, para efeito de sua ulterior execução no plano interno, de uma sucessão causal e ordenada de atos revestidos de caráter político-jurídico, assim definidos: (a) aprovação, pelo Congresso Nacional, mediante decreto legislativo, de tais convenções; (b) ratificação desses atos internacionais, pelo Chefe de Estado, mediante depósito do respectivo instrumento; (c) promulgação de tais acordos ou tratados, pelo Presidente da República, mediante decreto, em ordem a viabilizar a produção dos seguintes efeitos básicos, essenciais à sua vigência doméstica: (1) publicação oficial do texto do tratado e (2) executoriedade do ato de direito internacional público, que passa, então – e somente então – a vincular e a obrigar no plano do direito positivo interno. Precedentes. O SISTEMA CONSTITUCIONAL BRASILEIRO NÃO CONSAGRA O PRINCÍPIO DO EFEITO DIRETO E NEM O POSTULADO DA APLICABILIDADE IMEDIATA DOS TRATADOS OU CONVENÇÕES INTERNACIONAIS. – A Constituição brasileira não consagrou, em tema de convenções internacionais ou de tratados de integração, nem o princípio do efeito direto, nem o postulado da aplicabilidade imediata. Isso significa, *de jure constituto*, que, enquanto não se concluir o ciclo de sua transposição, para o direito interno, os tratados internacionais e os acordos de integração, além de não poderem ser invocados, desde logo, pelos particulares, no que se refere aos direitos e obrigações neles fundados (princípio do efeito direto), também não poderão ser aplicados, imediatamente, no âmbito doméstico do Estado brasileiro (postulado da aplicabilidade imediata). – O princípio do efeito direto (aptidão de a norma internacional repercutir, desde logo, em matéria de direitos e obrigações, na esfera jurídica dos particulares) e o postulado da aplicabilidade imediata (que diz respeito à vigência automática da norma internacional na ordem jurídica interna) traduzem diretrizes que não se acham consagradas e nem positivadas no texto da Constituição da República, motivo pelo qual tais princípios não podem ser invocados para legitimar a incidência, no plano do ordenamento doméstico brasileiro, de qualquer convenção internacional, ainda que se cuide de tratado de integração, enquanto não se concluírem os diversos ciclos que compõem o seu processo de incorporação ao sistema de direito interno do Brasil. Magistério da doutrina. – Sob a égide do modelo constitucional brasileiro, mesmo cuidando-se de tratados de integração, ainda subsistem os clássicos mecanismos institucionais de recepção das convenções internacionais em geral, não bastando, para afastá-los, a existência da norma inscrita no art. 4º, parágrafo único, da Constituição da República, que possui conteúdo meramente

> programático e cujo sentido não torna dispensável a atuação dos instrumentos constitucionais de transposição, para a ordem jurídica doméstica, dos acordos, protocolos e convenções celebrados pelo Brasil no âmbito do MERCOSUL.[21]

O art. 40 do Protocolo de Ouro Preto estabelece um procedimento comum para a internalização das normas do Mercosul ao ordenamento interno dos Estados Partes, de modo a que tais regras entrem em vigor simultaneamente nos países do bloco. Assim que aprovada a norma, os Estados Partes devem prontamente incorporá-la a seus ordenamentos jurídicos e comunicar à Secretaria Administrativa do Mercosul. As normas mercosulinas entrarão em vigor simultaneamente nos Estados Partes 30 dias após a data da comunicação efetuada pela Secretaria Administrativa do Mercosul.[22]

16.4.1 A estrutura do Mercosul

Conforme o Protocolo Adicional ao Tratado de Assunção sobre a Estrutura Institucional do MERCOSUL (Protocolo de Ouro Preto), de 17.12.1994, seus principais órgãos são o Conselho do Mercado Comum (CMC); o Grupo do Mercado Comum (GMC); a Comissão de Comércio do Mercosul (CCM); o Parlamento do Mercosul (Parlasul); o Foro Consultivo Econômico-Social (FCES); e a Secretaria Administrativa do Mercosul (SAM).

Os órgãos com capacidade decisória são o Conselho do Mercado Comum (CMC), o Grupo Mercado Comum (GMC) e a Comissão de Comércio do Mercosul (CCM). Tais entes têm natureza intergovernamental.

Conforme o art. 3º do Protocolo de Ouro Preto, o Conselho do Mercado Comum é o órgão superior do Mercosul, competindo-se "a condução política do processo de integração e a tomada de

---

21 STF, CR nº 8.279/AgR, Rel. Min. Celso de Mello, Tribunal Pleno, julgado em 17.06.1998.

22 *Vide* o Decreto nº 1.901/1996, que promulgou no Brasil o Protocolo de Ouro Preto, de 1994.

decisões para assegurar o cumprimento dos objetivos estabelecidos pelo Tratado de Assunção e para lograr a constituição final do mercado comum".

Composto pelos Ministros das Relações Exteriores e pelos Ministros da Economia (ou equivalentes) dos Estados Membros, o Conselho do Mercado Comum tem competência para velar pelo cumprimento do Tratado de Assunção, de seus Protocolos e dos acordos firmados em seu âmbito; e formular políticas e promover as ações necessárias à conformação do mercado comum. Cabe-lhe exercer a titularidade da personalidade jurídica do Mercosul, podendo negociar e firmar acordos em nome do Mercosul com terceiros países, grupos de países e organizações internacionais.

O CMC pode ainda criar na estrutura do Mercosul órgãos que considere pertinentes, assim como modificá-los ou extingui-los; e adotar decisões em matéria financeira e orçamentária, além de exercer outras competências.

Por sua vez, o Grupo Mercado Comum é o órgão executivo do Mercosul. Conforme o art. 15 do Protocolo de Ouro Preto, o GMC manifesta-se por meio de Resoluções, que são obrigatórias para os Estados Membros.

Cabe ao GMC velar, no limite de suas competências, pelo cumprimento do Tratado de Assunção, de seus Protocolos e dos Acordos firmados em seu âmbito; propor projetos de decisão ao Conselho do Mercado Comum; tomar as medidas necessárias ao cumprimento das decisões adotadas pelo Conselho do Mercado Comum; criar, modificar ou extinguir órgãos tais como subgrupos de trabalho e reuniões especializadas, para o cumprimento de seus objetivos.

Cabe ainda ao GMC negociar com a participação de representantes de todos os Estados Membros, por delegação expressa do Conselho do Mercado Comum, acordos em nome do Mercosul com terceiros países, grupos de países e organismos internacionais.

A Comissão de Comércio do Mercosul é o órgão encarregado de assistir o Grupo Mercado Comum, competindo-lhe velar pela aplicação dos instrumentos de política comercial comum acordados pelos Estados Membros para o funcionamento da união aduaneira, bem como acompanhar e revisar os temas e matérias relacionados às políticas comerciais comuns, com o comércio intra-Mercosul e com terceiros países.

Conforme o art. 20 do Protocolo de Ouro Preto, a Comissão de Comércio do Mercosul expede diretrizes ou propostas, sendo que diretrizes são obrigatórias para os Estados Membros.

O Foro Consultivo Econômico-Social (FCES) é o órgão de representação dos setores econômicos e sociais no Mercosul. É integrado por igual número de representantes de cada Estado-Parte, tendo função consultiva, cabendo-lhe manifestar-se por meio de recomendações ao Grupo Mercado Comum.

Já a Secretaria Administrativa do Mercosul (SAM) é um órgão de apoio operacional, responsável por assistir os demais órgãos do Mercosul no cumprimento de suas funções. Sua sede permanente é na cidade de Montevidéu.

O Parlamento do Mercosul foi constituído em 2006, tomando o lugar da Comissão Parlamentar Conjunta, de que tratava o Protocolo de Ouro Preto. O Parlasul é o órgão representativo dos cidadãos dos Estados Membros e também tem sede em Montevidéu. Foi criado pelo Protocolo Constitutivo do Parlamento do Mercosul, celebrado em 2005 e promulgado pelo Decreto nº 6.105/2007.

O Parlamento, de natureza unicameral, é integrado por representantes eleitos por sufrágio universal, direto e secreto, conforme a legislação interna de cada Estado Parte e as disposições do Protocolo de 2009.

Conforme o art. 2º desse acordo, são objetivos do Parlamento do Mercosul representar os povos do bloco, respeitando sua pluralidade ideológica e política; assumir a promoção e a defesa permanente da democracia, da liberdade e da paz; promover o desenvolvimento sustentável da região com justiça social e respeito à diversidade cultural de suas populações; garantir a participação dos atores da sociedade civil no processo de integração regional; estimular a formação de uma consciência coletiva de valores cidadãos e comunitários para a integração; contribuir para consolidar a integração latino-americana mediante o aprofundamento e ampliação do Mercosul; e promover a solidariedade e a cooperação regional e internacional.

Ainda não foram implantadas em todos os Estados Membros as eleições diretas para o órgão legislativo. É o caso do Brasil, onde foi proposto o Projeto de Lei nº 5.279/2009, que regulamentaria as eleições diretas de 2010 para os representantes brasileiros exclusivos para o Parlasul. Tal pleito deve observar o critério de proporcionalidade atenuada, segundo o qual a Argentina tem 43 cadeiras para seus deputados, o Brasil tem 75 deputados, o Paraguai 18, o Uruguai também 18 e a Venezuela 33 parlamentares, todos com mandatos de quatro anos. Em processo de adesão, a Bolívia tem nove representantes, mas sem direito a voto.

A consolidação do Parlasul é resultado do Acordo Político firmado pelos Estados membros em 2009.[23] O mesmo documento procurou fortalecer a dimensão judicial e jurídica do Mercosul, mediante a criação do Tribunal de Justiça do bloco, o que ainda não ocorreu.[24]

Apesar de não dispor de um órgão judiciário em sentido estrito, o Mercosul já conta com um Tribunal Permanente de Revisão (TPR), cujas competências estão reguladas no Protocolo de Olivos, de 2002. Funcionando desde 2004, o TPR atua ora como órgão recursal, revendo os laudos dos tribunais arbitrais *ad hoc*; ora como órgão arbitral com competência originária, sempre que os Estados Partes adotem, por acordo, o procedimento de acesso direto, para decisão em única instância.

O TPR, que tem sua sede na cidade de Assunção, também tem competência consultiva, conforme o art. 3º do Protocolo de Olivos, segundo o qual o Conselho do Mercado Comum pode estabelecer mecanismos sobre a solicitação de opiniões dessa natureza,

23 O Brasil ainda não implementou a eleição direta para o Parlamento do Mercosul.

24 MERCOSUL. *Acuerdo político para la consolidación del mercosur y proposiciones correspondientes*. Disponível em: https://www.parlamentomercosur.org/innovaportal/file/4296/1/acordo-politico-do-mercosul.pdf. Acesso em: 10 jan. 2022.

definindo seu alcance e seus procedimentos. Tais opiniões podem ser solicitadas por todos os Estados Membros em conjunto, pelos órgãos do Mercosul com capacidade decisória, pelo Parlamento do Mercosul e pelos tribunais apicais dos Estados Membros em relação à aplicação e interpretação do direito do Mercosul em um caso concreto e não são obrigatórias.

Por meio da Decisão MERCOSUL/CMC nº 02/07, o Conselho Mercado Comum regulamentou o procedimento para a solicitação de opiniões consultivas ao Tribunal Permanente de Revisão pelos "Tribunais Superiores de Justiça dos Estados Partes do Mercosul". Conforme o art. 2º dessa Decisão, são competentes para solicitar opiniões consultivas ao TPR, pela República Argentina, a Corte Suprema de Justicia de la Nación; pela República Federativa do Brasil, o Supremo Tribunal Federal; pela República do Paraguai, a Corte Suprema de Justicia; e pela República Oriental do Uruguai, a Suprema Corte de Justicia y Tribunal de lo Contencioso Administrativo.

> Art. 4º. (...) As opiniões consultivas solicitadas referir-se-ão exclusivamente à interpretação jurídica do Tratado de Assunção, do Protocolo de Ouro Preto, dos protocolos e acordos celebrados no âmbito do Tratado de Assunção, das Decisões do CMC, das Resoluções do GMC e das Diretrizes da CCM. As opiniões consultivas solicitadas deverão estar necessariamente vinculadas a causas em trâmite no Poder Judiciário ou a instâncias jurisdicionais contencioso-administrativas do Estado Parte solicitante.[25]

Desde 2012, o art. 7º, VIII, do Regimento Interno do STF prevê que cabe ao Pleno decidir administrativamente sobre o encaminhamento da solicitação de opinião consultiva ao TPR, "mediante prévio e necessário juízo de admissibilidade do pedido e sua pertinência processual, a ser relatado pelo presidente do Supremo Tribunal Federal".

---

25 MERCOSUL. MERCOSUL/CMC/DEC. nº 02/07. *Regulamento do Procedimento para Solicitação de Opiniões Consultivas ao Tribunal Permanente de Revisão pelos Tribunais Superiores de Justiça dos Estados Partes do Mercosul.* Disponível em: http://www.sice.oas.org/trade/mrcsrs/decisions/dec0207p.pdf. Acesso em: 10 jan. 2022.

O juiz da causa e as partes, inclusive o Ministério Público, têm legitimidade para deflagrar o procedimento para solicitação de opinião consultiva, que é regulado pelos arts. 354-H a 354-M do RISTF. Este último dispositivo declara que a opinião consultiva emitida pelo TPR "não tem caráter vinculante nem obrigatório" no Brasil. De fato, tais opiniões:

> São pronunciamentos fundamentados — não vinculantes nem obrigatórios — do TPR sobre questões de natureza jurídica relativas à interpretação e aplicação das normas do Mercosul em um caso específico, a fim de salvaguardar sua aplicação uniforme no território dos Estados Partes (art. 3º e 11 CMC/DEC nº 37/03, Regulamento do Protocolo de Solução de Controvérsias de Olivos - RPO).[26]

16.4.2 As reuniões especializadas do Mercosul

Há várias reuniões especializadas no âmbito do Mercosul. Criadas por decisão do CMC, como foros de concertação especializada, tais mecanismos facilitam a comunicação e o intercâmbio ágil de informações entre as instituições nelas representadas e propiciam a coordenação de suas atividades nacionais.

Podem ser mencionadas a Reunião Especializada de Ministérios Públicos do Mercosul (REMPM),[27] a Reunião Especializada de Defensores Públicos do Mercosul (REDPO), a Reunião Especializada de Cooperativas do Mercosul (RECM), entre outras. Todas essas Reuniões funcionam na estrutura do GMC e mantêm encontros periódicos nas sedes da presidência rotativa do bloco.

Por outro lado, há as chamadas reuniões de ministros e altas autoridades, que fazem parte do organograma do CMC. Reúnem ministros da Justiça (RMJ), ministros da agricultura (RMA), ministros da saúde (RMS) etc. Tomemos como exemplo a Reunião Especializada de Altas Autoridades sobre Direitos Humanos (RAADDHH):

---

[26] MERCOSUL. *Tribunal Permanente de Revisión*. Opiniones consultivas. Disponível em: https://www.tprmercosur.org/es/opi_consultivas.htm. Acesso em: 6 ago. 2022.

[27] *Vide o site* da REMPM em: https://www.rempm.org.

> A Reunião de Altas Autoridades sobre Direitos Humanos do MERCOSUL (RAADH) é um espaço de coordenação intergovernamental sobre políticas públicas de direitos humanos, que reúne as principais autoridades das instituições competentes na matéria.
>
> Funciona como uma instância especializada dependente do Conselho do Mercado Comum cujo acompanhamento é realizado pelo Fórum de Consulta e concertação política para a análise e definição de políticas públicas em matéria de direitos humanos (MERCOSUR/CMC/DEC Nº 40/04).
>
> A RAADDHH está integrada pelos titulares dos Ministérios, Secretarias, Departamentos e áreas governamentais equivalentes a principal competência em matéria de direitos humanos e pelos titulares dos departamentos de direitos humanos ou equivalentes das chancelarias dos Estados parte e Associados.
>
> A RAADDHH acontece, em geral semestralmente, com representantes dos Estados Parte e Associados, e adota decisões por consenso. A RAADDHH conta ao mesmo tempo com a participação e apoio técnico do Instituto de Políticas Públicas de Direitos Humanos do MERCOSUL – IPPDH.[28]

Em 2005, foi aprovado o Protocolo de Assunção sobre Compromisso com a Promoção e Proteção dos Direitos Humanos do Mercosul (Decreto nº 7.225/2010). Conhecido como "Cláusula de Direitos Humanos", este documento foi adotado pelo Conselho do Mercado Comum em junho de 2005, pela Decisão MERCOSUR/CMC/DEC nº 17/2005.

Nele, os Estados Membros do Mercosul afirmam que a "plena vigência das instituições democráticas e o respeito dos direitos humanos e das liberdades fundamentais são condições essenciais para a vigência e evolução do processo de integração entre as Partes" (art. 1º) e

28 MERCOSUL. *Reunião de Altas Autoridades sobre Direitos Humanos do MERCOSUL*. Disponível em: https://www.raadh.mercosur.int/pt-br/que-es-la-raadh/. Acesso em: 13 jan. 2022.

assumem o compromisso de "cooperar mutuamente para a promoção e proteção dos direitos humanos e liberdades fundamentais através dos mecanismos institucionais estabelecidos no Mercosul" (art. 2º).

Parte integrante do Tratado de Assunção, o Protocolo de 2005 aplica-se caso ocorram graves e sistemáticas violações dos direitos humanos e liberdades fundamentais em um dos Estados Membros "em situações de crise institucional ou durante a vigência de estados de exceção previstos nos ordenamentos constitucionais respectivos". Para lidar com tais cenários, as demais Partes promover as consultas pertinentes entre si e com o Estado Parte afetado.

Se forem infrutíferas as consultas, o art. 4º do Protocolo determina que "as demais Partes considerarão a natureza e o alcance das medidas a aplicar, tendo em vista a gravidade da situação existente". Entre as medidas cabíveis estão a suspensão do direito a participar do processo de integração e a suspensão dos direitos e obrigações decorrentes do direito do Mercosul.

Tais medidas, conforme o art. 5º do Protocolo, devem ser adotadas mediante consenso pelas Partes e comunicadas à Parte afetada, a qual não participará no processo decisório pertinente.

16.4.3 Os mecanismos de solução de controvérsias do Mercosul

O sistema de solução de controvérsias do Mercosul é objeto do art. 43 do Protocolo de Ouro Preto de 1994 (Decreto nº 1.901/1996), do Protocolo de Brasília de 1991 (Decreto nº 922/1993) e do Protocolo de Olivos (PO), de 2002 (Decreto nº 4.982/2004), este em vigor desde 2004 e que prevalece sobre o sistema de Brasília.

Inicialmente, as controvérsias entre os Estados Membros sobre a interpretação, a aplicação ou o não cumprimento das disposições do Tratado de Assunção, dos acordos celebrados no seu âmbito, e sobre as decisões do Conselho do Mercado Comum, as resoluções do Grupo Mercado Comum e as diretrizes da Comissão de Comércio do Mercosul, eram submetidas aos procedimentos de solução estabelecidos no Protocolo para a Solução de

Controvérsias, firmado em Brasília em 1991 (Protocolo de Brasília), promulgado no Brasil pelo Decreto nº 922/1993.

O Protocolo de Brasília, do qual são partes todos os Estados que firmam o Tratado de Assunção, previa que as controvérsias poderiam ser solucionadas por negociações diretas (arts. 2º e 3º), por intervenção do Grupo Mercado Comum (arts. 4º a 6º); por arbitragem (arts. 7º a 24); e por reclamações privadas (arts. 25 a 32).

O sistema de Brasília foi aperfeiçoado pelo Protocolo de Olivos (PO) para a Solução de Controvérsias no Mercosul, de 2002. Promulgado pelo Decreto nº 4.982/2004, o Protocolo de Olivos fez modificações específicas no sistema de solução de controvérsias de maneira a consolidar a segurança jurídica no Mercosul.

Este Protocolo firmado na Argentina dá aos Estados Membros a alternativa de submeter o diferendo ao sistema de solução de controvérsias da Organização Mundial do Comércio (OMC) ou a outros esquemas preferenciais de comércio de que sejam parte individualmente os Estados Partes do Mercosul.

Em Olivos, foi criado um novo mecanismo de solução, as chamadas opiniões consultivas, que podem ser solicitadas ao Tribunal Permanente de Revisão (art. 3º). Foram mantidas as negociações diretas (arts. 4º e 5º) e os pedidos de intervenção endereçados ao GMC (arts. 6º a 8º). O procedimento arbitral *ad hoc* foi melhorado, sendo objeto dos arts. 9º a 38 do Protocolo de Olivos.

Com a entrada em vigor do Protocolo de Olivos (PO), em 2004, em cumprimento ao art. 55 do PO, o Protocolo de Brasília deixou de regular a matéria. Mediante o Decreto nº 10.215/2020, entrou em vigor no Brasil o Protocolo Modificativo do Protocolo de Olivos para a Solução de Controvérsias no Mercosul, de 19.01.2007.

Os procedimentos de Olivos são de natureza contraditória e públicos.

16.4.3.1 *Negociações diretas*

As negociações diretas entre os Estados são uma etapa obrigatória do procedimento de solução de controvérsias. Só se pode lançar mão da saída arbitral, uma vez cumprida essa fase. Esse é um mecanismo diplomático de solução de diferendos.

16.4.3.2 *Mediação do GMC*

A mediação do Grupo Mercado Comum não é obrigatória. Os Estados podem valer-se dela numa base voluntária. Ao lado das negociações diretas, compõem uma fase pré-contenciosa, cujo objetivo é alcançar o consenso antes do juízo arbitral.

Trata-se de um método político de solução de controvérsias.

16.4.3.3 *A solução arbitral*

A solução arbitral, que é de natureza jurisdicional, se concretiza perante um tribunal arbitral *ad hoc*, composto por três árbitros (art. 10 do Protocolo de Olivos), sendo dois deles indicados pelos Estados Partes da controvérsia e um terceiro de nacionalidade diversa. Os árbitros que formam as listas a partir das quais são constituídos os tribunais *ad hoc* devem ser juristas de reconhecida competência nas matérias que possam ser objeto de controvérsia.

O art. 15 do Protocolo de Olivos passou a tratar das medidas provisórias, que são cabíveis quando houver risco de danos graves e irreparáveis a uma das partes na controvérsia. Esse órgão colegiado deve emitir um laudo arbitral em até 60 dias, prorrogável por mais 30.

Conforme o art. 34 do Protocolo de Olivos, os tribunais arbitrais e o TPR decidem a controvérsia, por maioria, com base nas disposições do Tratado de Assunção, nos acordos celebrados no seu âmbito, no Protocolo de Ouro Preto, nas decisões do Conselho do Mercado Comum, nas diretrizes da Comissão de Comércio do Mercosul e nos princípios e disposições do direito internacional aplicáveis à matéria. Estas são as fontes do Direito regional. Permite-se também que o tribunal *ad hoc* e o Tribunal Permanente de Revisão (TPR) decidam uma controvérsia *ex aequo et bono*, se as partes assim convierem.

Na vigência do Protocolo de Brasília, não havia recurso contra a decisão do tribunal arbitral. Dizia o art. 21 desse acordo que suas decisões eram inapeláveis e de cumprimento obrigatório e imediato para os Estados-Partes na controvérsia a partir do recebimento da notificação, tendo efeito de coisa julgada. Porém, o art. 23 desse Protocolo já previa um pedido de interpretação da decisão, que se assemelhava a embargos de declaração.

Diferentemente do que ocorria no Protocolo de Brasília, o sistema de Olivos permite, no seu art. 17, a interposição de recurso de revisão, no prazo de 15 dias, para reforma da decisão arbitral. Tal recurso, que tem efeito suspensivo (art. 29.2 do Protocolo), é endereçado ao Tribunal Permanente de Revisão (TPR), e sua cognição é limitada às questões de direito tratadas na controvérsia e às interpretações jurídicas desenvolvidas no laudo do tribunal arbitral *ad hoc*.

Note-se, contudo, que os laudos arbitrais emitidos com base nos princípios *ex aequo et bono* não são suscetíveis de recurso de revisão.

Na versão original do PO, determinava-se que o TPR teria cinco árbitros. No entanto, o Protocolo Modificativo de 2007, promulgado pelo Decreto nº 10.215/2020, deu nova redação ao art. 18 do PO, que agora estabelece, no art. 18.1, que "o Tribunal Permanente de Revisão será integrado por um (1) árbitro titular designado por cada Estado Parte do Mercosul." Se o número de Estados Membros for par, haverá a designação de um quinto árbitro.

Tais juízes têm mandato de dois anos, renováveis por mais dois períodos de dois anos. Quatro dos árbitros são indicados pelos Estados Partes do Mercosul, ao passo que o quinto membro é escolhido por unanimidade pelos Estados Membros, ou, na falta desta, por sorteio, conforme o procedimento do art. 18 do Protocolo de Olivos, em sua nova redação. Os árbitros do TPR decidem por maioria.

Quando a controvérsia envolver dois Estados Partes, o TPR decide na composição de três árbitros, dois dos quais devem ser nacionais de cada Estado parte na controvérsia e o terceiro, que exerce a presidência, é designado mediante sorteio. Quando a controvérsia envolver mais de dois Estados Partes, o Tribunal Permanente de Revisão será integrado por todos os seus árbitros.

Todos os árbitros, em primeira e segunda instância, devem ser juristas de reconhecida competência nas matérias que possam ser objeto das controvérsias e ter conhecimento do conjunto normativo do Mercosul. É dever desses árbitros agir com imparcialidade e independência funcional em relação à Administração Pública dos Estados Partes e evitar atuar quando tenham interesses de qualquer natureza na controvérsia.[29]

O TPR pode confirmar, modificar ou revogar a fundamentação jurídica e as decisões dos tribunais arbitrais *ad hoc*. A decisão do TPR, chamada de laudo, será definitiva e prevalecerá sobre o laudo do órgão *ad hoc* recorrido.

Há um procedimento abreviado, previsto no art. 23 do Protocolo de Olivos, que autoriza os Estados Membros, desde que cumprida a etapa das negociações diretas (arts. 4º e 5º), a celebrar um acordo processual para submeter a controvérsia diretamente e em única instância ao Tribunal Permanente de Revisão, caso em que o TPR terá as mesmas competências que um tribunal arbitral *ad hoc*.

Segundo o art. 26 do Protocolo de Olivos, os laudos dos tribunais arbitrais *ad hoc* são obrigatórios para os Estados partes na controvérsia a partir de sua notificação e têm força de coisa julgada, caso não haja recurso de revisão. Por sua vez, os laudos do Tribunal Permanente de Revisão são inapeláveis, obrigatórios para os Estados partes na controvérsia a partir de sua notificação e também têm, com relação a eles, força de coisa julgada.

O art. 28 do Protocolo de Olivos manteve o pedido de interpretação das decisões, mas com o nome de recurso de esclarecimento.

Quanto ao relacionamento dos laudos do Mercosul com o direito interno, conforme o art. 33 do Protocolo de Olivos, os Estados Partes reconhecem como obrigatória, *ipso facto* e sem

---

29 A **Decisão CMC nº 31/11** aprovou o Código de Conduta para os Árbitros, Especialistas, e Funcionários do Mercosul que atuem no marco do Protocolo de Olivos.

necessidade de acordo especial, a jurisdição dos tribunais arbitrais *ad hoc* constituídos para resolver as controvérsias objeto do Protocolo. Por força desse tratado, os Estados Membros também reconhecem a jurisdição do Tribunal Permanente de Revisão.

O laudo arbitral mais recente envolvendo o Brasil é de 2005. Trata-se da *Controversia sobre medidas discriminatorias y restrictivas al comercio de tabaco y productos derivados del tabaco*, num procedimento promovido pela República Oriental do Uruguai contra a República Federativa do Brasil.[30]

16.4.3.4 Reclamações particulares

O Protocolo de Brasília previa nos arts. 25 a 32 um procedimento de solução de controvérsias de interesse de pessoas físicas ou jurídicas, cuja decisão cabia ao GMC, por intermédio de um colegiado de três peritos *ad hoc*.

Tais interessados podiam iniciar esse procedimento por meio de reclamação ao GMC, quando houvesse a imposição de sanção ou a aplicação, por qualquer dos Estados Membros, de medidas restritivas, discriminatórias ou de concorrência desleal, que violassem o Tratado de Assunção, os acordos celebrados no seu âmbito ou as decisões do Conselho do Mercado Comum.

As reclamações particulares (*reclamos de particulares*) também são objeto do Protocolo de Olivos, como se vê nos arts. 39 a 44.

---

[30] MERCOSUL. *Laudo Arbitral de 5 de Agosto de 2005 (Uruguai vs. Brasil)*. Disponível em: https://www.tprmercosur.org/es/docum/laudos/bras/Laudo_br_10_es_Med_restric_comerc_tabaco.pdf. Acesso em: 10 jan. 2022.

Referências

ALMEIDA, Daniel Freire e. *Etapas de integração regional nos blocos econômicos*. New York: Lawinter, Apr. 2011. Disponível em: http://www.lawinter.com/irelations1.pdf. Acesso em: 6 ago. 2022.

ANDRADE, Carlos Gustavo Coelho de. *Mandados implícitos de criminalização:* a tutela penal dos direitos humanos na Constituição e na Convenção Americana. Rio de Janeiro: Lumen Juris, 2019.

ANZILOTTI, Dionisio. *Cours de droit international*. Paris: Recueil Sirey, 1929.

ANZILOTTI, Dionisio. Il diritto internazionale nei giudizi interni. Camerino: Edizione Scientifiche Italiane, 2021.

ARAS, Vladimir. Rumo à Europa. *Blog do Vlad*, 23 ago. 2016. Disponível em: https://vladimiraras.blog/2016/08/23/rumo-a-europa/. Acesso em: 4 jul. 2022.

ARAS, Vladimir. Leis do tipo Magnitsky como métodos unilaterais anticorrupção e meios de prevenção a graves violações de direitos humanos. *Blog do Vlad*, 15 dez. 2018. Disponível em: https://vladimiraras.blog/2018/12/15/leis-do-tipo-magnitsky-como-metodos-unilaterais-anticorrupcao-e-de-prevencao-a-graves-violacoes-de-direitos-humanos/. Acesso em: 8 jul. 2022.

ARAS, Vladimir. *Tratados em dois tempos*. Disponível em: https://vladimiraras.blog/2015/08/09/tratados-em-dois-tempos. Acesso em: 8 jun. 2019a.

ARAS, Vladimir. A maré de petróleo. *Blog do Vlad*, 13 dez. 2019b. Disponível em: https://vladimiraras.blog/2019/12/13/a-mare-de-petroleo/. Acesso em: 4 ago. 2022.

ARAS, Vladimir. O caso da fábrica de fogos do Recôncavo. *Blog do Vlad*, 28 out. 2020a. Disponível em: https://vladimiraras.blog/

2020/10/28/o-caso-da-fabrica-de-fogos-do-reconcavo/. Acesso em: 6 ago. 2022.

ARAS, Vladimir. O *status* da Itaipu segundo o direito internacional. *Blog do Vlad*, 20 set. 2020b. Disponível em: https://vladimiraras.blog/2020/09/20/o-status-da-itaipu-segundo-o-direito-internacional/. Acesso em: 4 jul. 2022.

ARAS, Vladimir. O caso Al Mahdi, de Timbuktu: um crime contra o patrimônio cultural da humanidade. *Blog do Vlad*, 27 mar. 2021. Disponível em: https://vladimiraras.blog/2021/03/27/o-caso-al-mahdi-de-timbuktu-um-crime-contra-o-patrimonio-cultural-da-humanidade/. Acesso em: 10 jul. 2022.

BALES, Kevin. *Disposable people*: new slavery in the global economy. Revised edition with a new preface. Berkeley and Los Angeles: University of California Press, 2004.

BERMAN LAW GROUP. *The Berman Law group files class action complaint against the Chinese government for their failures to contain the coronavirus.* Disponível em: https://www.bermanlawgroup.com/practice-area/class-action/coronavirus-class-action/. Acesso em: 4 jul. 2022

BINENBOJM, Gustavo. Monismo e dualismo no Brasil: uma dicotomia afinal irrelevante. *Revista da Emerj*, v. 3, n. 9, 2000. Disponível em: https://www.emerj.tjrj.jus.br/revistaemerj_online/edicoes/revista09/Revista09_180.pdf. Acesso em: 12 mar. 2022.

BOISTER, Neil; CRYER, Robert (ed.). *Documents on the Tokyo International Military Tribunal:* Charter, Indictment, and Judgments. Oxford: Oxford University Press, 2008. v. 1.

BORGES, Antônio de Moura. *Convenções sobre dupla tributação internacional*. Teresina: EDUFPI; São Paulo: IBDT, 1992.

BRASIL. Presidência da República. *Mensagem Presidencial 589*, de 29 de dezembro de 2015. Disponível em: https://www.camara.leg.br/proposicoesWeb/prop_mostrarintegra;jsessionid=701DBCD1773F1FB1F2C5DA2890871FFD.proposicoesWeb2?codteor=1427770&filename=MSC+589/2015. Acesso em: 4 jul. 2022.

BRASIL. Itamaraty. *Ordem soberana e militar de Malta*. Disponível em: http://www.itamaraty.gov.br/pt-BR/ficha-pais/5619-ordem--soberana-e-militar-de-malta. Acesso em: 19 jun. 2019.

BRASIL. Fundação Alexandre de Gusmão, Centro de História e Documentação Diplomática. *Cronologia por países: Grã-Bretanha*. Disponível em: www.fung.goc.br. Acesso em: 10 ago. 2020.

BRASIL. *Comunidade brasileira no exterior*: estimativas para o ano 2020. Brasília: MRE, 2021. Disponível em: https://www.gov.br/mre/pt-br/assuntos/portal-consular/arquivos/ComunidadeBrasileira2020.pdf. Acesso em: 7 jul. 2022.

BRASIL. *Acordos para evitar a dupla tributação e prevenir a evasão fiscal*. Receita Federal. Disponível em: https://www.gov.br/receitafederal/pt-br/acesso-a-informacao/legislacao/acordos-internacionais/acordos-para-evitar-a-dupla-tributacao/acordos-para-evitar-a-dupla--tributacao. Acesso em: 4 ago. 2022.

BREDA, Norma. A evolução do direito internacional fluvial. *Revista de Informação Legislativa*, Brasília, ano 29, n. 115, jul./set. 1992. Disponível em: https://www2.senado.leg.br/bdsf/bitstream/handle/id/176059/000472198.pdf?sequence=3&isAllowed=y. Acesso em: 10 jan. 2022.

BUISSA, Leonardo; BEVILACQUA, Lucas. Aplicação dos acordos multilaterais de comércio (GATT/OMC) no sistema tributário nacional. *Revista Direito Tributário Atual (RTDA)*, n. 37, p. 313-330, 2017.

CARIBBEAN COMUNITY. *Who we are*. Disponível em: https://caricom.org/our-community/who-we-are/. Acesso em: 6 ago. 2022.

CASSESE, Antonio. *International law*. 2. ed. London: Oxford University Press, 2005.

COMITÊ INTERNACIONAL DA CRUZ VERMELHA. *DIH Consuetudinário*. Cambridge University Press, 2005. Disponível em: https://ihl-databases.icrc.org/customary-ihl/por/docs/v1_rul_rule150. Acesso em: 4 jul. 2022.

COMITÊ INTERNACIONAL DA CRUZ VERMELHA. *O que é o direito internacional humanitário*. Disponível em: https://www.icrc.org/pt/doc/resources/documents/misc/5tndf7.htm. Acesso em: 4 ago. 2022a.

COMITÊ INTERNACIONAL DA CRUZ VERMELHA. *História*. Disponível em: https://www.icrc.org/pt/o-cicv/historia. Acesso em: 20 jun. 2022b.

COMUNIDADE DO CARIBE. *The Caribbean Court of Justice*. Disponível em: https://ccj.org/about-the-ccj/. Acesso em: 14 mar. 2022.

CONSELHO DA EUROPA. *The Russian Federation is excluded from the Council of Europe*. Disponível em: https://www.coe.int/en/web/portal/-/the-russian-federation-is-excluded-from-the-council-of-europe. Acesso em: 4 jul. 2022a.

CONSELHO DA EUROPA. *The margin of appreciation*. Disponível em: https://www.coe.int/t/dghl/cooperation/lisbonnetwork/themis/echr/paper2_en.asp#:~:text=The%20term%20%E2%80%9Cmargin%20of%20appreciation,Rights%20(the%20Convention)1. Acesso em: 4 jul. 2022b.

CONSELHO DA EUROPA. *Commissioner calls on UK government not to extradite Julian Assange*, Strasburg, 18 May 2022. Disponível em: https://www.coe.int/en/web/commissioner/-/commissioner-calls-on-uk-government-not-to-extradite-julian-assange. Acesso em: 7 jul. 2022c.

D'ISEP, Clarissa Ferreira Macedo. Mercosul e o meio ambiente: análise da tutela regional ambiental. *Revista de Direito Internacional*, Brasília, v. 14, n. 1, p. 291, 2017. Disponível em: https://www.publicacoesacademicas.uniceub.br/rdi/article/viewFile/4349/pdf. Acesso em: 4 dez. 2020.

DIAS, Caio Graco Pinheiro. Estreito de Corfu (Reino Unido vs. Albânia) (9 de abril de 1949). In: RORIZ, João Henrique Ribeiro; AMARAL JÚNIOR, Alberto do (org.). *O direito internacional em movimento*:

jurisprudência internacional comentada: Corte Internacional de Justiça e Supremo Tribunal Federal. Brasília: IBDC, 2016.

DIEDERIKS-VERSCHOOR, I. H. Ph.; KOPAL, V. *An introduction to space law*. 3. ed. Alphen aan den Rijn: Wolters Kluwer, 2008.

DONALD, Alice; GORDON, Jane; LEACH, Phillip. The UK and European Court of Human Rights. *Equality and Human Rights Comission*, Research report 83, London, 2012, p. 21. Disponível em: www.equalityhumanrights.com. Acesso em: 4 jul. 2022.

DOWER, John W. *War withoutr mercy:* race and power in the Pacific War. 7. ed. New York: Pantheon Books, 1993.

ESTADOS UNIDOS. *Convention for Settlement of Difficulties Arising from Operation of Smelter at Trail*. British Columbia, em U.S. Treaty Serie, n. 893.

ESTADOS UNIDOS. *Decision of the Tribunal Reported March 11, 1941*. Trail Smelter Arbitration Between the United States and Canada under Convention of April 15, 1935. Washington: Government Printing Office, 1941.

FRANÇA. Cour de Cassation. *Rapport Annuel 2014:* Le temps dans la jurisprudence de la Cour de cassation, junho 2015. Disponível em: https://www.courdecassation.fr/files/files/Publications/Rapport%20annuel/rapport-annuel_2014.pdf. Acesso em: 7 nov. 2021.

FRANÇA. Conseil constitutionnel. *Décision N. 2010- 14/22 QPC, du 30 Juillete 2010, M. Daniel W. et Autres [Garde À Vue]*. Disponível em: https://www.conseil-constitutionnel.fr/decision/2010/201014_22QPC.htm. Acesso em 12 mar. 2022.

GREER, Steven. *The margin of appreciation:* interpretation and discretion under the European Convention on Human Rights. Disponível em: https://www.echr.coe.int/librarydocs/dg2/hrfiles/dg2-en-hrfiles-17(2000).pdf. Acesso em: 4 jul. 2022.

GRUPO DE AÇÃO FINANCEIRA INTERNACIONAL. *Padrões internacionais de combate à lavagem de dinheiro e ao financiamento do terrorismo e da proliferação:* as Recomendações do Gafi. Disponível em:

https://www.fatf-gafi.org/media/fatf/documents/recommendations/pdfs/FATF-40-Rec-2012-Portuguese-GAFISUD.pdf. Acesso em: 10 jul. 2022.

GUEIROS, Artur; JAPIASSÚ, Carlos Eduardo. *Direito penal:* volume único. São Paulo: Atlas, 2018.

HAY, Amy. The origins of ecocide. *Seeing the Woods*, 3 Apr. 2013. Disponível em: https://seeingthewoods.org/2013/04/03/the-origins-of-ecocide/. Acesso em: 6 ago. 2022.

HYBRID JUSTICE. *Chambres Africaines Extraordinaires/Extraordinary African Chambers*. Disponível em: https://hybridjustice.com/extraordinary-african-chambers/. Acesso em: 10 jul. 2022.

INTERNATIONAL PRESS INSTITUTE. *UK Supreme Court denies Assange permission to appeal extradition*, 15 Mar. 2022. Disponível em: https://ipi.media/uk-supreme-court-denies-assange-permission-to-appeal-extradition/. Acesso em: 7 jul. 2022.

JAPIASSÚ, Carlos Eduardo Adriano. *O Tribunal Penal Internacional:* a internacionalização do direito penal. Rio de Janeiro: Lumen Juris, 2004.

JUBILUT, Liliana Lyra. *O Direito internacional dos refugiados e sua aplicação no orçamento jurídico brasileiro*. São Paulo: Método, 2007. 240p. Disponível em: https://www.acnur.org/portugues/wp-content/uploads/2018/02/O-Direito-Internacional-dos-Refugiados-e-sua-Aplica%C3%A7%C3%A3o-no-Ordenamento-Jur%C3%ADdico-Brasileiro.pdf. Acesso em: 4 ago. 2022.

KELSEN, Hans. *Principles of International Law*. Clark, New Jersey: Law Book Exchange, 2012.

KELSEN, Hans. *Teoria Geral do Direito e do Estado*. 5. ed. São Paulo: Martins Fontes, 2016.

KISSINGER, Henry. *Diplomacia*. São Paulo: Saraiva, 2012.

KLABBERS, J. Principled Pragmatist? Bert Röling and the Emergence of International Criminal Law. In: MÉGRET, F; TALLGREN, I. (eds.). *The Dawn of a Discipline:* International Criminal Justice and Its

Early Exponents. Cambridge: Cambridge University Press, 2010, p. 205-229. Disponível em: http://hdl.handle.net/10138/327241. Acesso em: 10 jul. 2022.

LAFER, Celso. *Asilo diplomático:* o caso do senador Roger Pinto Molina. Disponível em: https://www.academia.org.br/artigos/asilo-diplomatico-o-caso-do-senador-roger-pinto. Acesso em: 7 jul. 2022.

LYALL, Francis; LARSEN, Paul B. *Space law:* a treatise. 2. ed. London and New York: Routlegde, 2018.

MADRUGA, Antenor. Quando o réu é Estado estrangeiro, como citá-lo? Conjur, 14 set. 2011. Disponível em: https://www.conjur.com.br/2011-set-14/cooperacao-internacional-quando-reu-estado-estrangeiro-cita-lo. Acesso em: 4 jul. 2022.

MALANCZUK, Peter. *Akehurst's Modern Introduction to International Law*. 7. ed. London and New York: Routledge, 1997.

MARTINEZ-VILLALBA, J. C. R. De la pirámide de Kelsen a la pirâmide invertida. *Revista Direitos Emergentes na Sociedade Global*, [s. l.], v. 2, n. 2, p. 436-461, 2014. DOI: 10.5902/2316305413007. Disponível em: https://periodicos.ufsm.br/REDESG/article/view/13007. Acesso em: 12 mar. 2022.

MAZZUOLI, Valério de O. *O controle jurisdicional da convencionalidade as leis*. 2. ed. São Paulo: Revista dos Tribunais, 2011.

MAZZUOLI, Valério de O. *O STF e os tratados internacionais*. https://jus.com.br/artigos/2460/o-supremo-tribunal-federal-e-os-tratados-internacionais. Acesso em 3 jun. 2019a.

MAZZUOLI, Valério de O. *Direitos humanos na jurisprudência internacional:* sentenças, opiniões consultivas, decisões e relatórios internacionais. São Paulo: Método, 2019b.

MAZZUOLI, Valério de O. *Curso de direito internacional público*. 13. ed. Rio de Janeiro: Forense, 2020.

MIRANDA, Jorge. *Curso de direito internacional público:* uma visão sistemática do direito internacional dos nossos dias. 4. ed. Rio de Janeiro: Forense, 2009.

MONIZ, Maria da Graça de Almeida D'Eça do Canto. Direito internacional do meio ambiente: o caso da fundição de Trail. *Diversitates*, v. 4, n. 2, p. 1-33, 2012. Disponível em: www.diversitates.uff.br. Acesso em: 1° set. 2020.

NOSCHANG, Patrícia Grazziotin. *O caso das papeleras na Corte Internacional de Justiça:* o reconhecimento dos princípios de direito ambiental internacional. Disponível em: http://www.cidp.pt/revistas/ridb/2012/12/2012_12_7649_7663.pdf. Acesso em: 1° set. 2020.

O'BRIEN, Derek. 'CARICOM: 'a new legal order'?' *U.K. Const. L. Blog* (8th November 2013). Disponível em: http://ukconstitutionallaw.org. Acesso em: 14 mar. 2022.

ORGANIZAÇÃO DOS ESTADOS AMERICANOS. *Resolución n. 29/88: caso 9260, Jamaica*, 14 septiembre 1988. Disponível em: https://www.cidh.oas.org/annualrep/87.88sp/Jamaica9260.htm. Acesso em: 10 jul. 2020.

ORGANIZAÇÃO DOS ESTADOS AMERICANOS. Cúpula das Américas. *Compromiso de Lima:* governabilidade democrática contra a corrupção: VIII Cúpula das Américas. Lima, 13 e 14 de abril de 2018. Disponível em: http://www.summit-americas.org/LIMA_COMMITMENT/LimaCommitment_es.pdf. Acesso em: 19 ago. 2019.

PIKE, John. *Status-of-forces agreements (SOFA).* Disponível em: https://www.globalsecurity.org/military/facility/sofa.htm. Acesso em: 4 jul. 2022.

PIOVESAN, Flávia. *Direitos humanos e justiça internacional:* um estudo comparativo dos sistemas regionais europeu, interamericano e africano. 8. ed. São Paulo: Saraiva, 2018a.

PIOVESAN, Flávia. *Temas de direitos humanos.* 11. ed. São Paulo: Saraiva, 2018b.

PORTAL SANEAMENTO BÁSICO. *Reunião da ONU em Nairóbi discuritá tratado global sobre plástico*. Disponível em: https://saneamentobasico.com.br/outros/meio-ambiente/onu-nairobi-tratado-global-plastico/. Acesso em: 4 ago. 2022.

PORTELA, Paulo Henrique Gonçalves. *Direito internacional público e privado*: incluindo noções de direitos humanos e de direito comunitário. 11. ed. Salvador: JusPodivm, 2019.

RAMOS, André de Carvalho. *Processo internacional de direitos humanos*. 3. ed. São Paulo: Saraiva, 2013.

RAMOS, André de Carvalho. *Processo internacional de direitos humanos*. 5. ed. São Paulo: Saraiva, 2016.

RAMOS, André de Carvalho. *O novo direito internacional privado e o conflito de fontes na cooperação jurídica internacional*. Disponível em: http://www.egov.ufsc.br:8080/portal/sites/default/files/67998-89965-1-pb.pdf. Acesso em: 23 maio 2019a.

RAMOS, André de Carvalho. *Curso de direitos humanos*. 6. ed. São Paulo: Saraiva, 2019b.

RAVLUŠEVIČIUS, P. As cláusulas de primazia e supremacia do Direito Comunitário Europeu e sua aplicação no ordenamento jurídico da República da Lituânia. *Revista da Faculdade de Direito*, Universidade de São Paulo, [s. l.], v. 112, p. 303-322, 2018. DOI: 10.11606/issn.2318-8235.v112i0p303-322. Disponível em: https://www.revistas.usp.br/rfdusp/article/view/149484. Acesso em: 12 mar. 2022.

REPÓRTER BRASIL. Escravo, nem pensar!: uma abordagem sobre trabalho escravo contemporâneo na sala de aula e na comunidade. 2. ed. São Paulo: *Repórter Brasil*, 2012. Disponível em: https://reporterbrasil.org.br/wp-content/uploads/2015/02/livro_escravo_nem_pensar_baixa_final.pdf. Acesso em: 6 ago. 2022.

REZEK, Francisco. *Direito internacional público:* curso elementar. 16. ed. São Paulo: Saraiva, 2016.

RÖLING, B. V. A.; CASSESE A. *The Tokyo Trial and Beyond:* Reflections of a peacemonger. Cambridge: Polity Press, 1993.

SANTOS, Aurora Almada e. A ONU e as Resoluções da Assembleia Geral de Dezembro de 1960. *Relações Internacionais*, Lisboa, n. 30, p. 61-69, jun. 2011. Disponível em http://www.scielo.mec.pt/scielo.php?

script=sci_arttext&pid=S1645-91992011000200004&lng=pt&nrm=iso. Acesso em: 23 jun. 2019.

SANTOS, Ramon T. A dedutibilidade de despesas com o pagamento de propina à luz das leis internas e das convenções internacionais celebradas pelo Brasil. *Revista de Direito Tributário Atual (RDTA)*, n. 48, p. 717-742. São Paulo: IBDT, 2° semestre, 2021. Disponível em: http://dx.doi.org/10.46801/2595-6280-rdta-48-27. Acesso em: 6 ago. 2022.

SECRETARIAT OF THE PACIFIC REGIONAL ENVIRONMENT PROGRAMME. *Convention for the protection of the natural resources and environment of the south pacific region and related protocols*. Disponível em: https://www.sprep.org/att/IRC/eCOPIES/pacific_region/201.pdf. Acesso em: 1° set. 2020.

SHAW, Malcolm N. *International law*. 8. ed. Cambridge: Cambridge University Press, 2017.

SILVA, Geraldo Eulálio do Nascimento; CASELLA, Paulo Borba; ACCIOLY, Hildebrando. *Manual de direito internacional público*. 23. ed. São Paulo: Saraiva, 2017.

SOARES, Guido. *Curso de direito internacional público*. São Paulo: Atlas, 2002.

SÖDERBAUM, F. *The Political Economy of Regionalism:* The Case of Southern Africa. Springer, 2004.

STOP ECOCIDE FOUNDATION. *Independent Expert Panel for the Legal Definition of Ecocide:* commentary and core text. June 2021. Disponível em: https://ecocidelaw.com. Acesso em: 6 ago. 2022.

STOP ECOCIDE FOUNDATION. *Ecocide law*. Disponível em: https://ecocidelaw.com/existing-ecocide-laws/. Acesso em: 6 ago. 2022.

TIRUNEH, Wubeshet. Prosecuting atrociy crimes commiteedn in Northern Ethiopia: the need for special national prosecution mechanism. *EJIL: Talk!*, April 4, 2022. Blog of the European Journal of International Law. Disponível em: https://www.ejiltalk.org/

prosecuting-atrocity-crimes-committed-in-northern-ethiopia-the--need-for-special-national-prosecution-mechanism/. Acesso em: 4 abr. 2022.

TOSELLI, Luís Henrique Marotti Toselli. A tributação da propina. *Jota*, 14 fev. 2019. Disponível em: https://www.jota.info/opiniao-e-analise/artigos/a-tributacao-da-propina-14022019. Acesso em: 6 ago. 2022.

TRIEPEL, Karl Heinrich. Les rapports entre le droit interne et le droit international. In: *Recueil de Cours de L'Academie de Droit International*, tomo I, 1925.

UNITED NATIONS. Human Rights Committee. *Piandiong et al v. The Philippines Communication No. 869/1999 19 October 2000 CCPR/C/70/D/869/1999*. Disponível em: http://hrlibrary.umn.edu/research/Philippines/Piandiong%20v%20The%20Philippines,%20%20Case%20No.%20869-1999.pdf. Acesso em: 30 abr. 2022.

UNIVERSITY OF ESSEX. *UN Peacekeeping and The Model Status of Forces Agreement Background Paper Prepared for the Experts' Workshop*, 26 August 2010, London, UK, Hosted by the New Zealand High Commission. Disponível em: https://www.essex.ac.uk/-/media/documents/research-projects/peacekeeping-law-reform/model-sofa-preliminary-report-(august-2010)-(,-d-,pdf).pdf. Acesso em: 8 jul. 2022.

VARELLA, Marcelo D. *Internacionalização do direito:* direito internacional, globalização e complexidade. Brasília: Uniceub, 2013.

VARELLA, Marcelo D. *Direito internacional público*. 8. ed. São Paulo: Saraiva Educação, 2019.

VARIATH, Adithya A.; RANE, Gauri. Remembering Radhabinod Pal's Dissenting Opinion at the Tokyo Trial. *The Geopolitics*, 16 Aug. 2021. Disponível em: https://thegeopolitics.com/remembering-radhabinod-pals-dissenting-opinion-at-the-tokyo-trial/ Acesso em: 10 jul. 2022.

VIEIRA, Gustavo Oliveira; BATISTA, Rafael Euclides Seidel Batista. Paz pelo desarmamento nuclear: desafios contemporâneos da proibição com base no impacto humanitário. *Conjuntura Global*, v. 5 n. 3, p. 438-459, set./dez. 2016. Disponível em: www.revistas.ufpr.br. Acesso em: 1 set. 2020.

WILLIAMS, Sarah. *Hybrid and Internationalized Criminal Tribunals*: Jurisdictional Issues. Mar. 2009. Disponível em: https://www.corteidh.or.cr/tablas/r25039.pdf. Acesso em: 10 jul. 2022.

XAVIER, Alberto. *Direito tributário internacional do Brasil*. 7. ed. Rio de Janeiro: Forense, 2010.

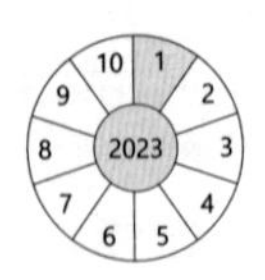
10
1
2
3
4
5
6
7
8
9
2023